LE COURAGE DE JUGER

Protection des droits de l'homme, indépendance et impartialité du tribunal dans les mécanismes régionaux (CEDH, CIDH, CADHP)

Logiques Juridiques
Fondée par Gérard Marcou
Dirigée par Jean-Claude Némery et Thomas Perroud

Le droit n'est pas seulement un savoir, il est d'abord un ensemble de rapports et pratiques que l'on rencontre dans presque toutes les formes de sociétés. C'est pourquoi il a toujours donné lieu à la fois à une littérature de juristes professionnels, produisant le savoir juridique, et à une littérature sur le droit, produite par des philosophes, des sociologues ou des économistes notamment.

Parce que le domaine du droit s'étend sans cesse et rend de plus en plus souvent nécessaire le recours au savoir juridique spécialisé, même dans des matières où il n'avait jadis qu'une importance secondaire, les ouvrages juridiques à caractère professionnel ou pédagogique dominent l'édition, et ils tendent à réduire la recherche en droit à sa seule dimension positive. À l'inverse de cette tendance, la collection « Logiques juridiques » des éditions L'Harmattan est ouverte à toutes les approches du droit. Tout en publiant aussi des ouvrages à vocation professionnelle ou pédagogique, elle se fixe avant tout pour but de contribuer à la publication et à la diffusion des recherches en droit, ainsi qu'au dialogue scientifique sur le droit. Comme son nom l'indique, elle se veut plurielle.

Dernières parutions

Victor AUDUBERT, *Plurinationalité et vivre bien en Bolivie. Le droit au temps d'Evo Morales*, 2021.
Abobaker BENYAHMED, *La protection de la partie faible dans les relations contractuelles, comparaison entre le droit français et les droits des pays du Maghreb*, 2021.
Daniel BORRILLO et Thomas PERROUD (dir.), *Penser la GPA,* 2021.
Daniel BORRILLO, *Droit d'asile et homosexualité. Comment prouver l'intime ?,* 2021.
Thérèse DE VILLETTE, *La justice réparatrice. Une justice nouvelle enracinée dans la tradition africaine*, 2021.
Romain FEYDEL, *Le refinancement d'entreprises en difficulté, L'optimisation juridique du concept de capital-retournement*, 2021
Nicolas DEMONTROND, *Le préfet stratège. La déconcentration en Basse-Normandie de 1981 à 2017*, 2021.
Marie-Laure BESSON, *L'obligation de délivrance dans les baux commerciaux,* 2021.
Louise FORT et Jean-Baptiste GUYONNET (dir.), *Consentement et droit public,* 2021.

Kossi DEDRY

LE COURAGE DE JUGER

Protection des droits de l'homme, indépendance et impartialité du tribunal dans les mécanismes régionaux (CEDH, CIDH, CADHP)

L'Harmattan

5-7, rue de l'Ecole-Polytechnique, 75005 Paris

www.editions-harmattan.fr

ISBN : 978-2-343-22939-3
EAN : 9782343229393

Ce travail de recherche est dédié à mon défunt père DEDRY Pépé, à ma mère Agnès, à ma grande sœur Nadia et à Maimouna MADI.

SOMMAIRE

REMERCIEMENTS

Je remercie infiniment ma Directrice de thèse, Madame Geneviève IACONO pour son encadrement, sa disponibilité, sa bienveillance, ses orientations et précieux conseils qui m'ont permis de mener ce travail de recherche à terme. Très chère Directrice, je vous témoigne ma plus profonde gratitude.

En outre, je voudrais dire merci à Monsieur IACONO, l'époux de ma Directrice de thèse, pour sa bienveillance et son accueil.

Un vif remerciement aux membres du jury, je veux nommer respectivement Madame Pascale BOUCAUD, Professeure à l'Université Catholique de Lyon, Monsieur Didier BAISSET, Professeur à l'Université de Perpignan Via Domitia, et Monsieur Daniel DÜRR, Maître de Conférences de droit public HDR à l'Université Lumière Lyon 2, d'avoir accepté de participer à mon jury de soutenance de thèse.

Aux ami(e)s (Pascal, Jean-Kassim, Kokou, Koffi, Adiki, Komi, Betty, Micka, Guillaume, Solym, Fortuné, etc.), à mon beau-frère Modeste GNOFAM, à ma cousine Catherine, à Fleur, à Yass, à Lydie, à Léopold, aux collègues et étudiants du CUFR de Mayotte, je vous adresse ma reconnaissance pour vos divers encouragements.

Mes remerciements s'adressent enfin à tous ceux qui ont fait preuve de patience ou de bienveillance à mon égard ces dernières années. Ils ont également contribué à l'aboutissement de ce travail de recherche.

LISTE DES PRINCIPALES ABRÉVIATIONS

AJDA	Actualité juridique de Droit Administratif
AHJUCAF	Association des Hautes Juridictions de Cassation des pays ayant en partage l'usage du français
Aff.	Affaire
al.	alinéa
art.	article
c. ou c/	contre
CADH	Convention américaine relative aux droits de l'homme
CADHP	Commission africaine des droits de l'homme et des peuples
Commission ADHP	
Cahiers IDEDH	Cahiers de l'Institut de Droit Européen des Droits de l'Homme
Cass.	Cour de cassation
C.	cass.
CE	Conseil d'État
CEDH	Cour européenne des droits de l'homme
Cour	EDH
CETIM	Centre Europe – Tiers Monde
Cf.	Confère
Chron.	Chronique
CIDH	Commission interaméricaine des droits de l'homme
Commission	IDH

CIJ	Cour internationale de justice
CJUE	Cour de justice de l'Union européenne
coll.	Collection
Comité dr. H	Comité des droits de l'homme
Concl.	Conclusions
Cons. Const.	Conseil Constitutionnel
Convention EDH	Convention européenne des droits de l'homme
Cour ADHP	Cour africaine des droits de l'homme et des peuples
Cour IDH	Cour interaméricaine des droits de l'homme
CPI	Cour pénale internationale
D.	Dalloz
DADH	Déclaration américaine des droits et devoirs de l'homme
DC	Décisions de conformité
Déc.	Décision
dir.	Directeur(s)
DUDH	Déclaration Universelle des Droits de l'Homme
e. a.	et autres et alii
et s.	et suivants
Éd.	Édition
Gaz. Pal.	Gazette du Palais
Ibid	*ibidem*- au même endroit
Id.	idem – le même
J.T	Journal des tribunaux
JCP	Juris-classeur périodique (Semaine juridique)
JDI	Journal de droit international (Clunet)
J.T.D.E	Journal de droit européen
JLMB	Revue de Jurisprudence de Liège, Mons et Bruxelles

LGDJ	Librairie générale de droit et de jurisprudence
not.	notamment
LPA	Les petites affiches
Obs.	Observations
OEA	Organisation des États américains
Op. cit	*Opere Citato*
OUA	Organisation de l'unité africaine
p. et pp.	page et pages
par.	paragraphe(s)
PIDCP	Pacte international relatif aux droits civils et politiques
préc.	précité(e)
PUAM	Presse Universitaire d'Aix-Marseille
PUF	Presses Universitaires de France
PULP	Pretoria Université Law Press
QPC	Question prioritaire de constitutionnalité
RADH	Recueil Africain des Décisions des Droits Humains
RDP	Revue du droit public et de la science politique en France et à l'étranger
Rec.	Recueil
Rep.	Répertoire
Req.	Requête
Rev. crit. DIP	Revue critique de droit international privé
RFDA	Revue Française du Droit Administratif
RFDC	Revue Française du Droit Constitutionnel
R.G.D.I.P.	Revue Générale de Droit International Public
RID comp.	Revue internationale de droit comparé
RJCA	Recueil de jurisprudence de la Cour africaine
RTD civ	Revue trimestrielle de droit civil

RTDH	Revue trimestrielle des droits de l'homme
RSC	Revue de science criminelle et de droit pénal comparé
RUDH	Revue Universelle des Droits de l'Homme
V.	voir

« Il n'y a rien de plus opposé à la justice que le sentiment. »
H. Bergson

INTRODUCTION GÉNÉRALE

Le courage de juger, quel grand défi à relever au regard des enjeux éthiques et juridiques qui préoccupent toutes les sociétés ; depuis l'antiquité, de nombreux auteurs se sont penchés sur la question de l'idéal de justice pour en saisir les contours et en déterminer les critères.

John RAWLS fait figure d'auteur phare des penseurs du XXe siècle avec sa théorie de la justice. Selon lui, chaque personne possède une inviolabilité fondée sur la justice qui, même au nom du bien-être de l'ensemble de la société, ne peut être transgressée[1]. Pour cette raison, le principe de justice interdit que la perte de liberté de certains puisse être justifiée par l'obtention, par d'autres, d'un grand bien[2]. Elle n'admet pas que les sacrifices imposés à un petit nombre puissent être compensés par l'augmentation des avantages dont jouit le plus grand nombre[3]. C'est pourquoi, dans une société juste, l'égalité des droits civiques et des libertés pour tous est considérée comme non négociable ; les droits garantis par la justice ne peuvent être sujets à un marchandage politique ni à des calculs des intérêts sociaux[4]. Ce qui fait dire à J. RAWLS qu'une « *injustice n'est tolérable que si elle est nécessaire pour éviter une grande injustice* »[5].

Parmi les auteurs contemporains français dont les travaux se situent à l'interface de la philosophie politique et du droit, et qui permettent d'illustrer la complexité de juger au regard du droit processuel en tension avec les logiques substantielles, les contributions de Paul RICŒUR, Antoine GARAPON, Hannah ARENDT constituent, pour nous, une aide précieuse dans l'élaboration de notre réflexion.

---

[1] J. RAWLS, *Théorie de la justice*, Éd. Points, 2009, p. 30.
[2] *Id. Ibid.*
[3] *Id. Ibid.*
[4] *Id. Ibid.*
[5] *Id. Ibid.*

Pour P. RICŒUR, « *La justice*[6], *est la première vertu des institutions sociales comme la vérité est celle des systèmes de pensée* »[7]. « *Si efficaces et bien organisées que soient des institutions et des lois, elles doivent être réformées ou abolies si elles sont injustes* » [8]. La revendication de la justice est une préoccupation constante de la société. Le rôle du juge est à cet égard très important car c'est sa détermination qui lui permet de faire évoluer la jurisprudence dans le sens d'une plus grande justice. C'est également sa capacité à prendre du recul sur les règles formelles et à considérer les fondements éthiques de la justice qui permet aux sociétés d'évoluer. Le vocabulaire de la justice est omniprésent dans le discours politique et imprègne une part importante du discours philosophique[9]. Rendre la justice n'est jamais un calcul utilitaire. Elle est une valeur qui conditionne la possibilité de toutes les autres. La justice est aujourd'hui devenue la valeur commune et la référence partagée de toutes les sociétés [10], quel que soit leur environnement géographique.

La justice est un véritable concept polysémique, combinant des critères substantiels et des critères processuels. Et c'est bien à l'interface de ces deux dimensions que les principes d'indépendance et d'impartialité, que nous étudierons très longuement dans ce travail, se situent.

La justice « *signifie procès, acceptation et représentation des parties, audience, délibération* » [11]. La justice se représente à travers des constructions architecturales et des rituels porteurs des mythes sociaux et renvoyant aux fondements anthropologiques des sociétés[12]. La justice « se *donne à voir comme une méta-Raison du social* »[13]. Elle sous-entend « *le principe de traiter tout le monde selon la même règle* »[14].

La justice, considérée comme une vertu, occupe une place de choix dans le domaine du procès. Le procès « *est l'enracinement premier du*

---

[6] J. RAWLS, *Théorie de la justice*, Paris, Seuil, 1987 (traduit par Catherine Audard, titre original *A Theory of Justice*, Cambridge (Mass.), The Belknap Press of Harvard University Press, 1971).
[7] P. RICŒUR, *Le juste*, Éd. Esprit, 1995, p. 38.
[8] J. RAWLS, *Op. cit*, p. 29.
[9] B. KRIEGEL, *Réflexions sur la justice et sur la loi*, Plon, 2001, p. 9.
[10] *Ibid*, p. 127.
[11] *Ibid*, p. 164.
[12] A. GARAPON, *Bien juger. Essai sur le rituel judiciaire*, Paris, Odile Jacob, 1997 ; D. MARRANI, *Rituel(s) de justice. Essai anthropologique sur la relation du temps et de l'espace dans le procès*, Bruxelles, EME et InterCommunications, coll. De Lege Ferenda, 2011.
[13] J. COMMAILLE, *À quoi nous sert le droit*, Gallimard, 2015.
[14] A-J. ARNAUD, *Entre modernité et mondialisation cinq leçons d'histoire de la philosophie du droit et de l'État*, LGDJ, 1998, p. 120.

droit dans la vie, il est l'expérience esthétique de la justice, ce moment essentiel où le juste n'est pas encore séparé du vivant et où le texte de droit est encore plus proche de la poésie que de la compilation juridique » [15] . Le justiciable et plus largement l'opinion publique demandent donc au juge, dans le cadre du procès, d'adopter une posture juste, audacieuse et courageuse dans sa mission de juger. Mais avant de poursuivre, l'important est de s'interroger sur la question essentielle : **qu'est-ce que *juger*** ?

I. Définition de la notion de « *juger* »

Plusieurs nuances apparaissent selon les auteurs dans leur conception de l'acte de juger. Ainsi Paul RICŒUR définit trois (3) niveaux de représentation, comme trois échelles de valeur. En premier lieu, *juger* signifie trancher, en vue de mettre un terme à l'incertitude[16]. Dans une autre acception, *juger* serait synonyme d'opiner. En un sens plus fort, juger c'est opérer la rencontre entre le côté subjectif et le côté objectif du jugement. Côté objectif : quelqu'un tient une proposition pour vraie, bonne, juste, légale ; côté subjectif : il y adhère. L'auteur relève, en outre, que c'est dans le cadre du procès que l'acte de juger récapitule toutes les significations usuelles : opiner, estimer, tenir pour vrai ou juste, enfin prendre position.

Antoine GARAPON soutient qu'avant d'être une faculté morale, *juger* est un événement[17]. Pour rendre justice, il faut parler, témoigner, argumenter, prouver, écouter et décider[18]. Il souligne également que « *juger est à la fois volonté et refus, désir de tiers et méfiance de soi. Bien juger réclame autant un acte qu'une abstention. Juger, c'est se montrer apte à s'abstraire de soi, du monde, de l'impression d'audience* »[19]. L'effort de bien juger demande au juge de s'ériger *tiers par rapport à lui-même*[20]. « *Le rituel est une condition essentielle du bien juger parce qu'en imposant une limite, il frustre les sens et donne du sens. Pour bien juger, il faut tout entendre, mais ne rien entendre*

---

[15] A. GARAPON, *Bien juger. Essai sur le rituel judiciaire*, Éd. Odile Jacob, 2001, p. 19.

[16] P. RICOEUR, *Op. cit*, p. 185.
[17] A. GARAPON, *Op. cit*, p. 18.
[18] *Ibid*, p. 19.
[19] A. GARAPON, *Op. cit*, p. 314.
[20] *Ibid*, p.313.

d'autre, tout voir, mais ne rien voir d'autre. Comme si une certaine mort à soi et au monde faisait partie de l'acte de juger. Sans cette rupture indispensable, pas de justice. En s'aliénant au monde symbolique de l'audience, le juge se libère de lui-même. Une automutilation des autres sens est indispensable pour aiguiser celui du jugement. La seule manière d'y accéder ce n'est pas de se retirer du monde, mais de récréer un monde neutralisé par la répétition et l'immobilité du symbole »[21].

Hannah ARENDT décompose l'acte de juger en deux opérations[22]. La première est l'imagination en raison du fait que l'on juge des objets qui ne sont plus présents. Pour s'exercer, l'imagination doit être détachée de la perception sensible de l'objet, parce que c'est seulement lorsque l'objet est retranché des sens extérieurs qu'il devient un objet pour les sens intérieurs[23]. Bien juger réclame de ne pas voir, ce qui est extrêmement délicat dans un univers saturé de visuel comme le nôtre[24]. La seconde opération de l'acte de juger est la réflexion, c'est-à-dire le dialogue éthique intime[25]. L'exercice consiste à faire apparaître à la conscience les différentes solutions, à les estimer, à les soupeser et finalement à trancher, c'est-à-dire à séparer et à relier autrement[26].

Juger « *est une manière (...) mais aussi une relation au monde, une façon d'agir, beaucoup plus que l'obéissance à des normes juridiques : ce qui importe, c'est le vécu du juge, ses règles morales, sa capacité d'intuition, de création* »[27]. « *Juger est dans son principe un métier difficile, exigeant, ingrat, anxiogène, qui provoque beaucoup de tracas, de déceptions* »[28].

L'engouement d'un nombre aussi important d'auteurs pour tenter d'approcher l'art de bien juger peut s'expliquer par le lien indissociable entre droit et justice. L'accès aux droits, caractéristique d'une société démocratique, est conditionné par leur justiciabilité. Cette demande de droit est souvent source de tension entre le droit et la justice.

---

21 *Ibid*, p. 314.
22 H. ARENDT, *Juger, Sur la philosophie politique de Kant*, Paris, Seuil, 1991, p. 105 et s ; A. GARAPON, *Op. cit*, p. 314 et s.
23 *Id. Ibid*
24 *Id. Ibid*
25 A. GARAPON, *Op. cit*, p. 316.
26 *Id. Ibid*
27 G. THUILLIER, *L'art de juger*, Economica, 2001, p. 3.
28 *Ibid*, p. 6.

II. Le droit et la justice : une relation sous tension matérialisant le courage de juger

Il est des concepts aisés à manier dans la vie quotidienne, mais dont la signification s'obscurcit brutalement dès qu'on les soumet au questionnement intellectuel. Le droit fait partie de ceux-là[29]. Le droit est d'abord une pratique[30]. Cette pratique vise à ordonner les rapports sociaux et les échanges économiques[31]. Cette pratique est constitutive de la structuration des sociétés et de leur ordre politique[32]. Le droit construit sa propre théorie, en s'interrogeant sur lui-même, sa propre rationalité, ses fondements, ses évolutions, le sens de ses rituels, éventuellement mis en rapport avec les sociétés et leurs cultures[33].

Le droit est indissociable des sociétés dans lesquelles il œuvre[34]. Les savoirs sur le droit sont très étroitement reliés à la culture juridique à laquelle il appartient, au type d'État concerné, aux traditions juridiques, à la place des juristes par rapport au pouvoir politique et à leur statut dans la régulation des sociétés[35]. C'est du droit que nous tenons les expressions canoniques d'un honnête relativisme pondérant à la fois les différences et les constantes telles que l'exprime la fameuse formule : « *vérité en deçà des Pyrénées, erreur au-delà* »[36].

Dans les pays sous influence romano-germanique, le droit est d'abord rattaché à l'État. Il est l'expression de la souveraineté de l'État. Il assure une position privilégiée aux « *légistes* » dans la construction de l'ordre normatif. En revanche, dans les pays de *common law*, prévaut l'idée d'un droit d'abord défenseur de la personne contre l'État, de la protection des droits des individus et des collectivités privées contre l'intervention gouvernementale[37]. Les systèmes de *common law* reposent de manière privilégiée sur les précédents judiciaires que sur le droit codifié[38].

---

[29] N. ROULAND, *Anthropologie juridique*, PUF, 1988, p. 121.
[30] J. COMMAILLE, *Op. cit*, p. 11.
[31] *Id. Ibid*
[32] *Id. Ibid*
[33] *Ibid*, p. 12.
[34] *Ibid*, p. 381.
[35] *Ibid*, p 26.
[36] B. PASCAL, *Les Pensées.*
[37] T. PARSONS, « The Nature of American Pluralism », *in* Theodore Sizer (éd.), *Religion and Public Education*, Boston, Houghton Mifflin, 1967.
[38] N. ROULAND, *Op. cit*, p. 69.

L'étymologie donne une origine commune au droit et à la justice[39]. Avant que le terme abstrait *dikaiosunè* ne s'impose en grec classique pour exprimer l'idée de justice, par différence avec *diké*, limité au concept de droit, *diké* désignait indistinctement l'idée de justice et celle de droit[40]. Si le terme *jus* apparaissait dans le concept de justice, il désignait en même temps la notion de droit chez les Romains[41]. La justice était un rapport de conformité au droit et le droit était source de justice[42]. Dans son ouvrage, Philippe JESTAZ reprend cette même conception en affirmant : « *le droit, dit-on, est inséparable de la justice* »[43].

Le droit et la justice sont les instruments d'une domination légitime dans laquelle l'acte d'imposition précède celui de l'adhésion des citoyens[44]. À la grandeur du droit doit donc correspondre la grandeur de la justice et il revient à celle-ci de l'imposer[45].

La tension entre le droit et la justice naît des rapports sociaux et de la perception qu'ont les justiciables de la justice en général et du juge en particulier. De nos jours, cette perception est caractérisée par un sentiment de défiance à l'égard du juge ressenti largement par l'opinion publique. À la culture du dédain se mêle la vision d'une justice dominée par la corporation des juges[46]. Son appareil imposant, son costume d'un autre âge, son image exclusivement pénale dans l'opinion ajoutent la peur à la méfiance[47]. Le juge « *incarne la meule de l'ordre social, qui broie ceux que la misère voue à l'infraction et qu'un châtiment disproportionné envoie au bagne* »[48]. Rémy de GOURMONT relevait que « *les juges sont capables de tout. Si l'opinion ne les surveillait pas, en quinze jours, le temps de la meubler convenablement, ils auraient rétabli la chambre de torture avec chevalets, pinces rouges au feu, brodequins, coins, maillets à enfoncer lesdits coins, et instruments idoines à faire parler les muets car ils ont plus que jamais l'horrible manie de la certitude* »[49].

---

[39] L. CADIET, J. NORMAND, S. AMRANI MEKKI, *Théorie générale du procès*, 2e éd. mise à jour, PUF, 2013, p. 81.
[40] *Id. Ibid*
[41] *Id. Ibid*
[42] *Ibid*, p. 82.
[43] P. JESTAZ, *Le droit*, 10e édition, Dalloz, 2018, p. 13.
[44] J. COMMAILLE, *Op. cit*, p. 61.
[45] *Ibid*, p. 57.
[46] D. SALAS, A. CARSTOIU, *Op. cit*, p. 11.
[47] *Id. Ibid*
[48] *Ibid*, p. 69.
[49] R. DE GOURMONT, *Épilogues*, Mercure de France, 1909.

Le juge fait l'objet d'une véritable suspicion de la part de l'opinion qui doute très souvent de sa capacité à être juste, courageux et équitable. Parce que la fonction du juge consiste surtout « *à juger ses semblables* »[50], il s'expose presque naturellement aux suspicions[51]. Le juge est perpétuellement « *mis en examen* »[52]. Au fil du temps, le rejet du juge est presque devenu naturel[53]. Denis SALAS le résume si bien lorsqu'il affirme que « *le métier de juge est un métier violent* »[54].

En outre, si la balance de la justice doit être au début équilibrée, indifférente, hésitante, il faut qu'à la fin elle *penche* soit d'un côté, soit de l'autre [55]. Cette réalité de la justice mécontente le justiciable, notamment le perdant, qui a le sentiment d'être victime d'une injustice venant du juge. Mais, faut-il avoir peur des juges ? Si ceux-ci, forts de l'assentiment du public pour pratiquer une politique de ressentiment, oubliaient que leur honneur et leur devoir est de dire le droit, et d'assurer au nom de l'intérêt général une bonne justice, s'ils s'engageaient dans la voie d'un ordre replié sur lui-même, défendant sa morale étroite, alors tout serait à craindre[56].

Pour les pères de la théorie de la séparation des pouvoirs, à laquelle nous consacrerons de plus longs développements dans la première partie de notre thèse, le pouvoir judiciaire était nécessairement subordonné aux deux premiers, et la jurisprudence ne pouvait avoir, à l'égal de la loi, d'effet normatif[57]. Qu'en est-il de nos jours ? Il est bien évident que l'autorité judiciaire exerce, de fait, un réel pouvoir, peut-être d'ailleurs le seul pouvoir qui subsiste dans l'État postmoderne, alors que les pouvoirs exécutif et législatif ont perdu l'essentiel de leurs anciennes prérogatives au profit notamment des grandes entreprises multinationales et des organisations internationales[58]. À ce propos, Blandine KRIEGEL relève que « *les juges sont devenus les héros de la vie politique, les magistrats ont de plus en plus de puissance* »[59].

---

[50] G. BOLARD et S. GUINCHARD, « le juge dans la cité », *JCP* 2002.I. 137.
[51] M. KEBIR, *Le Libre arbitre du juge*, thèse, éd. Dalloz, 2019, p. 4
[52] P. DRAI, « Le juge ? », Revue des deux mondes, 1995, p.61.
[53] M. KEBIR, *Op. cit.*, p. 3.
[54] D. SALAS, *Le Courage de juger, Entretien avec Frédéric Niel*, Bayard, 2014, p. 102.
[55] B. LATOUR, *la fabrique du droit une ethnographie du Conseil d'État*, éd.la découverte, paris, 2004, p. 47.
[56] *Ibid*, p. 248.
[57] L. FONTAINE, « la Justice : Pouvoir de l'État ou Pouvoir dans l'État ? », *in* Léonid GOLOVKO et Bertrand MATHIEU, *Le Juge et l'État*, Éd. Mare et Martin, 2018, p. 54.
[58] L. FONTAINE, *Op. cit*, p. 54.
[59] B. KRIEGEL, *Op. cit*, p. 9.

Le juge n'est plus cet « *être inanimé* »[60]. Un premier phénomène clairement observable réside dans l'affirmation par les juridictions elles-mêmes d'un pouvoir d'interprétation des règles de droit, qu'excluait radicalement la conception de MONTESQUIEU qui faisait du juge – qualifié par ce dernier comme « *bouche de la loi* » – un simple organe subordonné d'application de la loi, mais non un interprète de celle-ci[61]. Une autre manifestation de l'accroissement du pouvoir des juges réside dans leur contribution à la recomposition constante de la hiérarchie des normes. On peut observer en effet l'importance de cette contribution, autant dans la reconnaissance positive de la suprématie de certaines normes supranationales sur le droit interne ou dans le renforcement de la supériorité des normes constitutionnelles sur les lois ordinaires, que dans l'absence de reconnaissance, par certaines juridictions, de la suprématie des normes supranationales sur la Constitution[62].

Pour favoriser la réalisation d'une bonne justice, le juge ne doit pas être réduit à cette simple fonction d'application de la loi. Il doit être plus que ça. Comme l'écrivait Jean DOMAT, les juges « *sont les dépositaires et les dispensateurs de la lumière et de l'autorité divine, et (...) ils tiennent dans cette fonction la place de Dieu* »[63]. Et encore : « *il n'y a point de dignité plus élevée que celle de juge, mais aussi il n'y en a point dont les fonctions soient plus saintes et plus importantes (...) être juge, c'est être dieu ; juger, c'est rendre le jugement de Dieu* »[64]. Même si la position de l'auteur semble anachronique et peu compatible avec le principe de laïcité, il n'en demeure pas moins que le rôle du juge doit être plus grand, plus large que celui que lui reconnaissaient les pères de la théorie de la séparation des pouvoirs.

Pour assurer une bonne justice aux justiciables, posséder de nombreuses qualités, et parmi celles-ci, celle de courage semble s'imposer dans sa double dimension qui sont le courage de bien juger et le courage de mettre de côté ses émotions et ses sentiments dans l'exercice de sa fonction. Sur ce dernier point, soulignons que « *le juge*

---

[60] O. DESIO, « l'emprise de la passion sur le droit », *in* L. BOLLERI-SCHENIQUE, D. LANZARA, F. GHELFI, *Le droit et les sentiments*, L'Harmattan, 2015, p. 27.

[61] F. OST, *Dire le droit, faire justice*, deuxième édition, coll. Penser le droit, Bruylant, 2012, p. 63.

[62] *Id. Ibid*

[63] J. DOMAT, *Harangue* (Assises de 1670), dans Jean DOMAT, *Œuvres complètes*, éd. CARRE, Paris, 9 vol., 1922.

[64] *Ibid*, *Harangue* (Assises de 1677).

qui tranche avec ses sentiments n'est plus objectif et impartial[65] car « *les sentiments inspirent de la crainte, ils détournent l'homme de la droite raison* »[66]. « *Dès qu'un sentiment s'exagère, disait Gustave le BON, la faculté de raisonner disparaît* »[67]. « *Sentiments et raison se perturbent mutuellement. Or, le droit compte sur notre raison pour respecter les règles* »[68]. Un raisonnement rationnel exige en effet de mettre de côté ses émotions[69].

Le juge courageux, c'est celui qui traite « *de questions passionnelles sur le ton de l'indifférence* »[70]. C'est celui qui dépouille « *le jugement de ses scories subjectives et affectives* »[71]. C'est également celui qui dépasse « *ses appartenances, ses préjugés* »[72].

Le courage de juger est un vrai défi éthique qui pèse sur le juge et plus globalement sur la justice. Il suppose une distanciation entre le fait et le droit. Il exige une rupture avec l'inacceptable ainsi qu'une relation singulière avec son temps. Le courage de juger est une vertu qui rend les autres vertus efficaces et opérantes. Il permet d'apprécier les garanties substantielles et processuelles des exigences d'indépendance et d'impartialité du tribunal. Ce sont là des raisons qui justifient notre intérêt pour cette thématique, à la fois riche et spécifique, avec une grande valeur heuristique pour enrichir les axes de notre travail de recherche.

Le courage de juger du juge, est bien résumé par Paul MARTENS dans les termes suivants : « *quand on est magistrat, on est perpétuellement amené à se demander si on juge exclusivement en fonction d'éléments rationnels, si on n'est pas perpétuellement altéré par des sentiments ou des sensations, si la raison du droit n'est pas infectée par la passion du juste, si les motivations savantes ne sont pas le costume juridique de l'arbitraire. Il y a une culpabilité du juge et il est*

---

[65] L. BOLLERI-SCHENIQUE, D. LANZARA, F. GHELFI, *Le droit et les sentiments*, L'Harmattan, 2015, p. 15.

[66] *Id. Ibid*

[67] G. LE BON, *Hier et demain, Pensées brèves*, Flammarion, 1918, p. 12.

[68] H. KASSOUL, « L'emprise du droit sur l'amour », *in* L. BOLLERI-SCHENIQUE, D. LANZARA, F. GHELFI, *Op. cit*, p. 127.

[69] J. VAN MEERBEECK, Quelques réflexions sur le rôle de l'intuition et des émotions dans la fonction de juger, *in* Yves CARTUYVELS et autres, *Le droit malgré tout, Hommage à François Ost,* Presses de l'Université Saint-Louis, 2018, p. 399.

[70] P. MARTENS, *Théories du droit et pensée juridique contemporaine*, Coll. de la Fac. de droit de l'Université de Liège, Larcier, 2003, p. 23.

[71] *Id. Ibid*

[72] *Ibid*, p. 131.

bon qu'il la conserve car, sans elle, il serait perpétuellement menacé d'autosatisfaction »[73].

Il faut du courage pour résister à la tentation d'obéir à une pression[74], qu'importe qu'elle soit interne ou externe. Si la séparation des pouvoirs est une garantie contre les pressions politiques qui peuvent s'exercer sur le juge[75], elle ne peut se réduire à cette problématique mais elle doit intégrer selon nous une autre dimension essentielle qui est la relation entre les médias, les réseaux sociaux, les pressions financières et le juge.

Pour la réalisation d'une bonne justice, si certains juges ont su résister à ces influences diverses en faisant preuve de courage, d'autres par contre ont succombé à ces pressions et ont manqué ainsi à leur devoir de rendre un procès équitable et juste. À titre d'illustration, nous pouvons évoquer quelques affaires qui ont défrayé la chronique judiciaire dans l'histoire et dans l'actualité.

III. Quelques grandes affaires illustrant le courage de juger au regard des critères d'une bonne justice

Le procès Fouquet offre un bel exemple du courage de juger. Dans cette affaire, étaient réunis tous les ingrédients d'un grand drame public susceptible de fasciner, de bouleverser et finalement de retourner l'opinion. Nous étions en présence d'un ministre auditionné devant la justice[76]. Le scénario était connu, tout tenait à l'exécution. Colbert avait nommé les juges et préparé la sentence : la peine capitale devait être appliquée au surintendant. Colbert espérait que les magistrats seraient aux ordres et qu'il suffisait de sélectionner des juges « *qui ne soient point intéressés ni liés avec des gens d'affaire, au passé comme au présent* ». À cette fin, il avait choisi des hommes dont il était sûr. Pourtant, par treize voix contre neuf, Fouquet fut condamné seulement au bannissement et non à la mort[77]. Les juges, dans cette affaire, ont manifesté leur indépendance, leur intégrité et leur capacité de résistance face aux politiques, et notamment au diktat de Colbert.

---

[73] *Ibid*, pp. 16-17.

[74] P. MARTENS, « Les tentations du juge », *in* Yves CARTUYVELS et autres, *Op. cit*, p. 379.

[75] B. MATHIEU, *Justice et politique : la déchirure ?*, LGDJ, 2015, p. 13

[76] B. KRIEGEL, *Op. cit*, p. 147.

[77] *Ibid*, p. 148

Le procès de Madame Bovary[78] est un autre exemple important, car les juges dans cette affaire ont su trancher avec courage sans céder à la pression. Dans ce procès historique, il était question d'offenses à la morale publique et à la religion. Malgré l'excellent réquisitoire de l'avocat impérial, l'accusé Flaubert a été acquitté le 7 février 1857[79], les juges estimant que « *les passages quelque répréhensibles qu'ils soient, sont peu nombreux si on les compare à l'étendue de l'ouvrage* »[80].

Le procès de Bobigny[81] du 8 novembre 1972, constitue aussi un bel exemple du courage des juges à œuvrer pour une bonne justice. Ce procès mené par l'avocate Gisèle Halimi allait servir de prémices à la loi Veil de 1975 autorisant l'interruption volontaire de grossesse[82] en France. Une jeune fille, Marie-Claire Chevalier, avait avorté à la suite d'un viol. Sa mère, Michèle Chevalier, l'avait aidée dans sa démarche malgré la législation en vigueur qui réprimait pénalement l'interruption volontaire de grossesse[83]. Dénoncée par l'auteur même de ce viol, la jeune Marie-Claire est alors « *inculpée* » pour avoir fait pratiquer un avortement illégal selon l'article 317 du Code pénal[84] de l'époque. Sa mère et deux de ses collègues sont inculpées pour complicité, une quatrième est inculpée pour avoir effectué l'acte illégal[85]. L'affaire est scindée du fait de la minorité de Marie-Claire Chevalier : la jeune fille est envoyée seule devant le tribunal pour enfants de Bobigny le 11 octobre 1972 avant le procès des quatre majeures[86]. L'audience se tient à huis clos. Après le huis clos du procès, le jugement est rendu en audience publique. Marie-Claire est relaxée, parce qu'elle est considérée comme ayant souffert de « *contraintes d'ordre moral, social, familial, auxquelles elle n'avait pu résister* »[87]. Pour les majeures, l'audience publique se déroule le 8 novembre 1972. Le tribunal de Bobigny voit

---

[78] http://www.justice.gouv.fr/histoire-et-patrimoine-10050/proces-historiques-10411/les-150-ans-du-proces-de-madame-bovary-12830.html ; Consulté le 08/07/2019.

[79] http://www.justice.gouv.fr/histoire-et-patrimoine-10050/proces-historiques-10411/les-150-ans-du-proces-de-madame-bovary-12830.html; Consulté le 08/07/2019.

[80] *Id. Ibid*

[81] http://www.justice.gouv.fr/histoire-et-patrimoine-10050/proces-historiques-10411/il-y-a-40-ans le-proces-de-bobigny-24792.htm; Consulté le 08/07/2019.

[82] http://www.justice.gouv.fr/histoire-et-patrimoine-10050/proces-historiques-10411/il-y-a-40-ans -le-proces-de-bobigny-24792.htm; Consulté le 08/07/2019.

[83] *Id. Ibid*

[84] *Id. Ibid*

[85] *Id. Ibid*

[86] *Id. Ibid*

[87] http://www.justice.gouv.fr/histoire-et-patrimoine-10050/proces-historiques-10411/il-y-a-40-ans-le-proces-de-bobigny-24792.htm; Consulté le 08/07/2019.

défiler bon nombre de personnalités qui prennent fait et cause pour la jeune femme, sa mère ainsi que les trois autres personnes poursuivies[88]. Gisèle Halimi, au terme d'une plaidoirie « *historique* », demande au président du tribunal, Joseph Casanova, *« du courage »*[89]. Et c'est bien de courage dont ce juge a fait preuve. En effet, Michèle Chevalier est condamnée à 500 francs d'amende avec sursis et ses deux collègues, qui ont revendiqué le fait d'avoir aidé Michèle Chevalier, sont relaxées. La quatrième prévenue est condamnée à un an de prison avec sursis pour avoir pratiqué l'avortement[90].

En revanche, dans d'autres affaires de l'histoire, le courage des juges a fait défaut et les justiciables ont payé le prix fort d'un procès partial. On peut citer, parmi beaucoup d'autres, *le procès* de *Jeanne d'Arc*, celui de *Dreyfus* ou encore celui de *Calas*[91]. *Le procès de Jeanne d'Arc* se rapporte à une époque où le royaume de France était largement occupé par l'envahisseur britannique. Héroïne d'un sursaut national, que ses visions lui commandaient de provoquer, elle inquiéta la cour du « soi-disant dauphin » [92]. Galvanisant les énergies, provoquant un espoir nouveau et ralliant beaucoup d'attentistes à la cause de la guerre, elle réussit, par sa foi profonde et sa ferveur, à relever l'honneur du pays et préparer sa délivrance. Condamnée comme sorcière et hérétique par un tribunal ecclésiastique au service des Anglais, et réhabilitée quelques années plus tard par un autre tribunal ecclésiastique au service cette fois de Charles VII, son procès démontra l'importance des liens entre la religion et la guerre. Jeanne d'Arc, martyre puis héroïne posthume d'un procès de la foi par définition partial, apparaît bien ainsi comme une figure majeure des débats religieux de son époque[93].

Dans un tout autre contexte, *le procès de Jean Calas* est également et avant tout celui de l'intolérance. Le commerçant de Toulouse fut en effet, au simple motif qu'il appartenait dans son cœur à la religion réformée, la victime désignée d'avance de notables qui, croyant agir au nom de la foi, trahissaient par l'excès de leur passion les plus nobles idéaux de la religion[94]. Les maladresses et les contradictions de la

[88] *Id. Ibid*

[89] *Id. Ibid*

[90] http://www.justice.gouv.fr/histoire-et-patrimoine-10050/proces-historiques-10411/il-y-a-40-ans - le-proces-de-bobigny-24792.htm; Consulté le 08/07/2019.

[91] D. AMSON, J-C. MOORE et C. AMSON, *Les grands procès*, Puf, 2015, pp. 7-78.

[92] *Id. Ibid*

[93] D. AMSON, J-C. MOORE et C. AMSON, *Op. cit*, pp. 7-78.

[94] D. AMSON, J-C. MOORE et C. AMSON, *Op. cit*, pp. 7-78.

défense de l'accusé n'excluent pas l'acharnement, l'injustice dont il fut la victime. Instruit uniquement à charge, son procès ressemble en divers points à celui qui fut intenté cent trente-trois ans plus tard au *capitaine Dreyfus*[95]. Mais, contrairement à celui-ci, le commerçant huguenot n'eut pas le soulagement de voir proclamée son innocence. Faisant preuve à cette occasion d'un stoïcisme qui évoque celui que montrera le prisonnier de l'île du Diable, Calas mourut dans d'atroces souffrances le 10 mars 1762[96]. Jusqu'au bout, il affirma une innocence qui heurtait les préjugés de fanatiques, animés par une passion très éloignée du véritable sentiment religieux[97]. Ces différentes affaires ont été des occasions manquées pour les juges, les tribunaux, de manifester leur engagement pour la justice, la vérité et l'impartialité.

Dans l'actualité, des exemples de courage ou d'absence de courage du juge en faveur d'une bonne justice sont également à relever.

Une affaire illustrant le courage des juges est celle des *juges des enfants de Bobigny* qui avaient dénoncé la dégradation inquiétante des dispositifs de protection de l'enfance, en Seine-Saint-Denis[98]. Dans une tribune publiée le 5 novembre 2018 par Le Monde et France Inter, les magistrats en charge de la protection de l'enfance en Seine-Saint-Denis alertent sur la non-application de leurs décisions dans des délais raisonnables, faute de moyens[99]. Les chiffres avancés par les magistrats sont édifiants. Le délai entre la décision du tribunal et l'affectation du suivi à un éducateur peut atteindre dix-huit mois[100]. Il faut environ un an pour que les jugements pénaux soient notifiés. 900 familles se trouvent en attente. En cause, « un manque flagrant de personnel »[101]. Pas assez de greffiers au sein du tribunal. Pas assez d'éducateurs au sein du secteur associatif comme de l'Aide sociale à l'enfance (ASE)[102]. Voilà un bel exemple de courage, de la part de ces juges conduits par Jean-Pierre Rosenczveig, que de dénoncer des dysfonctionnements qui mettent en péril la réalisation d'une bonne justice.

---

[95] D. AMSON, J-C. MOORE et C. AMSON, *Op. cit*, pp. 7-78.

[96] D. AMSON, J-C. MOORE et C. AMSON, *Op. cit*, pp. 7-78.

[97] D. AMSON, J-C. MOORE et C. AMSON, *Op. cit*, pp. 7-78.

[98] https://www.publicsenat.fr/article/politique/juges-des-enfants-de-bobigny-chaque-jour-compte-pour-que-l-enfant-ne-soit-plus-en-danger-mais-protégé; Consulté le 09/07/2019.

[99] https://www.la-croix.com/France/Justice/A-Bobigny-juges-enfants-sonnent-lalarme-2018-11-05-1200 980968; Consulté le 09/07/2019.

[100] *Id. Ibid*

[101] *Id. Ibid*

[102] https://www.la-croix.com/France/Justice/A-Bobigny-juges-enfants-sonnent-lalarme-2018-11-05-1200980968; Consulté le 09/07/2019.

À l'étranger, les exemples sont également nombreux mais ceux que nous avons retenus illustrent plutôt un manque de courage des juges.

Ainsi, en Turquie, en est-il de *l'affaire Taner*. Monsieur Taner Kiliç est un avocat de la région d'Izmir. Il est un des cofondateurs de la section turque d'Amnesty International et son président honoraire depuis 2014[103]. Le 6 juin 2017, il a été arrêté avec une vingtaine d'autres avocats et accusé de terrorisme[104]. Son crime consiste à avoir téléchargé une application de télécommunication sur son portable qui s'appelle ByLock et qui est en usage au sein de la confrérie Gülen. Ce réseau politico-religieux est accusé d'avoir fomenté et perpétré le coup d'État manqué de l'été 2016[105]. Le 31 janvier 2018, la 35e Haute cour criminelle d'Istanbul a ordonné la libération de Taner Kiliç. Le procureur a fait appel pour contester la décision et, le 1er février 2018, Taner Kiliç a été arrêté et placé en détention préventive jusqu'à sa prochaine audience qui avait été fixée au 21 juin 2018[106].Le 15 août 2018, Taner Kiliç a été libéré sur décision de la 35e Haute cour criminelle d'Istanbul, lors de l'examen mensuel de l'affaire[107]. Il a donc été détenu pendant 14 mois. Les poursuites pénales sont toujours en cours et Taner Kiliç est sous le coup d'une interdiction de voyager[108]. Dans cette affaire très politique[109], on peut déplorer une insuffisance de courage des juges à rendre un procès équitable et juste. La fébrilité de la 35e Haute cour criminelle d'Istanbul dans ses décisions sur cette affaire témoigne d'une certaine obéissance à une pression externe, notamment politique.

Au Brésil, *l'affaire Petrobras* permet de faire quelques réflexions sur le courage de juger des juges dans ce pays d'Amérique du Sud. C'est une affaire de corruption politique, révélée en mars 2014, qui touche à la fois l'entreprise pétrolière contrôlée par l'État, Petrobras, et les géants brésiliens du BTP (bâtiment et travaux publics)[110]. Ces deux secteurs

---

[103] https://www.lejdd.fr/International/Moyen-Orient/en-turquie-le-proces-symbolique-damnesty-international-3688388; Consulté le 09/07/2019.

[104] *Id. Ibid*

[105] *Id. Ibid*

[106] https://www.frontlinedefenders.org/fr/case/taner-k%C4%B1l%C4%B1c-re-arrested; Consulté le 09/07/2019.

[107] https://www.frontlinedefenders.org/fr/case/taner-k%C4%B1l%C4%B1c-re-arrested; Consulté le 09/07/2019.

[108] *Id. Ibid*

[109] Même la France s'est prononcée sur cette affaire pour interpeller la Turquie sur ces engagements en matière des droits de l'homme. Voir : https://ec.ambafrance.org/Turquie-Proces-de-M-Taner-Kilic-21-juin-2018.

[110] https://www.lemonde.fr/ameriques/article/2016/03/05/comprendre-le-scandale-petrobras-qui-secoue-le-bresil_4590174_3222.html; Consulté le 09/07/2019.

travaillent ensemble sur des grands chantiers d'infrastructures, notamment ceux liés aux nouvelles réserves en eaux profondes découvertes au large du Brésil méridional[111]. Les entreprises du BTP auraient formé un cartel pour se partager ces marchés et pour les surfacturer[112]. En contrepartie, des pots-de-vin auraient été versés aux partis de la coalition gouvernementale de centre gauche, au pouvoir depuis la prise de fonction du président Luiz Inacio Lula da Silva (2003-2010)[113]. Les malversations et dessous de table auraient pour principal objectif de financer des campagnes électorales, sans exclure que certains dirigeants d'entreprise ou hommes politiques se soient servis au passage[114]. Cette affaire a révélé le juge Sergio Moro au grand public[115]. Ce dernier jouit d'une grande popularité depuis qu'il a réussi à mettre nombre de cols blancs derrière les barreaux[116]. Le courage de ce juge est à saluer, d'autant plus qu'il est à l'origine de la condamnation de l'ancien président Lula pour corruption. Cependant, le juge Sergio Moro devenu maintenant ministre de la Justice est au cœur à son tour d'une polémique, d'un scandale. Des révélations publiées par le site américain The Intercept soulèvent des questions sur l'impartialité de l'ancien juge de la Cour suprême, qui a fait condamner l'ex-président Lula pour corruption[117]. Si ces révélations s'avéraient vérifiées ou fondées, c'est la crédibilité de la justice brésilienne à être une justice indépendante et impartiale qui serait largement compromise.

Certaines affaires portées devant la Cour pénale internationale (CPI) permettent également d'illustrer les enjeux du courage de juger. Pour Sévérin Bernard NGUEKO, dans son ouvrage *Accepter ou rejeter la CPI*, « *il y a impunité pour les chefs d'État des grandes puissances et justice pour les chefs d'État du Tiers-Monde. C'est dire loin d'être juste et impartiale, la justice pénale internationale apparaît comme un instrument de néocolonialisme judiciaire, compromettant ainsi les principes traditionnels de justice que sont : l'impartialité,*

---

111 https://www.lemonde.fr/ameriques/article/2016/03/05/comprendre-le-scandale-petrobras-qui-secoue-le-bresil_4590174_3222.html; Consulté le 09/07/2019.

112 *Id. Ibid*

113 *Id. Ibid*

114 *Id. Ibid*

115 http://www.lefigaro.fr/international/2018/01/24/01003-20180124ARTFIG00012-petrobras-un-scandale-tentaculaire.ph; Consulté le 09/07/2019.

116 *Id. Ibid*

117 https://www.lopinion.fr/edition/international/bresil-juge-moro-procureurs-coeur-lava-jato-gate-189469; Consulté le 09/07/2019.

l'indépendance et l'équité »[118]. « *Il en va ainsi des troupes de l'OTAN qui sous le commandement de Georges BUSH ont commis des crimes internationaux au Moyen-Orient, lesquels crimes sont restés impunis. Le Conseil de sécurité, organe politique des Nations Unies, qui détient les leviers de la Cour ne défère que les situations africaines dans lesquelles les dirigeants sont les adversaires des grandes puissances. Alors que les crimes commis en Palestine par Israël et en Syrie, à la fois par les troupes de BACHAR et les rebelles de l'État islamique, demeurent impunis parce que ces pays sont les alliés des grandes puissances. Cela étant, il est judicieux de se reporter à l'affirmation selon laquelle la Cour pénale internationale est une justice des forts sur les faibles et des Blancs sur les Noirs : une justice à double vitesse qui traduit la subordination de la race noire à la race blanche »*[119]. « *Le statut de Rome a consacré le principe d'égalité de tous devant la loi et la justice. Seulement, il est observé dans la pratique que ce principe n'est respecté qu'à moitié. En effet, la CPI poursuit les criminels certes qui ont la plus lourde responsabilité dans la commission des crimes, mais elle s'intéresse seulement à ceux se trouvant sur le continent africain »*[120].

L'observation de Sévérin Bernard NGUEKO, outre sa dose de subjectivité, est pertinente à plusieurs égards surtout que la Cour pénale internationale ne juge effectivement et essentiellement que d'anciens chefs d'État africains. Tant que ce constat sera une réalité, on ne pourra que conclure à un manque de courage des juges de cette juridiction pénale internationale à œuvrer pour une bonne justice.

Ce constat a conduit certains États africains à manifester au Secrétaire général des Nations Unies leur intention de se retirer de la Cour pénale internationale[121]. Il s'agit en l'occurrence du Burundi, de l'Afrique du Sud et de la Gambie, pays dont la procureure de la Cour pénale internationale est ressortissante[122]. Concernant l'Afrique du Sud, la justice sud-africaine a déclaré inconstitutionnelle la décision relative au retrait de son pays de la Cour pénale internationale[123]. Une telle politique de retrait est-elle judicieuse pour le continent africain, pour le respect des droits de l'homme dans ce continent ? Il nous semble que

---

[118] S. B NGUEKO, *Accepter ou rejeter la CPI. Quel avenir pour la justice pénale internationale en Afrique ?*, L'Harmattan, 2018, p. 37.
[119] S. B NGUEKO, *Op. cit*, p. 37.
[120] *Ibid*, p. 61.
[121] S. B NGUEKO, *Op.cit*, p. 39.
[122] S. B NGUEKO, *Op. cit*, p.39.
[123] *Id. Ibid*

non. D'abord, un retrait du statut de Rome n'entrave en rien l'action de la Cour pénale internationale, car sa compétence devient universelle sur saisine du Conseil de sécurité. L'option de retrait est donc sans importance et constitue une démarche irrationnelle, d'autant plus que l'Afrique ne détient pas de veto[124]. En outre, à défaut de trouver une solution plus pertinente que la Cour pénale internationale, il est préférable pour le respect des droits de l'homme en Afrique que les États africains ne se retirent pas de la Cour pénale internationale. D'ailleurs comme le souligne Mabassa FALL, représentant permanent de la fédération internationale des droits de l'homme, « *aucune poursuite de la Cour pénale internationale n'aurait été possible si les autorités nationales concernées avaient montré leur volonté et la capacité de juger les auteurs des crimes les plus graves commis dans leur pays* »[125].

Le courage des juges s'impose comme une nécessité pour la réalisation de l'idéal de justice. Son défaut est source de préjudice pour tous les requérants. Mais à la suite de ces affaires, il convient de s'interroger sur les critères permettant d'identifier la mise en œuvre effective de ce que l'on considère comme une « bonne justice ». Sur quel fondement peut-on bâtir l'édifice judiciaire dans les sociétés contemporaines ? Comment les différents instruments universels et régionaux des droits de l'homme appréhendent-ils ces critères de bonne justice ? Sont-ils convergents dans leurs exigences ? Y a-t-il des différences de conception entre les différentes régions du monde ?

IV. L'indépendance et l'impartialité du tribunal : leur consécration dans tous les systèmes de protection des droits de l'homme

L'étude des différents instruments universels et régionaux des droits de l'homme permet de constater le fait que tous insistent sur des critères convergents permettant de qualifier les exigences d'une bonne justice. Les notions d'indépendance et d'impartialité du tribunal, sont en tant que condition substantielle et processuelle de la réalisation d'une bonne justice effectivement consacrées aussi bien dans le système universel (A) que dans les systèmes régionaux de protection des droits de l'homme (B).

[124] *Ibid*, p. 65

[125] S. B NGUEKO, *Op. cit*, p. 63

A. La consécration dans le système universel de protection des droits de l'homme

Dans le système universel de protection des droits de l'homme, la consécration des exigences d'indépendance et d'impartialité du tribunal s'observe au travers de l'article 10 de la DUDH de 1948 et de l'article 14, § 1 du PIDCP de 1966. En effet, l'article 10 de la DUDH dispose que « *toute personne a droit, en pleine égalité, à ce que sa cause soit entendue équitablement et publiquement par un tribunal indépendant et impartial, qui décidera, soit de ses droits et obligations, soit du bien-fondé de toute accusation en matière pénale dirigée contre elle* ». Quant à l'article 14, § 1 du PIDCP, il dispose que « *tous sont égaux devant les tribunaux et les cours de justice. Toute personne a droit à ce que sa cause soit entendue équitablement et publiquement par un tribunal compétent, indépendant et impartial, établi par la loi, qui décidera soit du bien-fondé de toute accusation en matière pénale dirigée contre elle, soit des contestations sur ses droits et obligations de caractère civil. Le huis clos peut être prononcé pendant la totalité ou une partie du procès soit dans l'intérêt des bonnes mœurs, de l'ordre public ou de la sécurité nationale dans une société démocratique, soit lorsque l'intérêt de la vie privée des parties en cause l'exige, soit encore dans la mesure où le tribunal l'estimera absolument nécessaire lorsqu'en raison des circonstances particulières de l'affaire la publicité nuirait aux intérêts de la justice ; cependant, tout jugement rendu en matière pénale ou civile sera public, sauf si l'intérêt de mineurs exige qu'il en soit autrement ou si le procès porte sur des différends matrimoniaux ou sur la tutelle des enfants* ». À ces articles précités, il peut être rajouté les Principes fondamentaux relatifs à l'indépendance de la magistrature[126] constituant un instrument universel des droits de l'homme. L'article 2 de ces principes dispose que « *les magistrats règlent les affaires dont ils sont saisis impartialement, d'après les faits et conformément à la loi, sans restrictions et sans être l'objet d'influences, incitations, pressions, menaces ou interventions indues, directes ou indirectes, de la part de qui que ce soit ou pour quelque raison que ce soit* ».

[126] Adoptés par le septième Congrès des Nations Unies pour la prévention du crime et le traitement des délinquants qui s'est tenu à Milan du 26 août au 6 septembre 1985 et confirmés par l'Assemblée générale dans ses résolutions 40/32 du 29 novembre 1985 et 40/146 du 13 décembre 1985.

B. La consécration dans les systèmes régionaux de protection des droits de l'homme

Au niveau des systèmes régionaux de protection des droits de l'homme, différents instruments consacrent les exigences d'indépendance et d'impartialité du tribunal comme des qualités substantielles du procès équitable.

Dans le système européen de protection des droits de l'homme, les exigences d'indépendance et d'impartialité du tribunal trouvent leurs fondements et leurs consécrations dans l'article 6, §1 de la Convention européenne des droits de l'homme de 1950. En effet, l'article 6, § 1 de cette Convention dispose que « *toute personne a droit à ce que sa cause soit entendue équitablement, publiquement et dans un délai raisonnable, par un tribunal indépendant et impartial, établi par la loi, qui décidera, soit des contestations sur ses droits et obligations de caractère civil, soit du bien-fondé de toute accusation en matière pénale dirigée contre elle. Le jugement doit être rendu publiquement, mais l'accès de la salle d'audience peut être interdit à la presse et au public pendant la totalité ou une partie du procès dans l'intérêt de la moralité, de l'ordre public ou de la sécurité nationale dans une société démocratique, lorsque les intérêts des mineurs ou la protection de la vie privée des parties au procès l'exigent, ou dans la mesure jugée strictement nécessaire par le tribunal, lorsque dans des circonstances spéciales la publicité serait de nature à porter atteinte aux intérêts de la justice* ». Il peut être aussi cité l'article 47, § 2 de la Charte des droits fondamentaux de l'Union européenne de 2000 qui dispose que « *toute personne a droit à ce que sa cause soit entendue équitablement, publiquement et dans un délai raisonnable par un tribunal indépendant et impartial, établi préalablement par la loi. Toute personne a la possibilité de se faire conseiller, défendre et représenter* ».

Dans le système interaméricain de protection des droits de l'homme, il faut se référer à l'article 8, § 1 de la Convention américaine relative aux droits de l'homme de 1969 qui dispose que « *toute personne a droit à ce que sa cause soit entendue avec les garanties voulues, dans un délai raisonnable, par un juge ou un tribunal compétent, indépendant et impartial, établi antérieurement par la loi, qui décidera du bien-fondé de toute accusation dirigée contre elle en matière pénale, ou déterminera ses droits et obligations en matière civile ainsi que dans les domaines du travail, de la fiscalité, ou dans tout autre domaine* ». Il peut être aussi cité les articles XVIII et XXVI, § 2 de la Déclaration américaine des droits et devoirs de l'homme de 1948. En effet, l'article XVIII dispose que « *toute personne peut recourir aux tribunaux pour faire valoir ses droits. De même, il doit exister une procédure simple et rapide qui permette à la justice de la protéger contre les actes de l'autorité violant, à son préjudice, certains droits fondamentaux reconnus par la constitution* ». L'article XXVI, § 2 dispose que « *toute personne accusée de délit, a le droit de se faire entendre en audience impartiale et publique, d'être jugée par des tribunaux antérieurement établis en vertu des lois déjà existantes, et à ne pas se voir condamner à des peines cruelles, dégradantes ou inusitées* ».

Dans le système africain de protection des droits de l'homme, les exigences d'indépendance et d'impartialité du tribunal sont consacrées par les articles 26 et 7 § 1 (d) de la Charte africaine des droits de l'homme et des peuples de 1981. L'article 7 §1 (d) de la Charte africaine des droits de l'homme et des peuples dispose que « *toute personne a droit à ce que sa cause soit entendue. Ce droit comprend : le droit d'être jugé dans un délai raisonnable par une juridiction impartiale* ». En ce qui concerne l'article 26, il dispose que : « *les États parties à la présente Charte ont le devoir de garantir l'indépendance des tribunaux et de permettre l'établissement et le perfectionnement d'institutions nationales appropriées chargées de la promotion et de la protection des droits et libertés garantis par la présente Charte* ». À ces articles, l'on peut citer certaines dispositions du Protocole relatif à la Charte africaine des droits de l'homme et des peuples portant création d'une Cour africaine des droits de l'homme et des peuples de 1998. Tandis que l'article 17 de ce Protocole est relatif à *l'indépendance des juges*, l'article 18 dispose que « *les fonctions de juge à la Cour sont incompatibles avec toutes autres activités de nature à porter atteinte aux exigences d'indépendance ou d'impartialité liées à la fonction (...)* ».

Hormis ces trois (3) principaux systèmes régionaux de protection des droits de l'homme, il peut être fait référence au texte élaboré au sein de la ligue des États arabes. En effet, l'article 12 de la Charte arabe des droits de l'homme de 2004 dispose que « *toutes les personnes sont égales devant la justice. Les États parties garantissent l'indépendance de la justice et la protection des juges contre toute ingérence, pression ou menace. Ils garantissent également à tous les individus relevant de leur compétence l'accès aux juridictions de tous les degrés* ». L'article *13, a* de cette même Charte dispose que « *chacun a droit à un procès équitable dans lequel sont assurées des garanties suffisantes et conduit par un tribunal compétent indépendant et impartial établi préalablement par la loi qui décidera du bien-fondé de toute accusation en matière pénale dirigée contre elle ou se prononcera sur ses droits et ses obligations. Chaque État partie garantit à ceux qui n'ont pas les ressources nécessaires une aide juridictionnelle pour leur permettre de défendre leurs droits* ». Cette version révisée de la Charte arabe des droits de l'homme accorde une meilleure place aux droits de l'homme comparée à la version initiale de 1994.

Comme on peut le constater tous les instruments universels et régionaux de protection des droits de l'homme mettent en perspective deux critères comme piliers fondateurs permettant la réalisation d'une bonne justice. Il s'agit des notions d'indépendance et d'impartialité.

V. Définition des termes du sujet

Rendre la justice suppose l'existence d'une organisation spécifique structurée autour de la notion de tribunal. La bonne justice suppose que le tribunal présente les qualités d'indépendance et d'impartialité permettant la concrétisation du droit à un procès équitable[127]. Cela suppose que soient assurées les garanties relatives à l'organisation et à la composition du tribunal[128]. La définition des contours de la notion de tribunal considérée comme une notion autonome[129] par la Cour européenne des droits de l'homme[130] s'impose comme préalable à la précision des termes d'indépendance et d'impartialité qui constituent le cœur de notre recherche.

[127] Le procès équitable est au centre des notions autonomes dégagées par la jurisprudence de la Cour européenne des droits de l'homme. Cf. *Cahiers IDEDH* n°6, et F. SUDRE, Le recours aux « notions autonomes » *in* F. SUDRE (dir.), *L'interprétation de la Convention européenne des droits de l'homme*, Éd. Bruylant, Bruxelles, 1998, pp. 93-131.

[128] F. SUDRE, L. MILANO et H. SURREL, *Droit européen et international des droits de l'homme*, PUF, 14e édition mise à jour, 2019, p. 617.

[129] Les notions autonomes doivent être considérées comme une « technique d'interprétation autonome ». Il s'agit de concepts utilisés par la Cour EDH qui ont une signification propre dans le système normatif du Conseil de l'Europe et qui ne doivent donc pas être identifiés avec les concepts homonymes de tel ou tel ordre juridique interne ou national. Le professeur SUDRE précise ainsi que ces notions doivent être détachées du contexte national afin de les doter d'un sens européen. L'interprétation autonome des notions permet à la Cour EDH de surmonter l'obstacle de la qualification des droits internes.

[130] F. SUDRE, L. MILANO et H. SURREL, *Op. cit*, p. 617.

A. Le tribunal : la définition retenue dans ce travail

Plusieurs notions très connexes pourraient être mobilisées dans le cadre de cette recherche pour apprécier les exigences d'indépendance et d'impartialité. Nous aurions pu en effet utiliser la notion d'autorité judiciaire ou de pouvoir judiciaire telle qu'elle résulte de la théorie de la séparation des pouvoirs. Mais, nous avons préféré retenir la notion de tribunal consacrée par les articles 6 § 1 de la Convention EDH, 8 § 1 de la Convention ADH ou encore 7 § 1 et 26 de la Charte ADHP. En effet, toutes les Conventions régionales de protection des droits de l'homme font explicitement usage de la notion de « tribunal » ou « tribunaux » lorsqu'elles traitent des questions d'indépendance et d'impartialité. Ainsi, par fidélité au champ lexical des Conventions régionales, nous faisons le choix d'utiliser le terme de « tribunal » dans ce travail. Le tribunal doit être entendu au sens du droit des Conventions. Il n'est toutefois pas hasardeux qu'à certains moments de notre démonstration qui va suivre, les termes de justice, pouvoir judiciaire, juridictions ou magistrature soient utilisés. Il est à noter sur ce point que les notions de tribunal, justice, magistrature, juridiction ou pouvoir judiciaire ne sont pas des synonymes mais elles partagent un fort lien de connexité et une proximité conceptuelle. Ces notions pourront donc être utilisées indifféremment dans ce travail.

Le grand public a une vision assez étroite de la notion de tribunal, alors que la communauté des juristes l'envisage de manière beaucoup plus étendue. En effet, le tribunal n'est « *pas nécessairement une juridiction de type classique, intégrée aux structures judiciaires ordinaires du pays* »[131]. Le « *tribunal* » peut être un organe de type administratif, tel qu'une « *commission* », un « *comité* ». Peuvent être aussi considérés comme tribunal, les organes disciplinaires pénitentiaires[132] ou les organes disciplinaires corporatifs[133]. On doit cependant exclure de la notion de « *tribunal* », un organe qui ne posséderait que « *de simples attributions consultatives* ». La Cour européenne des droits de l'homme insiste sur le fait que le tribunal doit être habilité « *à prendre des décisions contraignantes dans le domaine de la cause* »[134].

[131] Cour EDH, *Campbell et Fell c. Royaume-Uni,* 28 juin 1984, § 76.
[132] Cour EDH, *Engel et autres c. Pays-Bas*, 8 juin 1976, § 89.
[133] Cour EDH, *Le Compte, Van Leuven et De Meyere c. Belgique*, 23 juin 1981, § 51.
[134] Cour EDH, *Van de Hurk c. Pays-Bas*, 19 avril 1994, § 45.

Pour le Comité des droits de l'homme, la notion de tribunal comprend tout organe exerçant une fonction juridictionnelle[135]. Il s'agit d'un « *organe, quelle que soit sa dénomination, qui est établi par la loi, qui est indépendant du pouvoir exécutif et du pouvoir législatif ou, dans une affaire donnée, qui statue en toute indépendance sur des questions juridiques dans le cadre de procédures à caractère judiciaire* »[136]. Par ailleurs le tribunal doit, selon l'ensemble des conventions générales des droits de l'homme, être « *établi par la loi* »[137].

C'est cette conception du tribunal qui sera retenue dans le cadre de ce travail.

Le tribunal, ainsi défini, doit réunir deux qualités essentielles qui ne souffrent d'aucune exception[138] : *l'indépendance et l'impartialité*, qualités qui sont d'ailleurs souvent liées dans la jurisprudence des organes internationaux[139]. Les principes d'impartialité et d'indépendance sont les deux clés de voûte du système judiciaire, mais, alors que le principe d'indépendance concerne le statut du juge dans l'État, le principe d'impartialité concerne les rapports qu'entretient le juge vis-à-vis du justiciable[140].

B. L'indépendance du tribunal

Pour apprécier « *l'indépendance d'un tribunal* »[141], les organes internationaux sont sensibles à certains éléments, tels que le mode de

---

[135] Comité dr. h., *Droit à l'égalité devant les tribunaux et les cours de justice et à un procès équitable (Article 14)*, Observation générale n° 32, 2007, § 7 (voy. également les commentaires du Comité concernant les tribunaux de droit coutumier et les tribunaux religieux, § 24) ; Comité dr. h., *Perterer c. Autriche*, constatations du 20 juillet 2004, communication n° 1015/2001, § 9. 2.

[136] Comité dr. h. *Droit à l'égalité devant les tribunaux et les cours de justice et à un procès équitable (Article 14)*, Observation générale n° 32, 2007, § 18.

[137] L. HENNEBEL, H. TIGROUDJA, *Traité de droit international des droits de l'homme*, Éd. Pedone, 2018, p.1336.

[138] Comité dr. h., *Droit à l'égalité devant les tribunaux et les cours de justice et à un procès équitable (Article 14)*, Observation générale n° 32, 2007, § 19 ; Comité dr. h., *Gonzalez del Rio c. Pérou*, constatations du 28 octobre 1992, communication n° 263/1987, § 5,2.

[139] L. HENNEBEL, H. TIGROUDJA, *Op. cit*, p.1338.

[140] *Ibid*, p. 51.

[141] Voy. également sur l'indépendance des magistrats les principes fondamentaux relatifs à l'indépendance de la magistrature adoptés par le congrès des Nations Unies pour la prévention du crime et le traitement des délinquants, et confirmés par l'Assemblée générale des Nations Unies dans ses résolutions 40/32 du 29 novembre 1985 et 40/146 du 12 décembre 1985. Ces principes sont cités par la Cour interaméricaine, voy. Notamment : Cour IDH, *Affaire du Tribunal Constitutionnel c. Pérou*, arrêt du 31 janvier 2001, fond, Série C n° 71, §74.

désignation et la durée du mandat des membres de la juridiction[142] ainsi que les garanties juridiques établies contre les pressions extérieures[143] dont celles issues du pouvoir exécutif [144] , et l'apparence de l'indépendance[145]. Le principe d'inamovibilité, qui interdit de nommer un juge à un autre poste, y compris en avancement, est un principe fondateur de l'indépendance du juge[146]. Afin de préserver leur « *droit à l'indépendance* », la révocation des juges doit être strictement régulée[147]. La révocation pour faute, incompétence ou tout autre motif grave doit respecter pleinement les règles du procès équitable [148] . La Cour interaméricaine des droits de l'homme souligne en particulier le lien entre le principe de séparation des pouvoirs, la préservation de la démocratie et l'indépendance des juges qui doit être garantie notamment dans le cadre de la procédure de nomination et de destitution[149]. Pour le Comité des droits de l'homme, « *les juges ne peuvent être révoqués que pour des motifs graves, pour faute ou incompétence, conformément à des procédures équitables assurant l'objectivité et l'impartialité, fixées dans la Constitution ou par la loi. La révocation d'un juge par le pouvoir exécutif, par exemple avant l'expiration du mandat qui lui avait été confié, sans qu'il soit informé des motifs précis de cette décision et sans qu'il puisse se prévaloir d'un recours utile pour la contester, est incompatible avec l'indépendance du pouvoir judiciaire* » [150] . Le

---

[142] Cour EDH, *Campbell et Fell c. Royaume,* 28 juin 1984, §§ 79-80.

[143] Cour EDH, *Parlov-Tkalcic c. Croatie*, arrêt du 22 décembre 2009, § 86.

[144] Cour EDH, *Campbell et Fell c. Royaume,* 28 juin 1984 ; sur l'importance de l'inamovibilité des magistrats, voy. Cour IDH, *Cour Suprême de Justice c. Équateur*, arrêt du 23 août 2013, Série C n° 266, § 145 ; Comité dr. h., *Bahamonde c. Guinée équatoriale*, constatations du 20 octobre 1993, communication n° 468/1991, § 9,4 ; Comité dr. h., *Pastukhov c. Belarus*, constatations du 5 août 2003, communication n° 814/1998, § 7,3. Pour un exemple devant la Commission africaine concernant une cour de sûreté étroitement contrôlée par le Président de la République, voy. Comm. afr. dr. h. p., *Egyptian Initiative for personal Rights and Interights v. Egypt*, décision des 23 février-3 mars 2011, pétition n° 334/06, §§ 200-201.

[145] Cour EDH, *Findlay c. Royaume-Uni*, arrêt du 25 février 1997, §73.

[146] L. FONTAINE, *Op. cit*, p. 48.

[147] L. HENNEBEL, H. TIGROUDJA, *Op. cit,* p.1339.

[148] Comité dr. h., *Droit à l'égalité devant les tribunaux et les cours de justice et à un procès équitable (Article 14)*, Observation générale n° 32, 2007, §20 ; Comité dr. h., *Pastukhov c. Belarus*, constatations du 5 août 2003, communication n° 814/1998, § 7,3 ; Comité dr. h., *Mundyo Busyo et al. c. République démocratique du Congo*, constatations du 31 juillet 2003, communication n° 933/2000, § 5,2.

[149] Cour IDH, *Lopez Lone et al. c. Honduras*, arrêt du 5 octobre 2015, Série C n° 302, §§148 et s. ; Cour IDH, *Affaire du Tribunal Constitutionnel c. Pérou*, arrêt du 31 janvier 2001, fond, Série C n° 71, § 73.

[150] Comité dr. h., *Droit à l'égalité devant les tribunaux et les cours de justice et à un procès équitable (Article 14)*, Observation générale n° 32, 2007, §20.

professeur Koffi AHADZI[151] rappelle que « *l'indépendance de la justice appartient à l'identité même d'un régime démocratique, sans laquelle aucune garantie de droits n'existe* »[152]. Cette allégation est un rappel du lien intrinsèque qui existe entre démocratie, État de droit et indépendance de la justice. D'ailleurs, « *l'indépendance des juges est une condition inhérente à l'État de droit* »[153]. Le professeur Adama KPODAR[154] présente l'exigence d'indépendance comme « *une norme impérative du droit international ayant une portée de jus cogens* »[155]. En d'autres termes, l'exigence d'indépendance du tribunal est une norme importante dont le respect et la garantie passent en priorité. Elle constitue l'un des traits caractéristiques de tout tribunal digne de ce nom.

C. L'impartialité du tribunal

L'idée d'impartialité est relative au déroulement du procès et signifie d'une part, que le magistrat ou le juge ne favorise pas l'une ou l'autre partie pendant le procès, d'autre part, que les parties bénéficient de chances égales pour présenter leurs arguments, enfin, que le tribunal se prononce sans parti pris sur les preuves qui lui sont apportées[156].

L'impartialité exige que « *les juges n'aient pas d'idées préconçues au sujet de l'affaire dont ils sont saisis* »[157]. La Cour européenne des droits de l'homme considère qu'elle recouvre deux aspects[158]. « *Il faut d'abord que le tribunal ne manifeste subjectivement aucun parti pris ni préjugé personnel* », ce qui requiert d'essayer de déterminer ce que le juge pensait en son for intérieur en telle circonstance et si son

[151] Ancien président de l'Université de Lomé, Togo.

[152] K. AHADZI-NONOU, « Droits de l'homme et développement : théorie et réalités » *in Revue nigérienne de droit*, 2003, P 45.

[153] C. RAYSSEGUIER, « Spécificité du pouvoir des juges, indépendance et responsabilité », *in* Léonid GOLOVKO et Bertrand MATHIEU, Le Juge et l'État, Éd. Mare et Martin, 2018, p. 68.

[154] Vice-président de l'Université de Kara, Togo.

[155] A. KPODAR, « Les droits catégoriels : philosophie et spécificité », *Revue béninoise des sciences juridiques et administratives*, 2007, n° 18, p.29 et s.

[156] Amnesty International, section française, *Protéger les droits humains, Outils et mécanismes juridiques internationaux*, Éd. Juris-Classeur, 2003, p.169.

[157] Comité dr. h., *Perterer c. Autriche*, constatations du 20 juillet 2004, communication n° 1015/2001, § 10,2.

[158] Cour EDH, *Findlay c. Royaume-Uni*, arrêt du 25 février 1997, § 73. Comm. IDH, *Guy Malary c. Haïti*, décision du 27 décembre 2002, pétition n° 11 335, Rapport n° 78/02, § 74 : la Commission interaméricaine s'inspire très explicitement de la jurisprudence européenne sur ce point.

appréciation était viciée par un parti pris ou un préjugé[159]. « *Ensuite, le tribunal doit être objectivement impartial, c'est-à-dire offrir des garanties suffisantes pour exclure à cet égard tout doute légitime* »[160]. Ces deux aspects de l'impartialité dégagée par la Cour européenne des droits de l'homme ont été repris par toutes les autres juridictions, notamment régionales de protection des droits de l'homme. Pour Solange NGONO[161], « *l'impartialité se définit d'ordinaire comme l'absence de préjugé ou de parti pris. Un tribunal impartial est une juridiction indépendante donc pas sujette à des influences extérieures et qui peut produire une justice équitable, objective et juste* »[162]. Jean-Claude MAGENDIE relève que, « *l'impartialité se donne à voir dans (...) l'attitude du juge, qui doit suivre une procédure équitable et être neutre par rapport à la situation qui lui est soumise, par rapport aux parties en litige, par rapport au contexte du litige ; il doit se garder à distance afin d'éviter tout risque d'interférence de ses appartenances politiques, philosophiques ou syndicales avec la décision qu'il sera amené à prendre et qui s'en trouverait obérée* »[163]. L'impartialité « *est un critère non négociable parmi les critères qui forment la bonne décision de justice* [...] *Elle signifie qu'un juge ne peut être à la fois juge et partie* »[164].

D. L'indépendance et l'impartialité : des notions proches mais cependant distinctes

Très proches, les exigences d'indépendance et d'impartialité ne se confondent pas pour autant. L'indépendance s'exprime en externe, par rapport à d'autres pouvoirs que le pouvoir judiciaire, celui de l'exécutif et du législatif bien sûr, mais aussi tout pouvoir de fait (celui des médias,

---

[159] Comm. IDH, *Guy Malary c. Haïti*, décision du 27 décembre 2002, pétition n° 11 335, Rapport n° 78/02, § 74.

[160] Cour EDH, *Findlay c. Royaume-Uni*, arrêt du 25 février 1997, § 73. Voy. également en ce sens : Cour IDH, *Flor Freire c. Équateur*, arrêt du 31 août 2016, Série C n° 315, §§ 168 et s.

[161] Docteur en droit privé, chargée d'enseignement à l'Université de Yaoundé II-Cameroun.

[162] S. NGONO, commentaire de l'article 7, § 1 *in* « La Charte africaine des droits de l'homme et des peuples et le protocole y relatif portant création de la Cour africaine des droits de l'homme », (dir.) M. KAMTO, éd. Bruylant, 2011, p. 190.

[163] J-C. MAGENDIE, « La magistrature au défi de l'impartialité », *in* Léonid GOLOVKO et Bertrand MATHIEU, *Op. cit*, p. 184.

[164] A. Van den BRANDEN, *Les robots à l'assaut de la justice. L'intelligence artificielle au service des justiciables*, éd. Bruylant, 2019, p. 39.

des firmes multinationales, par exemple) ou encore des parties[165]. Elle relève d'un *statut*, plus ou moins protecteur[166]. L'impartialité est davantage liée à l'organisation et au fonctionnement interne des juridictions, ainsi qu'aux qualités personnelles du juge ; en ce sens c'est une *vertu*[167]. Le Conseil constitutionnel français distingue aussi, dans sa décision 2014-704 DC du 11 décembre 2014, l'indépendance de l'impartialité, tout en rattachant ces deux exigences à l'article 16 de la Déclaration des droits de l'homme et du citoyen de 1789[168]. En effet, dans cette affaire, il était question de la constitutionnalité d'une loi relative à la désignation des conseillers prud'hommes. Le Conseil constitutionnel français, dans cette décision, ne retiendra pas de méconnaissance des exigences d'indépendance et d'impartialité des juridictions. L'indépendance est un préalable à l'impartialité. En effet, le critère de l'impartialité ne peut être assuré, si, au préalable la juridiction n'est pas indépendante. Mais à l'inverse, un juge indépendant de tout pouvoir peut-être partial ou le devenir dans un dossier particulier[169].

Ces qualités sont indispensables pour conforter la confiance que le public porte à la justice, et, en matière pénale surtout, les personnes mises en accusation et condamnées[170]. Ces qualités concernent à la fois la composition du tribunal et le comportement de ses membres, y compris du jury[171]. Il est à relever que le Comité des droits de l'homme a jugé que les tribunaux composés de « *juges sans visage* » (« *jueces sin rostro* ») mis en place dans des contextes de lutte contre le terrorisme au Pérou et en Colombie mais également en Algérie et dont les procédures excluent parfois l'accusé et son représentant sont manifestement contraires à l'article 14 du PIDCP[172]. De tels « *tribunaux* » ne

---

[165] S. GUINCHARD et autres, *Droit processuel, Droit fondamentaux du procès*, Dalloz, 10e éd, 2019, p. 841.

[166] M. LOMBARD, « Une expérience pragmatique de l'indépendance du juge à travers le CSM », *Mélanges* Zoller, Dalloz, 2018, p. 755.

[167] S. GUINCHARD et autres, *Op. cit*, p. 841.

[168] B. MATHIEU, « La justice, quel statut pour quelles fonctions », *in* Léonid GOLOVKO et Bertrand MATHIEU, *Op. cit*, p. 36.

[169] S. GUINCHARD et autres, *Op. cit*, p. p. 842.

[170] Cour EDH, *Sahiner c. Turquie*, arrêt du 25 septembre 2001, § 44.

[171] Cour EDH, *Farhi c. France*, arrêt du 16 janvier 2007, § 23. Cour EDH, *Hanif et Khan c. Royaume-Uni*, arrêt du 20 décembre 2011 : la présence d'un policier parmi les membres du jury porte atteinte à l'impartialité objective du tribunal malgré les garanties procédurales prévues (prestation de serment, présence d'autres jurés…) ; Cour interam. dr. h, *Palamara Iribarne c. Chili*, arrêt du 22 novembre 2005, Série C n° 135, § 124 ; Cour IDH, *Lori Berenson Mejia c. Pérou*, arrêt du 25 novembre 2004, fond, Série C n° 119, § 143.

[172] Comité dr. h., *Carranza Alegre c. Pérou*, constatations du 28 octobre 2005, communication n° 1126/2002, § 7.5 et Comité dr. h., *Becerra Barney c. Colombie*, constatations du 11 juillet 2006,

permettent pas de contrôler l'indépendance, l'impartialité, ni même la compétence des juges qui y siègent[173].

Luc FONTAINE souligne que *« l'indépendance et l'impartialité constituent les deux principes fondamentaux du système judiciaire puisque ces deux principes viennent garantir au justiciable que l'acte de juger sera seulement déterminé par des arguments issus du débat judiciaire, en dehors de toute pression ou de tout préjugé, et ce conformément à la règle de droit »*[174]. L'indépendance et l'impartialité doivent non seulement être réelles, mais encore être ressenties comme telles par le justiciable[175]. Le juge doit être impartial, mais plus encore il doit être considéré et perçu comme tel par les parties au procès[176].

Le courage de juger au regard des critères d'une bonne justice que sont l'indépendance et l'impartialité s'inscrit dans un contexte juridique qu'il conviendra de préciser et de délimiter.

VI. Méthodologie, Délimitation du sujet, difficultés rencontrées

Le fil conducteur qui a inspiré notre étude est celui de la recherche de l'idéal d'une bonne justice. Il nous a semblé que pour évaluer le courage de juger au regard de l'indépendance et de l'impartialité dans les systèmes régionaux de protection des droits de l'homme, une méthode analytique avait toute sa place permettant d'intégrer des facteurs socio-économiques, politiques mais aussi géographiques. Pour répondre à notre projet de recherche, la méthode de l'idéal-type proposé par Max WEBER est particulièrement pertinente. « *L'idéal-type est une image mentale obtenue non par généralisation des traits communs à tous les individus mais par rationalisation utopique. On rassemble des traits plus ou moins épars ici et là, on souligne, on exagère : finalement on substitue un ensemble cohérent et rationnel à la confusion du réel* »[177].

Ainsi, à partir de jurisprudences ou de décisions emblématiques, illustratives, caractéristiques ou même contre-productives des notions

---

communication n° 1298/2004, § 7,2 ; Comité dr. h., *Mechani c. Algérie*, constatation du 22 mars 2013, communication n° 1807/2008, §8,8. En droit interaméricain, pour un rappel de la jurisprudence pertinente, voy. également Cour IDH, *J. c. Pérou*, arrêt du 27 novembre 2013, Série C n° 275, §184.

[173] L. HENNEBEL, H. TIGROUDJA, *Op. cit*, p.1338.

[174] L. FONTAINE, *Op. cit*, p. 45.

[175] *Id. Ibid*

[176] *Id. Ibid*

[177] M. WEBER, *Sociologie du droit*, 2e éd. « Quadrige », PUF, 2013, p. 13

d'indépendance et d'impartialité, nous proposerons un cadre général propice à la réalisation de cet idéal d'une bonne justice.

Pour mener à bien cette analyse, nous avons procédé à un recensement systématique autant que possible et à une interprétation des textes juridiques se rapportant à notre sujet. Des observations et réflexions sur le contenu de ces textes seront au cœur de ce travail. La circularité et l'interaction entre les différents systèmes régionaux de protection des droits de l'homme mais aussi leur originalité seront notamment soulignées.

Dans notre étude, nous avons choisi de focaliser notre réflexion sur les trois principaux systèmes régionaux de protection des droits de l'homme pour lesquels nous procéderons à une analyse comparatiste. Il sera recensé les éléments de fond et de forme qui leur sont communs et ceux qui les distinguent. Nous avons exclu la Charte arabe.

Pour éviter un champ d'investigation trop large, nous avons également décidé d'exclure du cadre de notre recherche les décisions de la CJUE, de la CPI, de la CIJ qui bien qu'elles répondent à la notion de tribunal telle que nous l'avons défini, répondent à des logiques différentes. Par ailleurs, une comparaison de la jurisprudence des juridictions régionales de protection des droits de l'homme ainsi que de certaines juridictions nationales des États parties aux conventions régionales de protection des droits de l'homme, sera faite dans notre travail. Deux raisons peuvent être avancées pour justifier l'extension non systématique aux juridictions nationales, voire aux autorités administratives dans le cadre de cette recherche. La première raison résulte du fait que les contributions nationales peuvent apporter un éclairage pertinent et complémentaire au sujet. La deuxième raison est de permettre de pallier l'insuffisance d'affaires, notamment pour la Cour IDH et la Cour ADHP. Par conséquent, même si le droit régional de protection des droits de l'homme – textes et jurisprudences – est au centre de notre réflexion, les droits nationaux – textes et jurisprudences – ne sont pas exclus. L'effectivité des textes juridiques, l'autorité de la chose jugée par les organes juridictionnels (surtout dans le système africain de protection des droits de l'homme), sont des questions que nous nous poserons tout au long de notre travail. Pour chaque problème posé, il conviendra d'exposer les solutions qui sont celles des systèmes régionaux de protection des droits de l'homme.

L'étude des exigences d'indépendance et d'impartialité du tribunal, telles qu'elles sont comprises dans les systèmes régionaux de protection des droits de l'homme, permettra d'apprécier l'effectivité de leur application ainsi que les critères de bonne justice retenus au niveau régional.

En outre, grâce à cette analyse comparatiste, on pourra s'interroger au cours de ce travail sur le point de savoir si ces systèmes régionaux de protection des droits de l'homme sont sur un pied d'égalité ou non dans la promotion et la protection des exigences d'indépendance et d'impartialité du tribunal. On pourra évaluer si ces exigences du procès équitable sont appliquées de manière identique dans l'ensemble des systèmes régionaux de protection des droits de l'homme ou si au contraire chaque système conserve son originalité. De plus, ce travail de comparaison permettra de vérifier si les critères de bonne justice sont transposables en l'état dans les contextes juridiques régionaux. Nous pourrons également constater s'il y a des emprunts normatifs entre les différents systèmes régionaux de protection des droits de l'homme, ou encore, s'il existe une hégémonie d'un système régional sur les autres. Nous pourrons ainsi vérifier s'il apparaît un processus d'acculturation ou de mimétisme juridique.

A. Une méthode comparatiste inscrite dans les repères de l'anthropologie juridique

Cette méthode de travail nous permettra de nous plonger dans la culture des différents continents, notamment l'Europe, l'Afrique et l'Amérique latine. Ce sont des continents, aux histoires parfois liées, à cause de la colonisation, mais des continents qui possèdent cependant des cultures, des valeurs, des mentalités et des réalités très différentes. En effet, même si nous sommes de plus en plus reliés dans un univers interconnecté à cause de la mondialisation, le mode de vie de chaque continent diffère singulièrement de celui des autres. Les sociétés européennes sont individualistes, tandis que les sociétés africaines et latino-américaines, sont davantage holistes et attachées à un mode de vie communautaire[178].

Le niveau de développement des continents est également à géométrie variable. La pauvreté, les criantes inégalités socio-

[178] Sur ce dernier point, Guy HERMET écrit, *« en Europe ou en Amérique du Nord, la position sociale d'un individu est censée résulter d'un choix qui lui est propre. Dans les sociétés de tendance holiste telles que celles de l'Amérique latine, c'est à l'inverse le social qui s'impose à la personne et qui fixe son identité. La personne prolonge l'ensemble social ; elle ne s'en distingue pas.* » Voir : G. HERMET, « Citoyenneté et nationalité en Amérique latine », *Commentaire*, n° 58, hiver 1992, p. 346

économiques sont des maux qui frappent davantage les États africains et latino-américains que les États européens. En Europe, la démocratie et ses principes sont plutôt bien appliqués. L'alternance politique est à quelques exceptions près une réalité. La liberté d'expression est avérée et les conflits post-électoraux sont quasi inexistants. En revanche, en Afrique et en Amérique latine, la démocratie est récente et reste imparfaite dans son application. L'instabilité institutionnelle et politique, les dictatures militaires, l'autoritarisme, les coups d'État sont des maux qui ont longtemps fragilisé l'affirmation de la démocratie dans les États africains et latino-américains. Chaque société est donc un « *espace d'intelligibilité* »[179] spécifique qui se distingue des autres, et qui interdit les généralisations trop hâtives. Au contraire, c'est la prudence qui s'impose et la modestie du chercheur dans les conclusions qu'il sera amené à formuler d'autant qu'un certain nombre de difficultés ont emmaillé la constitution de l'appareil bibliographique et documentaire.

B. Une recherche émaillée de difficultés

La principale difficulté de cette recherche concerne la disparité des ressources documentaires. Tandis que le mécanisme européen de protection des droits de l'homme abonde de ressources en matière d'indépendance et d'impartialité du tribunal, les autres mécanismes régionaux de protection des droits de l'homme font l'objet de ressources plus limitées et beaucoup moins documentées, et notamment pour l'Afrique. Cependant, nous avons mobilisé un nombre d'affaires très important en recourant directement aux ressources documentaires des Cours sans que pour l'Afrique notamment, il y ait de véritables analyses doctrinales. C'est donc un travail de première main que nous avons réalisé.

L'accessibilité aux ressources documentaires sur l'indépendance et l'impartialité du tribunal dans le système africain de protection des droits de l'homme est complexe et la jurisprudence africaine de protection des droits de l'homme est difficile d'accès. En effet, c'est seulement le 4 juillet 2019 que la Cour africaine des droits de l'homme et des peuples a lancé le volume 1 de son recueil de jurisprudence. Avant cette date récente, il était difficile d'exploiter convenablement la jurisprudence de cette Cour. En revanche, l'accès aux décisions de la Commission africaine des droits de l'homme et des peuples est plus aisé grâce à son

[179] C. LEFORT, *Essai sur le politique, XIXe-XXe siècle*, Paris, Seuil, 1986.

site internet et le site web de Pretoria University Law Press (PULP). Concernant le système africain de protection des droits de l'homme, ce sont principalement les affaires portées devant la Commission africaine qui serviront de base documentaire à notre travail.

S'agissant du système interaméricain de protection des droits de l'homme, les difficultés rencontrées sont d'un autre ordre. Contrairement au système africain caractérisé par la pénurie des sources, le système interaméricain est bien référencé par de nombreux ouvrages doctrinaux. En revanche, une autre difficulté dans le traitement des affaires résulte du fait que les questions majoritairement traitées dans la jurisprudence de la Cour IDH portent principalement sur le droit à la vie et à l'intégrité physique et morale, à l'impunité, au droit des peuples autochtones ou indigènes. Si on retrouve dans la jurisprudence interaméricaine des droits de l'homme, des affaires relatives à l'indépendance et l'impartialité du tribunal, ce contentieux n'est pas aussi riche, abondant et fourni que celui traité par la Cour européenne des droits de l'homme. De plus, le juge interaméricain, sur ces questions d'indépendance et l'impartialité du tribunal, se réfère quasiment au raisonnement de son homologue européen.

Ce déséquilibre dans le volume des affaires concernant strictement les contours de notre sujet pourrait d'un premier abord être un handicap fragilisant notre recherche. Ce dernier offre au contraire l'occasion de vérifier l'importance des interactions entre les différents systèmes régionaux. Il révèle les marges de progression notamment en Afrique grâce à un dialogue des juges de plus en plus soutenu.

VII. Problématique et plan

Dans ce travail, nous nous emploierons à dégager l'attitude qui doit être celle des juges et des tribunaux afin de réaliser cet idéal de bonne justice, celle que réclame le justiciable ou plus largement l'opinion publique. Il sera aussi question de définir les critères de ce que l'on peut attendre d'une bonne justice au regard des critères du procès équitable.

Le « courage de juger » en lien avec les exigences d'indépendance et d'impartialité du tribunal dans les mécanismes régionaux de protection des droits de l'homme, s'inscrit dans une relation complexe et systémique entre un corpus juridique formel, des règles contentieuses processuelles et des attentes très précises des justiciables, elles-mêmes reliées à un contexte socio-économique et politique particulier.

L'interaction constante entre les droits nationaux et le droit régional d'une part, et d'autre part les droits régionaux entre eux apportent par ailleurs un élément clef du système d'explication.

L'indépendance et l'impartialité du tribunal sont-elles comprises de la même manière dans les trois principaux systèmes régionaux de protection des droits de l'homme ? Pour assurer la garantie de l'indépendance et l'impartialité du tribunal, existe-t-il un dialogue des juges ? Le courage de juger en tant que condition substantielle permettant de concrétiser l'idéal d'une bonne justice est-il une réalité dans l'ensemble des mécanismes régionaux de protection des droits de l'homme ?

En quoi les exigences d'indépendance et d'impartialité du tribunal sont-elles des véhicules efficaces pour une bonne justice ?

En quoi participent-elles du courage de juger dans les systèmes régionaux de protection des droits de l'homme ?

Toutes ces questions qui constituent le cœur de notre problématique feront l'objet de notre recherche qui se déroulera selon le plan qui va suivre.

La réalisation d'une bonne justice nécessite un courage de juger au regard de l'indépendance (Partie I) et de l'impartialité du tribunal (Partie II).

PARTIE I :

LE COURAGE DE JUGER AU REGARD DE L'INDÉPENDANCE DU TRIBUNAL

« *Sans une personne, la Justice et la Raison ne font rien* »[1]. Cette personne est incarnée par le juge, qui intervient comme acteur essentiel pour la réalisation d'une bonne justice. Or, il lui faut une bonne dose de courage dans l'exercice de ses fonctions pour bien juger. Le courage, « *n'est ni un savoir, ni une opinion, mais est intimement lié à une décision. Il consiste à agir dans l'instant où il le faut sans céder à la peur* [2] [...] *Tenir face à des pressions externes et internes suppose aussi une sorte de courage émanant du sentiment d'être, à ce moment-là, le dernier rempart des libertés* »[3].

Selon le professeur Serge GUINCHARD, « *pour les juges, l'exigence d'indépendance se traduit par l'élaboration d'un statut protecteur, dont l'inamovibilité est l'un des éléments essentiels, et par l'interdiction des immixtions dans l'exercice de leurs fonctions* »[4].

Pour les justiciables, l'exigence d'indépendance du tribunal ou du juge est un préalable à la garantie de leurs droits fondamentaux, à la réalisation d'une justice juste et équitable. L'indépendance des juges et des tribunaux n'est pas un privilège octroyé dans leur propre intérêt, mais elle leur est garantie dans l'intérêt des justiciables et elle est nécessaire pour maintenir la confiance du public dans l'impartialité de l'administration de la justice[5]. L'indépendance des magistrats constitue donc une garantie pour les citoyens[6]. Ainsi, l'indépendance (des juges) vise à garantir à toute personne le droit fondamental de voir son cas jugé

---

[1] E. KANTOROWICZ, *Les Deux Corps du Roi,* Paris, Gallimard, 1989, p. 113.
[2] D. SALAS, *Op. cit*, p. 24.
[3] *Ibid,* p. 29.
[4] S. GUINCHARD, Traité *de droit processuel, Droit commun du procès*, éd. 2001, 596, p. 707.
[5] R. DUPLE, *in L'indépendance de la justice*, Actes du Deuxième Congrès de l'AHJUCAF, p. 86.
[6] B. MATHIEU, *Justice et politique : la déchirure ?,* LGDJ, 2015, p. 112.

équitablement, sur le seul fondement de l'application du droit et en absence de toute influence indue[7].

L'indépendance du tribunal, indispensable pour assurer une bonne justice, bien que reconnue et consacrée par l'ensemble des systèmes régionaux de protection des droits de l'homme, est confrontée à des pressions externes que le tribunal doit surmonter afin de conserver son indépendance (Titre I). En outre, cette indépendance est menacée par des pressions internes au monde judiciaire. Pour protéger l'indépendance du tribunal face à ces diverses pressions, des mécanismes juridiques sont prévus par les instruments régionaux de protection des droits de l'homme (Titre II).

[7] Recommandation du 17 novembre 2010 (CM/Rec/2010/12, paragraphe n° 3) du Comité des ministres du Conseil de l'Europe aux États membres « sur les juges : indépendance, efficacité et responsabilités ».

TITRE 1 :

UNE EXIGENCE D'INDÉPENDANCE DU TRIBUNAL FACE AUX PRESSIONS EXTERNES

Exiger l'indépendance d'une juridiction, c'est permettre à celle-ci et aux membres qui la composent d'exercer leurs fonctions dans des conditions qui puissent leur permettre de trancher les affaires en toute sérénité. Considérée comme une garantie essentielle du procès équitable dans l'ensemble des systèmes régionaux de protection des droits de l'homme, l'indépendance du tribunal renvoie à la liberté d'exercer la fonction juridictionnelle. Le Tribunal indépendant, quelle que soit la société dans laquelle on se situe, ou le système juridique dans lequel on se positionne, est celui qui exerce sa mission de juger en toute liberté, sans entraves ou immixtions. Cette liberté de décision du tribunal et des juges doit également exister à l'égard des parties au procès. En effet, dans l'ensemble des systèmes régionaux de protection des droits de l'homme, on retrouve des dispositions s'y rapportant. Dans le système interaméricain de protection des droits de l'homme, on peut citer l'article 19 §1 du statut de la Cour IDH qui dispose que « *Les juges doivent s'abstenir de connaître d'une espèce dans laquelle des membres de leurs familles ou eux-mêmes ont un intérêt direct ou à laquelle ils seraient intervenus auparavant à titre d'agents, de conseillers ou d'avocats, ou comme membres d'un tribunal national ou international, ou d'une commission d'enquête, ou en toute autre qualité, selon l'avis de la Cour interaméricaine des Droits de l'Homme* ». Dans le système européen de protection des droits de l'homme, on peut citer l'article 28 § 2 du règlement de la Cour EDH du 14 novembre 2016. En effet, cet article dispose que « *Aucun juge ne peut participer à l'examen d'une affaire : a) s'il a un intérêt personnel dans celle-ci, du fait par exemple d'un lien conjugal ou parental, d'un autre lien de proche parenté, d'un lien personnel ou professionnel étroit, ou d'un lien de subordination avec l'une quelconque des parties ; b) s'il est antérieurement intervenu dans l'affaire, soit comme agent, conseil ou conseiller d'une partie ou d'une personne ayant un intérêt dans l'affaire, soit, au niveau national ou au niveau international, comme membre d'une autre juridiction ou commission d'enquête, ou à tout autre titre ; (...)* ». Enfin, dans le système africain, il y a l'article 8 § 4 (a) (b) du règlement intérieur de la Cour ADHP qui dispose qu'« *Aucun membre de la Cour ne peut participer à l'examen d'une affaire : (a) s'il est antérieurement intervenu dans celle-ci, comme agent, conseil, ou avocat de l'une des parties, membre d'un tribunal national ou international, d'une commission d'enquête, ou à tout autre titre ; (b) s'il a un intérêt personnel dans cette affaire, du fait par exemple d'un lien conjugal ou parental, d'un autre lien de proche parenté, d'un lien personnel ou professionnel étroit, ou d'un lien de subordination avec l'une quelconque des parties* ». Cet article 8 §4 (a) (b) du règlement intérieur de la Cour ADHP se rapproche à plusieurs égards, dans sa formulation et son contenu, de l'article 19 §1 du statut de la Cour IDH et de l'article 28 §2 du règlement de la Cour EDH.

Cependant, dans la pratique et suivant les systèmes régionaux de protection des droits de l'homme, la liberté d'exercer la fonction juridictionnelle vis-à-vis des autres pouvoirs peut être contrariée et voire même sérieusement entravée par plusieurs obstacles.

L'indépendance du tribunal est d'abord confrontée à l'influence traditionnelle des pouvoirs politiques (chapitre I). À cela il convient de rajouter que cette indépendance est menacée par l'influence grandissante du monde économique et médiatique (chapitre II).

CHAPITRE I :

UNE INDÉPENDANCE DU TRIBUNAL PAR RAPPORT AUX POUVOIRS POLITIQUES

L'indépendance du pouvoir judiciaire requiert que les tribunaux soient autonomes par rapport aux autres pouvoirs et qu'ils soient libres de toute influence, menace ou interférence [1]. De manière générale, l'indépendance de la justice s'analyse par rapport aux autres pouvoirs, qu'il s'agisse de l'exécutif ou du législatif, mais aussi à l'égard des parties. Cette question des relations avec les parties relève plus de l'impartialité que de la notion d'indépendance stricto sensu. C'est la raison pour laquelle nous réserverons des développements plus approfondis dans la deuxième partie de ce travail[2].

L'indépendance de la justice par rapport aux pouvoirs politiques est liée au principe constitutionnel de la séparation des pouvoirs tel que formulé par Locke[3] puis théorisé par Montesquieu[4]. La séparation des pouvoirs renvoie plus à l'exercice des fonctions qu'au fondement du pouvoir. Ainsi, de manière fonctionnelle, la séparation des pouvoirs repose, de manière concrète, sur la volonté de diviser le pouvoir pour l'affaiblir. Cette recherche de freins renvoie à la conception libérale du pouvoir. L'instrument de réalisation de cet équilibre réside dans l'idée d'un gouvernement modéré[5]. Dans cette architecture, la place de la justice et la notion même de l'existence d'un pouvoir judiciaire sont

---

[1] Voir, par exemple, CIDH, Rapport sur la situation des droits de l'homme au Chili, 1985, chapitre VIII, §139 ; CIDH, Rapport sur la situation des droits de l'homme en Haïti (1995), OEA/Ser./L/V/II.88, 9 février 1995, chapitre V, §276-280 ; CIDH, Rapport sur la situation des droits de l'homme en Équateur (1997), 24 avril 1997, OEA/Ser./L/V/II.96, Doc. 10 rev. 1, chapitre III ; CIDH, Rapport sur la situation des droits de l'homme au Mexique (1998), 24 septembre 1998, OEA/Ser./L/V/II.100, Doc. 7 rev. 1, chapitre V, §393-398.

[2] Cf. infra pp. 169-190.

[3] J. LOCKE, *Traité du Gouvernement civil*, traduction de D. Mazel, Paris, Garnier-Flammarion, 1992, 2e éd., 381 p.

[4] MONTESQUIEU (C.-L. de Secondat), *L'esprit des lois*, Paris, Classiques Garnier, 2011, 753 p.

[5] *De l'esprit des lois*, Livre XI.

discutées[6]. « *Il est permis de se demander (...) si le rôle des magistrats ne devrait pas se borner à appliquer la loi sans en discuter les mérites* » [7]. Pour certains, la fonction juridictionnelle n'a d'autre attribution que d'être « *la bouche de la loi* »[8]. En effet, les magistrats pouvant attenter à la vie, à la propriété, à la réputation de tout un chacun, méfions-nous d'eux et ne faisons pas en sorte qu'ils puissent détenir un pouvoir séparé. C'est la fameuse proposition du grand philosophe des Lumières : « *que la justice devienne en quelque façon un pouvoir nul* ».

À la suite de ce dernier, BECCARIA contribuera à la construction du raisonnement juridique permettant de traquer l'arbitraire, « *faire un syllogisme parfait* », dont « *la majeure doit être la loi générale ; la mineure, l'action conforme ou non à la loi ; la conséquence la liberté ou la peine* »[9].

Le juge, qui détient en effet le droit de justice, c'est-à-dire le monopole de la violence légitime dans la société moderne, se voit confier des pouvoirs effrayants sur les personnes. L'hostilité à l'indépendance des magistrats a un nom : c'est l'horreur du gouvernement des juges [10]. Le trait commun des citations susmentionnées, c'est leur défiance du juge. Leur doute quant à sa capacité à être indépendant. Ce dernier pour remédier à cet état de fait, devrait peut-être repenser sa légitimité (compétence, connaissance) mais aussi l'exercice de son autorité.

L'indépendance est la traduction institutionnelle du principe de la séparation des pouvoirs : elle exprime l'ensemble des conditions et des conséquences que s'impose à lui-même un État démocratique, pour garantir le juge de toutes pressions extérieures, qu'elles émanent des autres organes de souveraineté ou de n'importe quel autre groupe d'intérêt[11].

---

[6] B. MATHIEU, « La justice, quel statut pour quelles fonctions ? », *in* Léonid GOLOVKO et Bertrand MATHIEU, *Le Juge et l'État,* Éd. Mare et Martin, 2018, p. 37.

[7] H. MAZEAUD, in D., 1977, Chron. I, p. 5 ; pour une critique de cette position, cf. J. DEPREZ, « sois juge et tais-toi », in *Rev. trim. dr. civ.*, 1978, pp. 503 et s.

[8] L. FONTAINE, « la Justice : Pouvoir de l'État ou Pouvoir dans l'État ? », *in* Léonid GOLOVKO et Bertrand MATHIEU, *Le Juge et l'État,* Éd. Mare et Martin, 2018, p. 54.

[9] C. BECCARIA, *Des délits et des peines* (sans mention du traducteur), Paris, Éditions Guillaumin, 1870, p. 21.

[10] B. KRIEGEL, *Op. cit*, p. 219.

[11] D.-N. COMMARET, « Une juste distance ou réflexions sur l'impartialité du magistrat », *D.*, 1998, chron., p.262. Voir la Recommandation R.94-12 du Conseil de l'Europe, adoptée le 13/10/1994, sur « l'indépendance, l'efficacité et rôle des juges ». Voir la Charte européenne sur le statut des juges, adoptés à Strasbourg les 8-10 juillet 1998, *Justice*, 1999, n° 160, pp.20-22.

Dans tous les systèmes régionaux de protection des droits de l'homme, la relation entre les pouvoirs étatiques est loin d'être pacifique. Les pouvoirs politiques constituent bien souvent des menaces pour l'indépendance de la justice. Ainsi, pour la réalisation d'une bonne justice, le tribunal doit être indépendant par rapport au pouvoir législatif (Section I) mais surtout par rapport au pouvoir exécutif (Section II).

SECTION I : Une indépendance du tribunal éprouvée lors des ingérences du pouvoir législatif

L'indépendance du tribunal doit exister par rapport au pouvoir législatif. Cette indépendance suppose de prime abord que le pouvoir législatif ne puisse empiéter sur les prérogatives du tribunal ou du juge (paragraphe 1). Mais, l'indépendance du tribunal par rapport au pouvoir législatif soulève également la question du cumul des fonctions de juge et de parlementaire (paragraphe 2). En d'autres termes, la question se pose de savoir si l'on peut cumuler les fonctions de juge et de parlementaire sans compromettre l'indépendance du tribunal par rapport au pouvoir législatif.

PARAGRAPHE 1 : Une interdiction d'empiétements du pouvoir législatif sur les prérogatives du tribunal

Trancher un litige, rendre une décision revêtue de l'autorité de la chose jugée, sanctionner une violation des droits fondamentaux, condamner un délinquant sont les prérogatives classiques du tribunal. L'indépendance du tribunal interdit au parlement non seulement de remettre en cause les décisions rendues et ayant autorité de chose jugée, mais également de modifier les données d'un procès[12].

L'interdiction d'empiétements du pouvoir législatif sur les prérogatives du tribunal nécessite une protection des tribunaux contre deux systèmes que sont les lois de validation (A) et les lois interprétatives (B).

[12] S. GUINCHARD, « indépendance et impartialité du juge. Les principes de droit fondamental », *in* Jacques van COMPERNOLLE et Giuseppe TARZIA (dir.), *L'impartialité du juge et de l'arbitre*, Bruylant Bruxelles, 2006, p.5 et s.

A. La protection de l'indépendance du tribunal contre les lois de validation

Une loi de validation est une loi tendant à la validation rétroactive d'un acte administratif reconnu illégal par un juge ou susceptible de l'être. En d'autres termes, c'est une intervention du législateur en forme de loi destinée, à titre rétroactif ou préventif, à valider de manière expresse, indirecte ou même implicite, un acte administratif annulé ou susceptible de l'être[13]. Le parlement, par le truchement des lois de validation, empiète sur les prérogatives du tribunal en remettant en cause les données d'un procès, ainsi que les décisions rendues ayant l'autorité de la chose jugée. Une loi devant rester générale et abstraite, elle ne saurait modifier la solution d'un litige en cours sans porter atteinte à l'indépendance du tribunal, au droit à un procès équitable et au principe de séparation des pouvoirs[14]. Il est donc nécessaire que cet usage soit encadré et que l'indépendance du tribunal soit protégée contre les lois de validation.

La jurisprudence européenne précise donc que le principe de prééminence du droit et la notion de procès équitable commandent de traiter avec la plus grande circonspection les raisons avancées pour justifier les lois de validation[15]. Pour le juge européen, comme il est mentionné dans son affaire *Zielinski et autres c. France*, une loi de validation n'est conforme à l'exigence d'indépendance du tribunal qu'à la triple condition du caractère non définitif de la procédure juridictionnelle, de la proportionnalité de l'atteinte au droit au juge et de l'existence d'un motif d'intérêt général impérieux[16]. En d'autres termes, une loi de validation porte atteinte à l'indépendance du tribunal par rapport au pouvoir législatif si l'une des trois conditions dégagées par le juge européen n'est pas respectée.

À titre d'illustration plusieurs affaires tirées de la jurisprudence de la CEDH peuvent être évoquées.

Dans l'arrêt *Raffineries grecques Stran et Stratis Andreadis c. Grèce*, la Cour a observé en termes généraux que « *[l] e principe de la prééminence du droit et la notion de procès équitable consacrés par l'article 6 s'opposent à toute ingérence du pouvoir législatif dans l'administration de la justice dans le but d'influer sur le dénouement*

---

[13] G. CORNU, *vocabulaire juridique*, 10e édition mise à jour, PUF.
[14] Fr.jurispedia.org, consulté le 23 mai 2017
[15] CEDH, 9 oct. 2003, *Acimovic c/ Croatie*, n° 61237/00, § 30.
[16] CEDH, Gr. Ch., 28 oct.1999, *Zielinski et autres c/ France*, n° 24846/94…, § 57

judiciaire d'un litige »[17]. La formule en question traduit explicitement l'idée de la séparation des pouvoirs.

On peut également évoquer une affaire jugée le 14 décembre 1999 et confirmée le 7 novembre 2000, dans laquelle l'État grec était partie au litige et avait fait voter une loi de validation pour contrer une demande d'ajustement de pensions de retraite de réversion, cette demande était fondée sur l'annulation par la Cour des comptes grecque de la décision de la comptabilité générale de l'État qui refusait cet ajustement. La loi de validation avait été en outre jugée inconstitutionnelle par la même Cour des comptes. Dans cette affaire, la Cour européenne reprend sa formule selon laquelle « *le principe de la prééminence du droit et la notion de procès équitable s'opposent à toute ingérence du pouvoir législatif dans l'administration de la justice dans le but d'influer sur le dénouement judiciaire d'un litige auquel l'État est partie* »[18].

Dans le même ordre d'idée, et selon un raisonnement similaire à la Cour européenne des droits de l'homme, le Conseil constitutionnel français soutient qu'« *il n'appartient ni au législateur (...) de censurer les décisions des juridictions, d'adresser à elles des injonctions et de se substituer à elles dans le jugement des litiges relevant de leur compétence* » [19] et « ... *d'enfreindre par là même, le principe de la séparation des pouvoirs* »[20]. Ainsi, le Conseil constitutionnel français a censuré les lois de validation lorsqu'elles sont contraires à l'autorité de la chose jugée[21] des décisions rendues par les tribunaux. Cependant, le Conseil constitutionnel français reconnaît la validité des lois de

---

[17] (Raffineries grecques Stran et Stratis Andreadis c. Grèce, 9 décembre 1994, § 49, série A no 301-B). Fréquemment réitérée depuis lors (voir à titre d'exemple, National & Provincial Building Society, Leeds Permanent Building Society and Yorkshire Building Society c. Royaume-Uni, 23 octobre 1997, § 112, Recueil des arrêts et décisions 1997 – VII, Zielinski et Pradal et Gonzalez et autres c. France [GC], no 24846/94 et 34 165/96 à 34173/96, § 57, CEDH 1999 – VII, Scordino c. Italie (no 1) [GC], no 36813/97, § 126, CEDH 2006-V, et Tarbuk c. Croatie, no 31360/10, § 49, 11 décembre 2012),

[18] CEDH, 14 déc. 1999, *Antonakopoulos et alii c/ Grèce*, req. n° 37098/97, site internet de la Cour. 7 nov. 2000, *Anagnostopoulos et alii c/ Grèce, Journal des droits de l'homme*, supplément au n° 83 des Annonces de la Seine, 18 déc. 2000.

[19] Déc. 80-122 DC, 22 juill. 1980, Extension du CPP aux TOM : RJC, I, 86 ; RD publ. 1980, 1648, obs. L. FAVOREU.

[20] Déc. 87-228 DC, 26 juin 1987, Validation de nomination de magistrats : RJC, I, 312 ; RD publ., 1989, 399, obs. L. FAVOREU

[21] Cons. Const. Déc., 22 juill. 1980, n° 80-119 DC : Rec. Cons. const. 46 ; *Grandes décisions Cons. const.* n° 31, obs. FAVOREU et PHILIP – 24 juill. 1985 : Rec. Cons. const. 56 & bull ; Déc. 91-298, DC, Rec (Litec), I, 465.- 21 janv. 1994, n° 93-355 : *JCP,* 1994, I, 3461, n° 41, obs. PICARD. X. PRETOT, « Le Conseil constitutionnel et la Cour EDH et les validations législatives », *Mélanges Conac*, Dalloz, 2001, 219.

validation si elles respectent les trois conditions déjà posées par la Cour européenne des droits de l'homme. Ainsi, une loi de validation ne porte pas atteinte à l'indépendance du tribunal par rapport au pouvoir législatif, si elle ne porte pas atteinte à une décision définitive, ne remet pas en cause les droits nés de décisions de justice devenues définitives[22]. Il faut en outre que la loi de validation repose sur un motif d'ordre général[23], étant précisé qu'un intérêt financier peut constituer un motif d'intérêt général, mais pas nécessairement ; l'intérêt financier ne constitue un intérêt général que si les sommes en jeu étaient suffisamment importantes pour que l'équilibre du budget en soit affecté[24]. Ainsi, dans une décision concernant l'instauration d'un impôt foncier en Polynésie française, le Conseil constitutionnel français a eu l'occasion non seulement de redire que l'intérêt financier ne constituait pas nécessairement un motif d'intérêt général (intérêt non retenu pour les années 1992-1999, en raison de la faiblesse des sommes en jeu dans les budgets des collectivités concernées), mais d'ajouter que « *la loi de validation en tant qu'elle porte sur ces années, n'est pas justifiée par un motif d'intérêt général autorisant le législateur à faire obstacle aux effets de décisions de justice à venir* »[25]. Enfin, les atteintes au droit d'accès à un tribunal ne doivent pas être disproportionnées par rapport à l'objectif à atteindre[26]. Le Conseil constitutionnel français a surtout le souci d'encadrer les initiatives du législateur fiscal, en veillant à ce qu'un juste équilibre soit observé entre les exigences de l'intérêt général et celles de la garantie des droits des justiciables, notamment leur droit d'accès à un tribunal indépendant.

En somme, à partir des exemples tirés de la jurisprudence de la Cour européenne des droits de l'homme et du Conseil constitutionnel français, on peut affirmer que l'indépendance du tribunal par rapport au pouvoir législatif passe par la protection des tribunaux contre les lois de

---

[22]Cons. const. Déc., 22 juill 1980, *Op. cit.*

[23] Cons. const., 24 juill. 1985 : préc. & bull ; 26 juin 1987 : Rec. Cons. const. 38.

[24] Cons. const., 28 déc. 1995, n° 95-369 DC : *JCP*, 1995. I. 3933, n° 11, obs. MATHIEU et VERPEAUXL ; 9 avr. 1996, n° 95-375 DC : *JO*, 13 avr. 1996, p.5730 ; *RFD adm.*, 1996. 600-604, obs. GAÏA, qui admet la conformité constitutionnelle d'une loi de validation par la nécessité « d'éviter un contentieux d'une ampleur telle qu'il aurait entraîné des risques considérables pour l'équilibre financier du système bancaire dans son ensemble et, partant, pour l'activité économique générale ». – 19 nov. 1997, n° 97-390 DC, Mathias Entiope : *RFD adm.*, 1 998 148, obs. MATHIEU ; *RFD const.*, 1998-33. 169 ; 18 déc. 1997, n° 97-393 DC : *ibid.* et *RDP,* 1999, p. 77-78, obs. D. ROUSSEAU.

[25] Déc. 2002-458 DC, 7 fév. 2002, *Impôt foncier en Polynésie française*, *D.*, 2002, 1439, chron. B. MATHIEU.

[26] Cons. Const., 29 déc. 1986 : *Rec. Cons. const.*, 184 ; 26 juin 1987 : préc.

validation. Cette position du juge européen est raisonnable et adaptée, vu la nécessité de préserver l'indépendance du tribunal contre les empiétements et immixtions du pouvoir législatif.

Concernant les systèmes africain et interaméricain de protection des droits de l'homme, nos recherches sur des éléments concrets relatifs à la protection des tribunaux contre les lois de validation sont restées infructueuses. Cependant, on peut considérer que les juges interaméricains et africains ne peuvent être que dans la même optique que leur homologue européen, dans la mesure où l'indépendance du tribunal par rapport au pouvoir législatif est également inscrite comme un impératif dans les systèmes interaméricain et africain de protection des droits de l'homme[27].

B. La protection de l'indépendance du tribunal contre les lois interprétatives

Dans la dynamique de protéger le tribunal contre les empiétements du pouvoir législatif, la rétroactivité de la loi interprétative suscite des craintes à plusieurs égards, car on peut légitimement suspecter que les lois interprétatives portent atteinte à l'indépendance du tribunal en remettant en cause les données d'un procès ou les décisions rendues ayant autorité de chose jugée et force exécutoire.

La loi interprétative se définit comme un acte d'éclaircissement qui interprète un acte antérieur obscur. En d'autres termes, une loi interprétative est une loi destinée à préciser le sens d'une loi adoptée antérieurement. Il ne s'agit pas d'une loi nouvelle autonome mais d'une loi qui explique l'ancienne. Par conséquent, elle s'intègre à la loi qu'elle interprète et est censée être entrée en vigueur avec elle. La loi interprétative constitue une exception au principe de non-rétroactivité de la loi. Un consensus sur le principe de non-rétroactivité de la loi est partagé dans l'ensemble des mécanismes régionaux de protection des droits de l'homme, comme étant une garantie du principe de la sécurité juridique. Si ce principe de non-rétroactivité de la loi s'applique en matière pénale, il s'applique aussi, dans une moindre mesure, en matière civile et administrative.

À titre illustratif, l'article 7 § 1 de la **Convention européenne des droits de l'homme** dispose que « *nul ne peut être condamné pour une action ou une omission qui, au moment où elle a été commise, ne*

---

[27] Cf. supra pp. 29 et 46.

constituait pas une infraction d'après le droit national ou international. De même il n'est infligé aucune peine plus forte que celle qui était applicable au moment où l'infraction a été commise ».

L'article 9 de la **Convention américaine relative aux droits de l'homme** dispose pour sa part que « *nul ne peut être condamné pour une action ou omission qui ne constituait pas, au moment où elle a eu lieu, une infraction d'après le droit applicable. De même, il ne peut être infligé aucune peine plus forte que celle qui était applicable au moment où l'infraction a été commise. Si postérieurement à la date de l'infraction une peine plus légère est édictée par la loi, celle-ci rétroagira en faveur du délinquant* ».

L'article 7 § 2 de la **Charte africaine des droits de l'homme et des peuples** dispose que « *nul ne peut être condamné pour une action ou une omission qui ne constituait pas, au moment où elle a eu lieu, une infraction légalement punissable. Aucune peine ne peut être infligée si elle n'a pas été prévue au moment où l'infraction a été commise. La peine est personnelle et ne peut frapper que le délinquant* ».

L'indépendance du tribunal par rapport au pouvoir législatif exige une protection des tribunaux contre les lois interprétatives. Il faut de la vigilance afin d'éviter que le principe de non-rétroactivité ne soit contourné en déclarant interprétative une loi qui en réalité change l'état du droit, empiète sur les prérogatives des juridictions et viole le principe de la séparation des pouvoirs. L'application d'une loi interprétative, au risque de compromettre l'indépendance du tribunal, ne doit pas passer outre les données d'un procès, ainsi que l'autorité de la chose jugée des décisions. Le juge européen condamne avec force et clarté les ingérences du pouvoir législatif dans les affaires du tribunal[28]. La position du juge européen est partagée par les juges africains et interaméricains de protection des droits de l'homme. Ces derniers sont également réticents aux possibles ingérences du législatif dans la fonction juridictionnelle. Cependant, si nous n'avons pas trouvé d'éléments factuels tirés de la jurisprudence pour étayer cette affirmation, le principe de non-

---

[28] CEDH, Gr. Ch., 28 oct. 1999, *Zielinski et autres c/ France*, n° 24846/94…, § 57, D. 2000 Somm. p. 184 obs. N. FRICERO, JCP 2000-I-203 n° 11 obs. F. SUDRE, RTD Civ. 2000 p. 436 obs. J.-P. MARGUENAUD, RFDA 2000 p. 389 obs. B. MATHIEU et p. 1274 obs. S. BOLLE, AJDA 2000 p. 533 obs. J.-F. FLAUSS, RTD Civ.2000 p. 436 obs. J.-P. MARGUENAUD, RUDH 2000 p. 787 note E. MELLA, Grands arrêts p. 320 obs. J. ANDRIANTSIMBAZOVINA. Cf. aussi : CEDH, 9 déc. 1994, *Raffineries grecques c/ Grèce*, n° 13427/87, § 49, JCP 1995-I-3827 n° 1 obs. F. SUDRE, Gaz. Pal. 1995 p. 540 note WORMS, JDI 1995 p. 796 obs. P. TAVERNIER, RGDIP 1998 p. 241 obs. J.-F. FLAUSS.

rétroactivité demeure un principe général et théorique comme le confirment les différents articles des Conventions susmentionnés.

PARAGRAPHE 2 : La question du cumul des fonctions de juge et de parlementaire, une illustration de l'exigence d'indépendance

Le cumul de fonctions dans divers domaines d'activités est courant. Ce cumul de fonctions vise des objectifs variés suivant les domaines. Ainsi, il est intéressant de se demander si on peut cumuler les fonctions de juge et de parlementaire[29], sans compromettre l'indépendance du tribunal par rapport au pouvoir législatif. Après l'inventaire de ce que précisent les instruments régionaux de protection des droits de l'homme sur la compatibilité de la fonction de juge avec les autres fonctions dont notamment celle de parlementaire (A), nous tenterons de réponse à la question sus-évoquée (B).

A. Les dispositions des instruments régionaux de protection des droits de l'homme sur les différentes incompatibilités

Dans l'ensemble des mécanismes régionaux de protection des droits de l'homme, des dispositions sont prévues pour organiser le système des incompatibilités qui ruineraient l'indépendance du tribunal et des juges.

Dans le système africain de protection des droits de l'homme, l'article 18 du protocole relatif à la Charte africaine portant sur la création d'une Cour africaine dispose que « *les fonctions de juge à la Cour sont incompatibles avec toutes autres activités de nature à porter atteinte aux exigences d'indépendance (...) liées à la fonction* ». Quant au règlement intérieur de la Cour africaine des droits de l'homme et des peuples de 2010, son article 5 dispose que « *conformément à l'article 18 du Protocole, les membres de la Cour ne peuvent, pendant la durée de leur mandat, exercer aucune autre activité de nature à porter atteinte aux exigences d'indépendance (...) liées à leurs fonctions. Les membres de la Cour ne peuvent en particulier exercer des fonctions politiques, diplomatiques, administratives ou de conseiller juridique d'un gouvernement au niveau national. Chaque membre de la Cour doit déclarer toutes ses autres activités à la Cour* ». Au nombre des dispositions susmentionnées, on peut ajouter l'article 7 § 1 du règlement intérieur de la Commission africaine des droits de l'homme et des

[29] Nom sous lequel on désigne couramment la fonction de membre élu du parlement.

peuples de 2010 qui dispose que « *la fonction de membre de la Commission est incompatible avec l'exercice d'activités susceptibles d'affecter l'indépendance (...) du membre ou les exigences de fonctions, telles qu'être membre du gouvernement, ministre ou sous-secrétaire d'État, représentant diplomatique, directeur d'un ministère ou un de ses subordonnés ou le conseiller juridique des affaires étrangères ou toute autre fonction à caractère politique ou participation à une activité de nature à compromettre son indépendance et son impartialité* ».

Dans le système interaméricain de protection des droits de l'homme, l'article 71 de la Convention américaine relative aux droits de l'homme dispose que « *les fonctions de juge à la Cour ou de membre de la Commission sont incompatibles avec toutes autres activités de nature à porter atteinte à l'indépendance (...) des titulaires desdites fonctions dans l'exercice de leurs attributions, conformément aux statuts régissant lesdits organes* ». L'article 8 § 1 du statut de la Commission interaméricaine des droits de l'homme dispose que « *les fonctions de membre de la Commission interaméricaine des droits de l'homme sont incompatibles avec d'autres activités susceptibles, aux yeux de celle‑ci, d'affecter l'indépendance (...) du titulaire* ». Quant au statut de la Cour interaméricaine des droits de l'homme, son article 18 § 1 dispose que « *la fonction de juge à la Cour interaméricaine des Droits de l'Homme est incompatible avec les fonctions et activités ci-après : a. Celles de membres ou de hauts fonctionnaires du Pouvoir exécutif, à l'exception des postes qui n'impliquent pas pour leurs titulaires la subordination hiérarchique ordinaire, et celles des agents diplomatiques qui ne sont pas chefs de mission auprès de l'OEA ou de tout autre État membre de l'Organisation. b. Celles de fonctionnaires d'institutions internationales. c. Toute autre qui ne cadre point avec l'accomplissement des fonctions des juges ou affecte l'Indépendance, l'impartialité, la dignité ou le prestige de ces fonctions* ». L'article 4 §1 du règlement de la Commission interaméricaine des droits de l'homme dispose également que « *la charge de membre de la Commission interaméricaine des droits de l'homme est incompatible avec l'exercice d'activités qui pourraient porter atteinte à l'indépendance, l'impartialité ou la dignité ou le prestige des fonctions qu'il assume au sein de la Commission. En assumant leurs fonctions, les membres s'engagent à ne représenter ni les victimes ou leur famille, ni les États, dans le cadre de demandes de mesures conservatoires, de pétitions et d'affaires individuelles devant la CIDH pendant une période de deux ans à compter de l'expiration de leur mandat de membres de la Commission* ».

En ce qui concerne le système européen de protection des droits de l'homme, nous avons de prime abord l'article 21 §3 de la Convention européenne des droits de l'homme qui dispose que « *pendant la durée de leur mandat, les juges ne peuvent exercer aucune activité incompatible avec les exigences d'indépendance, d'impartialité ou de disponibilité requise par une activité exercée à plein temps ; toute question soulevée en application de ce paragraphe est tranchée par la Cour* ». En outre, l'article 4 du règlement de la Cour européenne des droits de l'homme du 14 novembre 2016 dispose que « *En vertu de l'article 21 § 3 de la Convention, les juges ne peuvent exercer pendant la durée de leur mandat aucune activité politique ou administrative ni aucune activité professionnelle incompatible avec leur devoir d'indépendance et d'impartialité ou avec la disponibilité requise par une activité exercée à plein temps. Chaque juge déclare au président de la Cour toute activité supplémentaire. En cas de désaccord entre ce dernier et l'intéressé, toute question soulevée est tranchée par la Cour plénière. Un ancien juge ne peut représenter, à quelque titre que ce soit, une partie ou un tiers intervenant à une procédure devant la Cour portant sur une requête introduite avant la date à laquelle il a cessé d'exercer ses fonctions. Un ancien juge ne peut représenter, à quelque titre que ce soit, une partie ou un tiers intervenant à une procédure devant la Cour portant sur une requête introduite après la date à laquelle il a cessé d'exercer ses fonctions qu'à l'expiration d'un délai de deux ans à compter de cette date* ».

Sur la base des différentes dispositions tirées des instruments régionaux de protection des droits de l'homme, une concordance de point de vue apparaît très nettement.

B. L'interdiction du cumul de fonctions de juge et de parlementaire : une concordance de points de vue partagée par les Cours régionales à des degrés divers

Dans l'ensemble des mécanismes régionaux de protection des droits de l'homme, on relève sans ambiguïté une concordance entre les instruments régionaux de protection des droits de l'homme sur les incompatibilités. En effet, on constate que les dispositions relatives aux incompatibilités se rapprochent entre elles tant dans leur formulation que dans leur contenu. Tous les instruments régionaux condamnent le cumul de fonction de juge avec d'autres fonctions qui violeraient l'indépendance du tribunal et des juges. Au nombre des fonctions ou activités incompatibles avec la fonction de juge, on peut relever explicitement ou implicitement une incompatibilité de la fonction de juge avec celle de parlementaire.

Plusieurs raisons nous amènent à avancer que la fonction de parlementaire est incompatible avec celle de juge au risque de porter sérieusement atteinte à l'indépendance du tribunal par rapport au pouvoir législatif.

D'abord, la fonction de juge est incompatible avec celle de parlementaire à cause de sa fonction éminemment politique. Aussi, comment un juge peut-il cumuler sa fonction de juge avec celle de député ou de sénateur sans que l'indépendance du tribunal ne soit ébranlée ? Ensuite, le cumul de fonctions de juge et de parlementaire semble incompatible dans la mesure où un tel cumul créerait nécessairement un conflit d'intérêts et susciterait des doutes légitimes auprès des justiciables quant à l'indépendance du tribunal ou du juge.

Enfin, si l'on veut rester dans la logique de la lettre et de l'esprit de la théorie de la séparation des pouvoirs, un tel cumul est tout simplement non envisageable.

Cependant, sur cette question de cumul des fonctions de juge et de parlementaire, la Cour européenne des droits de l'homme a une position particulière. En effet, pour la Cour européenne des droits de l'homme, un tel cumul n'est pas nécessairement contraire aux exigences du procès équitable, particulièrement à l'exigence d'indépendance. C'est ce qui ressort de l'arrêt de la CEDH, *Pabla Ky c/ Finlande*[30]. L'affaire *Pabla Ky* est l'une des rares affaires dans laquelle la Cour examine un grief concernant l'exercice simultané de fonctions législatives et judiciaires par une même personne. Dans cette affaire de la Cour européenne, la société requérante, invoquant l'article 6 § 1 de la Convention, alléguait que la cour d'appel ayant connu de l'action civile à laquelle elle avait été partie n'avait pas été indépendante car l'un des juges était parallèlement député au Parlement finlandais à l'époque où la juridiction examinait sa cause. La société requérante considère que la présence de députés dans la composition des organes judiciaires révèle de graves problèmes structurels. Pour la Cour européenne des droits de l'homme, « *rien ne s'oppose en soi à ce que des experts participent comme membres non*

[30] CEDH, 22 juin 2004, *Pabla Ky c/ Finlande*, n° 47221/99, §35 : « *In these circumstances, the Court is of the opinion that the applicant's fear as to a lack of independance and impartiality of the Court of Appeal, due to the participation of an expert member who was also a Member of Parliament, cannot be regarded as being objectively justified. Consequently, there has been no violation of Article 6 § 1 of the Convention* ».

professionnels au processus décisionnel qui se déroule au sein d'une juridiction ». La Cour n'est donc « *pas convaincue que la simple appartenance de M.P. au corps législatif à l'époque où il a connu de l'appel de la société requérante suffise à susciter des doutes quant à l'indépendance (...) de la cour d'appel* »[31]. Pour la Cour, le principe de la séparation des pouvoirs « *n'est pas déterminant dans l'abstrait* »[32]. Cette solution a été adoptée à une très large majorité de 6 voix contre 1. Mais l'argumentation du juge dissident est particulièrement forte et édifiante. Le juge Borrego Borrego, juge dissident dans l'arrêt *Pabla Ky*, écrit, « *la séparation des pouvoirs est une composante essentielle de l'État de droit et elle présuppose la séparation des organes concernés* »[33]. D'après le juge dissident, la jurisprudence européenne sur l'indépendance du tribunal à l'égard du pouvoir législatif impose la séparation entre les organes du pouvoir législatif et du pouvoir judiciaire.

Le principe de la séparation des pouvoirs peut-il être aussi relatif que semble le penser la majorité de la Cour ? La question se pose et il est clair que le cumul, par une même personne, des fonctions de juge et de parlementaire laisse planer un doute sur l'exigence d'indépendance[34]. Pour notre part, nous restons dans la même logique que le juge dissident dans l'affaire *Pabla Ky* précitée, car le cumul des fonctions de juge et de parlementaire ne peut qu'avoir des répercussions négatives sur l'indépendance du tribunal par rapport au pouvoir législatif. En plus, un tel cumul ne peut que créer chez les justiciables de la suspicion et de la méfiance vis-à-vis du juge et du tribunal.

La Cour européenne des droits de l'homme, dans l'affaire *Haarde c. Islande* du 23 novembre 2017[35], traite également la question de l'indépendance du tribunal par rapport au parlement. Dans cette affaire, le requérant se plaignait de la désignation par le parlement des huit juges non professionnels qui siégeaient à la Haute Cour de justice avec les sept juges professionnels. Il soutenait également qu'en prolongeant le mandat des juges non professionnels, le parlement s'était ingéré dans la composition de la juridiction au cours de la procédure. La Cour considère que ce seul élément ne peut faire légitimement douter de

---

[31] CEDH, 22 juin 2004, *Pabla Ky c/ Finlande*, n° 47221/99, §35

[32] *Ibid*, § 34.

[33] Opinion dissidente du juge Borrego Borrego dans *l'arrêt Pabla Ky c. Finlande*, précité.

[34] J-F. RENUCCI, *Traité de droit européen des droits de l'homme*, 2e édition, 2012, LGDJ Lextenso éditions, p.482.

[35] CEDH, *Haarde c. Islande*, arrêt du 23 nov.2017, 66 847/12.

l'indépendance du tribunal[36]. En se prononçant ainsi, la Cour se veut pragmatique dans son appréciation de l'indépendance du tribunal par rapport au parlement.

Concernant les juges africains et interaméricains de protection des droits de l'homme, nos recherches sur leurs jurisprudences relatives au cumul de fonction de juge et de parlementaire sont restées infructueuses. Cependant, comme vu plus haut sur les incompatibilités, le même système déclaratif interdisant les règles du cumul est à l'œuvre dans les conventions américaine et africaine, sans que l'on puisse encore percevoir leur mise en application effective dans la jurisprudence des deux cours régionales. Pour l'heure, c'est donc la référence à la Cour EDH qui s'impose.

SECTION II : Une indépendance du tribunal menacée par les interférences du pouvoir exécutif

Le droit à un procès équitable passe par l'indépendance du tribunal par rapport au pouvoir exécutif. Le juge doit faire preuve de courage pour ne pas céder à ces possibles ingérences de l'exécutif. Or, cette tentation ou cette volonté récurrente du pouvoir exécutif d'avoir la mainmise sur le pouvoir judiciaire est une constante que l'on peut déceler dans l'ensemble des systèmes régionaux de protection des droits de l'homme.

L'indépendance du tribunal par rapport à l'exécutif nécessite une prohibition des empiétements de ce dernier sur la fonction juridictionnelle (paragraphe 1). Notons également que l'indépendance du tribunal par rapport à l'exécutif se complique quand il s'agit des juridictions militaires (paragraphe 2).

Paragraphe 1 : Une prohibition des empiétements du pouvoir exécutif sur la fonction juridictionnelle

L'indépendance du tribunal par rapport à l'exécutif est au cœur des sujets sensibles qui alimentent la chronique judiciaire. L'exécutif est bien souvent animé par la tentation d'assujettir le pouvoir judiciaire. Il faut donc une protection de l'indépendance du tribunal contre les pressions du pouvoir exécutif (A). Les notions de grâce présidentielle et

---

[36]CEDH, *Haarde c. Islande,* arrêt du 23 nov.2017, 66 847/12.

d'apparence suscitent aussi de l'intérêt en matière d'indépendance du tribunal vis-à-vis de l'exécutif (B).

A. La protection de l'indépendance du tribunal contre les pressions du pouvoir exécutif

L'indépendance du tribunal par rapport à l'exécutif s'apprécie par la capacité de juger en dépit des pressions (1). La reconnaissance des privilèges et immunités accordée aux juges favorise également leur indépendance par rapport à l'exécutif (2).

1. La capacité de juger en dépit des pressions de l'exécutif

Le courage de juger au regard de l'indépendance du tribunal peut être observé lorsque le juge assume sa fonction sans céder aux pressions externes, notamment celles de l'exécutif. Cependant, et à titre d'illustration, des subtilités des relations entre l'exécutif et le judiciaire, plusieurs exemples, certains très négatifs et d'autres plus encourageants, peuvent être mis en perspective. Les premiers sont tirés de la vie politique de différents États africains et d'autres exemples illustrent le positionnement européen.

En premier lieu, c'est ce manque de courage des juges burkinabés qui a conduit les ayants droit de Norbert Zongo et autres à intenter une action contre le Burkina Faso devant la Cour africaine des droits de l'homme et des peuples. L'affaire concernait le meurtre d'un journaliste d'investigation et de ses compagnons en 1998. Leurs corps calcinés avaient été retrouvés dans une voiture. La Cour a estimé que l'État n'avait pas agi avec la diligence requise pour arrêter, maintenir en détention et juger les responsables, violant ainsi l'article 7 et 26 de la Charte. Ainsi, dans son arrêt du 28 mars 2014, *Ayants droit de feus Norbert Zongo et (...) c. Burkina Faso*[37], la Cour africaine des droits de l'homme et des peuples va condamner l'État burkinabé et relever que « *l'examen du dossier montre qu'il y a eu un certain nombre de carences dans le traitement de cette affaire par la justice nationale* »[38].

Contrairement à l'exemple précité dans lequel les juges burkinabés n'ont pas fait preuve de courage de juger en cédant à la pression du politique, on relève d'autres cas dans lesquels les juges africains ont fait

---

[37] *Ayants droit de feus Norbert Zongo, Abdoulaye Nikiema dit Ablasse, Ernest Zongo et Blaise Ilboudo et Mouvement Burkinabé des droits de l'homme et des peuples c. Burkina Faso* (fond) (2014) 1 RJCA 226.

[38] *Ibid*, § 152.

preuve de résistance face aux pressions du pouvoir exécutif. Dans un article du journal *Jeune Afrique*[39], il peut être lu que c'est parfois au péril de leur vie que certains magistrats africains ont refusé de se plier aux injonctions du pouvoir politique[40].

Au Kenya, le 1er septembre 2017, en annulant la réélection du président Uhuru Kenyatta pour « *irrégularités* », le juge en chef David Maraga et ses collègues de la Cour suprême du Kenya ont soulevé une vague d'enthousiasme en Afrique[41]. Avant cette date, jamais, sur ce continent, une élection présidentielle n'avait été annulée par un tribunal[42]. Admirative, la juge congolaise Chantal Ramazani affirme que « *ce juge kényan, lui, au moins, a eu le courage de dire le droit* »[43].

Au Bénin, on peut citer le cas exemplaire du juge Élisabeth Pognon. Cette magistrate a tellement marqué les esprits béninois que la Cour constitutionnelle, qu'elle a présidée pendant cinq ans, est devenue la « *Cour Pognon* ». En mars 1996, après l'annonce de la défaite du chef de l'État sortant, Nicéphore Soglo, et face au revenant Mathieu Kérékou – qui avait déjà dirigé le pays entre 1972 et 1991 –, la « *Cour Pognon* » a refusé de donner suite aux recours déposés par le camp présidentiel[44].

En Côte d'Ivoire, on peut citer l'action d'Épiphane Zoro Bi-Ballo. Ce juge a fait scandale en signant le certificat de nationalité ivoirienne d'Alassane Ouattara, alors qu'il était traité d'« *étranger* » et de « *Burkinabè* » par le camp du président Henri Konan Bédié. Ce juge dira : « *cette décision, je l'ai prise seul et je savais que cela provoquerait le courroux du chef de l'État, mais j'avais le droit avec moi, affirme-t-il. En fait, j'ai été très marqué par mon père, instituteur, et par l'un de mes professeurs de droit à Cocody, Ouraga Obou [membre du Conseil constitutionnel de 2011 à 2014]. Tous deux plaçaient l'indépendance au-dessus de tout* ».[45] Convocations par sa hiérarchie, coup de fil du ministre de la Justice, Épiphane Zoro Bi-Ballo subit de nombreuses

[39] https://www.jeuneafrique.com/mag/478983/societe/quand-la-justice-defie-le-pouvoir-qui-sont-ces-juges-africains-qui-ont-decide-de-sopposer-a-la-loi-du-plus-fort/; Consulté le 19/07/2019.
[40] *Id Ibid.*
[41] https://www.jeuneafrique.com/mag/478983/societe/quand-la-justice-defie-le-pouvoir-qui-sont-ces-juges-africains-qui-ont-decide-de-sopposer-a-la-loi-du-plus-fort/; Consulté le 19/07/2019.
[42] *Id Ibid.*
[43] https://www.jeuneafrique.com/mag/478983/societe/quand-la-justice-defie-le-pouvoir-qui-sont-ces-juges-africains-qui-ont-decide-de-sopposer-a-la-loi-du-plus-fort/; Consulté le 19/07/2019.
[44] https://www.jeuneafrique.com/mag/478983/societe/quand-la-justice-defie-le-pouvoir-qui-sont-ces-juges-africains-qui-ont-decide-de-sopposer-a-la-loi-du-plus-fort; Consulté le 20/07/2019.
[45] *Id Ibid.*

pressions afin qu'il renie sa signature. Mais il ne cède pas face aux menaces[46].

Au Niger, le courage de la juge Salifou Fatimata Bazeye force le respect. Femme énergique, la présidente de la Cour constitutionnelle du Niger, aujourd'hui à la retraite, un jour de mai 2009, a dit non au projet du président Mamadou Tandja de rester au pouvoir au-delà de la fin de son mandat[47].

Le fait pour un gouvernement de refuser délibérément de donner suite à une décision de justice est une entrave à l'indépendance du tribunal. L'affaire *Constitutional Rights project et Autre contre Nigeria*[48] illustre parfaitement cette allégation. En effet, dans cette affaire, la Commission africaine des droits de l'homme et des peuples affirme ce qui suit : *« le fait que le gouvernement refuse de libérer sous caution Chief Abiola comme cela a été ordonné par la Cour d'Appel est une violation de l'article 26 de la Charte qui enjoint les États parties d'assurer l'indépendance des tribunaux. Le refus d'une libération sous caution qui a été ordonnée par la Cour d'Appel est une attitude contraire à la promotion de l'indépendance de la magistrature »*[49]. En clair, dans cette affaire, l'atteinte à l'indépendance du tribunal découle de l'attitude du gouvernement nigérian qui a consisté à refuser de donner suite à une libération sous caution ordonnée par une cour d'appel. Par cette affaire, la Commission africaine des droits de l'homme et des peuples insiste sur le fait que l'indépendance du tribunal passe par le respect des décisions qu'il rend.

L'indépendance du juge à l'égard de l'exécutif focalise aussi l'attention du juge européen. Ce dernier reconnaît que « *la notion de séparation du pouvoir exécutif et de l'autorité judiciaire tend à acquérir une importance croissante dans la jurisprudence de la Cour* »[50]. Pour la Cour européenne des droits de l'homme, il est porté atteinte à l'indépendance des juges lorsque l'exécutif intervient dans une affaire pendante devant les tribunaux en vue d'en influencer l'issue. C'est ce qui ressort des affaires *Sovtransavto Holding c. Ukraine et Mosteanu et autres c. Roumanie*[51]. De même, sur le rapport entre le Chef de l'État et

---

[46] *Id Ibid.*

[47] *Id Ibid.*

[48] Communication 143/95 et 150/96, *Constitutional Rights Project c. Nigeria*. Décidée lors de la 26e session ordinaire, novembre 1999, 13e Rapport annuel d'activités.

[49] *Constitutional Rights Project et Autre c. Nigeria* RADH 2000 243 (CADHP 1999), § 30.

[50] CEDH, 6 mai 2003, *Kleyn et autres c/ Pays-Bas*, req. n° 39343/98, § 193 ; chron. F. Sudre, *JCP*, G, 2003, I, 160, p.1571 ; E. Delaplace, *JDI*, 2004, pp.675-676.

[51] https://www.echr.coe.int/Documents/Guide_Art_6_FRA.pdf; Consulté le 21/07/2019.

l'indépendance du tribunal, nous pouvons citer deux intéressantes affaires de la Cour européenne des droits de l'homme. Dans la première affaire, l'arrêt *Vasilescu* du 22 mai 1998[52] rendu contre la Roumanie, la Cour européenne des droits de l'homme dénonce le défaut d'indépendance des procureurs. La Cour souligne que lorsque l'on sait que le président de la Roumanie, en personne, s'est prononcé, lors d'un discours public, contre l'exécution des décisions de justice ordonnant la restitution des biens nationalisés[53], l'on ne peut que soupçonner le manque d'indépendance fonctionnelle des procureurs, subordonnés à l'exécutif, chargés d'examiner la cause des requérants. Des problèmes similaires se sont posés dans l'affaire *Sovtransavto Holding* du 25 juillet 2002[54] rendue contre l'Ukraine, relative à la gestion de sociétés anonymes, le président de la République ayant adressé à plusieurs reprises des lettres exhortant les juridictions nationales à défendre les intérêts nationaux dans cette affaire. La Cour, notant les multiples interventions dans le procès des autorités ukrainiennes au plus haut niveau, estime que « *sans devoir spéculer sur un quelconque effet de telles interventions dans le déroulement de la procédure litigieuse (...), la requérante pouvait objectivement avoir des craintes concernant l'indépendance (...). Venant des autorités exécutives de l'État, de telles interventions révèlent néanmoins un manque de respect envers la fonction même du pouvoir judiciaire* » (§ 80).

Lorsqu'un juge s'en remet au pouvoir exécutif pour connaître le droit applicable, il abdique par là même sa mission de juge[55]. Un tribunal qui sollicite une opinion sur l'interprétation d'un texte et qui l'exécute n'est pas indépendant. Une affaire particulièrement importante pour la France a concerné la pratique d'interroger le ministère des Affaires étrangères sur le sens d'une disposition d'une convention internationale. La Cour européenne des droits de l'homme, dans son arrêt *Beaumartin c/ France* du 24 novembre 1994, a jugé que « *viole le droit à être entendu par un tribunal indépendant, la pratique obligeant le juge administratif, confronté à une difficulté sérieuse d'interprétation d'une convention internationale, à demander au ministre des Affaires étrangères d'indiquer le sens de la disposition contestée pour ensuite s'y conformer*

---

[52] CEDH, 22 mai 1998, *Vasilescu c/ Roumanie, Rec.* 1998 – III, §§ 38-41.

[53] CEDH, 9/07/2002, *Falcoianu et autres c/ Roumanie*, req. n° 32943/96, §§ 35-36.

[54] CEDH, 25 juil. 2002, *Sovtransavto Holding c/ Ukraine*, req. n° 48553/99, §§ 71-82 ; RUDH, 2002, pp.23-35.

[55] L. MILANO, *Le droit à un tribunal au sens de la Convention européenne des droits de l'homme*, *op. cit.*, p.406

en toutes circonstances, seul méritant l'appellation de tribunal un organe jouissant de la plénitude de juridiction et répondant à une série d'exigences telles que l'indépendance à l'égard de l'exécutif comme des parties en cause, ce qui ne fut pas le cas du Conseil d'État en l'occurrence »[56]. En l'espèce, la Cour note que le Conseil d'État s'en était remis à une autorité relevant du pouvoir exécutif pour résoudre le problème juridique qui lui était posé. Pour la Cour, seul mérite l'appellation de "tribunal" au sens de l'article 6 paragraphe 1, un organe jouissant de la plénitude de juridiction et répondant à une série d'exigences telles que l'indépendance à l'égard de l'exécutif[57]. En résumé, pour la Cour européenne des droits de l'homme, la cause des requérants n'a pas été entendue par un tribunal indépendant et de pleine juridiction[58]. Le Conseil d'État[59] et la Cour de cassation française[60] se sont alignés sur cette jurisprudence et autorisent désormais les juridictions du fond à interpréter elles-mêmes les clauses ambiguës des conventions internationales.

2. La reconnaissance des privilèges et immunités aux juges : une protection de leur indépendance par rapport à l'exécutif

Dans l'ensemble des mécanismes régionaux de protection des droits de l'homme, on peut relever que des immunités et privilèges sont reconnus aux juges afin de les protéger contre les pressions externes, notamment celles de l'exécutif.

---

[56] CEDH, 24 nov. 1994, *Beaumartin c/ France*, série A, n°296-B ; *AJDA*, 1995, 137, obs. FLAUSS ; JCP, 1995, I, 3823, n° 25, obs. SUDRE ; *JDI*, 1995, 786, obs. E. DECAUX ; *D.*, 1995, 273, note X. PRETOT ; *Gaz. Pal*, 1995, 524, note L.E. PETTITI ; RUDH, 1994, 405, note Fr. SUDRE. Voir aussi : CEDH, 13 fév.2003, *Chevrol c/ France*, req. n° 49636/99, §§ 76-84 ; note T. Rambaud, *AJDA*, 2003, pp. 1984-1988 ; V. Michel, « Fonction de juger, réciprocité et CEDH », *RTDH*, 2003, pp.1379-1408 ; chron. F. Sudre, *JCP*, G, 2003, I, 160, p. 1570 ; chron. P. Tavernier, *JDI*, 2004, pp. 668-670. Voir C.E., 11 fév.2004, Mme Chevrol, req. n° 257682 ; concl. R. Schwartz, *D.*, jurisp. Comm., 2004, pp. 1414-1416 ; le C.E. a estimé que la condamnation de la France par la Cour EDH dans cette affaire ne permettait pas à la requérante de demander au juge administratif de réexaminer la décision qui a donné lieu à cet arrêt.

[57] Paragraphe 38 de l'arrêt *Beaumartin c/ France*, précité.

[58] Paragraphe 39 de l'arrêt *Beaumartin c/ France*, précité.

[59] CE 29 juin 1990, arrêt *Gisti, Rec.*, p.171 ; *D.*, 1990, 560, note SABOURIN ; *Rev. crit. DIP*, 1991, 6, note P. LAGARDE ; *JDI*, 1990, 965, note JULIEN-LAFERRIERE, postérieur à l'arrêt du 27 janv. 1989, qui avait donné lieu à condamnation de la France.

[60] Civ. 1re, 19 déc. 1995 : *Gaz. Pal.*, 29 juin 1996, chron. G. COHEN-JONATHAN ; *Rev. crit.* DIP, 1996, 468, note B.OPPETIT ; *JDI*, 1997, 1997, 1009, note L. IDOT. – Et déjà, Soc., 29 avril 1993 : *Gaz. Pal.*, 12 mars 1994, concl. CHAUVY.

En effet, dans **le système européen de protection des droits de l'homme**, l'article 51 de la Convention européenne des droits de l'homme dispose que « *les juges jouissent, pendant l'exercice de leurs fonctions, des privilèges et immunités prévus à l'article 40 du statut du Conseil de l'Europe et dans les accords conclus au titre de cet article* ». Le contenu de l'article 40 du statut du Conseil de l'Europe est le suivant : « *a. Le Conseil de l'Europe, les représentants des Membres et le Secrétariat jouissent, sur les territoires des Membres, des immunités et privilèges nécessaires à l'exercice de leurs fonctions. En vertu de ces immunités, les Représentants à l'Assemblée Consultative (Parlementaire) ne peuvent notamment être ni arrêtés ni poursuivis sur les territoires de tous les Membres en raison des opinions ou des votes émis au cours des débats de l'Assemblée, de ses comités ou commissions. b. Les Membres s'engagent à conclure aussitôt que possible un Accord en vue de donner plein effet aux dispositions du paragraphe a ci-dessus. À cette fin, le Comité des Ministres recommandera aux Gouvernements des Membres la conclusion d'un Accord définissant les privilèges et immunités reconnus sur leurs territoires. En outre, un Accord particulier sera conclu avec le Gouvernement de la République française qui définira les privilèges et immunités dont jouira le Conseil à son siège* ».

En ce qui concerne **le système interaméricain de protection des droits de l'homme**, l'article 70 de la *Convention américaine relative aux droits de l'homme* de 1969 dispose que « *1. Dès l'instant de leur élection et pendant toute la durée de leur mandat, les juges à la Cour et les membres de la Commission jouiront des immunités qui sont reconnues en Droit international aux agents diplomatiques. Ils bénéficieront en outre, pendant la durée de leur mandat, des privilèges diplomatiques nécessaires à l'exercice de leurs fonctions. 2. Les juges de la Cour et les membres de la Commission ne pourront, à aucun moment, être poursuivis en raison des votes et des opinions émis par eux dans l'exercice de leurs fonctions* ». Cet article 70 est corroboré par l'article 72 de la même Convention afin de renforcer la protection des juges contre les pressions externes. Ainsi, l'article 72 de la *Convention américaine relative aux droits de l'homme* dispose que « *Les juges de la Cour et les membres de la Commission reçoivent des émoluments et des frais de voyage en rapport avec l'importance et l'indépendance de leurs fonctions et sous la forme et dans les conditions déterminées par le statut de ces organes. Ces émoluments et frais de voyage seront inscrits au programme-budget de l'Organisation des États Américains, lequel* *prévoira en outre les dépenses de la Cour et de son greffe. À ces fins, la Cour élaborera un projet de programme-budget et le soumettra à l'approbation de l'Assemblée générale par le truchement du Secrétariat général. Celui-ci ne pourra pas y apporter de modifications* ». L'article 12 du Statut de la Commission interaméricaine des droits de l'homme, dispose également que « *1. Dès la date de leur élection et durant leur mandat, les membres de la Commission interaméricaine des droits de l'homme jouissent dans les États membres de l'Organisation des immunités reconnues aux agents diplomatiques par le Droit international. Durant l'exercice de leurs fonctions, ils bénéficient en outre des privilèges diplomatiques nécessaires à l'accomplissement de leur mandat. 2. Dans les États membres de l'Organisation qui ne sont pas parties à la Convention américaine relative aux droits de l'homme, les membres de la Commission jouissent des immunités correspondant à leurs postes et nécessaires pour qu'ils exercent leurs fonctions avec indépendance. 3. Le régime des immunités et privilèges des membres de la Commission pourra être réglementé et complété au moyen d'accords multilatéraux ou bilatéraux conclus entre l'OEA et les États membres* ». En ce qui concerne le Statut de la Cour interaméricaine des droits de l'homme, on peut citer son article 15 qui dispose que « *1. Dès l'instant de leur élection et pendant toute la durée de leur mandat, les juges de la Cour interaméricaine des Droits de l'Homme jouissent des immunités qui sont reconnues en Droit international aux agents diplomatiques. Ils bénéficient en outre, pendant la durée de leur mandat, des privilèges diplomatiques nécessaires à l'exercice de leurs fonctions. 2. Les juges de la Cour ne peuvent, à aucun moment, être poursuivis en raison des votes et des opinions émis ou des actes accomplis par eux dans l'exercice de leurs fonctions. 3. La Cour et son personnel jouissent des immunités et privilèges prévus par l'Accord sur les Privilèges et Immunités de l'Organisation des États Américains en date du 15 mai 1949, étant entendu que doivent être appliquées les équivalences pertinentes, et compte tenu de l'importance et de l'indépendance de la Cour. 4. Les dispositions des paragraphes 1, 2 et 3 du présent article s'appliquent aux États parties à la Convention. Elles sont aussi applicables aux autres États membres de l'Organisation qui y donnent leur adhésion expresse, soit d'une manière générale, soit pour un cas particulier. 5. Le régime des immunités et privilèges des juges de la Cour et de son personnel peut être réglementé ou complété aux termes des dispositions de conventions multilatérales ou bilatérales intervenues entre la Cour, l'OEA et les États membres de cette Organisation* ».

Dans le système africain de protection des droits de l'homme, l'article 17 § 3 et 4 *du protocole relatif à la Charte africaine portant sur la création d'une Cour africaine des droits de l'homme et des peuples* reconnaît des privilèges et immunités aux juges afin de protéger ces derniers des pressions extérieures, notamment celles de l'exécutif. Le contenu de l'article 17 §3 et 4 est le suivant : « *3. Dès leur élection et pendant toute la durée de leur mandat, les juges à la Cour jouissent des privilèges et immunités reconnus en Droit international au personnel diplomatique. 4. Les juges à la Cour ne peuvent, à aucun moment, même après l'expiration de leur mandat, être poursuivis en raison des votes ou des opinions émis dans l'exercice de leurs fonctions* ». Toujours dans le système africain de protection des droits de l'homme, on peut citer l'article 43 de la *Charte africaine des droits de l'homme et des peuples* qui dispose que « *les membres de la Commission, dans l'exercice de leurs fonctions, jouissent des privilèges et immunités diplomatiques prévus par la Convention sur les privilèges et immunités de l'Organisation de l'Unité Africaine* ».

Tous ces articles qui reconnaissent des privilèges et immunités aux juges visent à garantir l'indépendance du tribunal contre les pressions extérieures, surtout celles de l'exécutif.

En clair, un tribunal qui fait l'objet de pression ou qui est sous l'influence de l'exécutif ne saurait passer pour indépendant. Aucune jurisprudence tirée des cours régionales n'a pu être trouvée lors de nos recherches.

B. La question des apparences et des grâces présidentielles

Les questions d'apparences qui conditionnent l'appréciation objective de la vitalité du principe d'indépendance (1) et les pratiques des grâces présidentielles qui peuvent constituer des entraves au fonctionnement indépendant du tribunal seront abordées successivement (2).

1. Les apparences : un critère d'appréciation de l'indépendance du tribunal

L'appréciation de l'indépendance du tribunal par rapport à l'exécutif tient aussi aux apparences[61]. Ce critère est une application expresse de l'adage anglais « *justice must not only be done, it must also be seen to be*

[61] CEDH, 22 juin 1989, *Langborger c/ Suède*, n° 11179/84, § 32. ; 28 juin 1984, *Campbell et Fell c/ Royaume-Uni*, n° 7819/77 et n° 7878/77, § 78 ; 30 oct. 1991, *Borgers c/ Belgique*, n° 12005/86, § 29 ; 7 juin 2001, *Kress c/ France*, n° 39594/98, § 81 évoquant la « théorie des apparences ».

done »[62]. L'indépendance du tribunal par rapport à l'exécutif ne doit pas seulement exister, elle doit « *sauter aux yeux* ». Elle doit être évidente. Il y va de la confiance que les tribunaux dans une société démocratique se doivent d'inspirer aux justiciables[63]. La présomption relative aux apparences de l'indépendance doit être, dans une certaine mesure, objectivement justifiée.

La Cour vérifie que le justiciable pouvait éprouver des doutes quant à l'indépendance organique du tribunal, comme ce fut le cas dans l'affaire *Belilos c/ Suisse*, du 29 avril 1988[64].En effet, dans cette affaire, la commission de police locale chargée de réprimer les contraventions se composait d'un seul membre, à savoir un policier siégeant à titre individuel. Bien que non assujetti aux ordres, assermenté et inamovible, il était supposé retourner plus tard à ses devoirs ordinaires et donc susceptible d'être perçu comme un membre des forces de police subordonné à ses supérieurs et loyal envers ses collègues, ce qui était de nature à saper la confiance que tout tribunal doit inspirer. La Cour de Strasbourg a de ce fait estimé être en présence de doutes légitimes à l'égard de l'indépendance structurelle de la commission de police, qui ne satisfaisait pas aux exigences de l'article 6 § 1 de la *Convention européenne des droits de l'homme*. En outre, ce critère tenant aux apparences s'oppose à la participation à une juridiction de personnes ayant des relations trop étroites avec l'organisme partie au litige ou encore de responsables de cet organisme[65].

Dans **le système africain de protection des droits de l'homme**, l'article 22 du *protocole relatif à la Charte africaine portant sur la création d'une Cour africaine des droits de l'homme et des peuples* dispose que « *Au cas où un juge possède la nationalité d'un État partie à une affaire, il se récuse* ». En exigeant la récusation d'un juge ayant la même nationalité qu'un État partie à une affaire, le protocole précité veut s'assurer que la Cour africaine des droits de l'homme et des peuples présente les apparences d'une juridiction indépendante afin d'éviter toute suspicion quant à son indépendance par rapport à l'exécutif.

Nos recherches ont été infructueuses sur la jurisprudence de la Cour interaméricaine au regard de la théorie des apparences. Cependant, on

---

[62] Le Comité des droits de l'homme de l'ONU est sur la même ligne, rappelant que « *le tribunal doit être et doit sembler être indépendant* », 26 mars 2002, *Gutierrez Vivanco c/ Perou*, n° 678/1996.

[63] CEDH, 17 janv. 1970, *Delcourt c/ Belgique*, n° 2689/65, § 31.

[64] CEDH, 29 avr. 1988, *Belilos c/ Suisse*, série A, n° 132, § 66-67.

[65] CEDH, 3 févr. 2005, *Thaler c/ Autriche*, n° 58141/00, §§ 30 s.

peut affirmer, eu égard à l'ensemble des éléments évoqués pour l'Europe et l'Afrique, que la théorie des apparences est au cœur de l'indépendance du tribunal par rapport à l'exécutif.

2. Les grâces présidentielles : une potentielle entrave au principe d'indépendance de la justice par rapport à l'exécutif

L'indépendance de la justice par rapport au pouvoir exécutif soulève la question du droit de grâce reconnu aux chefs d'État. La grâce est une mesure de clémence par laquelle un chef d'État soustrait en tout ou partie un condamné à l'exécution de la peine prononcée contre lui. C'est généralement la Constitution qui reconnaît le droit de grâce aux chefs d'État[66]. Même s'il ne fait point doute que l'exercice du droit de grâce est profitable aux justiciables, on peut néanmoins se poser la question de savoir si la grâce que peut accorder un chef d'État à un condamné constitue une atteinte ou non à l'indépendance de la justice. Cette question suscite de l'intérêt, car très souvent, dans la plupart des mécanismes régionaux de protection des droits de l'homme, les chefs d'État font usage de leur pouvoir d'accorder une grâce partielle ou totale à un condamné.

Sur cette question de grâce présidentielle et d'indépendance du tribunal par rapport à l'exécutif, nous avons un exemple significatif dans lequel la tension entre la pratique des grâces présidentielles et l'indépendance du tribunal est perceptible. En effet, en France, à la fin du mois de décembre 2016, l'ancien chef d'État François Hollande accordait une grâce totale à Jacqueline Sauvage à la suite de la condamnation de cette dernière à 10 ans de prison pour le meurtre de son mari violent. Cependant, en accordant la grâce à un condamné, le président de la République outrepasse les décisions de justice en

---

[66] En France, c'est l'article 17 de la Constitution du 4 octobre 1958 qui confère le droit de grâce au président de la République. Cet article dispose que « *Le Président de la République a le droit de faire grâce à titre individuel* « ; En Italie, L'article 87 de la Constitution accorde au président de la République italien la possibilité *« de gracier ou d'annuler des peines »*. L'acte de grâce doit cependant être paraphé par le ministre de la Justice ; au Bénin, c'est l'article 60 de la Constitution du 11 décembre 1990 qui dispose que « *Le Président de la République a le droit de grâce. Il exerce ce droit dans les conditions définies par l'article 130* ». Quant à l'article 130 de la Constitution béninoise, il dispose que « *Le Conseil Supérieur de la Magistrature étudie les dossiers de grâce et les transmet avec son avis motivé au Président de la République.* « ; Dans le très présidentiel régime politique chilien, le pardon est accordé par la prise d'un décret suprême par le Président. Le chapitre IV de la Constitution chilienne du 11 septembre 1980 se rapporte aux pouvoirs du chef de l'État ; au Togo, c'est l'article 73 de la Constitution de 1992 révisée le 31 décembre 2002 qui confère ce pouvoir au chef de l'État. L'article dispose que : « *Le Président de la République exerce le droit de grâce après avis du Conseil supérieur de la Magistrature.* » etc.

supprimant ou en commuant la condamnation d'un individu. Ainsi, le chef de l'État exerce certes un droit constitutionnellement reconnu, mais défie par la même occasion l'autorité de la chose jugée d'une décision de justice. On peut vraisemblablement considérer le droit de grâce reconnu aux chefs d'État comme une « potentielle menace » à l'indépendance de la justice vis-à-vis du pouvoir exécutif et craindre que ce droit constitue une ingérence de l'exécutif dans le domaine du pouvoir juridictionnel.

Paragraphe 2 : Les juridictions militaires : une indépendance du tribunal en question

Assurer l'indépendance du tribunal par rapport à l'exécutif est un impératif pour l'ensemble des systèmes régionaux de protection des droits de l'homme. Cependant, les juridictions militaires suscitent des interrogations quant à leurs capacités à être indépendantes par rapport à l'exécutif. Dans l'ensemble des mécanismes régionaux de protection des droits de l'homme, face à la question de l'indépendance des juridictions militaires (A), on retrouve une réponse concordante (B).

A. La question de l'indépendance des juridictions militaires

Non seulement la nature des juridictions militaires suscite des interrogations au regard du risque d'arbitraire (1) mais également leur composition et leurs objectifs laissent perplexe quant à leur capacité à être des juridictions indépendantes par rapport à l'exécutif (2).

1. La nature des juridictions militaires : un risque d'arbitraire

Les juridictions militaires sont des juridictions pénales d'exception. À l'instar des autres juridictions d'exception, ce sont des juridictions dont la compétence d'attribution est déterminée par un texte précis. Les juridictions militaires ne sont pas organisées de la même manière en période de paix et en période de guerre. En période de guerre, les compétences des juridictions militaires sont plus prononcées ou plus étendues. Dans de nombreux pays africains, européens et interaméricains, les tribunaux militaires existent à côté des institutions judiciaires ordinaires de droit commun. Les tribunaux militaires sont tenus de respecter les normes relatives au procès équitable dans le cadre de l'exercice de leurs fonctions. Cependant, la nature des juridictions militaires suscite des interrogations chez les citoyens. En effet, le fait que les juridictions militaires soient des juridictions spéciales ne rassure point, et suscite des craintes en ce qui concerne leur indépendance par rapport à l'exécutif. En outre, la nature des juridictions militaires soulève des interrogations dans la mesure où les juridictions militaires ne présentent pas toujours les gages d'indépendance que l'on attend d'un tribunal ordinaire. Les remous entourant les poursuites éventuelles contre l'armée française pour ses actions commises au Rwanda en 1994[67], ou bien l'aboutissement des procès contre les auteurs de la dictature en Argentine depuis l'annulation par la Cour suprême des lois dites du pardon[68] sont des illustrations relatives aux interrogations que peut susciter la nature des juridictions militaires.

Les juridictions militaires, par principe, ne doivent juger que les membres des forces armées dans les cas d'infractions liées au service et à la discipline militaire qui peuvent attenter aux intérêts des forces armées. En tout état de cause, comme le souligne la Commission africaine des droits de l'homme et des peuples dans sa *Résolution sur le droit à un procès équitable et à l'assistance judiciaire en Afrique* publiée dans la Déclaration de Dakar en 1999, les tribunaux militaires « *ne doivent en aucun cas, exercer leur juridiction sur des civils* ».

Si la nature des juridictions militaires pose un problème ou suscite des interrogations, la composition et l'objectif des juridictions militaires font aussi débat.

2. La composition et l'objectif des juridictions militaires

L'objectif fondamental des juridictions militaires est le maintien de la sécurité et la discipline. Elles punissent les infractions commises par la communauté militaire, tout en restant subordonnées à leurs organes de tutelle[69].

Or, une juridiction subordonnée à d'autres autorités n'est pas indépendante. Les juridictions militaires ne répondent pas à l'exigence

---

[67] Cf. « La France accusée de complicité de génocide au Rwanda, une information judiciaire contre X ouverte au
Tribunal des armées de Paris », Libération, 24 & 25 décembre 2005, p.9 ; "Des plaintes accusant l'armée de complicité de génocide jugées recevables en France, L'improbable procès des soldats de Turquoise au Rwanda", Libération, 22 mars 2006, p.8.

[68] Selon le ministère argentin de la Justice, 958 procédures pénales pour crimes contre l'humanité commis entre 1978 et 1983 ont été enregistrées : « En Argentine, un bourreau derrière les barreaux », Libération, 7 août 2006, p.7. La dictature de 1976 à 1983 aurait provoqué la disparition de 30 000 personnes.

[69] K. MARTIN-CHENUT, « La jurisprudence interaméricaine des droits de l'homme sur l'exercice de la justice par les tribunaux militaires. Chronique internationale des droits de l'homme », *RSC*, 2009 p. 442.

d'indépendance du tribunal, puisqu'elles restent subordonnées à leurs organes de tutelle, notamment l'exécutif, avec toutes les pressions extérieures qui en découlent. En clair, le tribunal doit avoir le pouvoir de rendre une décision obligatoire, qui ne soit pas susceptible de modification par une autorité non judiciaire[70]. À cet égard, les juges de Strasbourg ont estimé que certaines cours martiales et d'autres instances disciplinaires militaires étaient constitutives d'une violation de l'article 6 § 1 de la *Convention européenne des droits de l'homme*. Le pouvoir exécutif peut certes donner à leurs membres des directives concernant l'exercice général de leurs fonctions, à la condition qu'il ne s'agisse pas en réalité d'instructions précisant comment statuer dans des affaires spécifiques[71].

L'autre élément qui suscite des interrogations quant à l'indépendance des tribunaux militaires par rapport à l'exécutif est leur composition. En effet, les juridictions militaires ont une composition mixte. Elles comprennent, d'une part, des militaires professionnels et, d'autre part, des magistrats civils ou militaires. L'un des critères permettant d'identifier un tribunal indépendant vis-à-vis de l'exécutif est le point de savoir si l'instance présente les apparences d'une juridiction indépendante. Sur la base de ce critère fondé sur la théorie des apparences, il est difficile de considérer les juridictions militaires comme des juridictions indépendantes par rapport au pouvoir exécutif, car leur composition laisse planer le doute et l'incertitude quant à leur capacité à être des juridictions indépendantes. En plus, pour qu'un tribunal puisse susciter une forte présomption d'indépendance, il faut la présence au sein de ce tribunal de magistrats de l'ordre judiciaire ou de personnes compétentes sur le plan juridique[72], alors que les militaires qui composent les juridictions militaires ne sont pas forcément des personnes compétentes sur le plan juridique. Conformément à l'arrêt *Incal c/ Turquie* du 9 juin 1998, lorsque des civils sont traduits en justice pour atteinte à la sécurité nationale, la présence de juges militaires au sein des cours de sûreté de l'État est considérée comme contraire à l'article 6 § 1 de la Convention européenne des droits de l'homme au

---

[70] CEDH, 19 avril 1994, *Van de Hurk c. Pays-Bas*, et 25 février 1997, *Findlay c. Royaume-Uni*, paragraphe 77.

[71] CEDH, 28 juin 1984, *Campbell et Fell c. Royaume-Uni*, paragraphe 79 ; *Sovtransavto Holdings c. Ukraine*, 25 juillet 2002.

[72] CEDH, 23 juin 1981, *Le Compte et autres c/ Belgique*, § 57.

motif, notamment, que ceux-ci restaient soumis à la discipline militaire[73].

En outre, les tribunaux militaires eu égard à leur composition sont sujets à des ingérences dans leurs organisations et fonctionnements. En effet, certains pays présentent des exemples d'ingérences extrêmes, comme le Cameroun où le ministre de la Défense dispose du pouvoir discrétionnaire de déclencher l'action publique, de fixer les dates d'audience, d'ordonner des perquisitions et des saisies de nuit, et, sur ordre du président de la République, d'arrêter à tout moment, avant l'énoncé du jugement, toute poursuite devant le tribunal militaire[74]. Mais indépendamment de ce cas extrême cité, des ingérences plus ou moins fortes peuvent se produire, et cela à trois stades de la procédure.

Lors du *déclenchement de l'action publique*, si certaines ingérences peuvent apparaître d'un faible degré, comme, en *France*, le simple avis obligatoire de l'autorité militaire, qui, bien que consultatif, peut être une manière d'influencer le travail du parquet et des instructeurs, d'autres sont d'une intensité plus grande. Ainsi, en Argentine, au Cameroun, ou en Turquie, le pouvoir de décider ou d'ordonner la poursuite appartient à l'autorité militaire ou au président de la République[75]. Lors de la *décision*, certains pays organisent une validation par le président de la République ou l'autorité militaire, de la décision qui consiste en un pouvoir de modification sans aggravation, ou un pouvoir de renvoyer à nouveau en jugement, ou enfin un pouvoir de classement, comme ce fut le cas en *Irlande* ou au *Chili* en temps de guerre[76]. Lors de l'exercice des recours, la révision de la décision ne peut, parfois, se faire qu'avec l'autorisation du président de la République qui a, par ailleurs, soit déclenché l'action publique, soit homologué la décision comme c'est le cas en *Égypte* ou aux *États-Unis*[77].

De ce qui précède, il n'y a nul doute que la question de l'indépendance des juridictions militaires par rapport à l'exécutif se pose dans l'ensemble des mécanismes régionaux de protection des droits de l'homme. Les Cours et Commissions régionales apportent une réponse

---

[73] CEDH, 9 juin 1998, *Incal c/ Turquie.*
[74] G. GIUDICELLI-DELAGE, *juridictions militaires et d'exception : perspectives comparées et internationales rapport général garanties procédurales et droit*, Éditions A. Pédone, 2007, pp. 241-270.
[75] *Id. Ibid*
[76] *Id. Ibid*
[77] *Id. Ibid*

concordante à cette question de l'indépendance des juridictions militaires.

B. Une réponse concordante des juridictions régionales quant au doute sur l'indépendance des juridictions militaires par rapport à l'exécutif

Les juridictions régionales de protection des droits de l'homme restent méfiantes quant à la capacité des juridictions militaires à être des juridictions indépendantes par rapport à l'exécutif. Que ce soient la Commission africaine des droits de l'homme et des peuples, la Cour européenne des droits de l'homme, la Commission et la Cour interaméricaines des droits de l'homme, la réponse et le raisonnement sont en parfaite concordance. Cette méfiance vis-à-vis des juridictions militaires (1), justifie le fait que dans la plupart des affaires, les Cours et Commissions régionales de protection des droits de l'homme soulignent et condamnent leur défaut d'indépendance (2).

1. La méfiance quant à la capacité des juridictions militaires à être des juridictions indépendantes par rapport à l'exécutif

Sans contester la légitimité des juridictions militaires, **le système interaméricain de protection des droits de l'homme** impose d'importantes balises à l'exercice de la justice par ces juridictions[78]. Il le fait notamment dans deux circonstances : lorsqu'il s'agit du jugement de civils et lorsqu'il s'agit du jugement de militaires ayant commis des violations des droits de l'homme. Dans le premier cas de figure, le souci principal concerne le risque de méconnaissance des garanties procédurales par les juridictions militaires à l'encontre de civils. Dans le second cas de figure, la préoccupation principale concerne l'éventuel laxisme des juridictions militaires, dû à l'existence d'un esprit de corps, pouvant entraîner l'impunité des auteurs de violations graves des droits de l'homme. Dans les deux hypothèses, l'indépendance de ces juridictions est remise en question et leur capacité d'assurer le respect effectif des garanties procédurales est évaluée[79]. C'est ainsi qu'en invoquant notamment les dispositions relatives au droit à la justice et au

[78] K. MARTIN-CHENUT, « La jurisprudence interaméricaine des droits de l'homme sur l'exercice de la justice par les tribunaux militaires. Chronique internationale des droits de l'homme », *RSC* 2009, p. 442.
[79] *Id. ibid*

procès équitable[80], la Commission et la Cour interaméricaines des droits de l'homme limitent les compétences *ratione personae* et *ratione materiae* des juridictions militaires[81]. Ainsi, dès ses premières années de fonctionnement, la Commission interaméricaine des droits de l'homme (CIDH) s'est prononcée sur la question du jugement de civils par les juridictions militaires, ainsi que sur la question de la composition et des pouvoirs de ces juridictions, analysant leur compatibilité avec la *Déclaration américaine des droits et devoirs de l'homme* (DADH) et *la Convention américaine relative aux droits de l'homme* (CADH). La Commission interaméricaine des droits de l'homme s'est souvent référée à ces juridictions dans ses rapports annuels, surtout dans la partie consacrée aux domaines dans lesquels des mesures doivent être adoptées pour une stricte observation des droits de l'homme, conformément à la Déclaration et à la Convention américaines. Lors de son rapport annuel de 1972, la Commission dénonçait le mépris du principe du juge naturel lors du jugement de civils par ces juridictions, ainsi que la méconnaissance des garanties procédurales[82]. En 1973, la Commission interaméricaine des droits de l'homme mettait en exergue le problème des diverses situations d'exception sur le continent américain (état de siège, de guerre interne, entre autres) utilisées pour justifier l'extension de la compétence de la justice militaire à des civils. Elle dénonçait la substitution de juridictions militaires aux juridictions ordinaires en

---

[80] Les articles XVIII « *Toute personne peut recourir aux tribunaux pour faire valoir ses droits. De même, il doit exister une procédure simple et rapide qui permette à la justice de la protéger contre les actes de l'autorité violant, à son préjudice, certains droits fondamentaux reconnus par la constitution* » et XXVI « *Tout accusé est considéré innocent jusqu'au moment où sa culpabilité est prouvée. Toute personne accusée de délit, a le droit de se faire entendre en audience impartiale et publique, d'être jugée par des tribunaux antérieurement établis en vertu des lois déjà existantes, et à ne pas se voir condamner à des peines cruelles, dégradantes ou inusitées* » de la Déclaration Américaine des Droits et devoirs de l'Homme de 1948 ; les articles 8 § 1 « *Toute personne a droit à ce que sa cause soit entendue avec les garanties voulues, dans un délai raisonnable, par un juge ou un tribunal compétent, indépendant et impartial, établi antérieurement par la loi, qui décidera du bien-fondé de toute accusation dirigée contre elle en matière pénale, ou déterminera ses droits et obligations en matière civile ainsi que dans les domaines du travail, de la fiscalité, ou dans tout autre domaine* » et 25 § 1 « *Toute personne a droit à un recours simple et rapide, ou à tout autre recours effectif devant les juges et tribunaux compétents, destiné à la protéger contre tous actes violant ses droits fondamentaux reconnus par la Constitution, par la loi ou par la présente Convention, alors même que ces violations auraient été commises par des personnes agissant dans l'exercice de fonctions officielles* » de la Convention Américaine relative aux Droits de l'Homme de 1969.

[81] K. MARTIN-CHENUT, « La jurisprudence interaméricaine des droits de l'homme sur l'exercice de la justice par les tribunaux militaires. Chronique internationale des droits de l'homme », *RSC* 2009 p. 442.

[82] V. OEA/Ser.L/V/II.29, doc. 41 rev. 2, 13 mars 1973, Partie II, § 2.

insistant sur la subordination des juges militaires au pouvoir politique, ainsi que sur leur « *moindre préparation technique* »[83]. Cette position de la CIDH est reprise dans certains de ses rapports par pays[84] ou thématiques, comme son rapport de 2002 portant sur le thème *Terrorisme et droits de l'homme*[85]. La Commission interaméricaine des droits de l'homme, méfiante quant à la question de l'indépendance des juridictions militaires, recommande aux États de veiller à ce que les personnes civiles accusées d'un quelconque délit pénal, soient jugées par des tribunaux civils ordinaires (qui offrent les garanties essentielles d'indépendance) et à ce que la compétence des tribunaux militaires se limite strictement à des délits de nature militaire[86]. Pour la Commission, « *l'utilisation de tribunaux militaires doit se limiter au jugement de membres des forces armées en activité, pour des fautes ou délits de fonction* »[87]. D'ailleurs, la Commission interaméricaine des droits de l'homme constate que la majorité des exemples de ces juridictions dans le continent relève du pouvoir exécutif et dépend directement du président de la République[88]. Des problèmes liés à la composition des juridictions militaires sont soulevés, notamment celui concernant le statut des individus qui ne sont pas des magistrats de carrière[89]. Sont également évoqués l'absence de stabilité professionnelle, le défaut de garanties assurées à la magistrature ordinaire[90], mais également des problèmes de corporatisme. La CIDH constate l'existence d'un esprit de corps au sein des juridictions militaires[91]. Pour la Commission interaméricaine des droits de l'homme, en règle générale, les juridictions militaires ne remplissent pas, en pratique, les critères d'indépendance

---

[83] V. OEA/Ser.L/V/II.32, doc. 3 rev. 2, 14 févr. 1974, Partie II, § 2.

[84] V., à titre d'exemple, le rapport relatif au Chili de 1985, OEA/Ser.L/V/II. 77.rev. 1, doc 18, 8 mai 1990 (publié pour la première fois en 1985), chap. VIII, § 140 ; ou le Troisième rapport sur la situation des droits de l'homme en Colombie de 1999, OEA/Ser.L/V/II.102, doc. 9 rev. 1, 26 févr. 1999, chap. V, § 25.

[85] OEA/Ser.L/V/II.116, Doc. 5 rev. 1 corr., du 22 oct. 2002.

[86] V. Rapport annuel 1996, OEA/Ser.L/V/II.95, doc. 7 rev., 14 mars 1997, chap. VII, n° 1.

[87] V. Rapports annuels 1997 (OEA/Ser.L/V/II.98, doc. 6, 17 févr. 1998) et 1998 (OEA/Ser.L/V/II.102, doc. 6 rev., 16 avr. 1999), chap. VII, n° 1.

[88] CIDH, Troisième rapport sur la situation des droits de l'homme en Colombie (1999), *supra, chap. V.*

[89] CIDH, Troisième rapport sur la situation des droits de l'homme en Colombie (1999), *supra supra, § 211.*

[90] CIDH, Troisième rapport sur la situation des droits de l'homme en Colombie (1999), *supra, chap. V, § 23-26.*

[91] CIDH, Troisième rapport sur la situation des droits de l'homme en Colombie (1999), *supra supra, § 211.*

exigés par la Convention américaine relative aux droits de l'homme[92]. Dans la même dynamique que la Commission interaméricaine des droits de l'homme, la Cour interaméricaine des droits de l'homme dans les affaires *Castillo Petruzzi y ostro c/ Pérou*[93] et *Palamara Iribarne c/ Chili*[94] souligne que l'indépendance des juridictions militaires fait défaut. Dans un arrêt du 22 juin 2016, *Tenorio Roca et autres c/ Pérou*, la Cour interaméricaine retient que l'État péruvien a violé les articles 8 et 25.1 de la Convention américaine des droits de l'homme relatif aux droits aux garanties procédurales. En effet, une partie de l'enquête fut réalisée devant la juridiction militaire alors que c'était à la juridiction de droit commun de connaître de l'enquête relative à la disparition forcée de la victime[95].

Dans le système africain de protection des droits de l'homme, la Commission africaine des droits de l'homme et des peuples dans sa Résolution sur le droit à un procès équitable et à l'assistance judiciaire en Afrique (Déclaration de Dakar) (1999), soutient que « *les tribunaux militaires sont tenus de respecter les normes relatives au procès équitable dans le cadre de l'exercice de leurs fonctions. En tout état de cause, ils ne doivent, en aucun cas, exercer leur juridiction sur des civils* ». Cette affirmation de la Commission africaine des droits de l'homme et des peuples en dit long sur sa position quant à la capacité des juridictions militaires à être des juridictions indépendantes. Dans plusieurs affaires mettant en cause le *Nigeria*[96], on relève une méfiance de la Commission africaine des droits de l'homme et des peuples sur la situation d'indépendance des juridictions militaires vis-à-vis de l'exécutif, eu égard à leur composition et au mode de désignation de ses membres. À titre d'exemple, dans l'affaire *Media Rights Agenda contre Nigeria* de novembre 2000[97], la Commission africaine des droits de

[92] V., à ce propos, les rapports relatifs à la situation des droits de l'homme au Brésil de 1997 (*supra supra supra supra, § 231.*

[93] Cour IDH 30 mai 1999, *Castillo Petruzzi y otros c/ Pérou, Série C, n° 41.*

[94] Cour IDH 22 nov. 2005, *Palamara Iribarne c/ Chili, Série C, n° 135.*

[95] Cour IADH, 22 juin 2016, Tenorio Roca et autres c/ Pérou. Exceptions préliminaires, fond, réparations et coûts.

[96] Cf. Communications 137/94, 139/94, 154/96 et 161/97, *International Pen, Constitutional Rights, Interights au nom de Ken Saro-Wiwa Jr et Civil Liberties Organisation*, 31 octobre 1998 ; Communications 143/95 et 150/96, *Constitutional Rights Project et Civil Liberties Organisation*, 15 novembre 1999 ; Communication 151/96, *Civil Liberties Organisation*, 15 novembre 1999 ; Communication 206/97, *Centre for Free Speech*, 15 novembre 1999 ; Communication 224/98, *Media Rights Agenda*, 6 novembre 2000 ; Communication 225/98, *Huri-Laws*, 6 novembre 2000.

[97] Dans cette affaire, la Communication est introduite par Media Rights Agenda, une ONG nigériane des droits de l'homme basée à Lagos, au nom de Niran Malaolu, éditeur d'un quotidien

l'homme et des peuples « *considère que la sélection d'officiers militaires en activité, sans aucune formation en droit, pour jouer le rôle de magistrat, constitue une violation du paragraphe 10 des principes fondamentaux relatifs à l'indépendance de la magistrature qui dispose que les personnes sélectionnées pour remplir les fonctions de magistrat doivent être intègres et compétentes et justifier d'une formation et de qualifications juridiques suffisantes. De même, la comparution, le jugement et la condamnation de Malaolu, un civil, par un tribunal militaire spécial, présidé par des officiers militaires en activité, qui sont encore régis par le règlement militaire, est, sans plus, préjudiciable aux principes fondamentaux du procès équitable tel que stipulé par l'article 7 de la Charte* »[98]. La Commission africaine des droits de l'homme et des peuples conclut que « *l'on ne peut dire que le jugement et la condamnation de Malaolu par un tribunal militaire spécial, présidé par un officier en activité qui est aussi membre du PRC, un organe habilité à confirmer la sentence, se sont déroulés dans des conditions garantissant un procès équitable tel que prévu par l'article 7 de la Charte. Cela est aussi une violation de l'article 26 de la Charte qui prévoit que : Les États parties à la présente Charte ont le devoir de garantir l'indépendance des tribunaux et de permettre l'établissement et le perfectionnement d'institutions nationales appropriées chargées de la promotion et de la protection des droits et libertés garantis par la présente Charte* »[99].

En ce qui concerne **le système européen de protection des droits de l'homme**, il ne fait aucun doute que la Cour européenne des droits de l'homme reste prudente quant à la capacité des juridictions militaires à être des juridictions indépendantes par rapport à l'exécutif. D'ailleurs, pour la Cour EDH, un tribunal ne sera pas considéré comme indépendant si l'un des juges est un militaire qui appartient à l'armée,

nigérian indépendant, The Diet. Le requérant se plaint que M. Niran Malaolu a été arrêté avec trois autres employés du quotidien par des militaires armés dans les bureaux de The Diet à Lagos le 28 décembre 1997. Niran Malaolu est resté détenu sans inculpation jusqu'au 14 février 1998 lorsqu'il a comparu devant un tribunal militaire spécial pour son implication alléguée dans un coup d'État. Selon le requérant, le Tribunal militaire spécial qui a jugé la victime n'était ni compétent, ni indépendant, (…) dans la mesure où les membres étaient soigneusement sélectionnés par le chef de l'État, Général Sani ABACHA et le Conseil de gouvernement provisoire (PRC) contre qui l'infraction était censée avoir été commisse. (…) Le requérant allègue la violation d'un certain nombre d'articles de la Charte africaine des droits de l'homme et des peuples dont les articles 7 et 26.

[98] Communication 224/98, *Media Rights Agenda*, 6 novembre 2000, § 60 et 61.

[99] Communication 224/98, *Media Rights Agenda*, 6 novembre 2000, § 66.

même avec la présence à ses côtés de juges civils[100]. En outre, la Cour EDH s'est prononcée dans plusieurs affaires portant sur des cours martiales appelées à connaître d'infractions, qualifiées de pénales par la Convention, reprochées au personnel militaire. Dans son arrêt *Grieves c. Royaume-Uni* du 16 décembre 2003[101], la Grande Chambre a estimé que l'appareil judiciaire de la cour martiale de la marine britannique constituait une violation de l'article 6 § 1 de la *Convention européenne des droits de l'homme*, compte tenu de la nomination ad hoc des présidents de chaque cour martiale, et du fait que la fonction d'assesseur était exercée par des officiers de marine. Statuant dans les mêmes termes, la Cour EDH a condamné l'institution des Cours de sûreté de l'État turc, sur le fondement de l'exigence d'indépendance du tribunal, qui comprenait trois juges dont un officier de carrière qui pendant toute la durée de son mandat continuait d'appartenir à l'armée, laquelle dépendait étroitement du pouvoir exécutif.

Ce tour d'horizon des trois mécanismes régionaux de protection des droits de l'homme révèle toute la méfiance des Cours et Commissions régionales quant à la capacité des juridictions militaires à être des juridictions indépendantes vis-à-vis de l'exécutif. Le défaut d'indépendance des juridictions militaires très souvent relevé et condamné apparaît de manière manifeste dans les affaires traitées par les Cours et Commissions régionales de protection des droits de l'homme.

2. Le défaut d'indépendance des juridictions militaires : une situation observable dans la jurisprudence des juridictions régionales

Quelques affaires tirées de la jurisprudence des juridictions régionales de protection des droits de l'homme illustrent le défaut d'indépendance des juridictions militaires par rapport à l'exécutif.

Dans le système africain de protection des droits de l'homme, la Commission africaine des droits de l'homme et des peuples a censuré le *Nigeria* dans plusieurs affaires et à plusieurs reprises[102]. On peut citer à

---

[100] CEDH, 9 juin 1998, *Incal c/ Turquie*, et 28 oct. 1998, *Ciraklar c/ Turquie* (Cour de sûreté de l'État) : *Rev. Sc. Crim.*, 1999, 402, obs. R. KOERING-JOULIN. Jurisprudence confirmée par 13 arrêts du 25 septembre 2001.

[101] CEDH (Gr. Ch.), 16 décembre 2003, *Grieves c. Royaume-Uni,* n° 57067/00, JDI 2004 p. 680 obs. P. TAVERNIER.

[102] La Commission africaine des droits de l'homme et des peuples dans sa résolution sur le Nigeria (adoptée à la 17e session) a indiqué que parmi les violations graves et massives qui se déroulaient dans ce pays, il y avait « *la limitation de l'indépendance du pouvoir judiciaire et la*

titre d'exemple, l'affaire *Centre for Free Speech c/ Nigeria* du 15 novembre 1999[103]. Dans cette affaire, il était question de l'arrestation, la détention, le jugement et la condamnation arbitraire de quatre journalistes nigérians par un tribunal militaire présidé par un membre de l'exécutif. La Commission relève qu'« *on ne peut pas dire que le procès et la condamnation des quatre journalistes par un tribunal militaire spécial présidé par un officier d'active qui est également membre du PRC, organe habilité à confirmer le jugement, se soient déroulés dans des conditions qui garantissaient réellement le principe du procès équitable tel que prévu par l'article 7 de la Charte et les Principes fondamentaux susmentionnés. Cet acte constitue par ailleurs une violation de l'article 26 de la Charte. (...)* »[104].

Le Soudan a été également censuré par la Commission africaine des droits de l'homme et des peuples dans l'affaire *Law office of Ghazi Suleiman*[105]. Dans cette affaire, il est question de civils faisant l'objet d'un procès devant le tribunal militaire. Il est allégué que ce tribunal a été créé par décret présidentiel et qu'il était principalement composé d'officiers militaires. Des quatre membres de ce tribunal militaire, trois sont des militaires en activité. La Commission africaine des droits de l'homme et des peuples considère que la sélection d'officiers militaires en activité pour jouer le rôle de magistrat est contraire à l'exigence d'indépendance du tribunal. En outre, la Commission africaine souligne que mis à part le statut des membres de ce tribunal militaire, sa seule composition crée l'apparence d'une absence d'indépendance par rapport à l'exécutif.

Dans l'affaire *Malawi African Association et Autres c. Mauritanie*[106], diverses communications sont relatives à la situation qui a prévalu en Mauritanie entre 1986 et 1992. En effet, durant cette période, des personnes accusées de complot contre le gouvernement sont jugées par un tribunal spécial présidé par un officier supérieur de l'armée. Ces

---

mise sur pied de tribunaux militaires sans indépendance ni règles de procédure pour juger les personnes soupçonnées d'être des opposants du régime militaire ».

[103] Communication 206/97, *Centre for Free Speech c/ Nigeria*, 15 novembre 1999.

[104] Communication 206/97, *Centre for Free Speech c/ Nigeria*, 15 novembre 1999, § 16.

[105] Communication 222/98 et 229/99, *Law of Ghazi Suleiman c/ Soudan* décidée lors de la 33e session ordinaire, mai 2003, 16e rapport annuel d'activité.

[106] Communications 54/91, 61/91, 98/93, 164-196/97 et 210/98, *Malawi African Association, Amnesty International, Mme Sarr Diop, Union Interafricaine des Droits de l'Homme et RADDHO, Collectif des Veuves et Ayants droit et Association Mauritanienne des Droits de l'Homme c. Mauritanie.* Décidée lors de la 27e session ordinaire, mai 2000, 13e Rapport annuel d'activités.

communications soulèvent divers cas de violations des droits de l'homme par la Mauritanie. Parmi les violations, il est allégué la violation de l'article 26 de la Charte africaine des droits de l'homme et des peuples[107]. Dans cette affaire, la Commission africaine des droits de l'homme et des peuples relève tout d'abord que « *la section chargée des matières relatives à la sécurité de l'État au sein du tribunal spécial est présidée par un cadre supérieur de l'armée qui n'est pas tenu d'avoir une formation en droit. Il est assisté de deux assesseurs, tous deux militaires. Le tribunal spécial lui-même est présidé par un officier de l'armée* »[108]. Puis, la Commission ADHP affirme qu'« *en créant une section chargée des matières relatives à la sécurité de l'État au sein du tribunal spécial, l'État mauritanien a failli à son devoir de garantir l'indépendance des tribunaux* »[109]. Elle conclut par conséquent à la violation de l'article 26 de la Charte africaine des droits de l'homme et des peuples[110]. Dans cette affaire, la Commission africaine des droits de l'homme et des peuples affirme que « *l'État mauritanien a failli à son devoir de garantir l'indépendance des tribunaux* », puisqu'il a transféré les compétences des juridictions ordinaires à un tribunal militaire spécial dont la composition est laissée à la discrétion de l'organe exécutif.

Dans le système européen de protection des droits de l'homme, on peut rappeler l'affaire *Incal c/ Turquie* du 9 juin 1998[111], à propos de laquelle la Cour européenne des droits de l'homme souligne que lorsque des civils sont traduits en justice pour atteinte à la sécurité nationale, la présence de juges militaires au sein des cours de sûreté de l'État est considérée comme contraire à l'exigence d'indépendance du tribunal que pose l'article 6 § 1 de la Convention européenne des droits de l'homme au motif, notamment, que ceux-ci restaient soumis à la discipline militaire. Dans plusieurs affaires également, la Cour EDH a souligné la non-conformité des Cours martiales britanniques aux exigences du procès équitable dont notamment l'exigence d'indépendance du tribunal[112].

---

[107] L'article 26 de la Charte dispose que : « Les États parties à la présente Charte ont le devoir de garantir l'indépendance des tribunaux ... ».

[108] *Malawi African Association et Autres c. Mauritanie* RADH 2000 148 (CADHP 2000), § 98.

[109] *Ibid*, § 100.

[110] *Id. Ibid*

[111] CEDH, 9 juin 1998, *Incal c/ Turquie*, n° 22678/93 , § 72.

[112] CEDH, 25 févr. 1997, *Findlay c/ Royaume-Uni*, n° 22107/97 ; Gr. Ch., 18 févr. 1999, *Cable et autres c/ Royaume-Uni*, n° 24436/94… ; 26 févr. 2002, *Morris c/ Royaume – Uni*, n° 38784/97, JDI 2003 p. 516 obs.

En ce qui concerne **le système interaméricain de protection des droits de l'homme**, une illustration intéressante figure dans l'affaire *Castillo Petruzzi y otros c/ Pérou* du 30 mai 1999[113] de la Cour interaméricaine des droits de l'homme. Dans cette affaire, des civils chiliens accusés d'appartenir à une organisation terroriste péruvienne avaient été condamnés à la réclusion à perpétuité par des tribunaux militaires « *sans visage* ». La Cour a considéré, en s'appuyant sur le principe du juge naturel et compétent, que la juridiction militaire n'était pas naturellement compétente pour juger des civils qui n'exercent pas de fonctions militaires et de ce fait ne peuvent pas commettre d'actes contraires à des devoirs fonctionnels. Pour la Cour, et en accord avec la doctrine établie par la CIDH en matière de droit au juge naturel[114], quand la justice militaire connaît d'une affaire que la justice ordinaire aurait dû connaître, le principe du juge naturel et le principe du procès équitable sont violés[115]. Pour la Cour interaméricaine des droits de l'homme, l'indépendance des juridictions militaires par rapport à l'exécutif fait défaut, dès lors que les membres du Conseil suprême de la Justice militaire sont nommés par un ministre et que c'est ce même Conseil qui détermine les promotions, les fonctions, entre autres, de ses subordonnés[116].

En outre, la Cour interaméricaine des droits de l'homme a établi dans une jurisprudence constante, que dans les cas où « *l'ordre militaire est subordonné hiérarchiquement au pouvoir exécutif (...), ceci empêchait ou pour le moins rendait difficile pour les magistrats de l'ordre militaire de juger de façon objective* »[117] et indépendante.

En somme, ces quelques illustrations montrent que, dans l'ensemble des systèmes régionaux de protection des droits de l'homme, les Cours et Commissions régionales de protection des droits de l'homme font preuve de vigilance quant à la capacité des juridictions militaires à être des juridictions indépendantes par rapport à l'exécutif et condamnent sans hésitation le défaut d'indépendance des juridictions militaires dans leurs jurisprudences.

---

[113] Cour IDH 30 mai 1999, *Castillo Petruzzi y otros c/ Pérou, Série C, n° 41.*

[114] V., rapport annuel de la CIDH, 1972.

[115] Cour IDH *Castillo Petruzzi y otros c/ Pérou*, préc.

[116] *Ibid.*

[117] Cour IDH, 29 novembre 2006, Fond et réparations, *La Cantuta c/ Pérou*, Série C n° 162, § 141.

Conclusion du chapitre

Ce chapitre premier fut l'occasion d'insister sur le fait que, dans tous les systèmes régionaux de protection des droits de l'homme, l'indépendance du tribunal doit être protégée contre les pouvoirs politiques que sont l'exécutif et le législatif. La réalisation d'une bonne justice invite les juges à faire preuve de courage face aux pressions des pouvoirs politiques.

Par rapport au pouvoir législatif, l'indépendance du tribunal passe par l'interdiction faite aux parlementaires de remettre en question les données d'un procès, ou de fragiliser l'autorité de la chose jugée d'une décision définitive rendue par une juridiction. C'est en cela qu'il faut encadrer l'usage des lois rétroactives comme les lois de validation par exemple, car ces dernières peuvent empiéter sur les données d'un procès, ou remettre en question l'autorité de la chose jugée d'une décision définitive. En outre, pour une meilleure garantie de l'indépendance du tribunal par rapport au législatif, il faut maintenir ou instaurer de manière ferme une incompatibilité de la fonction de parlementaire avec celle de juge.

L'exécutif constituant une grande menace pour l'indépendance du tribunal, on a pu relever que dans l'ensemble des trois systèmes régionaux de protection des droits de l'homme, les Cours et Commissions régionales sanctionnent dans leurs jurisprudences les pressions de l'exécutif sur le pouvoir judiciaire, avec notamment la question sensible des juridictions militaires. Le souci de protéger la fonction juridictionnelle contre les pressions des pouvoirs exécutif et législatif est une préoccupation commune à tous les systèmes régionaux de protection des droits de l'homme.

S'il est évident que le tribunal doit être indépendant par rapport à l'exécutif et au législatif, il faut relever que cette indépendance doit également exister à l'égard d'autres groupes d'influence au poids économique considérable. L'action sur la justice des entreprises multinationales et des médias doit vraiment être prise en compte. Ce sera l'objet du prochain chapitre.

CHAPITRE II :

UNE INDÉPENDANCE DU TRIBUNAL FACE AU MONDE ÉCONOMIQUE ET MÉDIATIQUE

Pour Paul MARTENS, « *si les juges s'affranchissent de toute dépendance à l'égard des pouvoirs étatiques, ils subissent un autre contrôle, plus sournois, encore inorganisé, mais de plus en plus pesant : celui de la société civile, appelée aussi opinion publique, relayée par les diverses formes d'expression médiatique* »[1]. L'indépendance du tribunal ne doit pas exister uniquement à l'égard des pouvoirs politiques, elle doit également exister à l'égard des groupes de pression que sont les entreprises multinationales et les médias. Si pour les multinationales leur poids économique constitue un véritable groupe de pression, l'influence des médias repose sur des mécanismes d'influence de nature plus complexe qui peuvent perturber la liberté de décision des juridictions et mettre en difficulté leur indépendance.

L'indépendance du tribunal doit donc exister à l'égard du poids économique des entreprises multinationales (Section I), mais également face à l'influence grandissante des médias (Section II).

SECTION I : Une indépendance du tribunal confrontée à l'influence des entreprises multinationales

L'indépendance du tribunal par rapport aux entreprises multinationales est une exigence qui vient s'ajouter à l'exigence d'indépendance par rapport aux pouvoirs étatiques. La protection de la fonction juridictionnelle contre les pouvoirs des entreprises

[1] P. MARTENS, « le pouvoir judiciaire en Belgique. Institutions et mutations », *in* Ph. ROBERT et A. COTTINO (dir.), *Les mutations de la justice. Comparaisons européennes*, Paris, L'Harmattan, 2001, p. 120.

multinationales s'impose : leur éventuelle influence sur l'institution judiciaire ne peut qu'entraîner une perte de confiance du justiciable, ce qui est inacceptable et dangereux[2], quel que soit le système régional de protection des droits de l'homme dans lequel on se situe.

Le poids des multinationales constitue vraisemblablement une menace pour l'indépendance du tribunal (paragraphe 1). Une protection de la fonction juridictionnelle contre l'influence des entreprises multinationales est donc nécessaire (paragraphe 2).

PARAGRAPHE 1 : Le poids des entreprises multinationales, une menace pour l'indépendance du tribunal

Un groupe de pression se définit comme un groupement organisé pour influencer les pouvoirs publics par des moyens divers dans un sens favorable aux intérêts de ses membres ou à une cause d'intérêt général. Au nombre des groupes de pression les plus connus et les plus impliqués dans des scandales, des polémiques, on retrouve les entreprises multinationales. Les multinationales peuvent être définies de la manière suivante : « *il s'agit généralement d'entreprises ou d'autres entités établies dans plusieurs pays et liées de telle façon qu'elles peuvent coordonner leurs activités de diverses manières. Une ou plusieurs de ces entités peuvent être en mesure d'exercer une grande influence sur les activités des autres, mais leur degré d'autonomie au sein de l'entreprise peut être très variable d'une multinationale à une autre. Leur capital peut être privé, public ou mixte* » [3]. Au sein des multinationales, plusieurs grandes catégories peuvent être identifiées. Mais celles positionnées sur les secteurs stratégiques des industries extractives, de l'agroalimentaire, de la chimie et de la pharmacie sont celles qui sont le plus à même d'influencer le juge en raison des enjeux politiques et financiers que représentent les affaires portées devant les juridictions[4].

L'influence des entreprises multinationales est une réalité dans tous les mécanismes régionaux de protection des droits de l'homme (A). Les

---

[2] J-F. RENUCCI, *op cit.*, p 473 et s.

[3] *Les principes directeurs de l'OCDE à l'intention des entreprises multinationales*, OCDE, 2008, p.14.

[4] Ces entreprises multinationales sont entre autres Monsanto, Chevron/Texaco, Shell, Union Carbide, Samsung, Nestlé, Coca-cola, Bayer, Syngenta, Total, etc.

institutions judiciaires nationales et internationales sont bien faibles [5]face au poids de ces grandes organisations (B).

A. L'influence des entreprises multinationales, une réalité présente dans tous les mécanismes régionaux de protection des droits de l'homme

Une entreprise multinationale est une entreprise qui possède des unités de production dans au moins deux pays. Cette définition traduit à la fois des spécificités propres à l'entreprise, lui donnant l'opportunité de choisir d'opérer dans plusieurs pays, et un double choix, de localisation et de forme d'organisation [6]. Les entreprises multinationales, sous l'impulsion de la mondialisation au milieu des années 1990, sont de plus en plus nombreuses, influentes et puissantes. Elles sont au cœur de l'économie mondiale. Elles opèrent largement sur le marché mondial. Elles pénètrent la structure sociale et politique, en développant une influence continue et en poursuivant des objectifs à long terme. Elles s'efforcent d'obtenir des informations, des modifications dans la politique poursuivie par les États lorsque celle-ci gêne leurs intérêts[7]. Que ce soit dans le système européen, interaméricain ou africain, la présence des entreprises multinationales est une réalité. Elles interviennent dans tous les domaines de la société, politique, économique, culturel et social. Leurs interventions poursuivent une finalité, celle d'exercer une pression afin de satisfaire les logiques de marché et des intérêts financiers. Les pressions exercées par celles-ci peuvent être visibles, ou beaucoup plus occultes. Elles peuvent viser une personne physique comme un juge par exemple ou une personne morale de droit public comme l'État ou une collectivité territoriale. La crainte que suscitent les entreprises multinationales est donc liée au fait que leur influence peut avoir des incidences sur la justice et son indépendance. Le poids des entreprises multinationales peut contraindre la justice à une certaine inaction, ou encore lui imposer de prendre une décision dans tel ou tel sens, dans telle ou telle orientation. Un tribunal dont la décision

[5] E. DAVID et G. LEFÈVRE, *Juger les multinationales*, Droits humains bafoués, ressources naturelles pillées, impunité organisée, Éditions Mardaga-GRIP, 2015, p. 17.

[6] V. VINCENT, « VI. Compter les multinationales autant qu'elles comptent », dans : CEPII éd., L'économie mondiale 2019. Paris, La Découverte, « Repères », 2018, p. 83-98. URL : https://www-cairn-info.bibelec.univ-lyon2.fr/l-economie-mondiale-2019--9782348037481-page-83.htm

[7] J. LADRIERE, « Les groupes de pression et le processus politique global », *Courrier hebdomadaire du CRISP* 1960/42 (n° 88), p. 1-25. DOI 10.3917/cris.088.0001

est influencée par des firmes multinationales n'est pas un tribunal indépendant.

Dans tous les systèmes régionaux de protection des droits de l'homme, on peut observer la puissance des entreprises multinationales. Cette puissance conduit ces dernières à des dérives, des exactions ou des abus comme nous le verrons. En effet, les multinationales se rendent généralement coupables de diverses violations du droit international comme le pillage des ressources naturelles, la surpêche dans les eaux territoriales d'un État, des atteintes graves à l'environnement : marées noires, dégazage des soutes de pétroliers en haute mer, destruction de deltas comme au Niger, empoisonnement et disparition d'habitats naturels de populations indigènes en Amazonie, atteintes aux droits humains, etc. [8] Cependant, les multinationales restent très souvent impunies pour leurs atteintes au droit international ou du moins, certaines procédures judiciaires démontrent que les justices nationales et locales sont bien faibles face à la puissance d'action[9] de ces dernières. À titre d'illustration, nous pourrons évoquer quatre (4) exemples, dans la suite du travail, pour illustrer la toute-puissance des firmes multinationales et leur influence déterminante sur l'appareil judiciaire.

B. Une indépendance du tribunal fragilisée par la puissance des entreprises multinationales

Nous avons retenu 4 exemples, qui nous semblent significatifs, pour évoquer la faiblesse du pouvoir judiciaire face à l'influence des multinationales.

En **Zambie**, dans la région de Mufulira, une filiale de Glencore, puissante compagnie anglo-suisse enregistrée à Jersey, Mopani Copper Mines a fortement pollué le sol, l'air et l'eau par des émissions non contrôlées de dioxyde de soufre, ce qui a causé de graves effets sur la santé des populations locales : maladies respiratoires sévères, contamination de la faune et de la flore dont dépendent ces populations pour leur alimentation. De plus, cette filiale s'est livrée à d'importantes évasions fiscales[10]. Malgré les faits avérés de pollution et de fraude fiscale, aucun procès n'a été fait à cette entreprise. Aucun juge zambien n'a eu le courage de se prononcer sur cette affaire. Cette inaction de la

[8] E. DAVID et G. LEFÈVRE, *op cit*, p. 18.
[9] E. DAVID et G. LEFÈVRE, *op cit*, p. 19.
[10] E. DAVID et G. LEFÈVRE, *op cit*, p.26.

justice zambienne est un aveu d'impuissance devant l'influence de l'entreprise multinationale.

En **République démocratique du Congo :** par les activités d'extraction minière de sa filiale Kamoto Copper Company (KCC) à Kolwezi au Katanga, Glencore cause de gros dégâts à l'environnement en polluant l'air et l'eau. S'il est vrai que l'entreprise a construit des écoles, des centres de soins et soutenu d'importants projets d'élevage ou d'agriculture, il faut préciser que « *des 15 millions de francs (suisses) comptabilisés en 2011 au titre de dépenses communautaires, près de 90 % ont été consacrés à des infrastructures qui profitent à la firme comme la construction de routes ou la réfection d'un aérodrome. Ensuite, Glencore ne tient pas compte de l'impact de ses décisions sur les populations locales. Des routes utilisées par les villageois traversant la concession ont, par exemple, été fermées au public sans aucune consultation. La population de plusieurs villages est désormais contrainte de faire un détour de 10 kilomètres afin de vendre sa production de fruits et légumes et ainsi gagner sa vie* », signale la « European Coalition for Corporate Justice ». Si, en avril 2012, la multinationale déclarait avoir réglé le problème de pollution des eaux provoqué par sa fabrique Luilu, « *l'analyse d'échantillons prélevés dans le Canal Albert et la rivière Pingri montre que les concentrations de cuivre et de cobalt dans ces cours d'eau dépassent largement les limites fixées par la loi et recommandées par l'Organisation mondiale de la Santé (OMS). La teneur en cuivre est ainsi jusqu'à six fois supérieure aux valeurs seuils et celle de cobalt même jusqu'à 53 fois. Les poissons ont disparu de la rivière Luilu et les berges ressemblent à de la terre brûlée. Les personnes qui habitent en aval de la mine ne peuvent utiliser l'eau de la rivière ni pour leurs besoins quotidiens, ni pour irriguer leurs champs* », signale cette coalition d'ONG européenne[11]. Ces faits et agissements de la multinationale Glencore constituent des violations des droits humains. Cependant, force est de constater que s'agissant des multinationales, la justice est frileuse à poursuivre, voire à condamner les auteurs. Pourquoi cette frilosité ? Est-ce à cause des gros moyens tant financiers que juridiques des multinationales ? Face à ces interrogations et aux faits susmentionnés, difficile de ne pas relever une inaction de la justice, un manque de courage de juger. Cette inaction et ce manque de

[11] European Coalition For Corporate Justice, « Glencore au Congo : des problèmes irrésolus », 19 juin 2014. www.corporatejustice.org et www.painpourleprochain.ch ; « PR ou Progress ? Glencore's Corporate Responsibility in the Democratic Republic of the Congo », Rights and Accountability in Development, 19 juin 2014, www.corporatejustice.org.

courage de juger peuvent être interprétés comme un aveu de faiblesse de la justice congolaise face à la puissance de la multinationale Glencore.

En **Équateur**, Chevron/Texaco est accusé de crime contre l'humanité. De 1964 à 1999, Texaco a provoqué, voire autorisé, une déforestation illégale conduisant à la fragmentation écologique d'un vaste territoire de l'Amazonie équatorienne[12]. La firme a délibérément déversé des millions de tonnes de déchets toxiques liés aux forages et à l'exploitation pétrolière en pleine jungle ou dans les fleuves ou marais, sur plusieurs centaines de sites, dont le parc national Yasuni et une réserve ethnique habitée par un peuple autochtone, les Huaorani[13]. Résultat : quelque 30 000 Équatoriens poursuivent la multinationale pour avoir contaminé leur sol et leurs cours d'eau. Cette pollution a des conséquences catastrophiques pour la santé : les taux enregistrés de cancers, leucémies, problèmes digestifs et respiratoires sont sensiblement supérieurs à ceux du reste du pays[14]. Cette affaire a conduit à un marathon judiciaire complexe aboutissant à une plainte pour crime contre l'humanité contre le PDG de Chevron Corporation, John Watson, auprès de la procureure de la Cour pénale internationale (CPI) à la Haye. Il est reproché à ce dernier « *d'avoir participé à la création d'un espace vital contaminé, au harcèlement des populations d'une région, et pire, à maintenir de manière indéfinie ces conditions qui violent les droits fondamentaux définis comme crime contre l'humanité, selon les termes définis par le statut de Rome, ratifié par l'Équateur le 5 mai 2002. D'autre part, il est reproché à Watson de continuer à fuir ses responsabilités, et de contribuer, à chaque opportunité qui se présente, à empêcher que la contamination de l'Oriente soit réparée.* »[15] En mars 2015, la Procureure de la CPI, créée pour juger les auteurs physiques – et non les multinationales comme telles – des crimes de droit international les plus graves (génocide, crime contre l'humanité, crimes de guerre, crime d'agression), a répondu aux avocats équatoriens qu'elle ne voyait pas matière à l'ouverture d'une enquête concernant le principal dirigeant de Chevron[16]. Cette réponse de la procureure de la CPI suscite des déceptions, un sentiment d'impunité, si l'on s'en tient à la gravité des actes posés délibérément par la firme. Cependant, il est à relever que

---

[12] E. DAVID et G. LEFÈVRE, *op cit*, p.29.

[13] *Id. Ibid*

[14] *Id. Ibid*

[15] Communiqué de presse de l'Union de Afectados y Afectadas por las Operaciones de Texaco (UDAPT), Quito (Équateur).

[16] E. DAVID et G. LEFÈVRE, *op cit*, p.28-29.

la réaction contre les méfaits de cette firme est devenue mondiale[17]. Ainsi, le 27 mai 2015, un appel signé par trois prix Nobel et de nombreuses personnalités a demandé la fin de l'impunité de Chevron et des autres entreprises extractives, que ce soit en matière de pollution ou de violations des droits humains. Ils interpellent notamment « *les systèmes de justice dans le monde, en particulier aux États-Unis, à ne pas permettre des actions en justice abusives et dilatoires favorisant la puissance des multinationales, à ne pas tolérer de telles actions pour réduire au silence les victimes, les personnes et les organisations qui les soutiennent, et à respecter la justice des autres pays et le droit des plaignants à une procédure régulière* »[18].

Le **Nigeria**, huitième exportateur de pétrole au monde et premier producteur d'Afrique, est le théâtre d'une exploitation pétrolière qui a débuté il y a cinquante ans et a occasionné d'énormes ravages parmi les habitants et dans l'environnement du delta[19]. De nombreuses ONG accusent les groupes pétroliers d'appliquer des normes environnementales beaucoup plus laxistes que dans leur pays d'origine[20]. Certains parlent même d'écocide, ce que réfute Shell, la plus importante des entreprises qui sont actives sur ce territoire[21].

Selon un rapport publié en 2006 par le World Wide Fund For Nature (WWF-Royaume-Uni), l'Union internationale pour la conservation de la nature (IUCN) et le Nigerian Conservation Foundation (NCF), 1,5 million de tonnes de brut, soit cinquante fois la marée noire provoquée par l'Exxon Valdez en Alaska – se sont déversées dans le delta du Niger durant le demi-siècle écoulé[22]. En 2009, Amnesty International a calculé que ces fuites représentent l'équivalent d'au moins 9 millions de barils. L'organisation accuse les géants de l'industrie de violer les droits de l'homme[23]. Soulignons par ailleurs que Shell dispose d'une centaine de torchères qui brûlent jour et nuit, produisant autant de CO2 que deux millions de voitures[24]. Ce gaz qui pourrait être destiné à d'autres usages, par exemple à la production d'électricité, provoque lui aussi des dégâts

[17] *Ibid*, p. 31.
[18] « Trois prix Nobel appellent à la fin de l'impunité de Chevron et des autres multinationales », mai 2015, www.bastamag.net
[19] E. DAVID et G. LEFÈVRE, *op cit*, p.31.
[20] *Id. Ibid*
[21] *Ibid*, p.31-32.
[22] E. DAVID et G. LEFÈVRE, *op cit*, p.32.
[23] Amnesty International, « Pollution au Nigeria : Shell accepte d'indemniser les populations », 8 janvier 2015.
[24] E. DAVID et G. LEFÈVRE, *op cit*, p.32.

en retombant sous forme de pluies acides sur les villages et les cultures. Les zones humides autrefois fertiles des bouches du Niger sont aujourd'hui symboles de la plus grande catastrophe pétrolière au monde[25]. Selon les Amis de la Terre, « *la situation est dramatique, qu'il s'agisse d'environnement ou dialogue avec les populations impactées par les activités de Shell, Eni et Total* »[26]. De fait, des actions judiciaires ont été intentées contre la firme aux États-Unis, aux Pays-Bas et au Royaume-Uni mais sans succès[27].

Ces exemples sus-évoqués permettent de constater la vulnérabilité de la justice face à la puissance des multinationales. Cette vulnérabilité impacte l'indépendance dont la justice doit faire preuve. Il est donc nécessaire de songer à un renforcement des garanties des tribunaux contre les pressions externes. Ce renforcement pourrait favoriser l'action des juridictions contre les multinationales. Un projet de traité porté par l'ONU vise à combattre l'impunité des multinationales [28] tout en permettant de garantir l'indépendance des juges face à leur pression économique et financière.

Paragraphe 2 : Une nécessaire protection de la fonction juridictionnelle contre l'influence des multinationales

Face à l'influence des entreprises multinationales qui peut fragiliser l'indépendance de la justice, le renforcement des garanties des tribunaux contre les pressions externes peut être utile (A). En outre, une vigilance est requise (B).

---

[25] Plus de détails notamment dans l'analyse effectuée par le CETIM : « Cas de violations des droits humains et environnementaux par Shell dans le delta du Niger au Nigeria », 26e session du Conseil des droits de l'homme 2014. Déclaration écrite conjointe du CETIM et de Environmental Rights Action/Friends of the Earth Nigeria (ERA/FoEN). Cote ONU : À/HRC/26/NGO/100.

[26] E. DAVID et G. LEFÈVRE, *op cit*, p.32.

[27] Le Alien Tort Claims Act aux États-Unis, Un procès au Pays-Bas (ce procès constituait la première affaire où une société néerlandaise était poursuivie aux Pays-Bas pour des faits commis à l'étranger), un procès à Londres.

[28] Voir l'avis de la CNCDH du 15/10/2019 intitulé « *Avis sur le projet d'instrument international juridiquement contraignant sur les sociétés transnationales et autres entreprises et les droits de l'homme* ». Voir aussi : https://france.attac.org/actus-et-medias/salle-de-presse/article/traite-onu-pour-mettre-fin-a-l-impunite-des-multinationales-la-france

A. Le renforcement des garanties des tribunaux contre les pressions des multinationales

L'indépendance d'un tribunal passe par l'existence de garanties contre les pressions extérieures, notamment celles des entreprises multinationales.

Un tribunal dont les membres sont dans un état de dépendance vis-à-vis d'une firme multinationale n'est pas un tribunal indépendant. En effet, l'indépendance du tribunal signifie que le tribunal et ses membres exercent leurs fonctions sans pressions, immixtions et ingérences extérieures. Il s'ensuit donc que lorsqu'un tribunal fait l'objet de pression et qu'il succombe à ces pressions, il ne présente plus les gages d'indépendance souhaités par l'ensemble des textes régionaux de protection des droits de l'homme.

Pour protéger les juridictions et leurs membres des pressions externes des firmes multinationales, des mesures et dispositions sont prévues dans l'ensemble des mécanismes régionaux de protection des droits de l'homme. En effet, que ce soit dans le système européen de protection des droits de l'homme, dans le système interaméricain de protection des droits de l'homme ou encore dans le système africain de protection des droits de l'homme, des immunités et privilèges sont prévus afin de protéger le tribunal et ses membres des pressions externes. Il s'agit de l'article 51[29] de la Convention européenne des droits de l'homme, des articles 70[30] et 72[31] de la Convention américaine relative aux droits de l'homme, de l'article 17 § 3 et 4[32] du protocole relatif à la Charte

---

[29] « Les juges jouissent, pendant l'exercice de leurs fonctions, des privilèges et immunités prévus à l'article 40 du Statut du Conseil de l'Europe et dans les accords conclus au titre de cet article ».

[30] « 1. Dès l'instant de leur élection et pendant toute la durée de leur mandat, les juges à la Cour et les membres de la Commission jouiront des immunités qui sont reconnues en Droit international aux agents diplomatiques. Ils bénéficieront en outre, pendant la durée de leur mandat, des privilèges diplomatiques nécessaires à l'exercice de leurs fonctions. 2. Les juges de la Cour et les membres de la Commission ne pourront, à aucun moment, être poursuivis en raison des votes et des opinions émis par eux dans l'exercice de leurs fonctions ».

[31] « Les juges de la Cour et les membres de la Commission reçoivent des émoluments et des frais de voyage en rapport avec l'importance et l'indépendance de leurs fonctions et sous la forme et dans les conditions déterminées par le statut de ces organes. Ces émoluments et frais de voyage seront inscrits au programme-budget de l'Organisation des États Américains, lequel prévoira en outre les dépenses de la Cour et de son greffe. À ces fins, la Cour élaborera un projet de programme-budget et le soumettra à l'approbation de l'Assemblée générale par le truchement du Secrétariat général. Celui-ci ne pourra pas y apporter de modifications ».

[32] « ... Dès leur élection et pendant toute la durée de leur mandat, les juges à la Cour jouissent des privilèges et immunités reconnus en Droit International au personnel diplomatique. Les juges à la

africaine portant sur la création d'une Cour africaine des droits de l'homme et des peuples et de l'article 43[33] de la Charte africaine des droits de l'homme et des peuples. Il faut relever que l'existence textuelle de garanties de l'indépendance du tribunal contre les pressions extérieures notamment celles des multinationales dans l'ensemble des mécanismes régionaux de protection des droits de l'homme est un soulagement pour permettre de garantir l'effectivité du procès équitable et la bonne justice.

Cependant, l'effectivité de ces garanties varie d'un mécanisme régional de protection des droits de l'homme à un autre. Dans les exemples évoqués sur l'influence des multinationales et leurs atteintes aux droits humains, on a pu constater que la justice des pays en voie de développement n'a pas toujours la force qu'il faut pour faire face à la puissance des multinationales et exercer librement ses fonctions. Outre la force, elle n'a pas aussi les moyens humains, matériels et financiers qu'il faut pour contenir la puissance des multinationales. Ceci explique ce pourquoi l'essentiel des forfaits et exactions des multinationales ont lieu dans les pays en voie de développement.

S'il est évident que les firmes multinationales constituent une menace pour l'indépendance du tribunal à cause de l'influence qu'elles peuvent avoir sur celui-ci et ses membres, il faut relever qu'une vigilance peut permettre d'atténuer cette menace.

B. Une indispensable vigilance pour protéger l'indépendance du tribunal

La nécessité d'une vigilance vis-à-vis de l'influence que les multinationales peuvent avoir sur la fonction juridictionnelle s'impose. Surtout que cette influence peut prendre diverses formes et varier suivant les contextes ou les situations. En effet, en fonction de la nature ou de la complexité d'une affaire, on peut craindre une forte pression des multinationales sur le tribunal, surtout si elles ont un intérêt particulier à préserver dans ladite affaire.

La liberté de décision du tribunal peut faire l'objet de fortes pressions de la part des multinationales. Dans diverses affaires relatives à la

---

Cour ne peuvent, à aucun moment, même après l'expiration de leur mandat, être poursuivis en raison des votes ou des opinions émis dans l'exercice de leurs fonctions ».

[33] « Les membres de la Commission, dans l'exercice de leurs fonctions, jouissent des privilèges et immunités diplomatiques prévus par la Convention sur les privilèges et immunités de l'Organisation de l'Unité Africaine ».

répression de travailleurs par des multinationales que sont Syngenta, Nestlé, Coca-Cola, Glencore, on relève des crimes de droit commun relevant de la justice des États où ces actes répréhensibles ont été commis. Les juridictions qui connaîtront de ces affaires nécessitent une protection renforcée de leur indépendance, car il s'agit d'affaires impliquant des multinationales et leurs intérêts. Dans ces affaires, il est question d'accusations portées par des syndicats contre certains responsables de sociétés transnationales qui seraient complices (par leur absence de réaction et de protection) d'agressions, de licenciements voire même d'assassinats de travailleurs[34].

Ainsi, le 21 octobre 2007, une milice privée a utilisé la manière forte pour mettre un terme à la contestation sur un site d'expérimentations transgéniques de Syngenta-**Brésil**[35]. Résultat : deux morts, dont le dirigeant du Mouvement des travailleurs ruraux sans terres (MST) Valmir Mota de Oliveira « *Keno* »[36]. Ces derniers voulaient seulement dénoncer la culture illégale de semences transgéniques de soja et de maïs ainsi que l'impunité dont bénéficiait l'entreprise[37]. Dans cette affaire, l'inaction et le manque de courage de la justice sont à déplorer. Les responsables de cette exaction sont restés impunis.

Au **Congo**, la filiale de Glencore, Kamoto Copper Company (KCC), a fait appel aux forces de police qui tirent à balles réelles pour réprimer les intrusions de mineurs artisanaux[38]. Plusieurs d'entre eux ont été tués, d'autres blessés grièvement[39]. Ainsi, en février 2014, Mutombo Kasuyi est décédé des suites des voies de fait de la police dans la concession de la filiale de cette société à Kolwezi[40] et la justice a laissé impunis les responsables.

Un syndicat colombien a accusé la firme Coca-Cola, après l'assassinat de sept de ses affiliés par des milices paramilitaires d'extrême droite[41]. Selon cette organisation, le directeur américain de l'usine aurait menacé de mort les syndicalistes de son entreprise. Pour défendre son image, la multinationale a tenté d'interdire la diffusion d'un film documentaire dénonçant ses pratiques en Colombie et a

---

[34] E. DAVID et G. LEFÈVRE, *op cit*, p.45.
[35] *Ibid*, p.46.
[36] *Id. Ibid*
[37] S. FERRARI, « OGM, violence : Syngenta sur la sellette, un paysan sans terre a été tué par un garde de la société suisse », 5 décembre 2007, www.lecourrier.ch.
[38] E. DAVID et G. LEFÈVRE, *op cit*, p.46.
[39] *Id. Ibid*
[40] *Id. Ibid*
[41] E. DAVID et G. LEFÈVRE, *op cit*, p.46.

menacé le festival international du film des droits de l'homme de Paris, session 2010, de poursuites judiciaires[42]. Cependant, selon « *Mirador* », le site de GRESEA[43], « *la structure organisationnelle en franchise de The Coca-Cola Company lui permet de s'abstraire de toute responsabilité liée à la manière dont sont traités les travailleurs chez ses sous-traitants* »[44]. Un tribunal d'opinion[45] a siégé le 29 octobre 2005 à Berne pour examiner des cas de répression sanglante des droits des travailleurs dont Nestlé et sa filiale en **Colombie** auraient été complices[46]. Des représentants du syndicat colombien de l'alimentation Sinaltrainal ont témoigné mais la firme n'a pas voulu être présente lors de ce « *procès* »[47]. Dix travailleurs ont été assassinés par des présumés paramilitaires entre 1986 et 2005[48]. La plupart étaient des leaders syndicaux éliminés « *lors de périodes de tension et de conflits dans les entreprises de Nestlé, à des moments de remise en cause des conventions collectives de travail, et, pour certains, à la veille d'une grève. Si la responsabilité de Nestlé n'est pas directement en cause, il n'en demeure pas moins que les méthodes d'intimidation et de chantage utilisées sont indirectement en cause. Refusant d'augmenter le prix payé aux propriétaires terriens pour leurs livraisons de lait, Nestlé a invoqué l'excuse des hausses de salaire revendiquées par les travailleurs pour expliquer son refus, menaçant du même coup de délocaliser ses centres de production. Les syndicats ont ainsi été désignés comme les ennemis à abattre. Or, il est avéré que ces propriétaires ont partie liée avec des groupes paramilitaires* ». La firme n'a rien n'entrepris « *ni pour faire condamner les coupables, ni pour protéger ses employés, alors même qu'elle dispose d'un grand pouvoir au sein de l'État colombien* »[49]. Les familles des victimes n'ont reçu aucun dédommagement. Le tribunal d'opinion a estimé que « *dans ce cas, Nestlé a failli à sa tâche, par omission ou par démission, mais que sa responsabilité indirecte est engagée dans la mesure où sa politique de chantage et de pression*

---

[42] F. ROUSSELOT, « Coca-Cola accusé d'assassinat syndical », *Libération*, 21 juillet 2001. Et Anthony Lesme, « Coca-Cola, du plomb dans le gaz en Colombie », 9 mars 2010, www.bakchich.info.

[43] Ce site est un observatoire des multinationales.

[44] Violaine Wathelet, « Profil : The Coca-Cola Company », GRESEA, août 2015, http : //www.mirador-multinationales.be/secteurs/agro-alimentaire/article/the coca-cola-company.

[45] Il s'agissait d'un conseil de cinq personnalités.

[46]E. DAVID et G. LEFÈVRE, *op cit*, p.47.

[47] *Id. Ibid*

[48] *Id. Ibid*

[49] *Id. Ibid*

constante sur les travailleurs est susceptible de générer de la violence »[50].

En somme, les multinationales sont de plus en plus impliquées dans des affaires criminelles et les affaires susmentionnées l'attestent. L'intervention de Lafarge en Syrie et d'Areva au Niger montre que les multinationales françaises ne sont pas indemnes de toute responsabilité[51]. Eu égard à leur influence, il convient donc d'insister sur la nécessité d'être vigilant pour atténuer la menace que constituent les entreprises multinationales pour l'indépendance des tribunaux qui connaissent desdites affaires. Cependant, le monde économique n'est pas la seule menace pour l'indépendance du tribunal. Le pouvoir des médias[52]suscite aussi des inquiétudes.

SECTION II : Une indépendance du tribunal éprouvée par l'influence des médias

Favorisée par l'essor des technologies de l'information et de la communication, l'influence des médias qui inclut les réseaux sociaux est aujourd'hui une réalité dans nos sociétés. Cette influence impacte tous les secteurs d'activité et la justice n'échappe pas à ce phénomène. Antoine GARAPON souligne que « *la presse n'a de cesse de percer les derniers secrets de la démocratie, à commencer par ceux de la justice :*

---

[50] CETIM, « Violations des droits humains commises par des entreprises transnationales en Colombie : le cas de Nestlé », Rapport à la sous-commission des droits de l'homme des Nations unies, 2003, www.cetim.ch.

[51] https://www.lepoint.fr/monde/lafarge-en-syrie-la-justice-se-prononce-sur-la-validite-des-mises-en-examen-07-11-2019-2345851_24.php, consulté le 23/01/2020; https://www.lepoint.fr/economie/uranium-niger-areva-licencie-pour-raisons-economiques-12-01-2018-2186174_28.php, consulté le 23/01/2020.

[52] P. AUVRET, « Le journaliste, le juge et l'innocent », *Rev. sc. crim.*, 1996, 625.- B. BEIGNIER, « La protection de la personne mise en examen : de l'affrontement à la collusion entre presse et justice », *in Liberté de la presse et droits de la personne*, Dalloz, coll. « Thèmes et commentaires », 1997, p.97. – M. DELMAS-MARTY, « Justice télévisée ou médias justiciers ? », in Mélanges A. Braunschweig, AFHJ et Litec éd., 1997, 151. – E. DERIEUX, « Justice pénale et droit des médias », Justices, 1998-10 (n° consacré à la justice pénale), p. 133 ; « la responsabilité des médias, responsables, coupables condamnables, punissables ? », *JCP*, 1999, I, 153. – Antoine GARAPON, *Justices et médias, une alchimie douteuse*, Notes de la fondation Saint-Simon, oct.1994 ; « la justice est-elle délocalisable dans les médias ? », *in Droit et société*, 1994-26, p.73, LGDJ.-Serge GUINCHARD, « les procès hors les murs », *Mélanges Cornu*, PUF 1994, 201.- J. NORMAND, *RTD civ.*, 1998, 972 (affaires J.Ch. MITTERAND et LEOTARD). – *Revue Médias/Pouvoirs* 1997-1, Justices et médias ; Joëlle GODARD, « Contempt of Court en Angleterre et en Écosse ou le contrôle des médias pour garantir le bon fonctionnement de la justice », *RSC*, 2000, 367.

ce qui lui est dissimulé éveille sa curiosité et ce qui lui résiste provoque sa puissance »[53]. Lorsque la presse s'empare d'un procès, elle ne se borne pas à expliquer le travail de la justice ou à dénoncer son mauvais fonctionnement : elle caresse le désir de se substituer au juge et de juger à sa place[54].

La relation entre les réseaux sociaux et la justice peut se résumer à travers la question suivante : les juges peuvent-ils « *twitter* », s'exprimer ou se divertir sur Facebook ?[55] Rien ne s'y oppose, mais des limites s'imposent[56]. La participation aux réseaux sociaux informatisés relève d'un choix personnel, mais demande une grande prudence pour éviter la mise en cause de l'indépendance du magistrat[57]. En effet, « *certaines personnes manœuvrent de manière à entretenir des liens d'amitié avec des magistrats afin de pouvoir abuser de cette situation vis-à-vis des tiers ou éventuellement bénéficier d'avantages personnels* »[58]. Il est prudent de cloisonner soigneusement la vie professionnelle et la vie privée dès lors que, sur les réseaux sociaux, malgré les précautions que l'on peut prendre, on ne maîtrise pas toujours les liens et les informations qui y circulent[59]. Comme le rappelle pertinemment une circulaire du procureur du Roi de Bruxelles du 16 septembre 2013, il n'est pas permis de faire état de sa qualité de magistrat dans ce cadre, hormis les réseaux sociaux à caractère exclusivement professionnel[60]. Inversement, il faut garder à l'esprit d'éviter que des informations relevant de la vie privée puissent avoir une incidence sur la vie professionnelle. Le magistrat, soumis à un grand devoir de réserve, doit être soucieux de ne pas donner par cette voie des arguments aux plaideurs[61] ou des éléments permettant de douter de son indépendance.

Quant à la justice et la presse, leurs relations n'ont jamais été sereines[62]. Le rapport entre la presse et la justice est de nature complexe. De ce rapport peut naître un conflit entre deux droits fondamentaux : le

---

[53] A. GARAPON, *Op. cit*, 2001, p. 267.
[54] *Ibid*, pp 269-270.
[55] M. SALMON, *Les réseaux sociaux et le droit*, éd. Larcier, 2014, p. 25.
[56] *Id. Ibid*
[57] *Guide pour les magistrats*, 2012, p. 10.
[58] M. SALMON, *Op. cit*, p. 26.
[59] *Ibid*, p. 27.
[60] *Id. Ibid*
[61] *Id. Ibid*
[62] A. CIVARD-RACINAIS, « Les relations presse– justice : le cas des journalistes spécialisés », *Les Cahiers du journalisme*, n° 8, 2000, p. 76.

droit à un procès équitable lié à l'exigence d'indépendance du tribunal et le droit à l'information.

La difficulté des rapports entre la justice et les médias s'exprime dans la dialectique entre le droit d'information qui conditionne la liberté d'expression et l'indépendance de la justice. La compréhension de ce rapport en tension entre le droit d'information et l'indépendance du tribunal est un préalable avant de pouvoir aborder (paragraphe 1) la position des juridictions régionales permettant la mise en œuvre d'un système de protection des droits de l'homme sur cette question (paragraphe 2).

PARAGRAPHE 1 : Le rapport en tension entre le droit d'information et l'indépendance du tribunal

Le droit d'information et le principe d'indépendance du tribunal entretiennent des relations complexes et parfois tendues car il s'agit de concilier. En clair, il est question de la liberté d'expression, liée à la liberté d'information qui se heurte à l'indépendance du travail judiciaire qui fonctionne selon le mode du secret de l'instruction. Le secret de l'instruction permet de mettre la justice à l'abri des pressions de la presse et des réseaux sociaux. Consacrée par l'ensemble des instruments régionaux de protection des droits de l'homme comme un droit fondamental, la liberté d'expression est fortement protégée et considérée comme « *l'un des droits les plus précieux de l'homme* »[63] et « *la pierre angulaire de toute société libre et démocratique* » [64] (A). La liberté d'expression et l'indépendance du tribunal sont deux principes cardinaux qui s'inscrivent dans une problématique en tension (B).

A. La liberté d'expression, un droit fondamental consacré par l'ensemble des instruments régionaux de protection des droits de l'homme

Le droit à la liberté d'expression est un droit fondamental qui trouve sa consécration dans tous les instruments régionaux de protection des droits de l'homme. La liberté d'expression, c'est la liberté de

[63] Article 11 DDHC de 1789 : « *la libre communication des pensées et opinions est un des droits les plus précieux de l'homme : tout citoyen peut donc parler, écrire, exprimer librement, sauf à répondre de l'abus de cette liberté dans les cas déterminés par la loi* ».

[64] Comité DH, 12 juillet 1996, *Adimo M. Aduayom et a. c/ Togo*, n° 422 et 424/1990, A/5/40, p.18.

communiquer ses opinions, le cas échéant par voie de presse[65]. Elle s'entend comme le droit de diffuser, d'exprimer son opinion ou une information[66].

Dans le système européen de protection des droits de l'homme, c'est l'article 10, § 1 de la *Convention européenne des droits de l'homme* qui consacre la liberté d'expression comme un droit fondamental. En effet, ledit article dispose que « *toute personne a droit à la liberté d'expression. Ce droit comprend la liberté d'opinion et la liberté de recevoir ou de communiquer des informations ou des idées sans qu'il puisse y avoir ingérence d'autorités publiques et sans considération de frontière. Le présent article n'empêche pas les États de soumettre les entreprises de radiodiffusion, de cinéma ou de télévision à un régime d'autorisations* ». La Cour européenne des droits de l'homme a déclaré que la protection de la liberté d'expression doit s'appliquer non seulement aux informations et aux idées positives mais aussi à celles qui offensent, choquent ou dérangent au nom du respect du pluralisme, de la tolérance et de l'ouverture d'esprit sans lesquels il n'y a pas de société démocratique[67]. Étouffer les idées ou les opinions impopulaires ou critiques limite le débat, lequel est nécessaire pour le fonctionnement efficace des institutions démocratiques.

Dans le système interaméricain de protection des droits de l'homme, on peut d'abord citer l'article IV de la Déclaration américaine des droits et devoirs de l'homme qui consacre le droit à la liberté d'expression dans les termes suivants : « *toute personne a droit à la liberté d'investigation, d'opinion, d'expression et de diffusion de la pensée par n'importe quel moyen* ». Ensuite et surtout, on peut citer l'article 13, § 1 de la Convention américaine relative aux droits de l'homme qui consacre la liberté d'expression comme un droit fondamental. Cet article dispose que « *toute personne a droit à la liberté de pensée et d'expression ; ce droit comprend la liberté de rechercher, de recevoir et de répandre des informations et des idées de toute espèce, sans considération de frontières, que ce soit oralement ou par écrit, sous*

---

[65] *Lexique des termes juridiques*, Dalloz, 24e édition, 2016-2017.

[66] F. BROCAL Von Plauen, *Le droit à l'information en France*, Thèse soutenue le 20 décembre 2004 à l'Université Lumière Lyon 2 sous la direction du professeur Édith JALLARDON, 381p.

[67] CEDH, *Handsyde c. Royaume-Uni*, arrêt du 7 décembre 1976, Ser. À n° 24, §49. Voir également Cour interaméricaine DH, Affaire *Olmedo Bustos et autres ("La dernière tentation du Christ »)*, jugement du 5 février 2001, Série C n° 73, §69 ; CIDH, Rapport annuel pour 1994, Rapport sur la compatibilité des lois sur les outrages à fonctionnaire [*desacato]* avec la Convention américaine relative aux droits de l'homme, OEA/Ser.L/V/II.88, Doc. 9 rev. (1995), 197, 204-205.

une forme imprimée ou artistique, ou par tout autre moyen de son choix ». Dans son *Avis consultatif OC-5/85*[68], la Cour interaméricaine des droits de l'homme a souligné la nature fondamentale de la liberté d'expression pour l'existence d'une société démocratique dans les termes suivants : *« la liberté d'expression est la pierre angulaire qui sert de fondement à l'existence même de toute société démocratique. Elle est indispensable pour la formation de l'opinion publique. Elle est également une condition* sine qua non *pour le développement des partis politiques, des syndicats, des associations scientifiques et culturelles et, d'une manière générale, de ceux qui désirent exercer une influence sur le public. En résumé, elle est le moyen qui permet à la communauté, lorsqu'elle exerce sa faculté de choisir, de disposer d'informations suffisantes. En conséquence, on peut dire qu'une société qui n'est pas bien informée est une société qui n'est pas vraiment libre »*[69].

Dans l'Affaire *Hector Félix Miranda c. Mexique*[70], la Commission interaméricaine des droits de l'homme a déclaré dans des termes similaires que *« le droit à la liberté d'expression est fondamental pour le développement de la démocratie et pour l'exercice effectif et total des droits de l'homme »*[71].

Dans le système africain de protection des droits de l'homme, la liberté d'expression est consacrée par l'article 9 de la *Charte africaine des droits de l'homme et des peuples*. En effet, l'article 9 de la Charte africaine des droits de l'homme et des peuples dispose que « *1. Toute personne a le droit à l'information. 2. Toute personne a le droit d'exprimer et de diffuser ses opinions dans le cadre des lois et règlements* ». Pour reprendre les termes du professeur Laurence BURGORGUE-LARSEN, « *laconisme, brièveté, concision* », tels sont les premiers mots qui viennent à l'esprit à la lecture de l'article 9 de la Charte africaine des droits de l'homme et des peuples. Nulle explication concernant le contenu effectif du droit, nulle description des possibles ingérences étatiques à son égard. Le contraste est saisissant avec les dispositions équivalentes des autres instruments régionaux relatifs aux

---

[68] Cour IDH, Avis consultatif OC-5/85, 13 novembre 1985, "Adhésion obligatoire à une association imposée par la loi pour la pratique du journalisme (art. 13 et 29 de la Convention américaine relative aux droits de l'homme) », *§* 70.
[69] *Id.*, *§*70.
[70] *Hector Félix Miranda c. Mexique*, Affaire n° 11 739, rapport n° 5/99, 13 avril 1999, Rapport annuel de la CIDH pour 1998, Volume II, p. 755.
[71] *Hector Félix Miranda c. Mexique*, Affaire n° 11 739, rapport n° 5/99, 13 avril 1999, Rapport annuel de la CIDH pour 1998, Volume II, p. 767, *§*43.

droits de l'homme [72] susmentionnées. Cette concision est-elle source d'imprécisions et d'ambiguïtés ou au contraire de liberté et de pragmatisme ? Les représentants de la doctrine qui ont jeté un regard éclairé sur le texte, tels Fatsah OUGUERGOUZ, auteur d'une étude de référence sur la question[73] ou encore Jean MATRINGE[74] sont critiques sur ce point. Cette vision négative n'est pas celle des parties prenantes à l'ambitieux et « *presque miraculeux*[75] » instrument qu'est la Charte africaine dans la mesure où la brièveté a été conçue en quelque sorte comme une méthode[76]. Le juge Kéba M'BAYE, président de la Commission d'experts chargée d'élaborer un projet de Charte, ne déclarait-il pas en effet que « *la forme rédactionnelle relativement simple des articles (était) conçue ainsi pour permettre une certaine souplesse dans l'application et l'interprétation ultérieure par les futurs utilisateurs de l'instrument juridique, le soin étant laissé aux organes de protection des droits de l'homme de compléter la Charte* »[77].

Pour finir, soulignons que la Charte africaine des droits de l'homme et des peuples dans son article 9 précité, dissocie le droit à l'information de la liberté d'opinion. Il s'agit là d'une différence notable avec les autres textes régionaux de protection des droits de l'homme (européen et interaméricain) dans lesquels la liberté d'opinion et le droit à l'information sont en réalité les deux facettes du droit à la liberté d'expression.

En somme, le droit à la liberté d'expression est non seulement consacré par l'ensemble des instruments régionaux de protection des droits de l'homme, mais il est d'une importance non négligeable pour

---

[72] Contribution relative à l'article 9, § 1 du professeur L. BURGORGUE-LARSEN, *in* M. KAMTO (dir.), *la Charte africaine des droits de l'homme et des peuples et le protocole y relatif portant création de la Cour africaine des droits de l'homme, Commentaire article par article*, éditions Bruylant, éditions de l'Université de Bruxelles 2011, pp 220-237.

[73] F. OUGUERGOUZ, *La Charte africaine des droits de l'homme et des peuples. Une approche juridique des droits de l'homme entre tradition et modernité*, Paris, PUF, 1993, 479 p. (Publications de l'Institut Universitaire de Hautes Études Internationales de Genève), spéc. pp. 113-115.

[74] J. MATRINGE, *Tradition et modernité dans la Charte africaine des droits et devoirs de l'homme et des peuples. Étude du contenu normatif de la Charte et de son apport à la théorie du droit international des droits de l'homme*, Bruxelles, Bruylant, 1996, 137 p.

[75] Avant-propos de G. ABI SAAB à l'ouvrage de F. OUGUERGOUZ cité plus haut, p. XXIII.

[76] L. BURGORGUE-LARSEN, *in* M. KAMTO (dir.), *la Charte africaine des droits de l'homme et des peuples et le protocole y relatif portant création de la Cour africaine des droits de l'homme, Commentaire article par article*, éditions Bruylant, éditions de l'Université de Bruxelles 2011, pp 220-237.

[77] Rapport du rapporteur, Doc. OUA. CAB/LEG/647/3 Draft Rapt. Rpt (II) 1, cité par J. MATRINGE, *op cit*, p.39, note 106.

toute société démocratique. Le droit à la liberté d'expression, tout comme l'exigence d'indépendance du tribunal sont tous les deux des droits importants et essentiels. Ainsi, au regard de leur importance réciproque, on peut craindre un conflit entre la liberté d'expression et l'exigence d'indépendance du tribunal.

B. La liberté d'expression et l'indépendance du tribunal, une relation sous tension

S'il est un domaine où justice et médias s'opposent radicalement c'est celui du rapport au temps[78]. Le temps de la justice n'est pas celui des médias[79]. Les médias ont besoin de rapidité, d'instantanéité quand la justice a besoin de sérénité. Les médias ont besoin de bruits, de scandales, quand la justice a besoin de silence[80]. Il n'est pas pensable que la presse attende la phase publique d'un procès pour rendre compte d'une affaire, or ce n'est qu'à ce moment-là que se dénoue une situation qui jusque-là était précaire. Seule à ce stade de procès, la transparence peut jouer complètement, car l'affaire est en état d'être jugée, ce qui signifie qu'on a écarté ce qui n'était pas prouvé en fait ou admissible en droit[81]. En outre, quel média peut consacrer à une affaire le temps de la justice ? Qu'est-ce une colonne de journal à côté d'un dossier de juge et quelques minutes au maximum au cours d'une émission télévisée en comparaison des nuances apportées par un témoin au cours d'une audition de plusieurs heures ?[82]

Le temps des médias ne distingue pas assez entre l'information sur le fait, qui doit être rapide, et le commentaire que l'on voudrait non seulement immédiat, mais encore complet et définitif[83]. L'on en arrive à la tentation de substituer, au processus judiciaire de jugement, une décision de journaliste. C'est ce qu'Antoine GARAPON relayé dans l'ouvrage de Pierre TRUCHE appelle la délocalisation de la justice dans les médias[84].

La médiatisation d'une affaire peut conduire à l'exercice de pression sur la justice. En France, beaucoup s'interrogent sur l'indépendance du

---

[78] O. DUFOUR, *Justice et médias, La tentation du populisme*, LGDJ, 2018, p. 203.
[79] P. TRUCHE, Le juge et la presse, *Esprit*, No 210 (3/4) (Mars-avril 1995), pp. 5-12.
[80] K. BECHET-GOLOVKO, « Le rôle et le statut du juge : un élément de l'État à la croisée de la politique et de la société civile », *in* L. GOLOVKO et B. MATHIEU (dir.), *Op. cit*, 2018, p. 213.
[81] P. TRUCHE, *Op. cit,* pp. 5-12.
[82] P. TRUCHE, *Op. cit,* pp. 5-12.
[83] *Id. Ibid*
[84] *Id. Ibid*

parquet financier dans les affaires nombreuses et pourtant sélectives qui ont touché la campagne présidentielle de 2017[85]. La médiatisation d'un juge peut également porter atteinte à la résolution de l'affaire, l'on se souviendra de l'affaire du petit Grégory et de la pression subie par le juge Lambert[86].

Antoine GARAPON soutient que « *les médias aiment que le juge se départisse de ses fonctions pour parler comme un homme, c'est-à-dire « avec ses tripes ». Mais la première qualité que l'on est en droit d'attendre du juge, comme de tout professionnel, n'est-elle pas de faire abstraction de ses propres sentiments pour se fondre dans sa fonction ? Les médias sollicitent de lui une parole spontanée, alors que la prudence lui commande de faire abstraction de ses opinions* »[87].

L'indépendance du tribunal est indispensable à la réalisation d'une bonne justice. Lorsqu'elle fait défaut ou est menacée, c'est l'ensemble des droits fondamentaux qui est en difficulté. C'est l'une des raisons pour lesquelles l'indépendance du tribunal doit être protégée contre les influences externes dont notamment celles de la presse, des réseaux sociaux. Cependant, l'indépendance du tribunal n'est pas le seul droit fondamental bénéficiant d'un statut privilégié.

La liberté d'expression constitue le socle de toute société démocratique et de tout État de droit. Les médias sont les principaux bénéficiaires de cette liberté, indispensable à l'exercice de leurs métiers. Lanceurs d'alerte et journalisme d'investigation participent pleinement de la liberté d'information en permettant que des sujets soient mis en débat à l'agenda des politiques publiques. Sans l'intervention d'Irène Frachon, le procès de Jacques Servier et du Mediator n'aurait jamais pu se dérouler. De même les scandales financiers de l'évasion fiscale ont pu être révélés grâce à la mobilisation du collectif mondial des journalistes dans le cadre du Panama Papers. Mais si l'accès au juge devient possible grâce à la puissance grandissante de ce journalisme d'investigation qui le libère de sa dépendance à l'égard du politique, son développement n'est pas sans risque car une autre dépendance peut se renforcer ou apparaître.

Les médias possèdent un véritable pouvoir de fait qui peut porter atteinte à l'indépendance de la justice. Ce comportement peut être

---

[85] K. BECHET-GOLOVKO, « Le rôle et le statut du juge : un élément de l'État à la croisée de la politique et de la société civile », *in* L. GOLOVKO et B. MATHIEU (dir), *Op. cit*, 2018, p. 213

[86] *Ibid*, p. 214.

[87] A. GARAPON, *Op. cit*, 2001, p. 273.

considéré comme une ingérence des médias dans le fonctionnement de la justice.

De tout ce qui précède, il convient d'en savoir davantage sur la position des juridictions des différents systèmes régionaux de protection des droits de l'homme sur le rapport entre la liberté d'expression et l'indépendance du tribunal.

PARAGRAPHE 2 : La position convergente des juridictions régionales sur le rapport en tension entre liberté d'expression des médias et indépendance du tribunal

La Cour européenne des droits de l'homme est celle dont la position est la mieux connue sur le rapport entre la liberté d'expression des médias et l'exigence d'indépendance du tribunal. La position de la Cour européenne des droits de l'homme, sur le rapport entre la liberté d'expression des médias et l'exigence d'indépendance du tribunal, est partagée par la Cour interaméricaine des droits de l'homme et la Commission africaine des droits de l'homme et des peuples. On relève un attachement des Cours et Commissions régionales de protection des droits de l'homme au droit à la liberté d'expression des médias. Cependant, cet attachement n'exclut pas la possibilité de restreindre à titre exceptionnel l'exercice de ce droit en cas d'atteinte à l'autorité et à l'indépendance de la justice. Il sera successivement étudié la position de la Cour européenne des droits de l'homme (A), de la Cour interaméricaine des droits de l'homme (B) et de la Commission africaine des droits de l'homme et des peuples (C) sur le rapport entre la liberté d'expression et l'exigence d'indépendance du tribunal.

A. La position de la Cour européenne des droits de l'homme sur le rapport entre la liberté d'expression des médias et l'indépendance du tribunal

Le conflit entre l'article 10 de la Convention européenne des droits de l'homme garantissant la liberté d'expression, et l'article 6, §1 garantissant l'indépendance du tribunal, n'est pas une hypothèse d'école[88]. En effet, une évolution semble se dessiner visant à sanctionner

[88] J-F. RENUCCI, *Traité de droit européen des droits de l'homme*, L.G.D.J Lextenso éditions, 2e édition, 2012, p 473 et s.

le comportement des médias[89] qui remettrait en cause l'autorité de la justice et son indépendance. Mais cela reste très ponctuel et exceptionnel en raison de la garantie de la liberté d'expression à laquelle la Cour européenne des droits de l'homme est très attachée, notamment lorsqu'il s'agit de la liberté d'information. Quand il s'agit de la liberté d'information des médias, la Cour européenne des droits de l'homme juge même qu'il est indifférent que l'opinion émise soit conforme à la pensée communément admise, qu'elle soit choquante ou inquiétante[90]. L'affaire *Handyside c/ Royaume. Uni*[91] du 7 décembre 1976 de la Cour européenne des droits de l'homme est une illustration parfaite. Dans cette affaire relative au caractère obscène d'un livre, le Schoolbook, la Cour soutient que la liberté d'information « *vaut non seulement pour les "informations" ou "idées" accueillies avec faveur ou considérées comme inoffensives ou indifférentes, mais aussi pour celles qui heurtent, choquent ou inquiètent l'État ou une fraction quelconque de la population. Ainsi l'exigent les principes de pluralisme, de tolérance ainsi que l'esprit d'ouverture sans lesquels il n'est pas de société démocratique* »[92]. Toujours dans la même veine, l'affaire *Sunday Times c/ Royaume-Uni* du 26 avril 1979 de la Cour EDH est une parfaite illustration du rapport délicat entre la liberté d'expression des médias et l'exigence d'indépendance du tribunal. Dans cette affaire, les requérants alléguaient que l'interdiction, prononcée par la High Court et confirmée par la Chambre des Lords, de publier dans le Sunday Times un article relatif aux « enfants de la thalidomide » et au règlement de leurs demandes d'indemnité au Royaume-Uni, enfreignait l'article 10 de la Convention EDH. La Cour EDH devait donc examiner si l'« ingérence » incriminée correspondait à un « besoin social impérieux », si elle était « proportionnée au but légitime poursuivi », si les motifs fournis par les autorités nationales pour la justifier étaient « pertinents et suffisants » au regard de l'article 10 par. 2. La Cour conclut que l'ingérence incriminée ne correspondait pas à un besoin social assez impérieux pour primer l'intérêt public s'attachant à la liberté d'expression au sens où l'entend la

[89] Sur les procès hors les murs, caricature de justice, v. Serge GUINCHARD, *Mélanges G. Cornu*, PUF, 1994, p. 201. S. GUINCHARD et J. BUISSON, Procédure pénale, Litec, sept ; 2002, n° 17 (procès médiatiques), n° 43-44 (la justice spectacle) et n° 343 et s. (la présomption d'innocence et la presse).

[90] CEDH, 7 déc. 1976, *Handyside c/ Roy. Uni*, série A, n° 23, *Cah. dr. eur.*, 1978, 350, obs. G. COHEN-JONATHAN ; *JDI*, 1978, 706, obs. P. ROLLAND ; *Annuaire fr. dr. intern.*, 1977, p. 494, obs. R. PELLOUX.

[91] *Id. Ibid*

[92] CEDH, 7 déc. 1976, *Handyside c/ Roy. Uni*, § 49.

Convention. Elle n'estime donc pas suffisants, sous l'angle de l'article 10 par. 2, les motifs de la restriction imposée aux requérants. Celle-ci se révèle non proportionnée au but légitime poursuivi ; elle n'était pas nécessaire, dans une société démocratique, pour garantir l'autorité du pouvoir judiciaire. Dès lors, il y a eu violation de l'article 10. La Cour EDH dans son arrêt *Görmüs et autres* du 19 janvier 2016 a condamné la Turquie pour avoir violé la liberté d'expression en cherchant à identifier les sources de journalistes d'un magazine d'opposition, qui avaient révélé des pratiques des forces armées[93]. La Cour a estimé que l'interférence dans le travail de ces journalistes n'était « *pas nécessaire dans une société démocratique* » et était de nature à « *dissuader toutes les sources potentielles d'aider la presse à informer le public sur des questions d'intérêt général, y compris celles concernant les forces armées* »[94]. Dans une autre affaire, *Koudechkina c. Russie* du 26 février 2009, la Cour conclut à la violation de l'article 10 de la Convention EDH du fait que la révocation de la magistrature imposée à la requérante a constitué une sanction disproportionnée par rapport à ses déclarations aux médias, dans lesquelles elle avait critiqué des hauts magistrats[95]. Dans deux autres affaires rendues contre la Russie le 30 avril 2019, *Kablis* et *Elvira Dmitriyeva*, la Cour estime qu'il y a eu atteinte au droit à la liberté d'expression des requérants en raison d'une absence de motifs pertinents permettant de justifier les mesures ordonnées contre eux[96].

Pour ce qui concerne l'autorité judiciaire, dont l'indépendance pourrait être menacée sérieusement si des campagnes de presse étaient déclenchées contre des juges, la position de la Cour européenne des droits de l'homme est assez mitigée et nuancée. En effet, dans le cas particulier d'une éventuelle menace sur l'indépendance du juge par des campagnes de presse, si la Cour de Strasbourg admet la mise en cause de la justice, même sur un ton polémique ou agressif, en raison de l'importance qu'elle reconnaît à la liberté de la presse dans un pays démocratique, une nuance existe. Cette nuance réside dans le fait que le journaliste ne bénéficie plus de la protection de la *Convention*

[93] CEDH, 19 janv. 2016, *Görmüs et autres c. Turquie*, req. 49 085/07.

[94] *Id. Ibid*

[95] CEDH, 26 février 2009, *Koudechkina c. Russie*.

[96] CEDH, 30 avril 2019, *Kablis c. Russie* et *Elvira Dmitriyeva c. Russie*. Dans lesdites affaires, les mesures ordonnées étaient les suivantes : dans le cas de M. Kablis, « restrictions préalables » à l'accès à des publications dans lesquelles l'intéressé appelait à participer à un événement public non autorisé et, dans le cas de Mme Dmitriyeva, condamnation pour appel à participer à une manifestation non autorisée.

européenne des droits de l'homme dès lors que son article peut exercer une influence décisive sur l'issue de la procédure[97]. Pour établir si des passages d'un article de presse sont susceptibles d'influer sur le cours de la procédure, il faut prendre en compte le fond et la forme de l'article, ainsi que l'issue de la procédure dont il est rendu compte, mais aussi la personnalité des personnes mises en cause. L'intention de peser sur l'issue de la procédure est également un élément déterminant[98]. C'est dire que le contexte général de l'affaire doit être pris en compte. Il convient donc de mettre en balance, d'une part l'intérêt général à empêcher que les médias n'exercent une influence décisive sur les procédures en cours et, d'autre part, celui de recevoir des informations sur le comportement d'une personnalité[99]. À titre d'illustration, on peut évoquer l'arrêt du 28 juin 2012, *Ressiot et autres c. France.* Dans cette affaire, la Cour européenne des droits de l'homme synthétise sa conception de l'équilibre entre le droit à l'information sur les procédures en cours et les exigences du procès équitable. Elle rappelle quelles sont, à cet égard, les responsabilités des journalistes dans les termes suivants : « *on ne saurait penser que les questions dont connaissent les tribunaux ne puissent, auparavant ou en même temps, donner lieu à discussion ailleurs, que ce soit dans les revues spécialisées, la grande presse ou le public en général. À la fonction des médias consistant à communiquer de telles informations et idées s'ajoute le droit, pour le public, d'en recevoir. Toutefois, il convient de tenir compte du droit de chacun de bénéficier d'un procès équitable tel que garanti à l'article 6 § 1 de la Convention* »[100].

En somme, la position de la Cour européenne des droits de l'homme sur le rapport entre la liberté d'expression des médias et l'exigence d'indépendance du tribunal peut se ramener à deux propositions. La première, consiste à affirmer que l'importance de la liberté de la presse est telle dans une société démocratique que la mise en cause de la justice est libre, même sur un ton polémique ou agressif[101]. La seconde proposition, confirme que c'est seulement à titre exceptionnel que la protection de l'article 10 de la Convention européenne des droits de

[97] CEDH, 29 août 1997, *Worm c/ Autriche*, Rec. n° 22714/93, § 47 s., JCP 1998-I-107 obs. F. SUDRE, RSC 1998 p. 389 obs. R. KOERING-JOULIN.
[98] Il s'agit là de la prise en compte de l'élément intentionnel ou psychologique.
[99] J-F. RENUCCI, *Op.cit*, p 473 et s.
[100] CEDH, 28 juin 2012, *Ressiot et autres c/ France*, n° 15054/07 et 15 066/07.
[101] CEDH, 24 févr. 1997, *De Haes et Gijsels c/ Belgique*, *JCP*, 1998, I, 107, n° 38, obs. Fr SUDRE ; *RSC*, 1998, p. 389, obs. R. KOERING-JOULIN.

l'homme ne bénéficiera pas au journaliste si son article est susceptible d'exercer une influence décisive sur l'issue d'une procédure, en l'occurrence une procédure pénale concernant un homme politique[102].

B. La position de la Cour interaméricaine des droits de l'homme

La liberté d'expression occupe une place de choix auprès de la Cour interaméricaine des droits de l'homme. En effet, pour la Cour, « *la liberté d'expression constitue l'élément premier et fondamental de l'ordre public d'une société démocratique, qui n'est pas concevable sans un libre débat et la possibilité pour des voix dissidentes de se faire entendre pleinement [...]. Il est aussi de l'intérêt de l'ordre public démocratique inhérent à la Convention américaine que le droit de tout individu de s'exprimer librement et celui de la société prise dans son ensemble de recevoir l'information soient scrupuleusement respectés. La liberté d'expression est une pierre d'angle sur laquelle repose l'existence même d'une société démocratique. Elle est indispensable à la formation d'une opinion publique. Elle est aussi une condition sine qua non au développement des partis politiques, des syndicats, des associations scientifiques et culturelles et, en général, de ceux qui souhaitent influencer le public. Elle représente, en bref, le moyen qui permet à la communauté, lorsqu'elle exerce ses choix, d'être suffisamment informée. En conséquence, on peut dire d'une société mal informée qu'elle n'est pas une société vraiment libre* »[103].

La Cour interaméricaine des droits de l'homme dans son avis n° 5, du 13 novembre 1985, sur *l'affiliation obligatoire des journalistes*[104] présentait les « *deux dimensions* » de l'article 13 de la Convention américaine relative aux droits de l'homme : les dimensions individuelle et collective. La première « *ne s'épuise pas dans la reconnaissance théorique du droit de parler ou d'écrire et comprend en outre, de façon indissociable, le droit d'utiliser n'importe quel moyen approprié pour diffuser les idées et les faire parvenir au plus grand nombre de destinataires* »[105]. La deuxième dimension quant à elle, est « *un moyen*

---

[102] CEDH, 29 août 1997, *Worm c/ Autriche*, Rec. n° 22714/93, § 47 s., JCP 1998-I-107 obs. F. SUDRE, RSC 1998 p. 389 obs. R. KOERING-JOULIN.

[103] *Avis 5/85 du 13 novembre 1985, Adhésion obligatoire à une association prescrite par la loi pour la pratique du journalisme, Human Rights Laws journal 1986, Vol. 7, n° 1, p. 74.*

[104] Cour IDH, 13 novembre 1985, *L'affiliation obligatoire des journalistes*, Série A n° 5/85, §30.

[105] Cour IDH, 13 novembre 1985, *préc., § 31.*

pour l'échange des idées et des informations et pour la communication massive entre les êtres humains. Elle comprend tant le droit de chacun de tenter de transmettre aux autres ses propres points de vue que le droit de tous de connaître les opinions et informations. Pour le citoyen de base, il est tout aussi important de connaître les opinions différentes ou l'information dont disposent les autres, que d'avoir le droit de diffuser la sienne »[106].

La Cour interaméricaine des droits de l'homme réitéra de telles assertions dans le cadre de sa fonction contentieuse. Elle confirma l'importance des deux dimensions du droit à la liberté d'expression en martelant régulièrement leur « *interdépendance* » [107] et ce faisant, la nécessité de les garantir « *simultanément »*[108]. De nombreuses affaires illustrent le caractère crucial, pour toute société démocratique, d'être en mesure de diffuser des idées et informations. On peut même affirmer que cet axe analytique a incarné une « *première génération* » du contentieux de la Cour interaméricaine des droits de l'homme, période pendant laquelle elle s'est évertuée à mettre en évidence non seulement l'étendue du droit de s'exprimer pour tout individu quel que soit son statut – détenu [109] ou fonctionnaire [110] *ad exemplum* – mais aussi l'étendue du droit pour les médias de diffuser tout type d'informations afin d'alimenter, de façon objective, les débats de société. Ici, le rôle joué par la presse est bien évidemment crucial pour la bonne santé

[106] Cour IDH, 13 novembre 1985, *préc.*, *§ 32.*

[107] Cour IDH, 22 novembre 2005, Fond et réparations, *Palamara Iribarne c. Chili,* Série C n° 135, §69.

[108] Cour IDH, 19 septembre 2006, Fond et réparations, *Claude Reyes et autres c. Chili,* Série C n° 251, §77.

[109] Cour IDH, 1er février 2006, Fond et réparations, *López Alvarez c. Honduras*, Série C n° 141. Chaque personne a le « droit de parler », notamment les détenus, ce qui implique « *nécessairement le droit des personnes d'utiliser la langue de leur choix dans l'expression de leur pensée* » (§164). Il s'agissait d'un détenu à qui le directeur de la prison avait interdit de s'exprimer dans sa langue maternelle, le *garífuna.*

[110] Cour IDH, 22 novembre 2005, Fond et réparations, *Palamara Iribarne c. Chili,* Série C n° 135. La victime était un retraité de l'armée chilienne où il avait exercé des fonctions en tant qu'ingénieur naval. Il avait écrit un livre intitulé « Éthique et Services d'intelligence » qui fut confisqué à l'instar de tous les supports informatiques qui avaient aidé à sa réalisation. À cette occasion, la Cour mit en exergue le particularisme du statut des agents de l'État : « El Tribunal entiende que puede ocurrir que los empleados o funcionarios de una institución tengan el deber de guardar confidencialidad sobre cierta información a la que tienen acceso en ejercicio de sus funciones, cuando el contenido de dicha información se encuentre cubierto por el referido deber. El deber de confidencialidad no abarca a la información relativa a la institución o a las funciones que ésta realiza cuando se hubiere hecho pública. Sin embargo, en ciertos casos, el incumplimiento del deber de confidencialidad puede generar responsabilidades administrativas, civiles o disciplinarias » (§77).

démocratique des sociétés[111]. La Cour s'est fait un point d'honneur à valoriser l'œuvre des journalistes[112] comme à rappeler l'impérieuse exigence d'indépendance qui doit guider leurs investigations[113].

De ce qui précède, il ne fait aucun doute que la jurisprudence interaméricaine des droits de l'homme en matière de liberté d'expression est riche et fournie. Cependant, une question demeure. Quelle est la position de la Cour interaméricaine des droits de l'homme sur le rapport entre la liberté d'expression des médias et l'exigence d'indépendance du tribunal ?

S'il faut s'en tenir à la jurisprudence de la Cour interaméricaine des droits de l'homme sur le droit à la liberté d'expression, on peut déjà avancer l'idée selon laquelle la Cour interaméricaine des droits de l'homme aurait une position semblable ou du moins proche de celle de la Cour européenne des droits de l'homme, eu égard à la protection qu'elle apporte à la liberté d'expression. En d'autres termes, tout en étant très protectrice du droit à la liberté d'expression et donc d'information des médias, la Cour interaméricaine des droits de l'homme admettrait à titre exceptionnel la possibilité de restreindre ce droit. Ainsi, le droit à la liberté d'expression des médias pourrait faire l'objet de restrictions si on relève d'éventuels excès dans son exercice, dont notamment un comportement, une attitude ou des propos qui porteraient atteinte à l'indépendance de la justice. D'ailleurs, dans l'affaire *Kimel* du 2 mai 2008, la Cour interaméricaine des droits de l'homme, malgré son intérêt pour le droit à la liberté d'expression, estime que « *toute mesure pénale concernant l'expression d'informations ou d'opinions n'est pas contraire à la Convention* »[114]. En d'autres termes, la Cour interaméricaine des droits de l'homme n'exclut pas l'éventualité de sanctionner (même pénalement), une atteinte à l'indépendance de la justice due à un exercice et une jouissance démesurée du droit à la liberté d'expression. Dans cette affaire, les faits sont les suivants : l'historien et journaliste Eduardo Kimel a été condamné à un an de prison et 20 000,00 pesos d'amende pour avoir publié un livre sur un des drames les plus emblématiques de

---

[111] L. BURGORGUE-LARSEN, «Les nouvelles tendances dans la jurisprudence de la Cour interaméricaine des droits de l'homme», *Cursos de Derecho Internacional y Relaciones y Internacionales de Vitoria- Gasteiz 2008*, Universidad del Pais vasco, Bilbao, 2009, pp.149-180.

[112] Cour IDH, 2 juillet 2004, Fond et réparations, *Herrera Ulloa c. Costa Rica*, Série C n° 107, §118.

[113] Cour IDH, 6 février 2001, *Ivcher Bronstein c. Pérou*, Série C n° 74, §150.

[114] Cour IDH, 2 mai 2008, Fond et réparations, *Kimel c. Argentine*, Série C n° 177, §78.

la dictature militaire, le massacre de cinq religieux « *palotinos* » connu sous le nom du « *massacre de San Patricio* »[115]. Cette peine a été jugée « *manifestement disproportionnée* » par la Cour interaméricaine. Alors que l'auteur portait un regard critique sur la manière dont les juridictions argentines avaient traité l'assassinat des hommes d'Église, un magistrat mis en cause dans l'ouvrage utilisa les ressorts des délits de calomnie et d'injure du Code pénal pour défendre son honneur. La Cour interaméricaine, en plus de mettre à l'index un jugement de la Cour Suprême de Justice qui avait cassé une décision de première instance en considérant pertinente la sanction pénale, enfonça le clou en valorisant l'importance de la « *reconstruction de l'enquête judiciaire du massacre (...) en émettant un jugement critique sur l'attitude du Pouvoir Judiciaire pendant la dernière dictature militaire en Argentine* » (§92). Dans cette affaire *Kimel,* même si la Cour interaméricaine des droits de l'homme entoure son assertion de critères tendant à encadrer le recours à la sanction pénale par les États (gravité de la conduite de l'émetteur de l'information, existence d'une intention de nuire et de dommages importants)[116], elle ne revient pas sur la pertinence de la voie pénale. L'indépendance du tribunal est donc une limite que les médias doivent prendre en compte dans l'exercice de leur liberté d'expression ou liberté d'information.

C. La position de la Commission africaine des droits de l'homme et des peuples

La Commission africaine des droits de l'homme et des peuples est protectrice de la liberté d'expression. Elle considère le droit à la liberté d'expression comme un droit fondamental particulièrement nécessaire à l'exercice de la démocratie. Ainsi, dans l'affaire *Media Rights Agenda et Constitutional Rights Project c/ Nigeria*, la Commission africaine des droits de l'homme et des peuples affirme que « *la liberté d'expression est un droit humain fondamental, qu'elle est vitale pour l'épanouissement de la personne humaine, le développement de sa*

---

[115] E. KIMEL, Le massacre de San Patricio, Ediciones Lohlé-Lumen, 1995

[116] *Ibid.,* §78: «la Corte no estima contraria a la Convención cualquier medida penal a propósito de la expresión de informaciones u opiniones, *pero esta posibilidad se debe analizar con especial cautela, ponderando al respecto la extrema gravedad de la conducta desplegada por el emisor de aquéllas, el dolo con que actuó, las características del daño injustamente causado y otros datos que pongan de manifiesto la absoluta necesidad de utilizar, en forma verdaderamente excepcional, medidas penales.* En todo momento la carga de la prueba debe recaer en quien formula la acusación».

conscience politique et pour sa participation effective à la conduite des affaires publiques de son pays »[117]. Le séminaire d'experts tenu en Afrique du Sud, à Midrand, en 2001, confirme le caractère fondamental et central de ce droit pour l'être humain[118] et son lien intrinsèque et indivisible avec la démocratie[119].

La Commission africaine des droits de l'homme et des peuples est très attachée au droit à la liberté d'expression, car la liberté d'expression constitue le fondement existentiel du journalisme. Dans l'affaire *Commission Nationale des Droits de l'Homme et des Libertés de la Fédération Nationale des Unions de Jeunes Avocats de France c/ Tchad*, la Commission africaine des droits de l'homme et des peuples condamne les persécutions et le harcèlement à l'encontre de journalistes tchadiens[120] et par extension de journalistes africains. Dans un autre cas, elle condamne la Gambie pour des violations de l'article 9 de la Charte « *l'intimidation, l'arrestation ou la détention des journalistes pour des articles publiés ou des questions posées privent non seulement les journalistes de leurs droits d'expression et de diffusion de leur opinion, mais aussi le public de son droit à l'information. Cet acte va carrément à l'encontre des dispositions de l'article 9 de la Charte* »[121].

De nombreux pays d'Afrique se caractérisent par une législation et des pratiques souvent répressives à l'encontre de la presse. Dans ce contexte, la palette des violations à l'encontre des journalistes est très

---

[117] Comm. n° 105/93, 128/94, 130/94 et 152/96, décision du 31 octobre 1998, § 54, in Douzième rapport d'activités de la Commission africaine des droits de l'homme et des peuples (1998-1999). V. également comm. n° 212/98, *Amnesty International c/ Zambie*, 5 mai 1999, § 46, in Douzième rapport d'activités ; comm. n° 140/94, 141/94 et 145/95, *Constitutional Rights Project, Civil Liberties Organisation et Media Rights Agenda c/ Nigeria*, 15 novembre 1999, § 36, in treizième rapport d'activité (1999-2000).

[118] V. Rapport du séminaire de Midrand, Afrique du Sud, Novembre 2000, ESKOM Conference Center, p. 3 : « *The Seminar noted that expression was an attribute of humanity in all spheres of life and that there is now wide recognition of the importance of the right to freedom of expression and its cardinal role in human progress* ».

[119] *Id.*, p. 7: « *Experience has shown that, in Africa and elsewhere, where the right to freedom of expression is upheld, other basic rights also tend to be respected. It is also now widely accepted that respect for the right to freedom of expression is central to democracy and sustainable development.* » V. aussi le Projet de *Déclaration africaine de principes sur la liberté d'expression :* le premier alinéa du préambule réaffirme « *the fundamental importance of freedom of expression as an individual human right, as a cornerstone of democraty and as a means of ensuring respect for all human rights and freedoms* ».

[120] Comm. n° 74/92, Octobre 1995, 18e session, in Neuvième rapport d'activité (1995-1996).

[121] Comm. 147/95 et 149/96, *sir Dawda K. Jawara c/ Gambie*, 11 mai 2000, § 65, Treizième rapport d'activité (1999-2000).

étendue. Les cas les plus connus sont les arrestations des journalistes[122] et les procès de ces derniers sous des prétextes fallacieux[123], déroutants et étonnants. Ce contexte justifie l'attachement de la Commission africaine des droits de l'homme et des peuples à protéger le droit à la liberté d'expression des médias.

Pour revenir à la position de la Commission africaine des droits de l'homme et des peuples sur la relation entre la liberté d'expression des médias et l'indépendance du tribunal, il faut relever que son approche est semblable à celle de la Cour européenne et de la Cour interaméricaine des droits de l'homme. En effet, la jurisprudence de la Commission africaine des droits de l'homme et des peuples témoigne de l'intérêt qu'elle porte au droit à la liberté d'expression des médias. Cet intérêt conduit la Commission africaine des droits de l'homme et des peuples à être très protectrice du droit à la liberté d'expression des médias et à n'admettre qu'à titre exceptionnel la restriction et la sanction de ce droit pour atteinte à l'indépendance de la justice.

Conclusion du chapitre

Le tribunal doit être indépendant vis-à-vis des firmes multinationales et des médias. Les multinationales et les médias disposent de réels pouvoirs et leur influence est une réalité dans tous les systèmes régionaux de protection des droits de l'homme.

La protection de l'indépendance du tribunal, fort utile pour la réalisation du procès équitable, invite donc à la vigilance vis-à-vis du monde économique et médiatique. Exiger l'indépendance du tribunal par rapport aux multinationales et aux médias, c'est élargir la liste des acteurs susceptibles de mettre en difficulté l'indépendance du tribunal. En clair, les pouvoirs politiques et les parties au procès ne sont pas, ou

[122] V. *Organisation Mondiale contre la torture et autres c/ Zaïre* ; comm. n° 102/93, *Constitutional Rights Project et Civil Liberties Organisation c/ Nigeria*, 31 octobre 1998, Douzième rapport d'activité (1998-1999) ; comm. n° 105/93, 128/94, 130/94 et 152/96, *Media Rights Agenda and Constitutional Rights Project c/ Nigeria*, 31 octobre 1998, Douzième rapport d'activité (1998-1999) ; comm. 140/94, 141/94 et 145/95, *Constitutional Rights Project, Civil Liberties Organisation et Media Rights Agenda* c/ Nigeria, 15 novembre 1999, treizième rapport d'activité (1999 – 2000).

[123] V. comm. n° 224/98, *Media Rights Agenda c/ Nigeria*, Octobre-Novembre 2000, 14e rapport d'activité (2000-2001 : éditeur du quotidien nigérian indépendant *The Diet*, arrêté, jugé et condamné à la prison à vie par un tribunal militaire pour son implication alléguée dans un coup d'État.

du moins ne sont plus, les seules menaces pour l'indépendance du tribunal. Les tribunaux et les juges ont besoin de courage afin de juger en toute indépendance sans céder aux pressions qui pourront émaner du monde économique et médiatique.

TITRE 2 :

UNE EXIGENCE D'INDÉPENDANCE DU TRIBUNAL PAR RAPPORT AUX PRESSIONS INTERNES

L'exigence d'indépendance doit exister face aux pressions internes. Il s'agit d'une exigence qui complète et corrobore celle qui doit exister par rapport aux pressions externes telles que le pouvoir politique, les médias et les firmes multinationales. L'exigence d'indépendance par rapport aux pressions internes concerne le tribunal dans son ensemble et les juges, appréhendés individuellement. En effet, il serait difficile de considérer qu'un juge soit indépendant si la juridiction dont il est membre ne présente pas les gages d'indépendance. Les enjeux de l'indépendance du tribunal sont multiples car celle-ci conditionne le droit à être jugé selon les règles du procès équitable. Cette question d'indépendance fait pourtant débat dans le contexte actuel, et la pression énorme qui s'exerce sur les juridictions, l'explosion du nombre d'affaires à juger, le manque de personnels, le traitement de la jurisprudence avec les algorithmes tendent à modifier les repères de l'indépendance[1].

Si dans l'ensemble des systèmes régionaux de protection des droits de l'homme, l'indépendance judiciaire interne est affirmée (Chapitre 1), la protection de l'indépendance du tribunal et des juges s'apprécie grâce à la mise en œuvre de certains critères ou mécanismes juridiques (Chapitre 2).

---

[1] A. Van den BRANDEN, *Les robots à l'assaut de la justice, L'intelligence artificielle au service des justiciables,* Bruylant, 2019, p.41.

CHAPITRE I :

L'INDÉPENDANCE JUDICIAIRE INTERNE, UNE EXIGENCE COMMUNE À L'ORGANE JURIDICTIONNEL ET AUX JUGES

Exiger l'indépendance par rapport au monde judiciaire, c'est exiger que le tribunal et les juges soient protégés contre les influences et pressions intrinsèques, inhérentes au monde judiciaire. Pour rendre effective l'obligation de l'indépendance judiciaire interne, le président d'une juridiction n'a aucun pouvoir hiérarchique sur les juges qui composent sa juridiction. Un juge n'a pas le droit de s'immiscer dans les affaires traitées par ses pairs, ni de vérifier ou d'évaluer la qualité de leur travail [1]. L'indépendance judiciaire interne concerne le tribunal appréhendé collégialement (section I), mais aussi les juges appréhendés individuellement (section II).

SECTION I : L'indépendance par rapport au monde judiciaire, une exigence relative au tribunal appréhendé collégialement

Le tribunal, en tant qu'organe collégial, doit être indépendant. Le professeur Frédéric SUDRE relève qu'*« il n'est guère possible de considérer que les juges sont indépendants si l'indépendance collégiale même de la Cour n'est pas garantie »*[2].

Dans la dynamique d'écarter les risques d'ingérences exercées dans et par le monde judiciaire, l'indépendance du tribunal est consacrée par tous les textes régionaux (paragraphe 1). Cette consécration s'accompagne de mesures de protection spécifiques (paragraphe 2).

[1] A. Van den BRANDEN, *Op. cit*, p.41.

[2] F. SUDRE, *Droit européen et international des droits de l'homme*, PUF, 10e édition, 2011, p.402.

PARAGRAPHE 1 : La consécration de l'indépendance du tribunal par rapport au monde judiciaire

L'indépendance du tribunal par rapport au monde judiciaire est explicitement consacrée par les instruments régionaux de protection des droits de l'homme (A). Cependant, l'effectivité d'une telle indépendance est encore à consolider (B).

A. Une indépendance du tribunal explicitement consacrée par les instruments régionaux de protection des droits de l'homme

Les instruments régionaux de protection des droits de l'homme consacrent tous, dans des termes similaires ou proches, l'exigence d'indépendance du tribunal. En employant systématiquement et explicitement le terme « *tribunal indépendant* » et non pas un autre terme, les instruments régionaux de protection des droits de l'homme formalisent les règles rendant effective l'indépendance du tribunal par rapport aux pressions internes au monde judiciaire.

La Convention européenne des droits de l'homme dans son article 6, §1[3] affirme que toute personne ou tout justiciable a droit à un « *tribunal indépendant* ». En utilisant le terme « *tribunal* » et non pas celui de « *juge* » dans son article 6, § 1, la Convention européenne des droits de l'homme consacre l'indépendance du tribunal appréhendé comme un organe.

L'article 8, §1[4] de **la Convention américaine relative aux droits de l'homme** affirme que toute personne a droit à un « *juge ou tribunal indépendant* ». Cet article 8, § 1 de la Convention américaine relative aux droits de l'homme, contrairement aux autres instruments régionaux

---

[3] « Toute personne a droit à ce que sa cause soit entendue équitablement, publiquement et dans un délai raisonnable, par un tribunal indépendant et impartial, établi par la loi, qui décidera, soit des contestations sur ses droits et obligations de caractère civil, soit du bien-fondé de toute accusation en matière pénale dirigée contre elle. Le jugement doit être rendu publiquement, mais l'accès de la salle d'audience peut être interdit à la presse et au public pendant la totalité ou une partie du procès dans l'intérêt de la moralité, de l'ordre public ou de la sécurité nationale dans une société démocratique, lorsque les intérêts des mineurs ou la protection de la vie privée des parties au procès l'exigent, ou dans la mesure jugée strictement nécessaire par le tribunal, lorsque dans des circonstances spéciales la publicité serait de nature à porter atteinte aux intérêts de la justice ».

[4] « Toute personne a droit à ce que sa cause soit entendue avec les garanties voulues, dans un délai raisonnable, par un juge ou un tribunal compétent, indépendant et impartial, établi antérieurement par la loi, qui décidera du bien-fondé de toute accusation dirigée contre elle en matière pénale, ou déterminera ses droits et obligations en matière civile ainsi que dans les domaines du travail, de la fiscalité, ou dans tout autre domaine ».

qui ne font pas la nuance, le texte américain a le mérite de distinguer assez clairement l'indépendance du juge et celle du tribunal.

La Charte africaine des droits de l'homme et des peuples met à la charge de ses États parties, dans son article 26[5], le devoir de garantir « *l'indépendance des tribunaux* ». Sur la base des termes employés par la Charte, c'est l'indépendance du tribunal, appréhendée collégialement, qui est ainsi consacrée dans le mécanisme africain de protection des droits de l'homme. En tant que devoir pour les États parties à la Charte africaine des droits de l'homme et des peuples, l'indépendance des tribunaux est un droit pour les justiciables africains. En outre, la Commission africaine des droits de l'homme et des peuples, dans sa résolution sur le respect et le renforcement de l'indépendance de la magistrature adoptée lors de la 19e session ordinaire tenue du 26 mars au 4 avril 1996 à Ouagadougou, « *a reconnu la nécessité de doter les États africains d'une justice forte, réellement indépendante et jouissant de la confiance du peuple pour une démocratie et un développement durables* »[6]. Toujours dans la même résolution, la Commission africaine des droits de l'homme et des peuples exhorte « *les États africains à éliminer de leur législation toutes les dispositions qui sont en contradiction avec le principe du respect de l'indépendance de la magistrature* » et à « *mettre à la disposition de la justice de leur pays, avec l'assistance de la communauté internationale, notamment celle des ONG, les moyens suffisants pour lui permettre de fonctionner efficacement* ».

Si la consécration de l'indépendance du tribunal, à l'égard du monde judiciaire, est donc une réalité affirmée dans l'ensemble des mécanismes régionaux de protection des droits de l'homme, elle doit être encore consolidée.

B. L'indépendance du tribunal par rapport au monde judiciaire, une effectivité encore à consolider

Certaines difficultés d'ordre budgétaire (1) ou humain (2) peuvent fragiliser l'indépendance du tribunal dans ses relations internes avec le monde judiciaire. C'est en cela que nous avançons que, dans l'ensemble

---

[5] « Les États parties à la présente Charte ont le devoir de garantir l'indépendance des Tribunaux et de permettre l'établissement et le perfectionnement d'institutions nationales appropriées chargées de la promotion et de la protection des droits et libertés garantis par la présente Charte ».

[6] http://www.achpr.org/fr/sessions/19th/resolutions/21/, consulté le 08/01/2018.

des systèmes régionaux de protection des droits de l'homme, l'effectivité de cette indépendance est encore à consolider.

1. Les difficultés financières ou budgétaires

L'indépendance du tribunal, passe par des ressources financières suffisantes permettant au tribunal de fonctionner efficacement. En réalité, peu de juridictions ont des moyens adéquats pour mener à bien leurs fonctions en toute indépendance, et surtout très peu possèdent un budget propre. La dépendance économique des juridictions est une limite à leur indépendance. En effet, une juridiction qui ne dispose pas de budget propre ou dont le budget est déterminé par un organe autre que lui-même n'est pas véritablement indépendant.

Dans **le système européen de protection des droits de l'homme**, l'article 50 de la Convention européenne des droits de l'homme dispose que « *les frais de fonctionnement de la Cour sont à la charge du Conseil de l'Europe* ». Suivant cet article, la Cour n'est pas dotée d'un budget propre, mais son budget fait partie de celui du Conseil de l'Europe. En tant que tel, il est soumis à l'approbation du Comité des Ministres du Conseil de l'Europe lorsque celui-ci examine le budget global de l'organisation [7]. Pour 2019, le budget de la Cour s'élève à 69 997 500 euros. Il couvre le traitement des juges, les salaires des agents et les frais d'exploitation (informatique, voyages officiels, traductions, interprétations, publications, frais de représentation, assistance judiciaire, missions d'enquête, etc.). En revanche, il ne comprend pas les frais relatifs au bâtiment et à l'infrastructure tels que le téléphone, le câblage, etc.[8]. La Cour européenne des droits de l'homme n'est pas maîtresse de son budget, elle dépend sur cet aspect entièrement du Comité des ministres, l'organe décisionnel du Conseil de l'Europe. En conséquence, il est clair que ce dernier dispose d'un important moyen de contrôle sur la Cour. Ce moyen de contrôle peut fragiliser dans une certaine mesure l'indépendance judiciaire interne de cette juridiction dans la mesure où l'absence de moyen peut lui enlever une capacité d'agir dans ses activités juridictionnelles.

Dans **le système africain de protection des droits de l'homme**, l'article 32 du Protocole relatif à la Charte africaine dispose que « *les dépenses de la Cour, les émoluments et les indemnités des juges, y*

[7] http://www.echr.coe.int/Documents/Budget_FRA.pdf; Consulté le 10/01/2018.
[8] https://www.echr.coe.int/Documents/Budget_FRA.pdf; Consulté le 16/07/2019.

compris les dépenses du Greffe sont fixés et pris en charge par l'OUA, conformément aux critères arrêtés par celle-ci en consultation avec la Cour ». La Cour africaine des droits de l'homme et des peuples ne dispose donc pas de budget propre et dépend économiquement de l'Union Africaine (UA). Le budget de 2019 de la Cour s'élève à 13 992 892 USD [9]. Quant à la Commission africaine des droits de l'homme et des peuples, l'article 44 dispose que « *les émoluments et allocations des membres de la Commission sont prévus au budget régulier de l'Organisation de l'Unité Africaine* ». Ainsi, tout comme la Cour africaine, la Commission africaine des droits de l'homme et des peuples dépend économiquement de l'Union Africaine. Ce qui constitue une limite à leur indépendance.

En outre, comparée à la Cour européenne des droits de l'homme, l'indépendance de la Cour africaine des droits de l'homme et des peuples fera davantage défaut. En effet, l'Union Africaine est soumise non seulement aux caprices des chefs d'États et de gouvernements, mais est aussi exposée aux difficultés financières que traversent les pays africains.

Dans **le système interaméricain de protection des droits de l'homme**, outre l'article 72 de la Convention américaine relative aux droits de l'homme[10], l'article 26, §1 du Statut de la Cour interaméricaine des droits de l'homme dispose que « *la Cour élabore son projet de budget et le soumet à l'approbation de l'Assemblée générale de l'OEA, par le truchement du Secrétariat général. Celui-ci ne peut pas y apporter de modifications* ». Suivant l'article 26, § 1 précité, la Cour interaméricaine n'a pas de budget propre. Elle est économiquement dépendante. En effet, même si la Cour interaméricaine des droits de l'homme élabore son projet de budget, il doit être soumis à l'approbation de l'Assemblée générale de l'Organisation des États Américains (OEA)[11]. Et conformément au chapitre IX de la Charte de l'Organisation

---

[9] https://au.int/sites/default/files/pages/31829-file-au_handbook_2019_french.pdf; Consulté le 16/07/2019.

[10] « *Les juges de la Cour et les membres de la Commission reçoivent des émoluments et des frais de voyage en rapport avec l'importance et l'indépendance de leurs fonctions et sous la forme et dans les conditions déterminées par le statut de ces organes. Ces émoluments et frais de voyage seront inscrits au programme-budget de l'Organisation des États Américains, lequel prévoira en outre les dépenses de la Cour et de son greffe. À ces fins, la Cour élaborera un projet de programme-budget et le soumettra à l'approbation de l'Assemblée générale par le truchement du Secrétariat général. Celui-ci ne pourra pas y apporter de modifications* ».

[11] http://www.oas.org/fr/a_propos/assemblee_generale.asp, consulté le 15/01/2018.

des États Américains[12], c'est l'Assemblée générale de l'OEA qui approuve « *le programme-budget de l'Organisation* » et fixe « *les quotes-parts des États membres* ».

En somme, l'absence de budget propre, la dépendance économique et l'insuffisance de ressources financières de la plupart des organes juridictionnels et quasi juridictionnels sont des limites financières à leur indépendance judiciaire interne.

2. Les difficultés dans la gestion des ressources humaines

L'indépendance du tribunal, par rapport aux pressions internes au monde judiciaire, dépend aussi de la qualité de son personnel du greffe. Pour qu'une juridiction soit véritablement indépendante, il faut non seulement qu'elle dispose d'un greffe qualifié placé sous ses ordres, mais aussi d'un nombre suffisant d'agents du greffe pour assumer la charge de travail.

Concernant la mise à disposition d'un greffe qualifié sous les ordres d'une juridiction afin que celle-ci soit vraiment indépendante, des dispositions sont prévues dans l'ensemble des instruments régionaux de protection des droits de l'homme[13]. Ainsi, les règlements intérieurs [14]qui régissent le fonctionnement interne des Cours régionales des droits de l'homme imposent aux greffiers, aux greffiers adjoints et aux personnels du greffe la plus haute considération morale, des connaissances juridiques, administratives et linguistiques et l'expérience requise pour l'exercice des fonctions.

---

[12]http://www.oas.org/dil/french/traites_A-41_Charte_de_l_Organisation_ des_Etats_ Amer icains .htm#ch9, consulté le 15/01/2018.

[13] Article 24 de la Convention européenne des droits de l'homme : « *1. La Cour dispose d'un greffe dont les tâches et l'organisation sont fixées par le règlement de la Cour. 2. Lorsqu'elle siège en formation de juge unique, la Cour est assistée de rapporteurs qui exercent leurs fonctions sous l'autorité du président de la Cour. Ils font partie du greffe de la Cour.* « ; Article 24 du protocole relatif à la Charte africaine portant sur la création d'une Cour africaine des droits de l'homme et des peuples : « *1. La Cour désigne son Greffier et les autres fonctionnaires du Greffe parmi les ressortissants des États membres de l'OUA, conformément aux dispositions de son Règlement Intérieur. 2. Le Greffier réside au lieu du siège de la Cour.* « ; Les articles 58, § 2 « *La Cour désignera son Greffier* » et 59 « *La Cour organise son greffe. Celui-ci fonctionne sous l'autorité du Greffier en conformité des normes administratives adoptées par le Secrétariat général de l'Organisation des États Américains qui ne sont pas incompatibles avec l'indépendance de la Cour. Les fonctionnaires de la Cour sont nommés par le Secrétaire général de l'Organisation en consultation avec le Greffier de la Cour* » de la Convention américaine relative aux droits de l'homme.

[14] http://fr.africancourt.org/images/Basic%20Documents/Reglement%20interieur%20de%20la%20Cour%20africaine.pdf;http://www.echr.coe.int/Documents/Rules_Court_FRA.pdf;https://www.cidh.oas.org/basicos/french/w.reglement.cour.htm; consulté le 15/01/2018.

En effet, **l'article 15, §1 du règlement de la Cour européenne des droits de l'homme** dispose que « *la Cour plénière élit son greffier. Les candidats doivent jouir de la plus haute considération morale et posséder les connaissances juridiques, administratives et linguistiques ainsi que l'expérience requises pour l'exercice des fonctions* ».

L'article 7, §1 du règlement de la Cour interaméricaine des droits de l'homme dispose que « *la Cour élit son Greffier. Le Greffier doit posséder les connaissances juridiques requises pour occuper ce poste, maîtriser les langues de travail de la Cour et avoir l'expérience nécessaire à l'exercice de ses fonctions* ».

L'article 21, § 2 du règlement intérieur de la Cour africaine des droits de l'homme et des peuples dispose que « *les candidats au poste de Greffier doivent jouir de la plus haute considération morale et posséder les connaissances juridiques, administratives et linguistiques ainsi que l'expérience requises pour l'exercice des fonctions liées à ce poste* ».

Reste à savoir si l'effectivité de ces dispositions est la même dans l'ensemble des mécanismes régionaux de protection des droits de l'homme. La réponse est non, car les mécanismes régionaux de protection des droits de l'homme ne connaissent pas les mêmes réalités politiques, sociales et économiques. L'effectivité de ces dispositions sera plus assurée dans le système européen que dans le système africain de protection des droits de l'homme car, dans le système africain, les textes restent bien souvent inappliqués soit par négligence, soit par défaut de volonté ou soit encore par faute de moyens. En outre, s'il est vrai que toute juridiction a sous ses ordres un greffe, le niveau de la compétence de ses agents n'est pas identique d'un système régional à un autre ou même d'un État à un autre au sein d'un même système régional de protection des droits de l'homme.

La qualité du greffe doit s'accompagner d'un nombre suffisant d'agents pour qu'un tribunal soit réellement indépendant. Effectivement, si une juridiction a une charge de travail énorme et qu'elle ne dispose que de très peu d'agents du greffe, elle ne pourra pas mener à bien ses fonctions. Elle sera débordée. Pour éviter ces dysfonctionnements, ou du moins essayer d'éviter une telle situation, les juridictions consacrent généralement tout un chapitre [15] ou un titre [16] de leurs règlements

[15] Voir chapitre III du règlement de la Cour européenne des droits de l'homme ; et chapitre II du règlement de la Cour interaméricaine des droits de l'homme.

[16] Voir titre II du règlement intérieur de la Cour africaine des droits de l'homme et des peuples.

intérieurs au fonctionnement et à l'organisation du greffe. Si les processus de rationalisation et d'automatisation, grâce aux moyens technologiques, améliorent l'efficacité du travail du greffe, il n'est pas certain qu'ils puissent compenser totalement le manque de ressources humaines.

PARAGRAPHE 2 : L'indispensable protection de l'indépendance du tribunal

La protection de l'indépendance du tribunal vis-à-vis des pressions internes au monde judiciaire est une nécessité pour assurer une bonne justice. Cette protection s'observe d'abord dans les textes (A). Puis et surtout, elle se manifeste dans la jurisprudence des juridictions régionales de protection des droits de l'homme (B).

A. Une protection observable dans les textes

L'indépendance du tribunal ne serait qu'un leurre si des instruments juridiques n'en assuraient pas le respect. Ainsi, un régime de protection est mis en œuvre par les instruments régionaux de protection des droits de l'homme (1) mais aussi par des textes nationaux des États parties (2).

1. La protection de l'indépendance du tribunal dans les instruments régionaux de protection des droits de l'homme

Chaque instrument régional de protection des droits de l'homme contient des dispositions qui garantissent l'indépendance du tribunal.

Dans le système européen de protection des droits de l'homme, l'article 6, § 1 de la Convention européenne des droits de l'homme consacre non seulement l'indépendance du tribunal mais qui la garantit également. En effet, cet article dispose clairement que « *toute personne a droit à ce que sa cause soit entendue (...) par un tribunal indépendant* ». Cet article rajoute que c'est le tribunal « *établi par la loi, qui décidera* ». Suivant l'écriture de cet article, on peut relever que l'indépendance du tribunal par rapport aux pressions, notamment internes, est une préoccupation au cœur de la Convention européenne.

Dans le système interaméricain de protection des droits de l'homme, on peut citer l'article 8, § 1 de la Convention américaine relative aux droits de l'homme. Cet article dispose que « *toute personne a droit à ce que sa cause soit entendue (...) par un juge ou un tribunal (...) indépendant (...), établi antérieurement par la loi, qui décidera du* *bien-fondé de toute accusation dirigée contre elle en matière pénale, ou déterminera ses droits et obligations en matière civile ainsi que dans les domaines du travail, de la fiscalité, ou dans tout autre domaine* ». Tout d'abord, il peut être relevé que le contenu de cet article est très similaire à celui de l'article 6, § 1 de la Convention européenne des droits de l'homme. Puis, outre la consécration de l'indépendance du tribunal, cet article 8, § 1 de la Convention américaine relative aux droits de l'homme est une garantie pour l'indépendance du tribunal par rapport à tout type de pressions. Toute atteinte à l'indépendance du tribunal peut être sanctionnée sur le fondement de cet article.

Dans le système africain de protection des droits de l'homme, l'article 26 de la Charte africaine des droits de l'homme et des peuples dispose que « *les États parties à la présente Charte ont le devoir de garantir l'indépendance des Tribunaux et de permettre l'établissement et le perfectionnement d'institutions nationales appropriées chargées de la promotion et de la protection des droits et libertés garantis par la présente Charte* ». Suivant le contenu de cet article, nous constatons que garantir l'indépendance des tribunaux est un « *devoir* », une obligation pour l'ensemble des États parties à la Charte africaine des droits de l'homme et des peuples.

Comparativement aux articles 6, § 1 de la Convention européenne des droits de l'homme et 8, § 1 de la Convention américaine relative aux droits de l'homme, l'article 26 de la Charte africaine des droits de l'homme et des peuples protège mieux, d'un point de vue textuel, l'indépendance du tribunal. En effet, l'étude comparée des différentes dispositions précitées montre que c'est seulement dans le mécanisme africain de protection des droits de l'homme que l'objectif de garantir l'indépendance du tribunal est expressément « un devoir » pour les États parties. Il s'agit là d'une innovation du texte africain de protection des droits de l'homme. Les autres textes régionaux de protection des droits de l'homme pourraient s'inspirer de la formulation du texte africain pour parfaire leurs garanties textuelles de l'indépendance du tribunal.

En somme, si la garantie textuelle de l'indépendance du tribunal dans les instruments régionaux de protection des droits de l'homme est avérée, la protection de l'indépendance du tribunal n'est pas que l'œuvre de ces instruments régionaux. Elle s'observe également dans les textes nationaux des États parties aux différents instruments régionaux de protection des droits de l'homme.

2. La protection de l'indépendance du tribunal dans les textes nationaux des États parties

Les États parties à la Convention européenne des droits de l'homme, à la Convention américaine relative aux droits de l'homme et à la Charte africaine des droits de l'homme et des peuples garantissent l'indépendance du tribunal dans leurs textes nationaux. Un recensement totalement exhaustif de toutes les constitutions des États parties des instruments régionaux est une mission impossible qui outrepasserait le cadre de notre recherche. Nous avons donc opté pour un choix sélectif des constitutions en fonction d'un critère linguistique et de la facilité d'accès aux ressources documentaires.

a. L'Europe

La France consacre le titre VIII de sa Constitution de 1958 à l'autorité judiciaire[17]. Dans ce titre VIII, composé des articles 64 à 66-1, il peut être relevé à la lecture de l'article 64 que « *le Président de la République est garant de l'indépendance de l'autorité judiciaire. Il est assisté par le Conseil supérieur de la magistrature* ».

En Suisse, il peut être relevé que l'article 30, § 1 de la Constitution fédérale de la Confédération suisse du 18 avril 1999 dispose que « *toute personne dont la cause doit être jugée dans une procédure judiciaire a droit à ce que sa cause soit portée devant un tribunal établi par la loi, compétent, indépendant (...). Les tribunaux d'exception sont interdits* ». Quant à l'article 191 c de ladite Constitution, il dispose que : « *dans l'exercice de leurs compétences juridictionnelles, les autorités judiciaires sont indépendantes et ne sont soumises qu'à la loi* ».

La Roumanie consacre le chapitre VI de sa Constitution à l'autorité judiciaire[18]. L'article 133, § 1 de ladite constitution dispose que « *le Conseil supérieur de la Magistrature est le garant de l'indépendance de la justice* ».

L'Espagne dédie le titre VI de sa Constitution au pouvoir judiciaire[19]. L'article 117, § 1 de la Constitution espagnole dispose que « *la justice émane du peuple et elle est administrée au nom du Roi par des juges et des magistrats qui constituent le pouvoir judiciaire et sont indépendants, inamovibles, responsables et soumis exclusivement à l'empire de la loi* ». L'article 122, § 2 dispose que « *le Conseil général du pouvoir judiciaire est l'organe de gouvernement de ce dernier* (...) ».

---

[17] https://www.legifrance.gouv.fr/affichTexte.do?cidTexte=LEGITEXT000006071194#LEGISCTA000006095828; consulté le 08/03/2018.

[18] http://www.cdep.ro/pls/dic/site.page?den=act2_3&par1=3#t3c6; consulté le 08/03/2018.

[19] http://www.congreso.es/constitucion/ficheros/c78/cons_fran.pdf; consulté le 08/03/2018.

En Italie, l'article 104, § 1 de la Constitution de 1947 dispose que « *la magistrature constitue un ordre autonome et indépendant de tout autre pouvoir* »[20].

En Allemagne, les articles 92 à 104 de la Loi fondamentale allemande du 23 mai 1949 sont consacrés au pouvoir judiciaire[21].

Il ressort de ce qui précède que l'indépendance des juridictions est prévue par la Constitution des États européens précités. En consacrant un ou des article(s), un titre de la Constitution à l'indépendance des juridictions, les États européens sont animés par la volonté de garantir cette indépendance contre les éventuelles pressions.

b. L'Amérique latine

L'Argentine consacre la section III de sa Constitution du 1er mai 1853 (version révisée en 1994) au pouvoir judiciaire. En effet, l'article 109 de la Constitution de l'Argentine dispose que « *en aucun cas, le Président de la Nation ne peut exercer des fonctions judiciaires, ni être saisi d'une affaire en cours, ni revenir sur les affaires jugées* »[22]. Suivant l'écriture de cet article, il est clair que la Constitution de l'Argentine est soucieuse d'assurer l'indépendance des tribunaux.

Quant à la **République du Paraguay**, l'article 248 de sa Constitution politique du 20 juin 1992 est relatif à l'indépendance du pouvoir judiciaire[23]. Il dispose que « queda *garantizada la independencia del Poder Judicial (...)* ». En d'autres termes, l'indépendance du pouvoir judiciaire est garantie.

Concernant le **Nicaragua**, l'article 165 de sa Constitution politique du 19 novembre 1986 est relatif à l'indépendance de la justice[24]. En effet, on peut relever à la lecture de cet article que *« los magistrados y jueces en su actividad judicial, son independientes y sólo deben obediencia a la Constitución y a la ley; (...) ».* En clair, la justice, au Nicaragua, est indépendante et n'obéit qu'à la Constitution et aux lois.

Au Pérou, l'article 139, § 2 de la Constitution du 29 décembre 1993 porte sur « *la independencia en el ejercicio de la función jurisdiccional* »[25]. En d'autres termes, cet article de la constitution

---

[20] https://www.senato.it/documenti/repository/istituzione/costituzione_francese.pdf; consulté le 08/03/2018.

[21] https://www.bundesregierung.de/Content/FR/_Anlagen/loi-fondamentale.pdf?__blob=pu blicat io nFile&v=3; consulté le 08/03/2018.

[22] http://www.wipo.int/wipolex/fr/text.jsp?file_id=286914; consulté le 08/03/2018.

[23] http://www.wipo.int/wipolex/fr/text.jsp?file_id=224932; consulté le 08/03/2018.

[24] http://www.wipo.int/wipolex/fr/text.jsp?file_id=228189; consulté le 08/03/2018.

[25] http://www.wipo.int/wipolex/fr/text.jsp?file_id=182579; consulté le 08/03/2018.

péruvienne est relatif à l'indépendance de la justice dans l'exercice de ses fonctions.

En **Uruguay**, la section XV de la Constitution de 1967 est consacrée au pouvoir judiciaire[26]. La consécration de toute une section de la constitution au pouvoir judiciaire témoigne d'un intérêt à l'endroit de la justice et de son indépendance.

En **République bolivarienne du Venezuela**, l'article 254 de la Constitution du 15 décembre 1999 est relatif à l'indépendance de la justice[27]. Il dispose que le pouvoir judiciaire est indépendant dans les termes suivants « *el Poder Judicial es independiente y el Tribunal Supremo de Justicia gozará de autonomía funcional, financiera y administrativa (...)* ».

Au **Brésil**, l'indépendance de la justice peut être déduite de l'article 99 de la Constitution de 2012 qui dispose que « *ao Poder Judiciário é assegurada autonomia administrativa e financeira* »[28].

Eu égard à ce qui précède, nous pouvons affirmer que les Constitutions des États parties à la Convention américaine relative aux droits de l'homme prévoient et protègent l'indépendance du tribunal.

c. L'Afrique

Au **Burkina Faso**, l'article 129 de la Constitution du 2 juin 1991 (telle que modifiée en dernier lieu par la loi n° 033-2012/AN du 11 juin 2012) dispose que « *le pouvoir judiciaire est indépendant* ». Il est complété par l'article 131 qui dispose que « *le Président du Faso est garant de l'indépendance du pouvoir judiciaire. Il est assisté par le Conseil supérieur de la magistrature* »[29].

En **Afrique du Sud,** l'article 165, les paragraphes 2 et 3, de la Constitution de 1996 (telle que modifiée jusqu'en 2012) dispose que « *the courts are independent and subject only to the Constitution and the law, which they must apply impartially and without fear, favour or prejudice. No person or organ of state may interfere with the functioning of the courts* »[30].

Au **Cameroun**, l'article 37 de la Constitution (révisée par la loi n° 96-06 du 18 janvier 1996) dispose que « *1) La justice est rendue sur le territoire de la République au nom du peuple camerounais. (2) Le*

---

[26] http://www.wipo.int/wipolex/fr/text.jsp?file_id=195962; consulté le 08/03/2018.
[27] http://www.wipo.int/wipolex/fr/text.jsp?file_id=130106; consulté le 08/03/2018.
[28] https://wipolex.wipo.int/fr/text/347217; consulté le 15/08/2019.
[29] http://www.wipo.int/wipolex/fr/text.jsp?file_id=311722; consulté le 08/03/2018.
[30] http://www.wipo.int/wipolex/fr/text.jsp?file_id=315889; consulté le 08/03/2018.

pouvoir judiciaire est exercé par la Cour Suprême, les Cours d'Appel, les Tribunaux. Il est indépendant du pouvoir exécutif et du pouvoir législatif. Les magistrats du siège ne relèvent dans leurs fonctions juridictionnelles que de la loi et de leur conscience. (3) Le Président de la République est garant de l'indépendance du pouvoir judiciaire. Il nomme les magistrats. Il est assisté dans cette mission par le Conseil Supérieur de la Magistrature qui lui donne son avis sur les propositions de nomination et sur les sanctions disciplinaires concernant les magistrats du siège. L'organisation et le fonctionnement du Conseil Supérieur de la Magistrature sont déterminés par la loi »[31].

Aux **Comores**, l'article 28 de la Constitution du 23 décembre 2001 dispose que « *le Pouvoir Judiciaire est indépendant du Pouvoir Législatif et du Pouvoir Exécutif. Les juges ne sont soumis, dans l'exercice de leurs fonctions, qu'à l'autorité de la loi. Les magistrats du siège sont inamovibles. Le Président de l'Union est garant de l'indépendance de la Justice. Il est assisté par le Conseil Supérieur de la Magistrature. Une loi organique porte organisation de la justice dans l'Union et les Îles* »[32].

Au **Congo**, l'article 136 de la Constitution du 20 janvier 2002 dispose que « *le pouvoir judiciaire est indépendant du pouvoir exécutif et du pouvoir législatif (...)* ». Cet article est corroboré par l'article 140 qui dispose que « *le Président de la République garantit l'indépendance du pouvoir judiciaire à travers le Conseil supérieur de la magistrature (...)* »[33].

À **Djibouti**, l'article 71 de la Constitution du 15 septembre 1992 dispose que « *le pouvoir judiciaire est indépendant du Pouvoir législatif et du Pouvoir exécutif. Il s'exerce par la Cour suprême et les autres cours et tribunaux. Le pouvoir judiciaire veille au respect des droits et libertés définis par la présente constitution* ». À cet article, il peut être rajouté l'article 73, § 1 qui dispose que « *le Président de la République est garant de l'indépendance de la magistrature. Il est assisté par le Conseil supérieur de la magistrature qu'il préside* »[34].

Au **Gabon**, l'article 68 de la Constitution (modifiée en dernier lieu par la loi n° 13/2003 du 19 août 2003) dispose que « *la justice est une autorité indépendante du pouvoir législatif et du pouvoir exécutif (...)* ». À cet article, on peut rajouter l'article 69 (L. 14/2000 du 11 octobre

---

[31] http://www.wipo.int/wipolex/fr/text.jsp?file_id=191418; consulté le 08/03/2018.
[32] http://www.wipo.int/wipolex/fr/text.jsp?file_id=208360; consulté le 08/03/2018.
[33] http://www.wipo.int/wipolex/fr/text.jsp?file_id=193697; consulté le 08/03/2018.
[34] http://www.wipo.int/wipolex/fr/text.jsp?file_id=196507; consulté le 08/03/2018.

2000) qui dispose que « *le Président de la République est le garant de l'indépendance du pouvoir judiciaire, dans le respect des dispositions de la présente Constitution, notamment en son article 36. Il est assisté du Conseil supérieur de la magistrature et des Présidents de la Cour de cassation, du Conseil d'État et de la Cour des Comptes* »[35].

Au **Soudan**, l'article 123, § 2 de la Constitution nationale intérimaire de 2005 dispose que « *the National Judiciary shall be independent of the Legislature and the Executive, with the necessary financial and administrative independence* ».

En **Côte d'Ivoire**, l'article 139 de la Constitution du 8 novembre 2016 dispose que « *le pouvoir judiciaire est indépendant. Le Président de la République est le garant de l'indépendance du pouvoir judiciaire. Il est assisté par le Conseil supérieur de la Magistrature* »[36].

De ce qui précède, la protection de l'indépendance du tribunal est une réalité dans les Constitutions des États parties à la Charte africaine des droits de l'homme et des peuples.

En définitive, il peut être affirmé que, les États parties aux instruments régionaux de protection des droits de l'homme protègent dans leurs Constitutions l'indépendance du tribunal. Cependant, cette protection textuelle doit s'accompagner d'une protection jurisprudentielle pour rendre véritablement effective cette dimension importante, comme condition substantielle du courage de juger.

B. Une protection de l'indépendance du tribunal dans la jurisprudence des juridictions régionales de protection des droits de l'homme

La protection jurisprudentielle de l'indépendance du tribunal est le corollaire de la protection textuelle. Elle permet d'évaluer l'effectivité des textes sus-évoqués.

L'analyse de la jurisprudence européenne (1), interaméricaine (2) et africaine (3) de protection des droits de l'homme permettra d'avoir une idée de la protection jurisprudentielle de l'indépendance du tribunal dans les mécanismes régionaux de protection des droits de l'homme.

1. Une garantie de l'indépendance du tribunal dans la jurisprudence européenne des droits de l'homme

[35] http://www.wipo.int/wipolex/fr/text.jsp?file_id=196646; consulté le 09/03/2018.

[36] http://www.loidici.com/CONSTITUTION%202016/Constitutionpouvjudiciairemagistrat.php; consulté le 11/03/2018.

La Cour européenne des droits de l'homme est protectrice de l'indépendance du tribunal. Certaines affaires tirées de sa jurisprudence en offrent une parfaite illustration. Le choix des affaires que nous avons retenues pour illustrer l'attachement de la CEDH à ce principe d'indépendance n'était pas facile. Nous avons retenu les affaires qui nous semblaient les plus pertinentes.

Dans l'affaire *Oleksandr Volkov c. Ukraine* de la Cour européenne des droits de l'homme du 9 janvier 2013[37], le rapport établi par Thomas Hammarberg[38], à l'issue de sa visite en Ukraine en novembre 2011[39] relève que « *l'indépendance du système judiciaire (...) doit être protégée en droit et en fait. (...) Les autorités devraient examiner soigneusement toute allégation d'ingérence ou d'influence (...) indues dans l'activité des institutions judiciaires et assurer l'existence de recours effectifs* »[40]. Dans le paragraphe 103 de l'arrêt *Oleksandr Volkov c. Ukraine*, la Cour européenne des droits de l'homme rappelle sa conception de l'indépendance du tribunal. Elle le fait dans les termes suivants : « *pour établir si un tribunal peut passer pour « indépendant » aux fins de l'article 6 § 1, il faut prendre en compte, notamment, le mode de*

---

[37] **Les faits** : à partir de 2003, le requérant fut juge à la Cour suprême ukrainienne puis, à partir de mars 2007, président de la chambre militaire de cette juridiction. En 2007, il fut élu membre du Haut Conseil de justice ("le HCJ") mais n'entra pas en fonction parce que le président de la commission parlementaire aux affaires judiciaires ("la commission parlementaire") avait refusé de l'autoriser à prêter serment.

En 2008 et 2009, deux membres du HCJ, dont l'un sera ultérieurement élu président de cet organe, ouvrirent des enquêtes préliminaires sur une éventuelle faute commise par le requérant. Ils conclurent que ce dernier avait examiné des décisions rendues par son beau-frère, dont certaines remontaient à 2003, et qu'il avait commis de graves violations procédurales, dont certaines remontaient à 2006. À la suite de ces enquêtes, le président du HCJ présenta au Parlement deux demandes tendant à la révocation du requérant de ses fonctions de juge.

En 2010, après avoir examiné les demandes présentées par le HCJ ainsi que la recommandation de la commission parlementaire, le Parlement vota la révocation du requérant pour « parjure ».

Selon ce dernier, au cours du vote par la voie électronique, la majorité des membres du Parlement étaient absents et ceux présents avaient fait usage des cartes de vote de leurs collègues absents.

Le requérant contesta sa révocation devant la Cour administrative supérieure, qui jugea régulière et motivée la demande de révocation formulée par le HCJ à la suite de l'enquête du président du HCJ. La Cour administrative supérieure jugea en outre que la décision fondée sur les résultats de l'autre enquête était irrégulière au motif que le requérant et son beau-frère n'étaient pas considérés comme parents en vertu de la législation alors en vigueur. Elle refusa cependant d'annuler les décisions rendues par le HCJ en l'espèce, ayant constaté que les règles applicables ne l'habilitaient pas à le faire. Elle ajouta qu'il n'y avait eu aucune violation des règles procédurales, que ce soit devant la commission parlementaire ou devant le Parlement.

[38] Commissaire aux droits de l'homme du Conseil de l'Europe.

[39] CommDH (2012) 10, 23 février 2012.

[40] http://hudoc.echr.coe.int/fre?i=001-115959; consulté le 14/03/2018.

désignation et la durée du mandat de ses membres, l'existence d'une protection contre les pressions (...) et le point de savoir s'il y a ou non apparence d'indépendance (Findlay c. Royaume-Uni, 25 février 1997, § 73, Recueil des arrêts et décisions 1997-I, et Brudnicka et autres c. Pologne, no 54723/00, § 38, CEDH 2005 – II) »[41]. Ensuite, la Cour européenne des droits de l'homme souligne, dans le paragraphe 112 de cet arrêt, que « *compte tenu de l'importance qu'il y a à réduire l'influence des organes (...) sur la composition du Conseil supérieur de la magistrature et de la nécessité d'assurer le niveau requis d'indépendance judiciaire, la manière dont les juges sont nommés dans cet organe disciplinaire est pertinente aussi du point de vue de l'autogouvernance judiciaire* ». Dans le paragraphe 113, « *la Cour note encore qu'en vertu de l'article 19 de la loi de 1998, seuls quatre des membres du Conseil supérieur de la magistrature y travaillent à temps plein. Les autres continuent de travailler et de recevoir un salaire hors de cet organe, ce qui implique inévitablement une dépendance matérielle, hiérarchique et administrative de leur part à l'égard de leurs employeurs principaux et met en péril leur indépendance* ». Et enfin dans le paragraphe 117, il peut être lu « *dès lors, les faits de la présente affaire font apparaître un certain nombre de problèmes sérieux concernant à la fois des déficiences structurelles dans la procédure menée devant le Conseil supérieur de la magistrature et une apparence de parti pris de la part de certains des membres de ce conseil qui ont statué sur l'affaire du requérant. La Cour conclut donc que cette procédure n'était pas compatible avec les principes d'indépendance (...) garantis par l'article 6 § 1 de la Convention* ».

Dans l'arrêt *Kleyn et autres c. Pays-Bas* du 6 mai 2003[42], la Cour européenne des droits de l'homme affirme qu'« *eu égard aux modalités*

---

[41] *Id. Ibid*

[42] **Les faits** : En 1991, le Conseil d'État rendit un avis consultatif relativement au projet de loi sur la planification des infrastructures de transport, qui visait à établir un cadre législatif pour la planification, au niveau suprarégional, des nouvelles grandes infrastructures de transport. À la suite de l'avis du Conseil d'État, une série de modifications furent apportées au projet, qui fut ensuite adopté par le Parlement. La loi sur la planification des infrastructures de transport entra en vigueur en 1994. Dans l'intervalle, le gouvernement avait présenté une décision directrice d'aménagement concernant une nouvelle voie de chemin de fer, la ligne de la Betuwe, qui devait être raccordée au réseau ferroviaire allemand. Après une procédure de consultation publique, un document révisé fut déposé devant les deux chambres du Parlement. Il entra en vigueur le jour de sa publication, en mai 1994. Le document révisé fit l'objet d'un grand nombre de recours devant la section de contentieux administratif du Conseil d'État, qui, en janvier 1997, les rejeta pour la plupart, y compris ceux formés par le requérant. En juin 1994, un avant-projet d'arrêté de tracé indiquant les endroits exacts où devait passer la voie ferrée avait été ouvert à l'inspection

et conditions de nomination des membres du Conseil d'État néerlandais, et en l'absence du moindre élément permettant de dire que les garanties contre d'éventuelles pressions (...) ne sont pas suffisantes et adéquates, la Cour n'aperçoit rien dans l'argumentation des requérants qui soit de nature à étayer leurs doutes quant à l'indépendance du Conseil d'État (...) »[43]. Elle conclut donc que « *les craintes nourries par les requérants quant à l'indépendance (...) de la section du contentieux administratif à raison de la composition de la formation ayant eu à connaître de leurs recours ne sauraient être considérées comme objectivement justifiées. En conséquence, il n'y a pas eu violation de l'article 6 § 1 de la Convention* »[44].

Dans l'affaire *Cooper c. Royaume-Uni* du 16 décembre 2003[45], la Cour européenne des droits de l'homme rappelle que « *pour se prononcer sur l'existence d'une raison légitime de redouter dans le chef d'une juridiction un défaut d'indépendance (...), le point de vue de l'accusé entre en ligne de compte mais sans pour autant jouer un rôle*

publique. Le tracé fut ensuite adopté de manière définitive en novembre 1996. Un grand nombre de recours furent déposés devant la section du contentieux administratif du Conseil d'État, notamment par les requérants, deux d'entre eux introduisant par ailleurs une demande de récusation de l'ensemble des membres de ladite section au motif que le Conseil d'État plénier avait été associé au processus d'élaboration du texte en cause. Une chambre spéciale de la section du contentieux administratif déclara le grief irrecevable dans la mesure où il concernait le Conseil d'État dans son ensemble et le rejeta pour autant qu'il était dirigé contre les trois membres appelés à examiner les recours, au motif que les intéressés ne s'étaient nullement exprimés d'une manière contraire à la thèse défendue par les requérants. La section du contentieux administratif rejeta ultérieurement la plupart des recours, même si elle accueillit certains griefs précis. Le gouvernement considéra que la décision avait laissé le projet intact à 95 % et que dès lors une révision radicale de celui-ci ne s'imposait pas. De nouvelles décisions partielles furent adoptées concernant les parties qui avaient été annulées, et les recours formés ultérieurement par les requérants à leur encontre échouèrent.

[43] http://hudoc.echr.coe.int/fre?i=001-65635, paragraphe 195 de l'arrêt.

[44] *Ibid.* paragraphe 202 de l'arrêt.

[45] **Les faits** : le requérant, Graham Cooper, servait dans l'armée de l'air britannique (Royal Air Force – « « la RAF »). Le 18 février 1998, M. Cooper fut reconnu coupable de vol, en violation de la loi de 1968 sur le vol par une cour martiale de district de l'armée de l'air. Il fut condamné à une peine de 56 jours d'emprisonnement et à être renvoyé de l'armée et dégradé. La cour martiale était composée d'un président permanent, de deux autres officiers d'un grade inférieur et d'un judge advocate. Il s'agissait de la dernière désignation du président permanent avant son départ à la retraite et aucun rapport d'évaluation n'avait été rédigé à son sujet après août 1997. Les deux membres ordinaires avaient suivi en 1993 un cours qui comportait une formation aux procédures disciplinaires. Le 3 avril 1998, l'autorité de contrôle, qui avait recueilli l'avis du Judge Advocate General, confirma le verdict et la peine prononcés par la cour martiale. La cour martiale d'appel débouta le requérant de son recours.

décisif. L'élément déterminant consiste à savoir si les appréhensions de l'intéressé peuvent passer pour objectivement justifiées »[46].

Dans l'affaire *Sharxhi et autres c. Albanie* du 11 janvier 2018 de la Cour européenne des droits de l'homme[47], il peut être relevé que l'indépendance du tribunal « *serait illusoire si l'ordre juridique interne d'un État contractant permettait qu'une décision judiciaire définitive et obligatoire, ou une injonction provisoire prise dans l'attente d'une décision définitive, reste inopérante au détriment d'une partie* »[48].

Nous pouvons affirmer, à partir des différentes affaires sus-évoquées, que la garantie de l'indépendance du tribunal contre les pressions est une priorité pour la Cour européenne des droits de l'homme.

2. Une garantie de l'indépendance du tribunal dans la jurisprudence de la Cour interaméricaine des droits de l'homme

La Cour interaméricaine des droits de l'homme est protectrice de l'indépendance du tribunal. Son arrêt *Apitz Barbera et autres c. Venezuela* du 5 août 2008 [49]en est une belle illustration. Cette affaire *Apitz Barbera* trouve son origine dans la destitution de trois membres de la « *Corte Primera de la Contencioso-Administrativo* », pour avoir commis une erreur de droit en accordant un *amparo cautelar* qui eut pour effet de suspendre les effets d'un acte administratif. Le Venezuela fut condamné pour la violation de certaines garanties prévues par l'article 8 § 1. La Cour interaméricaine des droits de l'homme « *considéra in casu (sur la base des éléments de preuve dont elle disposait), qu'on ne pouvait pas considérer que l'ensemble de l'appareil judiciaire vénézuélien souffrait d'un manque d'indépendance (§108). Toutefois, la Cour estima – à nouveau in casu – que les trois victimes ne purent bénéficier d'un jugement établi par un organe suffisamment indépendant (§§147-148)* »[50].

Dans un autre arrêt qui date du 30 mai 1999, *Castillo Petruzzi c. le Pérou*[51], la Cour interaméricaine des droits de l'homme a sanctionné un

---

[46] http://hudoc.echr.coe.int/fre?i=001-66107;§ 104. (Arrêt Findlay précité, p. 281, § 73, et Incal c. Turquie, arrêt du 9 juin 1998, Recueil 1998-IV, pp. 1572-1573, § 71)

[47] CEDH, *Sharxhi et autres c. Albanie*, arrêt du 11 janv. 2018, 10 613/16.

[48] *Id.Ibid*

[49] Cour IDH, 5 août 2008, Exceptions préliminaires, fond et réparations, *Apitz Barbera et autres c. Venezuela,*
Série C n° 182.

[50] *Id. Ibid*

[51] *Cour* IDH, *Castillo Petruzzi* et autres *c. Pérou*, fond, réparations et coûts, *30 mai 1999, série C, no 52.*

défaut d'indépendance du tribunal. Cette affaire concernait quatre citoyens chiliens condamnés pour haute trahison à des peines de prison à vie par un tribunal militaire péruvien spécial composé de juges portant des cagoules (« juges sans visage »). Concluant à une violation de l'article 8, § 1 de la Convention américaine relative aux droits de l'homme, la Cour interaméricaine « invalide » la procédure judiciaire dans sa totalité, et, à l'unanimité, ordonne que soit garantie aux requérants une nouvelle procédure, qui respecte pleinement les principes du procès équitable. Cet arrêt s'inscrit dans la même dynamique que les arrêts *Castillo Petruzzi, Cantoral Benavides et Lori Berenson Mejia* de la Cour interaméricaine des droits de l'homme[52]. Dans son affaire *Iribarne c. Chili* du 22 novembre 2005[53], la Cour interaméricaine des droits de l'homme en examinant le fonctionnement des juridictions militaires « *ne peut que constater leur manque d'indépendance (...), dans la mesure où toutes les formations sont composées de militaires en service actif, soumis à la hiérarchie militaire, sans compter que le code de justice militaire autorise dans certains cas le procureur militaire à enquêter et à juger* »[54]. En effet, dans l'affaire *Iribarne*, la juridiction interaméricaine des droits de l'homme a estimé que la victime aurait dû être jugée par des juridictions civiles et non par des tribunaux militaires. Elle en déduit que le magistrat militaire qui a statué sur les demandes de mise en liberté n'était pas compétent et ne présentait pas toutes les qualités d'indépendance (...)[55].

En somme, ces affaires citées témoignent de la réalité d'une garantie jurisprudentielle de l'indépendance du tribunal dans les mécanismes européen et interaméricain de protection des droits de l'homme. Nous regrettons cependant, en ce qui concerne le système interaméricain de protection des droits de l'homme, de n'avoir pas trouvé d'exemples jurisprudentiels plus récents à exploiter. Comment expliquer cette absence de références actuelles ? Doit-on l'interpréter comme un signe positif ou au contraire révèle-t-elle une réelle prudence de la cour face aux possibles groupes de pression tels qu'évoqués précédemment ?

---

[52] Cour IDH, arrêt du 18 août 2000, série C, n° 69, §127 ; arrêt du 25 novembre 2004, série C, n° 119, §147.

[53] Cour IDH, arrêt du 22 novembre 2005, *Iribarne c. Chili.*

[54] Cour IDH, arrêt du 22 novembre 2005, *Iribarne c. Chili, §* 140-161.

[55] *Ibid*, § 222.

3. Une garantie de l'indépendance du tribunal dans la jurisprudence africaine de protection des droits de l'homme

La garantie de l'indépendance du tribunal s'observe dans la jurisprudence africaine de protection des droits de l'homme. Certaines affaires permettent d'illustrer cette allégation.

Dans l'affaire *Lawyers for Human Rights c. Swaziland*[56] de la Commission africaine des droits de l'homme et des peuples, le plaignant est *Lawyers for Human Rights,* ONG de défense des droits de l'homme basée au Swaziland. Le plaignant allègue que le 12 avril 1973, le roi Sobhuza II a publié la proclamation royale à la Nation n° 12 de 1973 dans laquelle il déclarait avoir assumé les fonctions suprêmes du Royaume du Swaziland et qu'il était investi de tous les pouvoirs législatif, exécutif et judiciaire[57]. Le plaignant a fait remarquer, en outre, qu'il est indubitable que l'attribution du pouvoir judiciaire au Roi sape l'autorité et l'indépendance des tribunaux, cela d'autant plus que le Roi, du fait de son pouvoir législatif, peut facilement modifier la décision des tribunaux comme cela a été le cas dans le jugement du professeur Dlamini contre le Roi. Il s'agit du cas d'appel n° 42/2000, où le Roi, par décret n° 2 de 2001 a cassé la décision de la Cour d'appel en rétablissant la « *non-bailable offences order* » qui avait été déclarée anticonstitutionnelle[58]. Eu égard aux allégations du plaignant, la Commission africaine des droits de l'homme et des peuples souligne que « *dans la présente communication, la proclamation de 1973 et le décret de 2001 investissent le roi des pouvoirs judiciaires et démettent les tribunaux de leur compétence pour certaines questions. Le fait d'investir le roi des pouvoirs judiciaires et de démettre les tribunaux de leur compétence pour certaines questions constitue non seulement une violation du droit à un procès équitable tel que garanti par l'article 7 de la Charte, mais cela tend plutôt à compromettre l'indépendance de la magistrature* »[59]. Elle poursuit son raisonnement en rappelant que « *l'article 26 de la Charte prévoit que les États parties ont l'obligation de garantir l'indépendance des tribunaux. L'article 1er des Principes de base de l'ONU sur l'indépendance de la magistrature stipule que « l'indépendance de la magistrature est garantie par l'État et énoncée*

---

[56] Communication 251/2002, *Lawyer for Human Rights c. Swaziland.* Décidée lors de la 37e session ordinaire, avril 2005, 18e rapport annuel d'activité

[57] *Lawyers for Human Rights c. Swaziland* RADH 2005 70 (CADHP 2005).

[58] *Lawyers for Human Rights c. Swaziland* RADH 2005 70 (CADHP 2005)

[59] *Ibid,* § 54.

dans la Constitution ou la loi nationale. Les institutions gouvernementales ou autres sont tenues de respecter et d'observer l'indépendance de la magistrature »[60]. La Commission africaine des droits de l'homme et des peuples conclut qu'« *en investissant le chef de l'État de tous les pouvoirs judiciaires, y compris le pouvoir de révoquer les juges, la proclamation de 1973 compromet sérieusement l'indépendance de la magistrature du Swaziland. La principale raison d'être du principe de la séparation des pouvoirs est de s'assurer qu'aucun organe du gouvernement ne devient puissant et abuse de son pouvoir. La séparation des pouvoirs entre les trois organes du gouvernement – l'organe exécutif, législatif et judiciaire assure un système régulateur contre tout excès de leur part. En concentrant les pouvoirs de toutes les trois structures du gouvernement dans les mains d'une seule personne, la doctrine de la séparation des pouvoirs est compromise et exposée aux abus »*[61]. Dans sa résolution sur le respect et le renforcement de l'indépendance de la magistrature adoptée lors de la 19e session ordinaire tenue du 26 mars au 4 avril 1996 à Ouagadougou, la Commission africaine des droits de l'homme et des peuples *« a reconnu la nécessité pour les pays africains d'avoir une magistrature forte et indépendante jouissant de la confiance des populations pour réaliser une démocratie et un développement durable* ». La Commission a alors « *exhorté tous les États parties à la Charte à abroger toutes leurs législations contraires aux principes de respect de l'indépendance de la magistrature, spécialement en ce qui concerne la nomination et l'affectation des juges et de s'abstenir de prendre une action qui pourrait menacer directement ou indirectement l'indépendance et la sécurité des juges et des magistrats »*[62]. La proclamation de 1973, dans la mesure où elle permet de révoquer les juges et d'exercer le pouvoir judiciaire, est en violation de l'article 26 de la Charte africaine[63].

En somme, ces différentes affaires évoquées allèguent de la garantie jurisprudentielle de l'indépendance du tribunal dans le mécanisme africain de protection des droits de l'homme. Comme pour la Cour interaméricaine, le même constat peut être fait concernant l'Afrique. En effet, nous regrettons de ne pas pouvoir fournir d'exemples jurisprudentiels plus récents.

---

[60] *Ibid*, § 55.
[61] *Ibid*, § 56.
[62] *Lawyers for Human Rights c. Swaziland* RADH 2005 70 (CADHP 2005), § 57.
[63] *Ibid*, § 58.

SECTION II : L'indépendance du Juge par rapport aux pressions internes au monde judiciaire

À côté de l'indépendance du tribunal appréhendé de manière collégiale, il faut que chaque juge soit indépendant. « *La première qualité du magistrat, c'est d'être indépendant, farouchement indépendant* », déclarait Marcel WALINE, lors de sa nomination comme membre du Conseil supérieur de la magistrature[64]. Cette déclaration de Marcel WALINE résume toute l'importance de l'indépendance du juge par rapport aux pressions, notamment internes au monde judiciaire. Le juge, au nom de son indépendance, doit se protéger d'éventuelles pressions amicales de la part d'un ou plusieurs de ses collègues, qui le mettraient dans une situation telle qu'il ne pourrait ni former, ni exprimer librement ses opinions[65].

Dans l'ensemble des mécanismes régionaux de protection des droits de l'homme, l'indépendance du juge est proclamée (paragraphe 1). Des mesures et des actions tendant à la protection de cette indépendance sont également observables (paragraphe 2).

PARAGRAPHE 1 : Une indépendance proclamée dans tous les mécanismes régionaux de protection des droits de l'homme

Dans l'exercice de sa fonction juridictionnelle, le juge, selon son champ de compétences, a vocation à assurer le respect du droit et des libertés, la régulation des relations entre les pouvoirs publics. Il a également vocation à garantir un fonctionnement équilibré des institutions et en cas de crise à contribuer au rétablissement de la démocratie, de l'État de droit et des libertés[66]. Pour la réalisation de sa fonction, il faut que le juge soit à l'abri des pressions de ses pairs (A). Il faut aussi que le juge jouisse d'une véritable liberté de décision (B).

---

[64] C. GRELLOIS, « le juge, quelle indépendance ? », *in* NGOC DIEN (N.), *Rendre la justice au XXIe siècle. Approches francophones*, Presses de l'université Toulouse 1 capitole, 2016, p. PP. 47-78.

[65] J. MALENOVSKY, « Les opinions séparées et leurs répercussions sur l'indépendance du juge international », ACDI, Bogota, ISSN : 2027-1131/ISSNe : 2145-4493, Vol.3, pp.27-70, 2010.

[66] C. GRELLOIS, « le juge, quelle indépendance ? », *in* NGOC DIEN (N.), *Rendre la justice au XXIe siècle. Approches francophones, op.cit.*, p.50.

A. La protection du juge contre les influences des autres juges

Exiger l'indépendance par rapport au monde judiciaire, c'est réclamer la protection du juge contre les influences ou pressions provenant de l'intérieur du pouvoir judiciaire. En effet, l'exigence d'indépendance par rapport au monde judiciaire repose sur le postulat selon lequel le juge doit être impérativement mis à l'abri de toutes pressions ou influences, émanant notamment des autres juges. Un juge qui n'exerce pas librement ses fonctions ou qui fait l'objet de pression de la part des autres juges n'est point indépendant. Un arrêt de la Cour européenne des droits de l'homme a clairement posé le problème, précisant que l'indépendance fonctionnelle du juge exige que chaque juge soit à l'abri de toute influence, y compris si ladite influence émane de l'autorité judiciaire elle-même[67]. Effectivement, dans son arrêt *Agrokompleks* du 6 octobre 2011, la Cour européenne des droits de l'homme souligne que *« l'indépendance de la justice exige que chaque juge soit à l'abri de toute influence indue, y compris si elle provient de l'intérieur même du pouvoir judiciaire. Le fait que le président de la CSA ait donné pour instruction directe à ses adjoints de réexaminer la décision par laquelle cette juridiction avait rejeté la demande de LyNOS tendant à la révision du montant de sa dette est donc contraire au principe d'indépendance judiciaire interne »* [68]. Cette « *indépendance judiciaire interne* » s'impose, les juges ne devant recevoir aucune instruction ou subir quelque influence que ce soit de la part d'autres juges, que ces derniers soient hiérarchiquement supérieurs ou exercent des responsabilités administratives[69].

[67] CEDH, 6 oct. 2011, *Agrokompleks c/ Ukraine*, n° 23465/03, JCP 2012, 87 p. 164 obs. F. SUDRE. En l'espèce, l'influence exercée par le président de la juridiction (Cour supérieure d'arbitrage) qui a donné pour instruction directe à son adjoint de réexaminer une décision qui ne lui convenait pas (rejet de la demande de « Lynos », la plus grande raffinerie de pétrole d'Ukraine) est une violation de l'article 6 de la *Convention européenne des droits de l'homme*. La Cour européenne des droits de l'homme relève également dans cette affaire que la procédure ayant porté sur l'insolvabilité de ce qui était alors la plus grande raffinerie de pétrole du pays, dont l'État était le principal actionnaire, il est naturel qu'elle ait suscité une attention soutenue de la part des autorités de l'État. En revanche, il est inacceptable que ces dernières ne se soient pas limitées à une surveillance passive de la procédure judiciaire et qu'elles soient intervenues de manière si flagrante. La Cour souligne que la portée de l'obligation de l'État d'assurer un procès par un « tribunal indépendant et impartial » ne se limite pas au pouvoir judiciaire mais implique également, pour toute autre autorité de l'État, l'obligation de respecter arrêts et décisions des tribunaux et de s'y conformer.

[68] CEDH, 6 oct. 2011, *Agrokompleks c/ Ukraine*, *Op cit.*

[69] J-F. RENUCCI, *Op.cit*, p 487 et s.

Dans les arrêts de la Cour européenne des droits de l'homme, l'on retrouve traditionnellement la mention selon laquelle la justice doit s'exercer librement de toute influence, interne ou externe. La Cour avait entre autres indiqué que l'indépendance de la justice exigeait que les juges soient libres de toute influence non seulement de la part des organes non judiciaires, mais également à l'intérieur du système judiciaire national. Notamment dans l'arrêt du 19 avril 2011, *Baturlova c. Russie*, la Cour insiste sur le caractère inacceptable de toute influence non processuelle, non prévue par la législation en vigueur, sur le juge de la part des juridictions supérieures ou des personnes occupant dans la juridiction des fonctions administratives (président du tribunal)[70].

Le Conseil constitutionnel français a une position similaire à celle que la Cour européenne des droits de l'homme a adoptée dans son arrêt *Agrokompleks* précité. En effet, le Conseil constitutionnel français a considéré que le Président de la chambre d'accusation (devenue chambre de l'instruction) pouvait certes « *vérifier la mise en état des dossiers* » des juges d'instruction de son ressort, mais qu'il ne pouvait pas « *guider le choix des décisions de ce juge, ni les réformer* »[71]. De cette décision du Conseil constitutionnel français, on peut en déduire que l'indépendance judiciaire interne impose qu'aucun juge ne puisse guider le choix des décisions d'un autre juge quel que soit le rang, la position

---

[70] Arrêt de la CEDH du 19 avr. 2011, *Baturlova c. Russia*, n° 33188/08.

[71] Déc.80-127 DC, 19-29 janv.1981, *Sécurité et Liberté* : « 40. Considérant que l'article 55 de la loi soumise à l'examen du Conseil constitutionnel est critiqué en tant que, soumettant le juge d'instruction à un contrôle général de la part du président de la chambre d'accusation, il serait contraire au principe de l'indépendance des juges du siège consacré par l'article 64 de la Constitution ;

41. Considérant que l'article 220 du code de procédure pénale charge le président de la chambre d'accusation de s'assurer du bon fonctionnement des cabinets d'instruction du ressort de la Cour d'appel, de vérifier, notamment, les conditions d'application des dispositions qui permettent au juge d'instruction, lorsqu'il est dans l'impossibilité de procéder lui-même aux actes de l'instruction autres que les interrogatoires et les confrontations de l'inculpé, de les faire exécuter par les officiers de police judiciaire ainsi que de celles qui lui imposent de vérifier les éléments d'information ainsi recueillis et, enfin, d'une façon générale, de veiller à ce que les procédures ne subissent aucun retard injustifié ; que l'article 55 de la loi ajoute à cet article 220 un second alinéa ainsi rédigé : Il peut à cet effet contrôler le cours des informations, demander des rapports sur l'état des affaires, convoquer les juges d'instruction, visiter leur cabinet et prendre connaissance des dossiers .

42. Considérant que les pouvoirs ainsi attribués au président de la chambre d'accusation pour l'application du premier alinéa de l'article 220 du code de procédure pénale sont simplement destinés à lui permettre de vérifier la mise en état des dossiers de façon à éviter tout retard injustifié dans l'information ;

43. Considérant que ce texte ne permet pas au président de la chambre d'accusation de guider le choix des décisions du juge d'instruction ni de les réformer… ».

qu'il occupe. En plus, suivant cette décision du Conseil constitutionnel français, l'indépendance judiciaire interne signifie également l'impossibilité pour un juge de réformer la décision d'un autre juge.

L'indépendance judiciaire interne, telle que présentée est valable pour l'ensemble des mécanismes régionaux de protection des droits de l'homme. En effet, en exigeant l'indépendance du tribunal ou du juge dans leurs instruments de protection des droits de l'homme, les mécanismes européen, interaméricain et africain de protection des droits de l'homme exigent non seulement l'indépendance judiciaire externe, mais également l'indépendance judiciaire interne.

B. La liberté de décision du juge

L'indépendance judiciaire interne exige également la liberté de décision du juge. Ici, il s'agira d'apprécier la liberté de décision du juge uniquement à l'égard des pressions intérieures, celles émanant de l'autorité judiciaire elle-même. Vis-à-vis des pressions intérieures, la liberté de décision du juge sous-entend d'une part qu'on ne puisse pas imposer une solution à un juge, et ce, même lors des délibérés (1) et d'autre part, que le juge doit pouvoir décider sans consulter une autorité judiciaire quelconque (2).

1. L'interdiction d'imposer une solution au juge

Selon le professeur Corneliu-Liviu POPESCU[72], l'indépendance des juges signifie que chaque juge siège dans une juridiction à titre individuel, qu'il ne reçoit aucune instruction en rapport avec l'activité judiciaire de celle-ci. Le juge indépendant est celui qui siège à titre individuel. Il faut entendre par là que le juge ne représente personne au sein d'une juridiction. Il exerce sa fonction de son propre chef. En clair, le juge ne représente pas l'autorité qui l'a nommé, élu ou désigné. Siégeant à titre individuel, le juge est plus apte à être indépendant. L'indépendance individuelle du juge oblige donc à avoir dans un texte, une disposition qui précise clairement et expressément que le juge siège, dans la juridiction dont il est membre, à titre individuel ou personnel.

Relevons que selon la Cour africaine des droits de l'homme et des peuples dans son arrêt du 18 novembre 2016, *Actions pour la protection des droits de l'homme (APDH) c. République de Côte d'Ivoire*[73],

[72] Professeur à l'Université de Bucarest.

[73] *Actions pour la protection des droits de l'homme c. Côte d'Ivoire* (fond) (2016) 1 RJCA 697.

« *l'indépendance est le fait pour une personne ou une entité de ne dépendre d'aucune autre autorité que la sienne propre ou, à tout le moins, de ne pas dépendre de l'État sur le territoire duquel elles exercent leurs fonctions* »[74].

Puis, l'indépendance individuelle du juge exige qu'il ne reçoive aucune instruction. En effet, le juge indépendant est celui qui exerce sa fonction sans ingérence, pression ou immixtion d'autres acteurs. En d'autres termes, le juge indépendant est celui qui « *agit et décide de manière totalement libre, en son âme et conscience, juste sur la base des faits (établis) et du droit (applicable)* » [75]. Cette indépendance individuelle « *se manifeste par la liberté du juge de rendre une décision non liée par une hiérarchie ou des normes préexistantes* »[76].

L'interdiction d'imposer une solution au juge est l'un des éléments de la liberté de décision. Pour l'indépendance judiciaire interne, la liberté de décision du juge signifie qu'aucun juge ne peut, ni ne doit imposer une solution à un autre juge. En effet, le juge doit prendre sa décision sur l'unique base de son intime conviction après analyse des éléments de preuve soumis et débattus par les parties et notamment leurs défenseurs.

L'interdiction d'imposer une solution au juge s'applique également aux décisions prises lors des délibérés. En effet, dans le système de la collégialité où les décisions de justice sont en principe prises après délibération en commun par plusieurs magistrats, il faut également s'assurer que la solution de chaque juge ou magistrat pris individuellement soit libre. Sur ce point, il nous semble que le fait que les juridictions soient généralement composées d'un nombre impair de juges pour l'examen des affaires favorise la liberté de décision de chaque juge tout en permettant de dégager une majorité pour les prises de décision en formation collégiale. Cette règle est confirmée dans les 3 systèmes régionaux.

Dans le mécanisme européen de protection des droits de l'homme, on constate à la lecture de l'article 26, § 1 de la Convention européenne des droits de l'homme que pour l'examen des affaires portées devant la Cour européenne des droits de l'homme, celle-ci peut siéger en comité de trois juges, en chambres de sept juges et en une grande chambre de dix-sept juges. Le nombre est donc toujours impair lorsqu'elle traite des affaires en formation collégiale.

---

[74] *Ibid*, § 117.

[75] *Ibid.*

[76] J.-M. VARAUT, « Indépendance », in CADIET (dir.), *Dictionnaire de la justice*, PUF, 2004 p. 622-623.

Dans le mécanisme africain de protection des droits de l'homme, il ressort de la lecture des articles 31, § 1[77] de la Charte africaine des droits de l'homme et des peuples et 11, § 1[78] du Protocole relatif à la Charte africaine, la Commission et la Cour africaines des droits de l'homme et des peuples sont composées respectivement de onze membres et onze juges. Il s'agit bien là d'un nombre impair. En outre, l'article 23 du Protocole relatif à la Charte africaine portant sur la création d'une Cour africaine des droits de l'homme et des peuples impose à la Cour africaine des droits de l'homme et des peuples un quorum d'au moins sept juges pour l'examen de chaque affaire portée devant elle. Il s'agit bien là d'une mesure visant à assurer la liberté de décision de chaque juge de la Cour africaine des droits de l'homme et des peuples tout en permettant également qu'une majorité puisse se dégager dans les prises de décision en formation collégiale.

En ce qui concerne **le mécanisme interaméricain de protection des droits de l'homme**, il ressort de la lecture des articles 34[79] et 52, § 1[80] de la Convention américaine que la Commission et la Cour interaméricaines des droits de l'homme sont composées respectivement de sept membres et de sept juges. L'article 56 de la Convention américaine relative aux droits de l'homme impose quant à lui un quorum de cinq juges pour les délibérations de la Cour interaméricaine des droits de l'homme.

En somme, en imposant un nombre impair pour la délibération ou l'examen des affaires, c'est la liberté de décision de chacun des juges qui est protégée en formation collégiale. En outre, dans l'ensemble des mécanismes régionaux de protection des droits de l'homme, les juges

---

[77] « La Commission se compose de onze membres qui doivent être choisis parmi les personnalités africaines jouissant de la plus haute considération, connues pour leur haute moralité, leur intégrité et leur impartialité, et possédant une compétence en matière de droits de l'homme et des peuples, un intérêt particulier devant être donné à la participation de personnes ayant une expérience en matière de droit ».

[78] « La Cour se compose de onze juges, ressortissants des États membres de l'OUA, élus à titre personnel parmi des juristes jouissant d'une très haute autorité morale, d'une compétence et expérience juridique, judiciaire ou académique reconnue dans le domaine des Droits de l'Homme et des Peuples ».

[79] « La Commission interaméricaine des Droits de l'Homme comprend sept membres, lesquels doivent être des personnes jouissant d'une haute autorité morale et possédant une compétence reconnue en matière de droits de l'homme ».

[80] « La Cour se compose de sept juges, ressortissants des États membres de l'Organisation, élus à titre personnel parmi des juristes jouissant d'une très haute autorité morale, d'une compétence reconnue en matière de droits de l'homme, et réunissant les conditions requises pour l'exercice des plus hautes fonctions judiciaires au regard des législations des pays dont ils sont, respectivement, les ressortissants ou de ceux qui les proposent comme candidats ».

dont la position n'est pas celle de la majorité peuvent toujours émettre leurs opinions séparées[81]. L'interdiction d'imposer une solution au juge n'est pas le seul élément constitutif de la liberté de décision du juge. La liberté de décision du juge exige également que ce dernier ne puisse pas consulter une tierce personne dont notamment une autorité judiciaire avant de rendre sa décision.

2. La nécessité pour le juge de décider sans consultation d'une autorité judiciaire

La liberté de décision s'apprécie également par la possibilité pour le juge de décider sans consultation d'une autorité judiciaire. En effet, un juge qui consulte une autorité judiciaire et qui prend sa décision sur la base de cette consultation ou avis n'est pas indépendant. En d'autres termes, le défaut d'indépendance judiciaire interne va résider dans le fait que le juge prendra sa décision sous l'empire de ladite consultation, donc sous influence. Qu'importe que la consultation soit libre ou imposée, il est souhaitable, pour éviter toute suspicion de défaut d'indépendance judiciaire interne, que le juge prenne sa décision sans y recourir.

Cependant, le juge peut toujours demander une expertise ou une enquête s'il a besoin d'être éclairé dans son jugement. En effet, rien n'interdit à une cour d'entendre toute personne susceptible de lui fournir des informations sur les violations rapportées[82]. L'article 26, § 1 du Protocole relatif à la Charte africaine dispose à cet effet que « *la Cour procède à l'examen contradictoire des requêtes qui lui sont soumises et, s'il y a lieu, à une enquête. Les États intéressés fournissent toutes les facilités nécessaires à la conduite efficace de l'affaire* ». L'article 38 de la Convention européenne des droits de l'homme quant à lui dispose que : « *la Cour examine l'affaire de façon contradictoire avec les représentants des parties et, s'il y a lieu, procède à une enquête pour la*

[81] Article 66, § 2 de la Convention américaine relative aux droits de l'homme : « *Si l'arrêt n'exprime pas en tout ou en partie l'opinion unanime des juges, chacun de ceux-ci aura le droit d'y joindre son opinion dissidente ou son opinion individuelle.* « ; article 28, §7 du Protocole relatif à la Charte africaine portant sur la création d'une Cour africaine des droits de l'homme et des peuples : «*si l'arrêt de la Cour n'exprime pas, en tout ou en partie, l'opinion unanime des juges, tout juge a le droit d'y joindre une opinion individuelle ou dissidente.* « ; article 45, § 2 de la Convention européenne des droits de l'homme : «*si l'arrêt n'exprime pas en tout ou en partie l'opinion unanime des juges, tout juge a le droit d'y joindre l'exposé de son opinion séparée* ».

[82] J. ESSOMBE-EDIMO, « les missions d'enquête de la Commission africaine des droits de l'homme et des peuples », in *Droits de l'homme en Afrique*, Cahiers de l'Institut des droits de l'homme de Lyon, 2004, p.34.

conduite efficace de laquelle les Hautes Parties contractantes intéressées fourniront toutes facilités nécessaires. »

En définitive, la liberté de décision exige que la décision du juge émane impérativement et uniquement de lui. Sa décision ne doit ni être imposée par un autre juge, ni être proposée ou suggérée par une autorité judiciaire. On ne peut cependant sous-estimer l'influence croissante du traitement automatisé de la jurisprudence par le recours aux algorithmes qui à terme viendra modifier les repères d'appréciation de l'indépendance des juges. À l'heure actuelle, nous n'en sommes qu'aux balbutiements, notamment sur le continent africain et latino-américain.

PARAGRAPHE 2 : Une indépendance protégée par les juridictions régionales de protection des droits de l'homme

L'indépendance judiciaire interne « *est une situation qui met le juge en état de prendre ses décisions uniquement sur la base du droit et suivant sa conscience* »[83]. Elle « *constitue en même temps le droit majeur du juge et le premier de ses devoirs* »[84]. On mesure donc l'importance de la protection assurée par l'ensemble des mécanismes régionaux de protection des droits de l'homme pour garantir l'éthique du jugement. Outre les dispositions inscrites dans les textes régionaux de protection des droits de l'homme, la jurisprudence atteste de cette garantie qui s'observe dans les jurisprudences européenne (A), interaméricaine (B) et africaine (C) de protection des droits de l'homme.

A. Une garantie de l'indépendance des juges dans la jurisprudence européenne de protection des droits de l'homme

L'indépendance individuelle du juge fait l'objet d'une attention particulière dans la jurisprudence de la Cour européenne des droits de l'homme.

Dans un arrêt du 25 septembre 2018, *Denisov c. Ukraine*[85], la Cour EDH sanctionne une atteinte à l'indépendance d'un magistrat. Dans cette affaire, le requérant fut révoqué de sa fonction de président de la Cour administrative d'appel de Kiev au motif qu'il s'était mal acquitté

[83] F. MATSCHER, « La notion de « tribunal »au sens de la CEDH », in *Les nouveaux développements du procès équitable au sens de la CEDH*, Bruylant, 1996, p.35.
[84] D.N. COMMARET, « Une juste distance ou réflexions sur l'impartialité du magistrat », *D.*, 1998, chron. p.262.
[85] CEDH [GC], 25 septembre 2018, *Denisov c. Ukraine*, req. n° 76639/11.

de cette fonction, en tant qu'administrateur. Il soutenait notamment, sur le terrain de l'article 6, que la procédure de révocation engagée devant le Conseil supérieur de la Magistrature et la Cour administrative supérieure n'avait pas été conduite de manière indépendante. La Cour a récapitulé en détail la jurisprudence et les principes pertinents concernant l'application de l'article 6 aux litiges relatifs aux mandats de magistrats. Puis, en jugeant applicable l'article 6 sous son volet civil, elle a constaté une violation de cette disposition au motif que le Conseil supérieur de la Magistrature manquait d'indépendance, défaut auquel la Cour administrative supérieure n'avait pas remédié.

Dans l'exercice de sa fonction, le juge ne doit être subordonné à aucune autre autorité, qu'il s'agisse de l'autorité de nomination ou des autres membres du tribunal. En ce sens, l'existence de dispositions constitutionnelles ou législatives, interdisant que des instructions ou des ordres soient donnés au juge dans l'accomplissement de ses fonctions contentieuses, constitue une garantie importante[86]. Ainsi dans l'arrêt *Campbell et Fell*[87], si les comités de visiteurs de prisons sont composés de membres nommés par le ministre de l'Intérieur, ce dernier peut donner des directives aux comités concernant l'exercice de leurs fonctions, mais il n'a pas à leur adresser d'instructions dans le domaine de leurs attributions contentieuses.

De même, dans l'affaire *Ettl* du 23 avril 1987[88], si les organes administratifs en cause, considérés comme des tribunaux au sens de la Convention européenne des droits de l'homme, comprennent une majorité de fonctionnaires, la Constitution et la loi interdisent aux pouvoirs publics de leur adresser des instructions relatives à leurs activités juridictionnelles. Ce qui importe, c'est que les juges constituent un corps autonome par rapport à l'autorité qui les désigne et par rapport aux parties à l'instance[89]. Ce problème est particulièrement sensible s'agissant des juridictions spécialisées composées de juges qui ne sont pas des magistrats professionnels et qui sont, le plus souvent, amenés à juger leurs pairs, ce qui est le cas, par exemple, des juridictions ordinales des professions libérales, des juridictions militaires statuant en matière

[86] L. MILANO, *Le droit à un tribunal au sens de la Convention européenne des droits de l'homme*, *op. cit.*, p. 395.
[87] CEDH, 28 juin 1984, *Campbell et Fell, op. cit.*, § 79.
[88] CEDH, 23 avril 1987, *Ettl, op. cit.*, § 38 ; Voir dans le même sens, CEDH, 22 oct. 1984, *Sramek, op.cit.*, § 38 ; CEDH, 9 juin 1998, *Incal, op. cit.*, § 67 (concernant une cour martiale).
[89] L. MILANO, *Le droit à un tribunal au sens de la Convention européenne des droits de l'homme*, *op. cit.*, p. 395.

disciplinaire[90]. Dans cette hypothèse, la Cour européenne des droits de l'homme est particulièrement attentive au fait que ces juges ne soient pas dans un « *état de subordination* », vis-à-vis d'une des parties au litige, dans l'exercice de leurs attributions contentieuses[91].

Par exemple, la Cour européenne des droits de l'homme a jugé, s'agissant de la section des assurances sociales du conseil de l'Ordre des médecins français, que la présence parmi ses membres de deux médecins-conseils représentant les organismes d'assurance-maladie n'était pas sujette à caution compte tenu des garanties statutaires prévues. En effet, les médecins-conseils bénéficient d'un « *statut qui fait d'eux un corps autonome, ne dépendant ni pour sa nomination, ni pour son avancement, des caisses de sécurité sociale, avec lesquelles ils n'ont aucun lien de subordination* »[92]. De même, s'agissant du Conseil de l'Ordre belge des avocats, l'indépendance de ses membres ne fait pas problème : « *élus par leurs pairs, ils ne relèvent d'aucune autorité et ne sont soumis qu'à leur propre conscience* »[93]. En revanche, la situation est plus problématique lorsque le juge, dans le cadre de ses fonctions professionnelles autres que contentieuses, apparaît comme hiérarchiquement subordonné à l'une des parties au litige, car ici, même si le statut du juge est entouré de garanties, le requérant pourra éprouver des doutes quant à son indépendance[94].

En somme, les différentes affaires évoquées montrent bien la garantie que la Cour européenne des droits de l'homme apporte au principe d'indépendance individuelle des juges dans le système européen de protection des droits de l'homme. Cependant, nous regrettons de n'avoir pas trouvé suffisamment d'exemples jurisprudentiels plus récents à exploiter.

---

[90] *Ibid.* p. 396

[91] CEDH, 29 avril 1988, *Belilos c/ Suisse*, A.132, § 66.

[92] Décision sur la recevabilité de la requête CEDH, 9 janv. 2001, *Ouendeno c/ France*, req. n° 39996/98 (Ordre des médecins). C'est en s'appuyant sur la même démarche, fondée sur la recherche de garanties statutaires suffisantes, que le Conseil d'État a estimé compatible avec les exigences de l'article 6 § 1, la composition de la section des assurances sociales de l'ordre des médecins, C.E., 7/01/1998, Trany, *Rec.*p.5 ; concl. R. Schwartz, *AJDA*, 1998, p.445 et la composition de la section des assurances sociales de l'ordre des chirurgiens-dentistes, C.E., 16/06/2000, Contal, req. n° 192966.

[93] CEDH, 30 nov. 1987, *H.*, *op. cit.*, § 51.

[94] L. MILANO, *Le droit à un tribunal au sens de la Convention européenne des droits de l'homme*, *op. cit.*, p. 396

B. Une garantie de l'indépendance des juges dans la jurisprudence interaméricaine de protection des droits de l'homme

L'indépendance des juges est garantie dans la jurisprudence interaméricaine des droits de l'homme. La Cour interaméricaine des droits de l'homme souligne constamment l'importance de l'indépendance des magistrats[95].

Selon la Cour IDH, l'exigence d'indépendance implique que « *le juge ou le tribunal ait dans l'exercice de sa fonction, une grande objectivité pour rendre un jugement. L'indépendance du pouvoir judiciaire face aux autres pouvoirs étatiques est essentielle pour l'exercice de la fonction judiciaire* »[96]. Ainsi, la Cour juge que la modification, après la survenance des faits, de la structure d'une juridiction et la désignation orientée de juges destinés à composer le tribunal compétent pour connaître d'une affaire particulière contreviennent à l'exigence d'indépendance de l'article 8, § 1 de la Convention américaine relative aux droits de l'homme[97].

Liée directement au principe de séparation des pouvoirs, l'indépendance des juges doit être garantie notamment dans le cadre de la procédure de nomination et de destitution des magistrats[98]. La Cour interaméricaine des droits de l'homme a eu l'occasion de s'exprimer clairement à ce sujet dans l'affaire du *Tribunal constitutionnel contre Pérou du 13 avril 2000*[99]. En l'espèce, plusieurs magistrats de la Cour constitutionnelle du Pérou avaient été destitués par le Congrès suite à la décision de la Cour constitutionnelle de considérer comme *« inapplicable »* la *Loi authentique d'interprétation* de l'article 112 de la Constitution portant sur les possibilités et conditions de réélection du président du Pérou[100]. Très concrètement, l'enjeu de cette décision n'était rien d'autre que la question de la constitutionnalité de la

---

[95] Cour IDH, *Caso Palamara Iribarne c/ Chili*, 22 novembre 2005, Série C. n° 135, § 124 et s.; Cour IDH, *Lori Berenson Mejia c/ Pérou*, 25 novembre 2004, Arrêt sur le fond, Série C. n° 119, 143.

[96] Cour IDH, *Caso Palamara Iribarne*, *op. cit.*, §§ 145-146.

[97] Cour IDH, *Ivcher Bronstein c/ Pérou*, 6 février 2001, Arrêt sur le fond, Série C. n° 74, § 115.

[98] Cour IDH, *Casa del Tribunal Constitucional c/ Pérou*, 31 janvier 2001, Arrêt sur le fond, Série C. n° 71, § 73.

[99] La commission interaméricaine a statué sur une affaire similaire : Commission IDH, *Affaire 11 166 (Walter Humberto Vasquez Vejarano) c/ Pérou*, 13 avril 2000, Fond, Rapport n° 48/00, Rapport annuel 1999.

[100] Cour IDH, *Casa del Tribunal Constitucional c/ Pérou*, 24 septembre 1999, Compétence, Série C. n° 55, § 2.

réélection du président Fujimori[101], en poste au moment des faits. Sur les sept magistrats chargés de se prononcer sur la législation interprétant la Constitution, cinq d'entre eux la considéraient *« inapplicable »* (la déclaration d'inconstitutionnalité exigeait six voix) alors que deux se prononçaient en faveur de la législation. Au terme d'une campagne de pression qui avait été organisée contre les cinq magistrats, deux d'entre eux modifièrent leur position. Les trois magistrats qui maintiendront leur position en faveur de l'inapplicabilité de la législation litigieuse seront ensuite destitués par le Congrès. Citant les Principes fondamentaux relatifs à l'indépendance de la magistrature des Nations unies[102], la Cour interaméricaine des droits de l'homme souligne que l'autorité en charge de la question de destitution d'un magistrat doit mener la procédure en toute impartialité et permettre l'exercice des droits de la défense[103]. Se référant ensuite à la jurisprudence de la Cour européenne des droits de l'homme, la Cour interaméricaine des droits de l'homme précise que l'indépendance de tout juge doit s'accompagner d'une procédure de nomination adéquate[104], pour une durée déterminée[105] et à l'abri des pressions [106]. Si la Cour interaméricaine des droits de l'homme n'a pas d'objection de principe sur la compétence du Congrès péruvien pour connaître des procédures de destitution des magistrats de la Cour constitutionnelle, elle rappelle qu'une telle procédure est soumise aux exigences de l'article 8, §1 de la Convention américaine relative aux droits de l'homme. En l'espèce, la partialité du Congrès est attestée par le fait que certains membres du congrès, qui étaient intervenus auprès de

---

[101] Le Président Alberto Fujimori sera lui-même destitué par le Congrès pour *« incompétence morale »* à la fin de l'année 2000.

[102] UN Doc. À/CONF.121/22/Rev. 1 à 59 (1985), Adoptés lors du Septième Congrès des Nations Unies pour la prévention du crime et le traitement des délinquants, tenu à Milan du 26 août au 6 septembre 1985 par l'Assemblée générale dans ses résolutions 40/32 du 29 novembre 1985 et 40/146 du 13 décembre 1985.

[103] Cour IDH, *Casa del Tribunal Constitucional c/ Pérou*, 31 janvier 2001, Arrêt sur le fond, Série C. n° 71, § 74.

[104] CEDH, *Langborger*, 27 janvier 1989, Série A. 155 ; CEDH, *Campbell et Fell*, 28 juin 1984, Série A. 80, jurisprudence citée in Cour IDH *Casa del Tribunal Constitucional c/ Pérou*, 31 janvier 2001, Arrêt sur le fond, Série C. n° 71, § 74.

[105] CEDH, *Langborger*, 27 janvier 1989, Série A. 155 ; CEDH, *Campbell et Fell*, 28 juin 1984, Série A. 80 ; CEDH, *Le Compte, Van Leuven et De Meyen*, 23 juin 1981, Série A. 43, jurisprudence citée in Cour IDH *Casa del Tribunal Constitucional c/ Pérou*, 31 janvier 2001, Arrêt sur le fond, Série C. n° 71, § 74.

[106] CEDH, *Langborger*, 27 janvier 1989, Série A. 155 ; CEDH, *Campbell et Fell*, 28 juin 1984, Série A. 80 ; CEDH, *Piersack*, 1er octobre 1982, Série A. 53, jurisprudence citée in Cour IDH *Casa del Tribunal Constitucional c/ Pérou*, 31 janvier 2001, Arrêt sur le fond, Série C. n° 71, § 74.

la Cour constitutionnelle afin d'influencer sa prise de décision, avaient participé ultérieurement à la procédure de destitution des magistrats mis en cause qualifiée par la Cour de « *procès politique* » (« *juicio politico* »)[107].

La référence à la jurisprudence de la Cour européenne des droits de l'homme dans l'affaire *Tribunal constitutionnel contre Pérou*, illustre l'influence que le raisonnement du juge européen a sur l'appréciation de l'exigence d'indépendance par la Cour interaméricaine des droits de l'homme. L'influence est positive dans la mesure où elle favorise une garantie effective de l'indépendance individuelle des juges dans le système interaméricain de protection des droits de l'homme.

Il est intéressant de noter que la Cour interaméricaine des droits de l'homme s'est fait un point d'honneur à évaluer les exigences de l'article 8, § 1 (notamment l'exigence d'indépendance du juge) à l'aune de la lutte contre l'impunité[108]. En somme, le juge interaméricain de protection des droits de l'homme est soucieux de garantir l'indépendance des juges dans sa jurisprudence. Et pour y arriver, il n'hésite pas à s'inspirer de son homologue européen qui a, dans ce domaine, une expérience et une jurisprudence plus vaste et détaillée.

C. Une garantie perfectible de l'indépendance des juges dans la jurisprudence africaine de protection des droits de l'homme

L'indépendance des juges est garantie dans le mécanisme africain de protection des droits de l'homme. Cependant, cette garantie nous semble perfectible car le système africain de protection des droits de l'homme reste un système en construction. En effet, en l'état actuel de la jurisprudence africaine de protection des droits de l'homme, l'essentiel de la garantie s'observe au travers des décisions de la Commission africaine et non pas celles de la Cour africaine. En outre, l'absence du caractère obligatoire des décisions de la Commission africaine des droits de l'homme, combinée à la confidentialité de certaines procédures[109] amènent à qualifier de perfectible la garantie de l'indépendance des juges dans la jurisprudence africaine.

---

[107] Cour IDH *Casa del Tribunal Constitucional c/ Pérou*, 31 janvier 2001, Arrêt sur le fond, Série C. n° 71, § 78. Voy. Également : Cour IDH, *Lori Berenson Mejia c/ Pérou*, 25 novembre 2004, Arrêt sur le fond, Série C. n° 119, § 157 et s.

[108] L. BURGORGUE-LARSEN, A. UBEDA DE TORRES, *Les grandes décisions de la Cour interaméricaine des droits de l'homme*, *op cit.*, p. 684 et s

[109] S.N. TALL, *Droit du contentieux international africain, Jurisprudences et théorie générale des différends africains*, L'Harmattan-Sénégal, 2018, p.298.

Au regard de nos remarques susmentionnées, c'est à travers les affaires de la Commission africaine des droits de l'homme et des peuples que nous illustrerons la garantie de l'indépendance des juges dans le système africain.

La première affaire a lieu en Gambie. Dans l'affaire *Jawara contre Gambie*[110], la communication est introduite par l'ancien chef de l'État de la République de Gambie. Il allègue qu'après son renversement en juillet 1994, il y a eu des « *abus de pouvoir flagrants de la part de la junte militaire* ». Il allègue également que suivant un décret no.3 de juillet 1994, le ministre de l'Intérieur est investi du pouvoir de détenir quiconque, sans inculpation, jusqu'à une période de trois mois renouvelables à l'infini. Les pouvoirs du ministre de l'Intérieur sont donc semblables à ceux d'un tribunal. La communication allègue en outre le mépris de la magistrature et des tribunaux qui est démontré par le refus du pouvoir en place d'exécuter les jugements des tribunaux[111].La Commission africaine des droits de l'homme et des peuples relève que les droits et libertés des personnes tels que garantis dans la Charte, ne peuvent être pleinement réalisés que si les gouvernements mettent en place des structures qui leur permettent de trouver recours chaque fois qu'ils sont violés. En révoquant la compétence des tribunaux à se saisir des cas de violation des droits de l'homme, et ignorant les jugements rendus par ces tribunaux, le gouvernement militaire gambien a démontré que les tribunaux n'étaient pas indépendants. Cela constitue une violation de l'article 26 de la Charte africaine (§ 74).

Une deuxième affaire se situe au Nigeria. Dans l'affaire *Civil Liberties Organisation contre Nigeria*[112], la Commission africaine des droits de l'homme et des peuples relève à nouveau l'intérêt à garantir l'indépendance des juges. Dans cette affaire, il est question du gouvernement militaire fédéral du Nigeria, qui en mars 1995, a annoncé la découverte d'un complot visant à le renverser par la force. À la fin du même mois de mars, plusieurs personnes parmi lesquelles des civils et des militaires encore en activité ou à la retraite ont été arrêtées en rapport avec ledit complot. Un tribunal militaire spécial a été mis sur pied en application du *treasons and treasonable offences (special military*

[110] RADH 2000 98 (CADHP 2000) : Communications 147/95 et 149/96, *Sir Dawda K Jawara c. Gambie* décidée lors de la 27e session ordinaire, mai 2000, 13e Rapport annuel d'activités.
[111] *Ibid.*, § 7.
[112] RADH, 2000, 252 (CADHP 1999) : Communication 151/96, *Civil Liberties Organisation c. Nigeria* décidée lors de la 26e session ordinaire, novembre 1999, 13e Rapport annuel d'activités.

tribunal) decree, qui révoquait du même coup la compétence des tribunaux de l'ordre judiciaire. Ce tribunal militaire était dirigé par le général major Aziza, et composé de cinq officiers d'active. Le tribunal appliquait les règles et la procédure d'une cour martiale. Au regard des faits, la Commission africaine des droits de l'homme et des peuples avait conclu que les tribunaux spéciaux constituaient une violation de la Charte parce que les juges étaient spécialement nommés pour chaque affaire et l'équipe comptait une majorité de militaires ou de responsables du maintien de l'ordre, en plus d'un juge en activité ou à la retraite. La Commission africaine des droits de l'homme et des peuples réitère ici ses décisions antérieures et déclare que le procès de ces personnes devant un tribunal spécial constitue une violation du principe d'indépendance consacré par l'article 26 de la Charte africaine des droits de l'homme et des peuples (§ 21). Dans cette affaire, il faut admettre qu'on peut légitimement craindre le défaut d'indépendance des juges de ces tribunaux spéciaux militaires. En effet, en étant spécialement nommés pour chaque affaire, il ne fait point doute que les juges qui composent ces tribunaux n'exercent pas leurs fonctions en toute liberté.

En somme, ces différentes affaires de la Commission africaine des droits de l'homme et des peuples témoignent d'un minimum de garantie de l'indépendance des juges vis-à-vis des pressions, notamment internes. Cependant, il reste encore du chemin pour que cette garantie devienne suffisante et effective.

Conclusion du chapitre

Dans ce chapitre dédié à l'indépendance du tribunal par rapport aux menaces internes au monde judiciaire, il a été question de constater que les menaces relatives à l'indépendance du tribunal et du juge ne sont pas seulement qu'externes. Ces menaces sont également internes et inhérentes au monde judiciaire lui-même. En effet, le défaut d'indépendance du juge et du tribunal peut être le fait de l'autorité judiciaire elle-même. L'indépendance du juge doit donc exister à l'égard des autres juges. La liberté de décision du juge doit être une réalité et aucun juge ne doit pouvoir porter atteinte à la liberté de décision de son pair.

La consécration et la protection de l'indépendance judiciaire interne sont observables à des degrés divers dans l'ensemble des mécanismes régionaux de protection des droits de l'homme.

CHAPITRE II :

LES MÉCANISMES DE PROTECTION DE L'EXIGENCE D'INDÉPENDANCE

Dans l'ensemble des systèmes régionaux de protection des droits de l'homme, on retrouve un certain nombre de mécanismes juridiques permettant de protéger l'indépendance du tribunal et des juges. Dans ce chapitre, nous ferons l'inventaire de ces mécanismes et nous verrons en quoi ils sont pertinents pour apprécier l'indépendance du tribunal et des juges.

Ces mécanismes juridiques sont d'ordre substantiel (Section 1) et processuel (Section 2). Ils concernent l'indépendance du tribunal et des juges par rapport à tous les types de pressions et d'ingérences.

SECTION I : Les mécanismes substantiels de garantie de l'indépendance du tribunal et des juges

Pour qualifier un tribunal ou un juge d'indépendant, il faut se référer à certains critères substantiels. Ces critères, tirés des instruments régionaux de protection des droits de l'homme, sont : la rémunération, l'autonomie, l'intégrité morale, la compétence et la pratique des opinions dissidentes. Ces critères nous semblent non exhaustifs. Ils peuvent donc évoluer à tout moment et la liste peut être rallongée. Par souci de précision et de clarification, ces critères substantiels peuvent être décomposés en deux dimensions : les critères matériels et les critères éthiques.

Si la rémunération et l'autonomie constituent des critères matériels (paragraphe1), l'intégrité morale, la compétence et la pratique des opinions séparées relèvent de considérations éthiques (paragraphe 2).

PARAGRAPHE 1 : Les critères matériels d'appréciation de l'indépendance du tribunal et des juges

La rémunération et l'autonomie réglementaire et organisationnelle sont deux aspects permettant d'évaluer l'indépendance d'une juridiction et d'un juge, garante de la réalisation d'une bonne justice. En effet, un juge dont la rémunération est suffisante et correcte est à l'abri de la dépendance et de la corruption (A). L'autonomie d'une juridiction s'observe dans son organisation et son fonctionnement (B).

A. La rémunération du juge, un élément d'appréciation de son indépendance

Pour être indépendant, il faut que le juge ait une rémunération qui lui permette de vivre dignement, décemment et correctement. Il y va du bon sens. Tous les instruments régionaux de protection des droits de l'homme prévoient explicitement ou implicitement des dispositions relatives à la rémunération des juges. Ce faisant, ils créent des conditions propices à l'indépendance financière des juges.

En effet, l'article 72 de la **Convention américaine relative aux droits de l'homme** dispose que « *les juges de la Cour et les membres de la Commission reçoivent des émoluments et des frais de voyage en rapport avec l'importance et l'indépendance de leurs fonctions et sous la forme et dans les conditions déterminées par le statut de ces organes. Ces émoluments et frais de voyage seront inscrits au programme-budget de l'Organisation des États Américains, lequel prévoira en outre les dépenses de la Cour et de son greffe. À ces fins, la Cour élaborera un projet de programme-budget et le soumettra à l'approbation de l'Assemblée générale par le truchement du Secrétariat général. Celui-ci ne pourra pas y apporter de modifications* ». Quant au Statut de la Cour interaméricaine des droits de l'homme, son article 17 dispose que « *les traitements du Président et des juges de la Cour interaméricaine des Droits de l'Homme sont fixés en fonction des obligations et des incompatibilités visées aux articles 16 et 18 respectivement, et compte tenu de l'importance et de l'indépendance de la fonction. Les juges ad hoc recevront la rémunération établie par le Règlement selon les disponibilités budgétaires de la Cour. Les juges perçoivent en outre des indemnités journalières de subsistance et des allocations pour frais de voyage, le cas échéant* ». Ces dispositions relatives au traitement des juges sont importantes eu égard à l'impact de la rémunération sur l'indépendance des juges.

La **Convention EDH** se borne dans son article 50 à indiquer que les frais de fonctionnement de la Cour sont à la charge du Conseil de l'Europe sans plus de précision sur la rémunération des juges.

L'article 44 de la **Charte africaine des droits de l'homme et des peuples** dispose que « *les émoluments et allocations des membres de la Commission sont prévus au budget régulier de l'Organisation de l'Unité Africaine* ». Les émoluments et allocations des membres de la Commission contribuent à leur indépendance. Cependant, les faire dépendre du budget régulier d'une organisation de tutelle, de surcroît politique, risque fort de compromettre cet objectif fondamental[1]. Les traitements des commissaires africains sont-ils suffisamment élevés et régulièrement versés pour assurer leur indépendance financière ? On peut en douter, non seulement en raison des difficultés structurelles et financières que connaît la Commission depuis sa création, mais aussi et surtout parce que les fonctions des Commissaires sont loin d'être permanentes[2]. L'article 11 du Protocole portant création de la Cour africaine des droits de l'homme et des peuples indique que « *la Cour se compose de onze juges* ». Cependant, selon l'article 15, § 4 du même Protocole, « *tous les juges, à l'exception du Président, exercent leurs fonctions à temps partiel* ». Un exercice des fonctions à temps plein pour l'ensemble des juges de la Cour africaine des droits de l'homme et des peuples serait une mesure plus favorable à leur indépendance financière. En effet, l'indépendance du juge passe par une rémunération suffisante et une stabilité financière. Alors qu'un juge qui exerce sa fonction à temps partiel est un juge dont la rémunération sera probablement insuffisante et dérisoire. Il est donc souhaitable que cette décision fasse l'objet d'une modification afin de ne pas compromettre l'indépendance des juges. D'ailleurs, le même article 15, § 4 du Protocole précise que « *la Conférence peut modifier cette décision si elle le juge nécessaire* ». Nous pouvons souhaiter vivement qu'elle puisse le juger nécessaire.

L'insuffisance des traitements des magistrats contribue à en limiter la disponibilité et à créer les conditions d'une forme réelle ou soupçonnée

---

[1] C. KEUTCHA TCHAPNGA, commentaire de l'article 44 de la Charte, *in* KAMTO (M), *La charte africaine des droits de l'homme et des peuples et le protocole y relatif portant création de la Cour africaine des droits de l'homme et des peuples. Commentaire article par article, op.cit.*, p.876.

[2] *Id. Ibid.*

de corruptibilité qui porte atteinte à la dignité de leur fonction, à l'honorabilité qu'ils doivent incarner[3].

Corrompre, c'est acheter un pouvoir qui ne devrait pas être monnayable. La corruption, qui est occulte, fausse les règles du jeu, qu'il s'agisse d'activités publiques ou privées. Elle est coûteuse pour tous, puisqu'elle a précisément pour objet de ne pas retenir la solution la plus productive[4]. La corruption est un crime sans victime apparente. Elle se construit dans l'invisibilité. Elle prolifère dans des ramifications indétectables. La preuve est donc malaisée. Son dévoilement demande que des lanceurs d'alerte et des magistrats courageux libèrent par leurs actes l'énergie captive de la vérité[5]. La corruption relève non pas du chapardage, mais plutôt de l'abus de pouvoir ou d'une improbité dans le processus de prise de décision[6].

La corruption atteint tout à la fois la légalité et la garantie judiciaire, réduites à de simples fictions[7]. La corruption du juge due à sa faible rémunération est évoquée dans le rapport de l'Organisation internationale de la francophonie (OIF) de 2010[8]. En effet, dans ce rapport, on relève que « *la faiblesse des moyens matériels, assortie des faibles rémunérations allouées aux magistrats des cours suprêmes, implique la multiplication des phénomènes de corruption, selon différentes modalités, à des niveaux plus ou moins importants selon les États. Les dangers sont d'autant plus nombreux qu'ils sont aussi liés, d'une part, à la puissance économique d'entreprises multinationales ou nationales qui sont enclines, de façon directe ou non, à permettre une corruption passive de juges ; et, d'autre part, à l'action de certains États qui visent non seulement à renforcer leur assise économique dans le pays mais aussi, progressivement, à interférer dans le travail des juges* »[9]. À travers deux exemples significatifs, car mettant en lumière les difficultés que la faible rémunération des juges peut causer, nous illustrerons nos propos.

---

[3] C. GRELLOIS, « le juge, quelle indépendance ? », *in* NGOC DIEN (N.), *Rendre la justice au XXIe siècle. Approches francophones, op.cit.*

[4] P. de VILLIERS, *Les mesures d'urgence visant à rétablir l'indépendance de la justice dans les cas de corruption politique*, Livre blanc sur la Justice, 1991.

[5] D. SALAS, *Op. cit*, p. 145.

[6] Groupe multidisciplinaire sur la corruption (GMC), *Programme d'action contre la corruption* adopté par le Comité des ministres, Édition du Conseil de l'Europe, 1997.

[7] M. DELMAS-MARTY, S. MANACORDA, « La corruption : un défi pour l'État de droit et la société démocratique », RSC 1997 p. 696.

[8] Rapport 2010 sur l'état des pratiques de la démocratie, des droits et des libertés dans l'espace francophone

[9] https://www.francophonie.org/IMG/pdf/rapport_DDHDP_2010.pdf; consulté le 10/04/2018.

Au Rwanda[10]**,** le Président de la Commission nationale de la réforme constate que le niveau de rémunération très bas de la magistrature est, en partie, à l'origine de la grande corruption qui gangrène l'appareil judiciaire à tous les niveaux[11].

Au Bénin, des scandales de corruption dans le corps de la magistrature ont été révélés[12].Vingt-huit magistrats béninois avaient été poursuivis et mis sous mandat de dépôt dans une procédure de faux et usage de faux en écritures publiques et de détournement de deniers publics issus des frais de justice criminelle, en complicité avec quinze comptables publics receveurs des finances et receveurs percepteurs. Renvoyés devant la Cour d'assises, la plupart ont été condamnés. Parallèlement aux poursuites pénales, les intéressés sont passés en Conseil de discipline pour avoir établi de faux mémoires et perçu des taxes aux guichets du Trésor public au titre des frais de justice criminelle[13]. En outre, au Bénin, l'indépendance du juge est éprouvée par la tutelle financière. La tutelle financière est matérialisée par l'article 9 de la loi organique n° 94-027 sur le Conseil Supérieur de la Magistrature « *le financement du Conseil Supérieur de la Magistrature est assuré sur un budget voté par le Parlement au titre du budget du Président de la République* »[14].

En somme, la rémunération joue un rôle central dans l'affirmation de l'indépendance du juge. Loin de nous l'idée que la corruption soit exclusivement réservée au continent africain comme nous le verrons dans la suite de notre travail[15]. Il est donc indispensable que la rémunération du juge soit suffisante. À défaut, c'est prendre le risque d'exposer le juge à des situations de corruption qui ne peuvent que mettre à mal son indépendance.

---

[10] Pays d'Afrique de l'Est au passé douloureux eu égard au génocide qu'il a connu. Le génocide au Rwanda est l'un des tristes faits marquants du XXe siècle.

[11] Le président de la Commission nationale de la réforme a tenu ces propos devant les juristes assistant les Juges du Tribunal pénal international pour le Rwanda, lors d'un séminaire qui s'est déroulé sur quatre jours à Kigali (Rwanda), en juin 2003.

[12]B. GBAGO, « Le regard des auxiliaires de la justice sur le juge béninois », *in* B. DURAND, P-H. ANTONMATTEI, Y. MAUSEN et P. VIELFAURE (dir.), *Juger et Préjugés*, Actes du colloque international des 2 et 3 octobre 2014, Faculté de droit et de science politique de Montpellier, p. 205.

[13] Arrêt de condamnation n° 15/2004 du 4 juin 2004, Cour d'assises du Bénin séant à Cotonou, rapporté par Baï Irène Aimée Koovi dans Les Mécanismes de garantie de l'indépendance judiciaire au Bénin et les enjeux de réforme, p. 18.

[14] B. GBAGO, *Op. cit*, p. 203

[15] Cf. pp. 168-169.

B. Le critère lié à l'autonomie réglementaire et organisationnelle du tribunal

Pour qualifier une juridiction d'indépendante, il faut s'assurer de son autonomie d'un point de vue réglementaire (1), mais également de son autonomie dans l'élection de ses présidents (2) et dans l'établissement de son calendrier de travail (3).

1. L'autonomie réglementaire

L'autonomie réglementaire d'une juridiction signifie que seule la juridiction peut amender ou modifier son règlement intérieur. Ainsi, l'article 111, paragraphe 1 du règlement de la Cour européenne des droits de l'homme du 14 novembre 2016 dispose que « *toute modification aux dispositions du présent règlement peut être adoptée par la majorité des juges de la Cour, réunis en session plénière, sur proposition soumise préalablement. La proposition de modification, formulée par écrit, doit parvenir au greffier au moins un mois avant la session où elle sera examinée. Lorsqu'il reçoit une telle proposition, le greffier en donne le plus tôt possible connaissance à tous les membres de la Cour* ».

Le règlement de la Cour africaine des droits de l'homme et des peuples de 2010 dispose dans son article 74, paragraphe 1 que « *le présent Règlement ne peut être amendé que par la Cour* ».

En ce qui concerne le règlement intérieur de la Cour interaméricaine des droits de l'homme entré en vigueur le 1er janvier 2010, il dispose de prime abord dans son article 1, paragraphe 2 que « *la Cour peut adopter tout autre Règlement qui s'avère nécessaire à l'exercice de ses fonctions* ». Dans son article 77, il dispose par la suite que *« le présent Règlement peut être modifié à la majorité absolue des Juges titulaires de la Cour. Il abroge, à partir de son entrée en vigueur, les normes réglementaires antérieures* ».

Partant des dispositions précitées, il ressort d'un point de vue textuel que dans l'ensemble des systèmes régionaux de protection des droits de l'homme, seules les juridictions peuvent adopter et amender leurs règlements intérieurs. En clair, l'autonomie réglementaire des juridictions est recherchée dans la totalité des systèmes régionaux de protection des droits de l'homme. Outre l'autonomie réglementaire, une autonomie dans l'élection des présidents de juridiction est aussi nécessaire pour l'indépendance d'une juridiction.

2. L'autonomie dans l'élection des présidents de juridiction

Une juridiction indépendante, est celle qui est autonome dans la désignation de ses présidents.

La **Convention européenne des droits de l'homme**, dans son article 25, paragraphe a), dispose que « *la Cour réunie en Assemblée plénière élit, pour une durée de trois ans, son président et un ou deux vice-présidents ; ils sont rééligibles* ». Cet article 25, paragraphe a) de la Convention européenne des droits de l'homme est corroboré par l'article 8, les paragraphes 1 et 2 du règlement intérieur[16] de la Cour européenne des droits de l'homme.

Dans le **système interaméricain de protection des droits de l'homme**, l'article 3, §1 du règlement intérieur de la Cour interaméricaine des droits de l'homme dispose que « *la Présidence et la Vice-présidence sont élues par la Cour pour une période de deux ans. Elles sont rééligibles. Leur mandat commence le premier jour de l'année correspondante. L'élection a lieu pendant la dernière session ordinaire de l'année précédente* ».

Quant au **système africain de protection des droits de l'homme**, l'article 21, §1 du Protocole relatif à la Charte africaine portant sur la création d'une Cour africaine des droits de l'homme et des peuples dispose que « *la Cour élit son Président et son Vice-Président pour une période de deux ans renouvelable une seule fois* ». Cette disposition est complétée et précisée par les articles 9 et 10 du règlement intérieur de la Cour africaine des droits de l'homme et des peuples de 2010.

Ce tour d'horizon des trois mécanismes régionaux de protection des droits de l'homme impose un constat. Les présidents ainsi que les vice-présidents sont élus par les Cours elles-mêmes et non pas par un organe extérieur ou une tierce autorité. Il s'agit donc là de la preuve que l'indépendance de la juridiction est conditionnée par la consécration son autonomie dans l'élection ou la désignation de ses présidents.

3. L'autonomie dans l'établissement du calendrier de travail

L'indépendance d'une juridiction passe également par l'autonomie de celle-ci dans l'établissement de son calendrier de travail. Le moyen par

[16] « *La Cour plénière élit son président et ses deux vice-présidents pour une période de trois ans et les présidents de section pour une période de deux ans, sans que ces périodes puissent excéder la durée du mandat de juge des intéressés. Chaque section élit de même un vice-président pour une période de deux ans, sans que celle-ci puisse excéder la durée du mandat de juge des intéressés* ».

lequel il peut être vérifié l'autonomie d'une juridiction dans l'établissement de son calendrier de travail, ce sont ses sessions de travail. Une juridiction qui fixe elle-même ses dates de sessions est indépendante. *A contrario*, celles dont les dates de sessions sont fixées par un organe extérieur ne sont pas indépendantes. L'article 14, les paragraphes 1 et 2 du règlement intérieur de la Cour africaine des droits de l'homme et des peuples de 2010 dispose que « *la Cour tient quatre sessions ordinaires par année d'une durée d'environ quinze jours, chacune. Les sessions de la Cour sont convoquées aux dates fixées par cette dernière lors de sa session précédente. Dans des circonstances exceptionnelles, le Président peut modifier les dates d'une session en consultation avec les autres membres de la Cour* ». L'article 15, § 1 du même règlement intérieur dispose que « *le Président peut également convoquer des sessions extraordinaires, à sa propre initiative ou à la demande de la majorité des membres de la Cour* ».

Dans le système européen de protection des droits de l'homme, l'article 20, § 1 du règlement de la Cour européenne des droits de l'homme de 2016 dispose que « *sur convocation de son président, la Cour se réunit en session plénière chaque fois que l'exige l'exercice des fonctions lui incombant en vertu de la Convention et du présent règlement. Le président procède à pareille convocation si un tiers au moins des membres le demandent, et en tout cas une fois l'an pour l'examen de questions administratives* ». L'article 21, §1 du même règlement rajoute que « *la Grande Chambre, les chambres et les comités siègent de façon permanente. Toutefois, sur proposition de son président, la Cour arrête chaque année les périodes de session* ».

Dans le système interaméricain de protection des droits de l'homme, l'article 11 du règlement intérieur de la Cour interaméricaine des droits de l'homme dispose que « *la Cour tient les sessions ordinaires qui se révèlent nécessaires au plein exercice de ses fonctions, et ce, aux dates fixées lors de sa session ordinaire précédente. En cas de circonstances exceptionnelles, la Présidence peut, en consultation avec les autres Juges de la Cour, en modifier les dates de ces sessions* ». L'article 12 du même règlement rajoute que « *la Présidence convoque les sessions extraordinaires de sa propre initiative ou sur requête de la majorité des Juges* ».

À partir des dispositions tirées des différents instruments régionaux de protection des droits de l'homme, on peut en conclure le président joue un rôle central dans l'établissement et le déroulement des sessions en tant que garant du principe d'indépendance.

PARAGRAPHE 2 : Les critères éthiques d'appréciation de l'exigence d'indépendance

L'appréciation de l'exigence d'indépendance au regard des critères éthiques repose d'une part sur l'intégrité morale d'un juge et la compétence de la juridiction (A) et d'autre part sur la pratique des opinions séparées (B).

A. Le critère lié à la compétence de la juridiction et à l'intégrité du juge

Si la compétence est un élément important pour attester de l'indépendance d'une juridiction (1), l'intégrité joue également un rôle non négligeable (2).

1. La compétence d'une juridiction, un critère d'appréciation de son indépendance

Toute juridiction doit être garante de sa propre compétence. C'est à elle que revient l'évaluation des 3 critères *Ratione loci, Ratione temporis et Ratione materiae*. Ainsi, une juridiction qui ne tranche pas elle-même la question de savoir si elle est oui ou non compétente à connaître d'une affaire n'est pas indépendante.

Cette exigence est prévue dans l'ensemble des mécanismes régionaux de protection des droits de l'homme qui prévoient les dispositions dédiées à la compétence de la Cour.

Dans le système européen de protection des droits de l'homme, l'article 32, §2 de la **Convention européenne des droits de l'homme** dispose que « e*n cas de contestation sur le point de savoir si la Cour est compétente, la Cour décide* ». Suivant cet article, la Cour, en tant que juridiction indépendante, est seule à décider de sa compétence à connaître ou non d'une affaire. Elle est juge de sa propre compétence. Par conséquent, aucun organe, aucune institution, aucune autre personne ne peut décider de la compétence de la Cour à sa place.

Le protocole relatif à la Charte africaine portant sur la création d'une Cour africaine reprend intégralement et identiquement dans son article 3, §2 la disposition précitée de la Convention européenne des droits de l'homme. En effet, l'article 3, §2 du protocole relatif à la Charte africaine portant sur la création d'une Cour africaine des droits de l'homme et des peuples dispose que « *en cas de contestation sur le point de savoir si la Cour est compétente, la Cour décide* ». Il s'agit bel et bien d'un emprunt normatif. Cet emprunt normatif est la preuve de la forte influence du mécanisme européen de protection des droits de l'homme sur le mécanisme africain. Ainsi, tout comme la Cour européenne des droits de l'homme, la Cour africaine des droits de l'homme et des peuples est juge de sa propre compétence.

Concernant le mécanisme interaméricain de protection des droits de l'homme, il faut relever que, même si la **Convention américaine relative aux droits de l'homme** consacre des articles à la compétence de la Cour[17], elle est plutôt silencieuse quant à la question de savoir si la Cour est juge ou non de sa propre compétence. On ne retrouve aucune disposition comme celles précitées des systèmes européen et africain de protection des droits de l'homme. Ceci s'explique par le fait que dans le système interaméricain, les affaires portées devant la Cour ont été d'abord examinées par la Commission [18]. En effet, les plaintes éventuellement portées devant la Cour interaméricaine concernent donc des affaires pour lesquelles la Commission n'a pu trouver une solution à l'amiable et pour lesquelles les États concernés ont accepté la

[17] Les articles 61,62 et 63 de la Convention américaine relative aux droits de l'homme. Article 61 : « *1. Seuls les États parties à la présente Convention et la Commission ont qualité pour saisir la Cour. 2. La Cour ne connaît d'une espèce quelconque qu'après l'épuisement de la procédure prévue aux articles 48 à 50* « ; Article 62 : « *1. Tout État partie peut, au moment du dépôt de son instrument de ratification ou d'adhésion à la présente Convention, ou à tout autre moment ultérieur, déclarer qu'il reconnaît comme obligatoire, de plein droit et sans convention spéciale, la compétence de la Cour pour connaître de toutes les espèces relatives à l'interprétation ou à l'application de la Convention. 2. La déclaration peut être faite inconditionnellement, ou sous condition de réciprocité, ou pour une durée déterminée ou à l'occasion d'espèces données. Elle devra être présentée au Secrétaire général de l'Organisation, lequel en donnera copie aux autres États membres de l'Organisation et au Greffier de la Cour. 3. La Cour est habilitée à connaître de toute espèce relative à l'interprétation et à l'application des dispositions de la présente Convention, pourvu que les États en cause aient reconnu ou reconnaissent sa compétence, soit par une déclaration spéciale, comme indiqué aux paragraphes précédents, soit par une convention spéciale.* « ; Article 63 : « *1. Lorsqu'elle reconnaît qu'un droit ou une liberté protégée par la présente Convention ont été violés, la Cour ordonnera que soit garantie à la partie lésée la jouissance du droit ou de la liberté enfreints. Elle ordonnera également, le cas échéant, la réparation des conséquences de la mesure ou de la situation à laquelle a donné lieu la violation de ces droits et le paiement d'une juste indemnité à la partie lésée. 2. Dans les cas d'extrême gravité requérant la plus grande célérité dans l'action, et lorsqu'il s'avère nécessaire d'éviter des dommages irréparables à des personnes, la Cour pourra, à l'occasion d'une espèce dont elle est saisie, ordonner les mesures provisoires qu'elle juge pertinentes. S'il s'agit d'une affaire dont elle n'a pas encore été saisie, elle pourra prendre de telles mesures sur requête de la Commission* ».

[18] https://dictionnaire-droit-humanitaire.org/content/article/2/cour-et-commission-interamericai nes-des- droits-de-lhomme/ consulté le 28/01/2020.

compétence de cette Cour[19]. Conformément à l'article 61.2 de la Convention IDH, le filtrage de la Commission est même une condition de recevabilité devant la Cour[20].

En somme, suivant le critère lié à la compétence, une juridiction est indépendante lorsqu'elle tranche elle-même toute contestation relative à sa compétence.

2. Le critère relatif à l'intégrité du juge

L'indépendance d'un juge s'observe par son intégrité. L'intégrité désigne la régularité du jugement, en quelque sorte sa fiabilité, voire sa prévisibilité[21]. C'est pourquoi l'intégrité renvoie aux qualités telles que la droiture, la probité, la rigueur[22]. Considérer le rôle du juge du point de vue de l'intégrité reviendrait même à affirmer que sa tâche doit être invariable et, d'une certaine manière, ne dépendre ni de la bonté ni de sa volonté, ni de sa conscience[23].

Le procès est un univers de fiction et de pressions, de manipulations légitimes : le juge doit à la fois savoir y résister et savoir y succomber : voilà toute la difficulté[24]. L'intégrité commande au juge de ne pas se laisser séduire par les effets de manche, mais elle demande de se laisser convaincre[25]. Elle invite le juge à appliquer les textes sans se laisser corrompre. Son jugement ne peut être corrompu ni de l'intérieur (influencé par exemple par ses préférences personnelles), ni de l'extérieur (c'est-à-dire orienté par des préjugés dominants ou les rapports de force qui pèsent sur lui)[26]. L'intégrité invite également le juge à de la cohérence dans l'exercice de sa fonction.

Un juge intègre est un juge qui suscite de la confiance auprès du justiciable. Ceci explique la raison pour laquelle dans chaque instrument régional de protection des droits de l'homme, on retrouve des dispositions exigeant du juge une autorité, une considération ou encore une intégrité morale.

En effet, l'article 21, § 1 de la Convention européenne des droits de l'homme dispose que « *les juges doivent jouir de la plus haute*

[19] *Id. Ibid* ; Voir aussi les articles 48 à 51, 61,1 et 62,1 de la Convention IDH.

[20] Article 61.2 : « *La Cour ne connaît d'une espèce quelconque qu'après l'épuisement de la procédure prévue aux articles 48 à 50* ».

[21] A. GARAPON, J. ALLARD et F. GROS, *Les vertus du juge*, Dalloz, 2008, p.110

[22] *Id. Ibid*

[23] *Id. Ibid*

[24] A. GARAPON, J. ALLARD et F. GROS, *Op. cit*, p.7.

[25] *Id. Ibid*

[26] A. GARAPON, J. ALLARD et F. GROS, *Op. cit*, p. 110.

considération morale et réunir les conditions requises pour l'exercice de hautes fonctions judiciaires ou être des jurisconsultes possédant une compétence notoire ».

L'article 52, § 1 de la Convention américaine relative aux droits de l'homme dispose que « *la Cour se compose de sept juges, ressortissants des États membres de l'Organisation, élus à titre personnel parmi des juristes jouissant d'une très haute autorité morale, d'une compétence reconnue en matière de droits de l'homme, et réunissant les conditions requises pour l'exercice des plus hautes fonctions judiciaires au regard des législations des pays dont ils sont, respectivement, les ressortissants ou de ceux qui les proposent comme candidats* ».

Suivant l'article 11, § 1 du Protocole relatif à la Charte africaine portant sur la création d'une Cour africaine des droits de l'homme et des peuples, les juges de la Cour africaine des droits de l'homme et des peuples sont « *élus à titre personnel parmi des juristes jouissant d'une très haute autorité morale, d'une compétence et expérience juridique, judiciaire ou académique reconnue dans le domaine des Droits de l'homme et des peuples* ». L'article 31, § 2 de la Charte africaine des droits de l'homme et des peuples dispose que *« les membres de la Commission siègent à titre personnel* ».

En somme, le juge indépendant, c'est celui qui offre des gages d'intégrité. Aucune affaire n'a pu être repérée au cours de nos recherches pouvant illustrer des défaillances des juges au regard des critères éthiques.

B. La pratique des opinions séparées comme expression de l'indépendance des juges

Une décision juridictionnelle est le fruit d'un travail collégial. Elle matérialise cependant la position des juges constituant la majorité. Les juges appartenant à la minorité peuvent, en droit international des droits de l'homme et dans certains droits nationaux (Grande-Bretagne, Allemagne, etc.), émettre une opinion séparée (individuelle ou collective). Cette possibilité pour les juges d'émettre une opinion séparée est une expression de leur indépendance.

Une opinion séparée se définit comme l'exposé officiel et par écrit de l'avis personnel d'un juge à l'égard d'une décision au délibéré de laquelle il a participé, soit pour l'approuver mais pour d'autres motifs (opinion concordante), soit pour désapprouver ladite décision ainsi que la motivation qui la sous-tend (opinion dissidente)[27]. L'opinion séparée est de nature non pas à relativiser l'aptitude de la décision de la Cour à trancher le différend concret qui lui est soumis, mais à relativiser la portée jurisprudentielle de cette décision au point de l'empêcher d'acquérir valeur de précédent[28]. L'opinion séparée permet une remise en cause de la motivation de la décision de la Cour, dont la faiblesse, l'absence de pertinence ou l'inexactitude peuvent être dénoncées[29]. L'institution des opinions séparées permet à chaque juge de s'exprimer sur les diverses questions abordées par la Cour dans l'affaire, ainsi que ses choix. À travers cette institution, il y a une garantie essentielle de la liberté d'expression et de la bonne administration de la justice[30].

La pratique des opinions séparées divise cependant la doctrine. On relève d'une part les détracteurs de cette pratique et d'autre part les partisans. Les détracteurs des opinions séparées voient en elles un facteur d'affaiblissement de l'autorité des décisions de justice et une cause d'insécurité juridique[31]. Ils craignent également que la pratique des opinions séparées porte atteinte au prestige et à la crédibilité de la Cour. Pour eux, tout ce qui pourrait amoindrir la confiance que doivent avoir les justiciables dans la Cour doit être évité. Albert de La Pradelle, adversaire de toujours des opinions séparées, affirme qu'« *il ne faut pas que les considérants de la minorité puissent mettre en mauvaise posture ceux de la majorité* »[32].

En revanche, les partisans des opinions séparées prêtent à ces dernières un certain nombre de vertus. Les opinions séparées auraient une fonction doctrinale. Leur existence contribuerait à renforcer le sens de la responsabilité personnelle du juge, son appartenance à la majorité ou à la minorité apparaissant clairement ainsi que les raisons de cette appartenance. Leur présence obligerait la majorité du tribunal à apporter un soin plus grand à la rédaction de la motivation, rendant ainsi cette dernière plus complète et plus cohérente[33]. Angelo Pietro Sereni souligne que l'opinion séparée permet d'« *empêcher qu'une sentence manifestement inexacte n'acquière une autorité qui ne lui appartient*

---

[27] F. RIVIÈRE, *Les opinions séparées des juges à la Cour européenne des droits de l'homme*, Bruxelles : Bruylant, 2004, p. 5.
[28] M. MANOUVEL, *Les opinions séparées à la Cour internationale, Un instrument de contrôle du droit international prétorien par les États*, L'Harmattan, 2005, p. 17.
[29] F. RIVIÈRE, *Op. cit*, p. 420 et s.
[30] B.M. METOU, *Le rôle du juge dans le contentieux international*, Éd. Bruylant, 2012, p.554.
[31] M. MANOUVEL, *Op. cit*, p. 17.
[32] A. DE LA PRADELLE, « La Conférence de la Paix », *R.G.D.I.P.*, 1899, p. 823.
[33] M. MANOUVEL, *Op. cit*, p. 17.

pas »[34]. En ce qui nous concerne, nous épousons les arguments des partisans des opinions séparées et considérons la pratique de ses opinions comme un gage d'indépendance des juges. Chaque juge minoritaire dans une décision devrait pouvoir exprimer son opinion. C'est un signe de liberté. Chaque opinion séparée est une expression de la conviction profonde du juge et s'adresse autant à ses confrères, aux parties qu'à l'opinion publique.

Dans l'ensemble des systèmes régionaux de protection des droits de l'homme, on relève une véritable adhésion en faveur des opinions séparées. Des dispositions relatives aux opinions séparées des juges sont prévues. En effet, l'article 45, § 2 de la **Convention européenne des droits de l'homme** dispose que si un arrêt ou une décision *« n'exprime pas en tout ou en partie l'opinion unanime des juges, tout juge a le droit d'y joindre l'exposé de son opinion séparée »*. L'article 74, § 2 du Règlement de la Cour européenne des droits de l'homme dispose que « *tout juge qui a pris part à l'examen de l'affaire par une chambre ou par la Grande Chambre a le droit de joindre à l'arrêt soit l'exposé de son opinion séparée, concordante ou dissidente, soit une simple déclaration de dissentiment* ».

L'article 66, § 2 de la **Convention américaine relative aux droits de l'homme** dispose que « *si l'arrêt n'exprime pas en tout ou en partie l'opinion unanime des juges, chacun de ceux-ci aura le droit d'y joindre son opinion dissidente ou son opinion individuelle* ». L'article 65, § 2 du Règlement de la Cour interaméricaine des droits de l'homme dispose que « *tout Juge qui a participé à l'examen d'une affaire a le droit de joindre à l'arrêt son opinion séparée, concordante ou dissidente, qui doit être motivée. Ces opinions doivent être présentées dans le délai fixé par la Présidence, afin que les Juges puissent en prendre connaissance avant la notification de l'arrêt. Elles ne peuvent porter que sur les éléments traités dans les arrêts* ».

Selon l'article 28, § 7 du **Protocole relatif à la Charte africaine portant sur la création d'une Cour africaine des droits de l'homme et des peuples**, « *si l'arrêt de la Cour n'exprime pas, en tout ou en partie, l'opinion unanime des juges, tout juge a le droit d'y joindre une opinion individuelle ou dissidente* ». S'inscrivant dans la même dynamique que l'article précité, l'article 60, § 5 du Règlement intérieur de la Cour africaine des droits de l'homme et des peuples de 2010

[34] A. P. SERENI, « Les opinions individuelles et dissidentes des juges des tribunaux internationaux », *R.G.D.I.P.*, 1964, p. 855.

dispose que « *tout membre de la Cour ayant siégé dans l'affaire peut joindre à l'arrêt de la Cour une opinion individuelle ou dissidente* ».

La pratique des opinions séparées est un droit reconnu aux juges des juridictions régionales de protection des droits de l'homme. Droit qu'ils exercent assez régulièrement. En ayant la possibilité d'émettre une opinion séparée, c'est la liberté de décision des juges qui est consacrée. La jurisprudence de la Cour interaméricaine fournit de nombreux exemples de décisions dans lesquelles figurent des opinions dissidentes. C'est une coutume un peu moins développée à la Cour EDH et la Cour africaine. Au cours de notre travail, nous avons eu l'occasion d'étudier les opinions séparées de certains juges à l'occasion d'affaires sensibles[35].

SECTION II : Les mécanismes processuels de garantie de l'exigence d'indépendance

Des critères statutaires permettent d'apprécier l'indépendance du tribunal et des juges (paragraphe 1). L'irresponsabilité juridique des juges, la dialectique entre la collégialité et le système à juge unique sont aussi des éléments à prendre en compte pour évaluer l'effectivité de la protection mise en œuvre reliés au principe d'indépendance (paragraphe 2).

PARAGRAPHE 1 : Les critères statutaires de protection de l'indépendance

Au sein des critères statutaires permettant d'apprécier l'indépendance du juge et du tribunal, on étudiera le mode de désignation des juges et le principe d'inamovibilité (A). Les privilèges et immunités et la subordination du greffe constituent également des critères déterminants de l'indépendance (B).

A. Le mode de désignation des juges et l'inamovibilité

Le mode de désignation des juges doit être transparent (1). Ensuite, pour éviter des révocations arbitraires, l'inamovibilité doit être reconnue aux juges (2).

---

[35] Cf. pp. 57, 135, 229, 282, 297.

1. La transparence dans le mode de désignation des juges, une nécessité pour la garantie de leur indépendance

Les juges peuvent être élus[36] ou nommés sans que cela porte, en soi, atteinte à l'indépendance du juge[37], du moment que cette nomination n'a rien de discrétionnaire et qu'il existe des critères de sélection[38]. Les critères de sélection doivent être la compétence et l'intégrité des juges.

Choisir les magistrats, se les attacher [39]afin de pouvoir les influencer peut être une tentation. Face au risque d'une telle situation, il est important que le mode de désignation des juges soit suffisamment transparent. La transparence dans la procédure de nomination des juges est un gage d'indépendance.

En Europe, la procédure de nomination des juges est plutôt transparente. Cette exigence est exprimée à de multiples reprises par la Cour européenne des droits de l'homme qui relève que le mode de désignation des juges fait partie des critères d'appréciation de l'indépendance [40]. Elle précise que l'indépendance est sauvegardée dès lors que les juges sont désignés pour siéger à titre individuel et qu'ils ne peuvent pas recevoir d'instructions des pouvoirs publics[41].

En Afrique ou en Amérique latine, la transparence dans la procédure de nomination des juges, bien que prévue par les textes, reste discutable dans la pratique. En effet dans certains pays d'Afrique et d'Amérique latine, la démocratie, l'État de droit et la séparation des pouvoirs ne sont

---

[36] Voir s'agissant des instances disciplinaires professionnelles, CEDH, 23 juin 1981, *Le Compte, Van Leuven, De Meyere c/ Belgique (Le Compte I)*, A. 43, §26 et § 57 ; GACEDH, n°17 ; V. Berger, *op. cit.*, n° 58 ; CEDH, 30 nov. 1987, *H. c/ Belgique*, A.127-B, § 51 ; V. Berger, *op. cit.*, n° 74. S'agissant de l'élection des juges par les membres du parlement, voir décision sur la recevabilité de la requête CEDH, 26 août 2003, *Filippini c/ Saint-Marin*, req. n° 10526/02 : l'élection des juges par le parlement ne saurait entacher l'indépendance des juges s'il ressort clairement de leur statut que, une fois désignés, ils ne reçoivent ni pressions, ni instructions de la part du Parlement et exercent leurs fonctions en toute indépendance.

[37] CEDH, *Campbell et Fell, op. cit.*, § 79 (nomination des membres des Comités des visiteurs de prison par le ministre de l'Intérieur) ; CEDH, 22 oct. 1984, *Sramek c/ Autriche*, A.84, § 38 (nomination des membres de l'Autorité régionale des transactions immobilières par le gouvernement du Land) ; V. Berger, op. cit., n° 60 ; CEDH, 8 juillet 1986, *Lithgow et autres c/ R. Uni*, A.102, § 202 (nomination de deux membres du tribunal arbitral par le ministre de l'Industrie) ; V. Berger, op. cit., n° 213.

[38] CEDH, *Lithgow, op. cit.*, § 202 ; CEDH, 26 fév. 2002, *Morris c/ R. Uni*, *Rec.* 2002-I, § 71.

[39] P. TRUCHE, *Juger, être jugé. Le magistrat face aux autres et à lui-même*, Fayard, 2001, p. 26.

[40] CEDH, 23 juin 1981, *Le Compte, Van Leuven et De Meyere c/ Belgique*, n° 6878/75, § 55 et s.

[41] CEDH, 22 oc.1984, *Sramek c/ Autriche*, préc., § 38.

pas encore des acquis. On peut donc soupçonner légitimement un défaut de transparence dans la procédure de nomination des juges.

Pour que l'indépendance des juges soit effective, il est nécessaire que la procédure de nomination dans les instances juridictionnelles soit transparente et sujette à révision. La création d'une instance indépendante prévue à cette fin est recommandée. Il peut s'agir d'une instance du type conseil supérieur de la magistrature ou de la justice comme c'est le cas dans bon nombre de pays. L'unique critère de nomination à des fonctions judiciaires doit être l'adéquation du profil du candidat avec les exigences du poste en termes d'intégrité, de formation ou d'instruction appropriée et de compétence[42]. Aucun individu ne doit être nommé à des fonctions judiciaires s'il ne justifie pas d'une formation et de qualifications juridiques suffisantes lui permettant de remplir convenablement ses fonctions[43].

Pour assurer une transparence dans la nomination des juges, relevons que le recrutement doit se faire par voie de concours, sans exclure un recrutement complémentaire sur titre, dès lors que les critères de sélection sont ceux d'un niveau de compétence juridique et de valeurs morales élevées, complété d'un temps de formation professionnelle spécifique de type école de la magistrature[44].

Le risque d'une absence de transparence dans la procédure de nomination des juges ne concerne pas que les juges nationaux. Il concerne également les juges internationaux. En effet, la crainte d'un défaut d'indépendance des juges internationaux est réelle, mais atténuée par le fait que les instruments internationaux ou régionaux de protection des droits de l'homme précisent que les juges internationaux siègent à titre personnel.

2. L'inamovibilité du juge, une garantie contre les mesures arbitraires

Parmi les garanties de l'indépendance du juge, l'inamovibilité occupe une place de choix. Comme l'écrivait le commissaire du gouvernement, aujourd'hui devenu rapporteur public, Raymond Odent, dans ses conclusions sur l'arrêt du Conseil d'État français « *Véron-Réville* », du 27 mai 1949, l'inamovibilité des juges « *a été rétablie et*

---

[42] http://www.achpr.org/fr/instruments/principles-guidelines-right-fair-trial/; consulté le 26/04/2018.

[43] *Id. Ibid.*

[44] C. GRELLOIS, « le juge, quelle indépendance ? », *in* NGOC DIEN (N.), *Rendre la justice au XXIe siècle. Approches francophones, op.cit.*, p.60.

constitutionnellement affirmée... pour leur permettre de conserver une indépendance dont dépend en grande partie la qualité de la justice qu'ils rendent ». En effet, un magistrat perdrait de la sérénité nécessaire à l'exercice de ses fonctions, s'il devait continuellement redouter une éviction arbitraire[45]. Sous la Monarchie de Juillet, le Procureur général Dupin avait parfaitement résumé la situation devant la Chambre des députés : « *Un juge qui craint pour sa place ne rend plus la justice »*[46].

L'inamovibilité, concerne la situation juridique de celui qui, investi d'une fonction publique, ne peut être révoqué, suspendu, déplacé (même en avancement) ou mis à la retraite prématurément sauf pour faute disciplinaire ou raison de santé et, en pareils cas, dans les conditions et les formes prévues par la loi[47]. L'inamovibilité du juge peut se résumer dans les termes suivants : « *pendant la durée préétablie de ses fonctions, le magistrat peut uniquement être désinvesti dans les cas et dans les conditions prévus par son statut ; le magistrat est titulaire de sa fonction du siège ; le magistrat ne peut être sanctionné par l'autorité de nomination, et la compétence disciplinaire est transférée à un organe juridictionnel ; le magistrat ne peut faire l'objet d'une affectation nouvelle sans son consentement* »[48].

Selon la jurisprudence européenne, « *on doit assurément considérer l'inamovibilité des juges en cours de mandat comme un corollaire de leur indépendance* « ; toutefois, « *l'absence de consécration expresse en droit de cette inamovibilité n'implique pas en soi un défaut d'indépendance du moment qu'il y a reconnaissance de fait* »[49].

Dans les *Directives et principes sur le droit à un procès équitable et à l'assistance judiciaire en Afrique*[50], la Commission africaine des droits de l'homme et des peuples rappelle que « *les magistrats ou les membres des instances juridictionnelles sont inamovibles tant qu'ils n'ont pas atteint l'âge obligatoire de la retraite ou la fin de leur mandat (...)* ». Il s'agit bien là d'une mesure tendant à protéger les magistrats contre toute mesure arbitraire de suspension, rétrogradation, déplacement même en

[45] O. PLUEN, *L'inamovibilité des magistrats : un modèle ?*, « Collection des thèses », n° 66, L.G.D.J, 2012, p. 18

[46] Dupin, Séance du 26 novembre 1830, Chambre des députés. Cité par Marcel Rousselet, *Histoire de la magistrature française des origines à nos jours*, t. 2, Plon, Paris, p. 174.

[47] G. CORNU, *vocabulaire juridique*, 10e édition mise à jour, PUF.

[48] O. PLUEN, *Op. cit*, p.15.

[49] CEDH, 28 juin 1984, *Campbell et Fell, op. cit.*, § 80 ; CEDH, 26 fév. 2002, *Morris, op. cit.*, § 68 ; CEDH, 16 déc. 2003, Cooper, *op. cit.*, § 118.

[50] *Recueil de documents clés de l'union Africaine relatifs aux droits de l'homme*, Pretoria Université Law Press (PULP), 2013, p. 412 et s.

avancement, révocation. L'inamovibilité est instituée pour la garantie des plaideurs, en assurant l'indépendance de la magistrature [51]. L'article 19 § 1, du Protocole relatif à la Charte Africaine portant sur la création d'une Cour africaine des droits de l'homme et des peuples du 9 juin 1998, dispose que « *un juge ne peut être suspendu ou relevé de ses fonctions que si, de l'avis unanime des autres juges à la Cour, il a cessé de répondre aux conditions requises* ». L'article 7 § 1 du règlement intérieur de la Cour africaine des droits de l'homme et des peuples de 2010 [52] dispose que « *lorsque l'application de l'article 19 (1) du Protocole est envisagée, le membre de la Cour concerné en est informé par le Président ou, le cas échéant, par le Vice-Président, dans une communication écrite qui expose les raisons et indique tous les éléments de preuve s'y rapportant. La possibilité lui est ensuite offerte, à une séance privée de la Cour spécialement convoquée à cet effet, de faire une déclaration, de fournir les renseignements ou explications qu'il souhaite donner et de répondre oralement ou par écrit aux questions qui lui sont posées. À une séance privée ultérieure, tenue hors la présence du membre de la Cour intéressé, la question est examinée ; chaque membre de la Cour donne son avis et, si demande en est faite, il est procédé à un vote* ».

Les atteintes au principe d'inamovibilité des magistrats sont fondées, par exemple dans certains pays africains [53] sur les « *nécessités du service* » afin de justifier le déplacement des magistrats opposés au pouvoir en place, avec la « *connivence* » des Conseils supérieurs de la magistrature[54].

L'article 23 § 4 de la **Convention européenne des droits de l'homme** dispose que « *un juge ne peut être relevé de ses fonctions que si les autres juges décident, à la majorité des deux tiers, que ce juge a cessé de répondre aux conditions requises.* » L'article 7 du règlement de la Cour européenne des droits de l'homme du 14 novembre 2016[55] dispose également que « *un juge ne peut être relevé de ses fonctions que si les autres juges, réunis en session plénière, décident, à la majorité des deux tiers des juges élus en fonctions, qu'il a cessé de répondre aux*

---

[51] Lexique des termes juridiques, 24e édition, 2016-2017, Dalloz.

[52] *Recueil de documents clés de l'union Africaine relatifs aux droits de l'homme*, Pretoria Université Law Press (PULP), 2013, p. 412 et s.

[53] Sénégal, Burundi, Mauritanie…

[54] A.-B. FALL, « Les menaces de l'indépendance. Les menaces internes », in *L'indépendance de la justice*, Actes du deuxième congrès de l'AHJUCAF Dakar 2007, p. 47 et s.

[55] http://www.echr.coe.int/Documents/Rules_Court_FRA.pdf

conditions requises. Il doit au préalable être entendu par la Cour plénière. Tout juge peut mettre en mouvement la procédure de révocation ».

L'article 73 de la **Convention américaine relative aux droits de l'homme** dispose que « *il appartient à l'Assemblée générale de l'Organisation de décider seulement sur la requête de la Commission ou de la Cour, selon le cas, des sanctions à appliquer aux membres de la Commission ou aux juges de la Cour lorsque lesdits membres ou juges les auront encourues dans les cas prévus par les statuts de leurs organes respectifs. Les décisions seront adoptées à la majorité des deux tiers des États membres si elles concernent les membres de la Commission, et, en outre, à la majorité des deux tiers des États parties à la Convention, si elles se rapportent aux juges de la Cour* ». L'article 10 du Statut de la Commission interaméricaine des droits de l'homme[56] dispose que « *1. Si l'un de ses membres commet un manquement à l'un des devoirs visés à l'article précédent, la Commission interaméricaine des droits de l'homme, sur vote affirmatif de cinq de ses membres, en saisira l'Assemblée générale de l'Organisation, et cet organe décidera s'il convient de destituer le membre en question. 2. Avant de statuer, la Commission entendra le membre en cause* ». En ce qui concerne le Statut de la Cour interaméricaine des droits de l'homme[57], son article 20 § 2 dispose que « *il appartient à l'Assemblée générale de l'OEA d'exercer le pouvoir disciplinaire contre un juge, mais seulement sur demande motivée de la Cour composée à cet effet des autres juges* ».

Tous ces articles tirés des différents instruments régionaux de protection des droits de l'homme illustrent le fait que des dispositions sont prévues pour garantir l'indépendance des juges pendant toute la durée de leur mandat. En prévoyant que la révocation ou la destitution des juges se fasse sur décision de leurs pairs (soit à l'unanimité comme dans le système africain de protection des droits de l'homme, soit à la majorité des deux tiers comme dans les systèmes européen et interaméricain de protection des droits de l'homme), ou par un organe indépendant, c'est l'indépendance du tribunal qui est visée et recherchée.

---

[56] https://www.cidh.oas.org/Basicos/French/T.statut.CIDH.htm

[57] https://www.cidh.oas.org/Basicos/French/v.statut.cour.htm.

B. Les privilèges et immunités, la subordination du greffe

Au nombre des critères d'appréciation de l'indépendance d'un tribunal ou d'un juge, l'on retrouve les privilèges et immunités (1) et la subordination du greffe (2).

1. Le critère lié aux privilèges et immunités

La reconnaissance des privilèges et immunités aux juges est nécessaire pour garantir leur indépendance. Michel COSNARD relève que « *l'immunité concerne davantage le titulaire d'un pouvoir de juger* »[58] qui dispose de tout un système de protection pour exercer sa fonction. Les privilèges et immunités confèrent aux juges une certaine assurance et sécurité dans l'exercice de leur fonction. Chaque instrument régional de protection des droits de l'homme, conscient de l'importance des privilèges et immunités pour l'indépendance des juges, prévoit une disposition à cet effet.

La **Convention européenne des droits de l'homme** reconnaît dans son article 51[59] des privilèges et immunités aux juges. Ces privilèges et immunités sont reconnus aux juges pendant l'exercice de leurs fonctions.

L'article 70 de la **Convention américaine relative aux droits de l'homme** reconnaît des privilèges et immunités aux juges. En effet, cet article dispose que « *dès l'instant de leur élection et pendant toute la durée de leur mandat, les juges à la Cour et les membres de la Commission jouiront des immunités qui sont reconnues en Droit international aux agents diplomatiques. Ils bénéficieront en outre, pendant la durée de leur mandat, des privilèges diplomatiques nécessaires à l'exercice de leurs fonctions. Les juges de la Cour et les membres de la Commission ne pourront, à aucun moment, être poursuivis en raison des votes et des opinions émis par eux dans l'exercice de leurs fonctions* ». Dans des termes similaires à l'article précité, l'article 15, les paragraphes 1 et 2, du Statut de la Cour interaméricaine des droits de l'homme dispose que « *dès l'instant de leur élection et pendant toute la durée de leur mandat, les juges de la Cour interaméricaine des Droits de l'Homme jouissent des immunités qui sont*

---

[58] M. COSNARD, « Immunités », in D. ALLAND, S. RIALS (dir.), *Dictionnaire de culture juridique*, Paris, PUF, 2003.

[59] Article 51 de la Convention européenne des droits de l'homme : « *les juges jouissent, pendant l'exercice de leurs fonctions, des privilèges et immunités prévus à l'article 40 du Statut du Conseil de l'Europe et dans les accords conclus au titre de cet article* ».

reconnues en Droit international aux agents diplomatiques. Ils bénéficient en outre, pendant la durée de leur mandat, des privilèges diplomatiques nécessaires à l'exercice de leurs fonctions. Les juges de la Cour ne peuvent, à aucun moment, être poursuivis en raison des votes et des opinions émis ou des actes accomplis par eux dans l'exercice de leurs fonctions ». Grâce à ces privilèges et immunités, les juges peuvent exercer leur fonction sans crainte de représailles et d'animosités à leurs égards.

Pour que les juges de la Cour africaine des droits de l'homme et des peuples puissent exercer leurs fonctions en toute indépendance, l'article 17, § 3 du **Protocole relatif à la Charte africaine portant sur la création d'une Cour africaine des droits de l'homme et des peuples** dispose que « *dès leur élection et pendant toute la durée de leur mandat, les juges à la Cour jouissent des privilèges et immunités reconnus en Droit international au personnel diplomatique* ». Le même article 17 dans son paragraphe 4 rajoute que « *les juges à la Cour ne peuvent, à aucun moment, même après l'expiration de leur mandat, être poursuivis en raison des votes ou des opinions émis dans l'exercice de leurs fonctions* ». En ce qui concerne les membres de la Commission africaine des droits de l'homme et des peuples, l'article 43 de la Charte africaine des droits de l'homme et des peuples pose le principe qu'ils doivent jouir des privilèges et immunités nécessaires pour l'exercice de leurs fonctions. En effet, cet article 43 dispose que « *les membres de la Commission, dans l'exercice de leurs fonctions, jouissent des privilèges et immunités diplomatiques prévus par la Convention sur les privilèges et immunités de l'Organisation de l'Unité Africaine* ».

À l'évidence, tous ces articles précités révèlent la consécration pour tous les juges des différentes Cours régionales ou membres des Commissions ce privilège de l'immunité leur permettant d'être à l'abri de toute pression et de tout reproche. Ces textes ont vocation à préserver ces derniers des menaces arbitraires et des pressions des organes directeurs[60].

[60] A. DIENG, « commentaire de l'article 17 du Protocole », in KAMTO (M), *La charte africaine des droits de l'homme et des peuples et le protocole y relatif portant création de la Cour africaine des droits de l'homme et des peuples. Commentaire article par article, op.cit.*, p.1362.

2. Le critère lié à la subordination du greffe

L'indépendance d'une juridiction implique la subordination du greffe[61]. De prime abord, cette subordination est avérée lorsque la juridiction peut organiser et fixer les tâches de son greffe. Notons que dans l'ensemble des mécanismes régionaux de protection des droits de l'homme, des dispositions tirées des conventions régionales et des règlements intérieurs prévoient la même règle de subordination du greffe à la juridiction.

En effet, dans le **système européen de protection des droits de l'homme**, l'article 24, § 1 de la Convention européenne des droits de l'homme dispose que « *la Cour dispose d'un greffe dont les tâches et l'organisation sont fixées par le règlement de la Cour* ».

Dans le **système interaméricain de protection des droits de l'homme**, l'article 59 de la Convention américaine relative aux droits de l'homme dispose que « *la Cour organise son greffe. Celui-ci fonctionne sous l'autorité du Greffier en conformité des normes administratives adoptées par le Secrétariat général de l'Organisation des États Américains qui ne sont pas incompatibles avec l'indépendance de la Cour. Les fonctionnaires de la Cour sont nommés par le Secrétaire général de l'Organisation en consultation avec le Greffier de la Cour* ». Cet article est complété et clarifié par le chapitre II (2) du règlement intérieur de la Cour interaméricaine des droits de l'homme[62].

Concernant le **système africain de protection des droits de l'homme**, outre l'article 24, § 1 du protocole relatif à la Charte africaine portant sur la création d'une Cour africaine des droits de l'homme et des peuples[63], l'article 20 du règlement intérieur de la Cour africaine des droits de l'homme et des peuples dispose que « *le Greffe se compose du Greffier, du Greffier adjoint et de tous autres fonctionnaires dont la Cour peut avoir besoin pour s'acquitter efficacement de ses fonctions. La Cour arrête l'organisation du Greffe. Des instructions pour le Greffe sont établies par la Cour. Le personnel du Greffe est assujetti à un Statut et à un Règlement du personnel établis par la Cour* ».

---

[61] C-L. POPESCU, « La Cour européenne des droits de l'homme », *in* H. RUIZ FABRI et J-M. SOREL, *Indépendance et impartialité des juges internationaux*, Éditions A. PEDONE, 2010, p.52.

[62] https://www.cidh.oas.org/basicos/french/w.reglement.cour.htm; consulté le 01/03/2018.

[63] Article 24, § 1 : « *La Cour désigne son Greffier et les autres fonctionnaires du Greffe parmi les ressortissants des États membres de l'OUA, conformément aux dispositions de son Règlement Intérieur* ».

Ensuite, la subordination du greffe à la juridiction est avérée lorsque tous les agents du greffe dépendent fonctionnellement de la Cour[64]. Sur ce point, il peut être constaté que les règlements intérieurs des Cours régionales des droits de l'homme veillent à la subordination des agents du greffe. En effet, dans l'ensemble des mécanismes régionaux de protection des droits de l'homme, nous constatons que d'un point de vue fonctionnel, tous les agents du greffe sont placés sous les ordres du greffier en chef de la Cour qui, à son tour, est sous l'autorité du président de la Cour[65].En somme, la subordination du greffe est un critère nécessaire et essentiel à l'indépendance d'une juridiction.

PARAGRAPHE 2 : La responsabilité du juge, la dialectique entre la collégialité et le système à juge unique

L'indépendance du juge s'accompagne par principe d'une « irresponsabilité » juridique (A). Les questions de la collégialité et le système à juge unique s'invitent également en matière d'appréciation de l'indépendance du juge (B).

A. La responsabilité du juge, un critère d'appréciation de son indépendance

Pour les actes accomplis dans l'exercice de leurs fonctions judiciaires, les juges ne sont pas responsables en principe, et cela vaut pour toutes leurs actions, décisions, votes, opinions[66]. L'irresponsabilité juridique du juge est donc un aspect très important de son indépendance

[64] C-L. POPESCU, *Op cit*, p.53

[65] L'article 17, les paragraphes 1 et 4 du Règlement de la Cour européenne des droits de l'homme : « *le greffier assiste la Cour dans l'accomplissement de ses fonctions. Il est responsable de l'organisation et des activités du greffe, sous l'autorité du président de la Cour. (...) Des instructions générales préparées par le greffier et approuvées par le président de la Cour règlent le fonctionnement du greffe* « ; L'article 25, les paragraphes 1 et 4 du Règlement intérieur de la Cour africaine des droits de l'homme et des peuples : « *le Greffier assiste la Cour dans l'exercice de sa fonction judiciaire et est en charge de l'administration générale du Greffe de la Cour. Il assure la direction et la coordination de l'ensemble des opérations et activités du Greffe. (...)Dans l'exercice de ses fonctions, le Greffier est sous le contrôle et la supervision du Président et est responsable devant la Cour* « ; L'article 10, les paragraphes f) h) i) du Règlement intérieur de la Cour interaméricaine des droits de l'homme : « *le Greffier a pour attributions : d'assurer l'administration de la Cour suivant les instructions de la Présidence ; de planifier, diriger et coordonner le travail du personnel de la Cour ; d'accomplir les tâches qui lui sont confiées par la Cour ou par la Présidence* ».

[66] C-L. POPESCU, *op cit.*

individuelle[67]. Cette irresponsabilité juridique du juge a comme fondement l'idée qu'il siège en toute sérénité, sans jamais avoir peur de conséquences liées à ses prises de position[68].

Parmi tous les emplois publics, il n'en est aucun qui revendique l'impunité avec plus de véhémence que le magistrat pour reprendre les propos des Professeurs André CABANIS et Michel Louis MARTIN[69]. L'argument doctrinal généralement déployé tourne autour de l'idée que, titulaire d'une part de souveraineté, celui qui doit trancher les litiges et punir les coupables, ne saurait être assujetti au contrôle de qui que ce soit[70]. Les analyses de MONTESQUIEU à l'origine de la séparation des pouvoirs, qui font du pouvoir judiciaire l'une des composantes de l'autorité suprême à égalité avec le chef de l'État et son gouvernement d'une part et avec les assemblées représentatives d'autre part, confortent la magistrature dans sa conviction d'avoir une place tout à fait à part parmi les corps d'agents publics[71].

D'un point de vue plus pratique, le constat que le juge est, plus que tout autre, du fait de sa fonction répressive, exposé à l'éventuelle vindicte de ceux contre lesquels il est appelé à se prononcer, conduit à souhaiter le mettre autant que possible à l'abri. Ne serait-ce pour qu'il ne soit pas gêné dans ses missions d'arbitrage dans les conflits intervenant entre particuliers, ainsi que dans ses fonctions de chargé du maintien de l'ordre au nom de la préservation de l'intérêt général[72]. L'irresponsabilité juridique du juge permet à ce dernier d'exercer ses fonctions avec assurance et audace[73]. Elle permet au juge de rendre plus aisément des décisions en faveur des droits fondamentaux et de veiller au respect du droit à un procès équitable sans craindre que ses sentences lui soient reprochées ou mises en charge[74].

Cependant, l'irresponsabilité juridique du juge ne signifie pas que ce dernier soit à l'abri de toute sanction, ou encore qu'il bénéficie d'une impunité. Si la justice mérite respect, c'est qu'elle ne s'applique pas au

---

67 *Ibid.*

68 *Ibid.*

69 A. CABANIS et M. LOUIS MARTIN, « la responsabilité du juge. Devenir d'une impossibilité », *in* NGOC DIEN (N.), *Rendre la justice au XXIe siècle. Approches francophones*, presses de l'Université Toulouse 1 capitole, 2016, PP. 135 et s.

70 *Ibid.*

71 *Ibid.*

72 A. CABANIS et M. LOUIS MARTIN, *Op cit.*

73 *Ibid.*

74 *Ibid.*

seul justiciable ; le juge lui aussi répond devant elle[75]. En effet, la responsabilité pénale et la responsabilité disciplinaire du juge peuvent être envisagées dans certaines circonstances.

La responsabilité pénale du juge peut être engagée pour des infractions pénales de droit commun, comme la corruption. À partir de quatre exemples que nous trouvons significatifs en termes de sanction pénale du juge, nous illustrerons notre allégation.

En Europe, on peut citer l'exemple du juge de l'affaire *Festina*, Patrick KEIL, qui avait été révoqué de la magistrature et condamné pour corruption passive [76]. On lui reprochait d'avoir informé, contre rémunération, un dentiste de l'avancement d'une procédure le concernant, un contentieux avec la Sécurité sociale[77]. On peut aussi citer le cas de Pierre PICHOFF, ancien juge de Béthune, condamné pour corruption [78]. On lui reprochait d'avoir monnayé des décisions complaisantes en 2010[79].

En Afrique, plus précisément au Bénin, une vingtaine de magistrats ont été condamnés pour escroquerie, détournement de fonds publics et corruption [80]. Il leur était reproché d'avoir perçu des sommes importantes, versées par le Trésor public sans services rendus, sur la base de faux titres émis et de titres falsifiés avec des imitations de signatures[81].

En Amérique latine, plus précisément au Pérou, la corruption rendue publique de nombreux juges et procureurs a provoqué une vague de démissions au sein du pouvoir judiciaire[82]. À l'origine de ce scandale, une diffusion d'enregistrements compromettants semblait prouver un trafic d'influence massif. Dans l'un des enregistrements diffusés par les médias locaux, le juge de la Cour suprême de Justice, César

---

[75] P.TRUCHE, *Op. cit*, p. 50.

[76] https://france3-regions.francetvinfo.fr/occitanie/herault/montpellier/il-avait-ete-revoque-corruption-passive-montpellier-deces-patrick-keil-juge-affaire-festina-1644308.html; Consultéle 16/08/2019.

[77] *Id. Ibid*

[78] https://france3-regions.francetvinfo.fr/hauts-de-france/pierre-pichof-ancien-juge-bethune-condam ne-appel-corruption-1458649.html; Consulté le 16/08/2019.

[79] *Id. Ibid*

[80] http://ipsnews.net/francais/2004/06/08/droits-benin-des-juges-condamnes-pour-corruption-a-la-prison-ferme-unelecon-pour-tout-le-pays/; Consulté le 16/08/2019.

[81] *Id. Ibid*

[82] http://www.rfi.fr/ameriques/20180720-une-affaire-corruption-plonge-justice-peruvienne-crise; Consulté le 16/08/2019.

HINOSTROZA, offrait par exemple l'absolution à un homme condamné pour le viol d'une jeune fille de 11 ans[83].

La responsabilité disciplinaire du juge peut être engagée en cas de manquement de ce dernier à des devoirs et obligations inhérents à sa fonction. À partir de trois exemples que nous trouvons illustratifs en termes de sanction disciplinaire du juge, nous pouvons compléter notre affirmation.

En France, en 2018, le conseil de discipline des magistrats du siège a prononcé deux décisions disciplinaires[84]. Dans l'une des décisions, le conseil a sanctionné, le 19 juillet 2018, un vice-président auquel étaient reprochés des échanges à connotation sexuelle, à travers un réseau de communication téléphonique par internet, avec un mineur de 17 ans, dont il n'ignorait pas la minorité et qui connaissait sa qualité de magistrat[85]. Ces faits ont été qualifiés de manquement à l'honneur, à la délicatesse et à la dignité du magistrat, ayant porté atteinte à l'image et à l'autorité de la justice[86]. Au Tchad, le juge Emmanuel Dekeumbé a été révoqué par le Conseil supérieur de la magistrature dans le cadre de *l'affaire Gali Ngoté Gata*[87]. Il lui était reproché d'avoir manqué à ses obligations. En Haïti, le 30 juillet 2019, le juge Louis-Jean a fait l'objet d'une mesure de mise en disponibilité par le Conseil Supérieur du Pouvoir Judiciaire (CSPJ)[88]. Cette sanction disciplinaire est motivée par des faits accablants, révélés dans le traitement d'un dossier criminel dont il avait la charge.

En somme, l'irresponsabilité juridique du juge est importante pour son indépendance. Mais, le juge n'est pas à l'abri de sanctions s'il se rend coupable d'une infraction.

B. La dialectique entre la collégialité et le système à juge unique

Principe en vertu duquel la justice est rendue par plusieurs magistrats qui prennent leurs décisions à la majorité absolue des voix, la collégialité

---

[83] *Id. Ibid*

[84] http://www.conseil-superieur-magistrature.fr/publications/rapports-annuels-dactivite; Consulté le 18/08/2019.

[85] *Id. Ibid*

[86] *Id. Ibid*

[87] http://www.rfi.fr/afrique/20120619-revocation-juge-opposition-tchadienne-craint-independance-justice; Consulté le 18/08/2019.

[88] http://haiti-progres.com/news/2019/08/11/nouvelles-en-bref-semaine-du-4-au-9-aout-2019/; Consulté le 18/08/2019.

est regardée comme une garantie de justice éclairée, impartiale et indépendante[89]. La collégialité se définit également comme un système d'organisation judiciaire selon lequel les décisions de justice sont en principe prises après délibération en commun par plusieurs magistrats, par opposition au système du juge unique[90]. Dans le système du juge unique qui s'oppose au système de la collégialité, le pouvoir de statuer appartient à un seul magistrat[91] et ce dernier exerce ses fonctions seul.

Dans le **système africain de protection des droits de l'homme**, le principe de collégialité peut s'observer à la lecture de l'article 23 du Protocole relatif à la Charte africaine portant création d'une Cour africaine des droits de l'homme et des peuples qui dispose que « *pour l'examen de chaque affaire portée devant elle, la Cour siège avec un quorum d'au moins sept juges* ». En effet, si un quorum est exigé pour l'examen de chaque affaire portée devant la Cour africaine des droits de l'homme et des peuples, c'est donc dire que seul le système de la collégialité s'applique.

Dans le **système européen de protection des droits de l'homme**, l'article 26, § 1 de la Convention européenne des droits de l'homme pose le principe de collégialité mais également le système à juge unique en ces termes : *« pour l'examen des affaires portées devant elle, la Cour siège en formations de juge unique, en comités de trois juges, en chambres de sept juges et en une Grande Chambre de dix-sept juges. Les chambres de la Cour constituent les comités pour une période déterminée* ».

Concernant le **mécanisme interaméricain de protection des droits de l'homme**, on peut citer les articles 56 de la Convention américaine relative aux droits de l'homme et 23 du Statut de la Cour interaméricaine des droits de l'homme qui reconnaissent la collégialité et comme en Afrique ne prévoit pas la possibilité d'un juge unique. L'article 56 dispose que « *le quorum requis pour les délibérations de la Cour est de cinq juges* ». L'article 23 dispose que « *Le quorum requis pour les délibérations de la Cour interaméricaine des droits de l'homme est de cinq juges. Les décisions de la cour sont prises à la majorité des juges présents. En cas de partage égal des voix, le président a voix prépondérante* ».

---

[89] *Lexique des termes juridiques*, Dalloz, 24e édition 2016-2017.

[90] Gérard CORNU, *Vocabulaire juridique*, 11e édition mise à jour « Quadrige « : 2016, PUF

[91] *Lexique des termes juridiques*, *Op cit*.

Le principe de la collégialité trouve donc application dans l'ensemble des mécanismes régionaux de protection des droits de l'homme. Cependant, son application ne signifie pas exclusion du système à juge unique qui s'applique également.

Au regard de la définition de la collégialité et au fait que le système de collégialité soit présent dans tous les mécanismes régionaux de protection des droits de l'homme, on se pose la question de savoir si le système de la collégialité favorise l'indépendance du juge à l'égard du monde judiciaire. En d'autres termes, peut-on réellement espérer une indépendance du juge à l'égard des pressions, influences et immixtions émanant de ses pairs si celui-ci est appelé à décider de concert avec ces derniers dans le système de la collégialité ? Le système à juge unique, au regard de l'impartialité pose question. N'est-il pas plus apte à garantir l'indépendance du juge par rapport aux menaces et pressions venant de l'intérieur, c'est-à-dire du monde judiciaire ? Il nous semble nécessaire de mettre d'abord en lumière les avantages et inconvénients de la collégialité et du système à juge unique (1), pour ensuite les évaluer au regard du principe d'indépendance (2).

1. Les avantages et inconvénients de la collégialité et du système à juge unique

En faveur de la collégialité, on peut faire valoir essentiellement des arguments de qualité de la justice rendue : la décision discutée en collégialité serait plus réfléchie, plus mûrie, concertée, nourrie des réflexions des uns et des autres ; elle serait aussi un gage de l'indépendance du tribunal, chacun ne craignant pas d'être mis en cause personnellement à l'occasion d'une décision qui déplairait ou fâcherait.[92]

En outre, la collégialité serait une garantie de justice plus impartiale, les juges travaillant sous le contrôle des autres. En d'autres termes, la collégialité garantirait l'impartialité du jugement, car le jugement est rendu par au moins trois juges qui se contrôlent mutuellement[93]. Un autre avantage de la collégialité est d'imposer une délibération et donc de renforcer l'autorité du jugement. La collégialité présente également l'avantage d'éviter les risques de dérapage pour non-respect de la règle de la neutralité du juge, neutralité sociale et politique, un juge unique

---

[92] S. GUINCHARD, A. VARINARD, T. DEBARD, *Institutions juridictionnelles*, Dalloz, 14e édition, 2017, p. 258.
[93] E. JEULAND, *Droit processuel général*, LGDJ Lextenso éditions, 3e édition, 2014, p.266.

pouvant se laisser aller à faire prévaloir ses préjugés personnels plus facilement qu'une collégialité[94].

Cependant, le principe de la collégialité est en recul dans tous les contentieux et reçoit de nombreuses exceptions ou nombreux aménagements. En effet, le point de savoir si une affaire doit être jugée par un seul juge ou par plusieurs siégeant en collégialité fait toujours débat et cela d'autant plus que les contingences strictement matérielles ne sont pas absentes du débat en ces temps de pénurie budgétaire[95] et de crise économique. Nombreuses critiques sont formulées contre la collégialité. Outre les dépenses et les coûts que la collégialité implique, il est relevé que si la concertation nourrit la réflexion de chacun, on ne peut sérieusement s'en remettre à la concertation pour espérer que de bonnes décisions seront retenues[96]. Il est aussi reproché à la collégialité d'être à la base de la lenteur de l'appareil juridictionnel.

Le système à juge unique qui s'oppose à la collégialité s'est développé pour limiter les coûts qu'engendre le système de la collégialité. La procédure à juge unique présente aussi ses avantages. Elle permet de traiter plus rapidement les contentieux de masse. Elle responsabilise davantage le juge dans la mesure où il est seul à décider et favorise un contact plus direct de ce dernier avec les parties[97]. En d'autres termes, elle facilite une certaine proximité du juge avec les justiciables. Elle octroie une grande liberté de décision au juge qui statue tout seul.

Cependant, le système à juge unique présente l'inconvénient d'exposer dans certaines circonstances, le juge unique à des représailles de la part des justiciables, essentiellement en matière pénale ou répressive. On peut également craindre que dans un système à juge unique, le juge soit tenté de faire prévaloir ses préjugés personnels plus facilement étant donné qu'il décide seul et que ses décisions ne sont pas soumises à délibération. En Europe[98], la tradition est en faveur de la collégialité, mais la tendance contemporaine est au juge unique, tout au

---

[94] S. GUINCHARD, A. VARINARD, T. DEBARD, *op cit.*, p. 258.

[95] C. DOST, *Collégialité et juge unique dans le droit judiciaire français*, thèse Bordeaux, déc. 1999. M.A COHENDET, « La collégialité des juridictions : un principe en voie de disparition », *RFD const.* 2006.68.713.

[96] S. GUINCHARD, A. VARINARD, T. DEBARD, *Op. cit*, p. 258.

[97] E. JEULAND, *Op. cit*, p.266

[98] Cl. PARISI, « L'extension du juge unique en Europe », *RID comp.* 2007.647. FLAUSS « La collégialité à la CEDH », Mélanges GUINCHARD, Dalloz, 2010, 453.

moins pour la résolution des affaires[99]. Dans le mécanisme africain de protection des droits de l'homme, le recours au système à juge unique est également fréquent surtout dans les juridictions de proximité. En plus, les difficultés économiques que connaissent la plupart des États africains justifient le fait de recourir à ce système. Le système à juge unique trouve également application dans le mécanisme interaméricain de protection des droits de l'homme, car il présente l'avantage de limiter les coûts et dépenses d'une part et de favoriser un traitement rapide des affaires d'autre part.

La collégialité constitue sans ambiguïté un gage pour l'impartialité du jugement et du tribunal ainsi que pour l'indépendance du juge par rapport aux pouvoirs politiques et aux parties. Cependant, peut-on dire de même pour l'indépendance du juge par rapport aux menaces, influences et pressions intérieures c'est-à-dire celles inhérentes au monde judiciaire ? Il nous semble que le système à juge unique pourrait, sur ce dernier point, garantir mieux l'indépendance du juge par rapport aux pressions et menaces qui peuvent provenir du monde judiciaire.

2. Le système à juge unique, une potentielle alternative au système de la collégialité

Le système à juge unique peut être utile pour la protection de l'indépendance judiciaire interne. En effet, dans le système de la collégialité, le juge n'exerce pas seul ses fonctions, il ne décide pas seul et toute décision est le fruit d'une délibération, d'une concertation, ce qui suppose un contrôle mutuel entre les juges. Cette situation de fait expose davantage le juge au risque de menaces, pressions et influences pouvant venir de l'intérieur, c'est-à-dire des autres juges. En revanche, le système à juge unique peut être une garantie non négligeable de l'indépendance du juge contre les menaces et pressions internes. Ainsi, le système à juge unique semble a priori être une bonne alternative au système de la collégialité en matière de garantie de l'indépendance judiciaire interne[100]. Cependant, nous tenons à insister qu'en matière d'impartialité, le système à juge unique peut être inopérant et est à manier avec précaution.

---

[99] Une juridiction pénale internationale dite : « Le Mécanisme » qui succédera au TPIY et au TPIR pour achever leur mission, jugera également à juge unique, dans certaines hypothèses, des personnes mises en accusation pour des infractions commises en ex-Yougoslavie et au Rwanda.

[100] Notre propos relève plus que tout d'une hypothèse. Nous avons voulu mener une réflexion sur la dialectique entre la collégialité et le système à juge unique.

Conclusion du chapitre

Dans ce chapitre, nous avons pu mettre en lumière les critères d'appréciation de l'indépendance du tribunal et des juges. Ces critères sont tirés des instruments régionaux de protection des droits de l'homme.

Il ressort de ce chapitre que l'appréciation de l'exigence d'indépendance s'observe, dans tous les systèmes régionaux de protection des droits de l'homme, à travers un faisceau d'indices très hétérogènes. Au croisement du droit processuel et du droit substantiel, l'indépendance du juge et du tribunal ne peut s'apprécier *in abstracto*. C'est dans la confrontation du droit au fait que la compétence du tribunal, l'intégrité du juge, sa capacité à résister aux pressions de toute sorte, seront effectives ou seulement virtuelles.

CONCLUSION DE LA PARTIE I

Cette première partie consacrée au courage de juger au regard de l'indépendance du tribunal a visé à démontrer que sans ce courage de juger en toute indépendance, la réalisation d'une bonne justice est contrariée.

Dans l'ensemble des systèmes régionaux de protection des droits de l'homme, l'indépendance du tribunal doit exister à l'égard des pouvoirs politiques, du monde économique, du monde médiatique ainsi que du monde judiciaire lui-même. Dans cette première partie, nous avons relevé également que l'indépendance du tribunal s'appréciait au regard d'un certain nombre de critères tels que définis par les différents instruments régionaux de protection des droits de l'homme.

L'indépendance du tribunal est donc importante et mérite à cet effet une garantie appropriée et effective.

Cette première partie a permis également de constater que les systèmes régionaux de protection des droits de l'homme, outre quelques particularités liées à des contextes historiques et politiques différents, ont la même représentation de l'indépendance du tribunal. Ce constat est lié en partie à l'influence du système européen de protection des droits de l'homme sur les autres systèmes régionaux. De même, on a pu aussi observer l'influence croisée des systèmes européen et interaméricain sur le système africain de protection des droits de l'homme dans l'appréciation et la protection de l'indépendance du tribunal.

En somme, le courage de juger au regard de l'indépendance du tribunal est une condition nécessaire à la réalisation de la bonne justice. Cependant, elle n'est pas une condition suffisante. Bien juger passe également par le courage de juger en toute impartialité. Ce sera l'objet de notre deuxième partie.

PARTIE II :

LE COURAGE DE JUGER AU REGARD DE L'IMPARTIALITÉ DU TRIBUNAL

Notion ancestrale, problématique de tous les temps depuis Aristote[1], l'impartialité du tribunal est une vertu personnelle du juge. Sa protection conduit à porter une attention particulière à l'organisation de la juridiction, de la procédure, ainsi qu'au comportement du juge[2]. Parée de toutes les vertus, « *condition sine qua non du système juridique entier* »[3], « *devoir d'état et d'État* »[4], « *âme du juge* »[5], l'impartialité du tribunal est une exigence importante. Cette dimension est telle que le professeur Marie-Anne FRISON-ROCHE[6] écrit que la violation du principe d'impartialité est proprement insupportable[7] : l'acte de juger est alors atteint dans son essence[8], le droit est précipité dans le chaos, son ordre est détourné et sa puissance livrée au caprice des juges[9].

D'après Jean PRADEL, l'impartialité est la qualité de celui qui statue selon sa conscience en tenant une balance égale entre accusation et défense, en ne faisant pas une meilleure part à l'un des prévenus ou accusés au préjudice des autres ; l'impartialité suppose l'égalité, l'équité,

---

[1] Sur les aspects historiques, voir M. Revault d'Allonnes, « L'impartialité du juge. Une problématique de tous les temps : d'Aristote à Hannah Arendt », in *L'éthique des gens de justice*, Entretiens d'Aguesseau, PU de Limoges, 2001, p.183.

[2] X. VUITTON, *Le procès équitable l'article 6-1 de la CEDH : état du droit et perspectives*, LGDJ, 2017, p.27.

[3] M-A. FRISON-ROCHE, « L'impartialité du juge », *D.*, 1999, Chron., p. 53

[4] D.-N. COMMARET, « Une juste distance ou réflexions sur l'impartialité du magistrat », *D.* 1998, chron., p.262.

[5] P. SARGOS, « Le devoir d'impartialité, fondement de la légitimité et de la crédibilité du juge dans un État démocratique », *Gazette du Palais*, 1992, p.11.

[6] M-A. FRISON-ROCHE, « L'impartialité du juge », *Op. cit.*, p. 53

[7] R. KOERING-JOULIN, La notion européenne de « tribunal indépendant et impartial » au sens de l'article 6, par. 1, de la Convention européenne de sauvegarde des droits de l'homme, *Rev. sc. crim.*, 1990, p. 765

[8] J. FRANCILLON, préface de la thèse de S. Josserand, *L'impartialité du magistrat en procédure pénale*, LGDJ, Bibliothèque des sciences criminelles, tome 33, 1998.

[9] M-A. FRISON-ROCHE, « L'impartialité du juge », *Op.cit.*

la justice[10]. Il s'agit de toute absence de parti pris, c'est-à-dire l'impartialité « *pro foro interna* », qui se situe dans un état d'esprit ou d'âme du juge[11]. Pour d'autres, c'est donc l'absence des préjugés dans l'esprit du juge[12]. L'impartialité vise surtout l'attitude neutre que tout tribunal doit maintenir vis-à-vis des parties. Elle implique également que le tribunal ne doit en aucune manière, avant d'avoir pris connaissance des arguments présentés par les parties et des preuves offertes, s'être formé une opinion sur l'issue de la cause[13]. En clair, l'impartialité du tribunal implique la condamnation de tout éventuel parti pris révélé, soit par l'existence d'un préjugement de l'affaire, soit par celle d'un préjugé, favorable ou défavorable, à l'égard de la personne poursuivie[14].

Le contentieux sur l'impartialité du tribunal est riche, car c'est une exigence qui peut être complexe à appréhender[15]. En effet, au-delà de la définition usuelle qui désigne l'impartialité comme « *la qualité de celui qui apprécie ou juge (lato sensu) une personne, une chose, une idée sans parti pris favorable ou défavorable* »[16], l'impartialité comme critère de justice mêle « *des considérations d'ordre philosophique, éthique et politique* »[17].

La Cour européenne des droits de l'homme attache un intérêt tout particulier au principe d'impartialité, lequel doit s'appliquer de manière identique à tous types de tribunaux. Il est assuré que l'exigence d'impartialité vaut aussi bien pour les jurés que pour les magistrats, professionnels ou non[18]. La Cour européenne des droits de l'homme insiste, dans sa jurisprudence, sur la nécessité pour un juge dont on peut légitimement craindre un manque d'impartialité de se récuser, car il y va

[10] J. PRADEL, « La notion européenne de tribunal impartial et indépendant selon le droit français », in *Rev. sc. crim.*, n° 4, octobre-décembre 1990, p. 693.

[11] F. MATSCHER, « La notion de tribunal au sens de la Convention européenne des droits de l'homme », in *Les nouveaux développements du procès équitable au sens de la Convention européenne des droits de l'homme*, éd. Bruylant, Bruxelles, 1996, pp. 35 et36.

[12] FILLETTI, A. J., « Les garanties constitutionnelles, législatives et institutionnelles de l'impartialité des juges et de l'indépendance de la justice », in *Les systèmes judiciaires dans une période de transition*, éd. Conseil de l'Europe, 1997, p. 85.

[13] D.DANELIUS, « L'indépendance et l'impartialité de la justice à la lumière de la jurisprudence de la Cour européenne des droits de l'homme », *Discours à la Conférence de la Commission Internationale de Juristes à Strasbourg*, les 23 et 24 avril 1992.

[14] CE. Ass.6 avril.2001, *SA Entreprise Razel frères*, Lebon, p.176 ; CA Paris, 27 juin 2000, no RG 2000/02659, France Télécom c/ Société Télécom Développement.

[15] L. MILANO, *Op. cit*, p.425

[16] D. ROETS, *Impartialité et justice pénale*, éd. Cujas, 1997, p.13.

[17] J. FRANCILLON, *Op. cit.*,

[18] J-P. MARGUENAUD, *La Cour européenne des droits de l'homme*, Dalloz, 6e édition, 2012, p.123.

de la confiance que les tribunaux se doivent d'inspirer aux justiciables dans une société démocratique[19].

La Cour interaméricaine des droits de l'homme et la Commission africaine des droits de l'homme et des peuples s'inscrivent dans la même dynamique que la Cour européenne des droits de l'homme et attachent à cet effet un intérêt particulier au principe d'impartialité du tribunal. D'ailleurs pour **la Cour interaméricaine des droits de l'homme**, « *l'impartialité du tribunal implique que ses membres n'aient pas un intérêt direct, une position prise, une préférence pour l'une des parties et qui ne soient pas en rapport avec le litige en cause* »[20].

L'arrêt *Piersack c/ Belgique* rendu le 1er octobre 1982 par la Cour européenne des droits de l'homme marque une étape très importante dans la jurisprudence concernant la question de l'impartialité. La solution de la jurisprudence *Piersack* a trouvé un écho favorable dans les systèmes interaméricain et africain de protection des droits de l'homme, les juges des cours régionales distinguant clairement l'appréciation subjective de l'appréciation objective de l'impartialité du tribunal[21].

L'impartialité du tribunal donne lieu à une double appréciation. Une appréciation subjective (Titre 1) et une appréciation objective (Titre 2).

---

[19] CEDH, *De Cubber c/Belgique*, 26 octobre 1984, série A, n° 86, § 24 ; *Hauschildt c/Danemark*, Op. cit, § 48 ; *Belilos c/Suisse*, 29 avril 1988.

[20] Cour IDH, 22 novembre 2005, Fond et réparations, *Palamara Iribarne c. Chili,* Série C n° 135, §§ 145-146).

[21] Voir M. KAMTO (dir), *La Charte africaine des droits de l'homme et des peuples et le protocole y relatif portant création de la Cour africaine des droits de l'homme, commentaire article par article*, Éd. Bruylant, Éditions de l'Université de Bruxelles de 2011, p. 190 ; L. HENNEBEL, *La Convention américaine des droits de l'homme, Mécanismes de protection et étendue des droits et libertés*, Bruylant, 2007, pp. 509-510 ; Voir aussi : Comm. IDH, *Guy Malary c. Haïti*, décision du 27 décembre 2002, pétition n° 11 335, Rapport n° 78/02, § 74 : la Commission interaméricaine s'inspire très explicitement de la jurisprudence européenne sur ce point.

TITRE 1 :

L'IMPARTIALITÉ SUBJECTIVE DU TRIBUNAL, UNE QUALITÉ PERMETTANT DE BIEN JUGER

Selon Antoine GARAPON, « *un bon magistrat doit préparer ses dossiers, mais la prudence l'invite à se garder de tout décider avant l'audience dans son for intérieur. Ce serait se priver d'un suspense nécessaire. La prudence commande au juge de ne pas se laisser séduire par les effets de manche, mais son éthique lui demande également de se laisser convaincre ! L'expérience professionnelle a des effets paradoxaux : si elle endurcit le juge, elle lui apprend également la modestie à l'égard de ses certitudes trop vite acquises* »[1]. Il rajoute que « *celui qui juge n'est jamais vierge de tout préjugé* »[2], mais l'exigence d'impartialité subjective implique qu'aucun juge ne manifeste de parti pris ou préjugé personnel à l'égard d'une partie[3].

Entre les parties, entre le pouvoir politique et les individus ou les personnes morales, le juge est un tiers impartial chargé de trancher leur différend. Le justiciable a le droit d'être jugé par un magistrat dont il n'a pas de raison de mettre en doute l'impartialité[4]. Le juge qui craindrait faillir à son devoir d'impartialité en faveur ou à l'encontre d'une partie, doit se « *déporter* »[5]. La relation du juge aux parties est au cœur du principe d'impartialité[6].

---

[1] A. GARAPON, *Op. cit*, p. 310.
[2] *Ibid*, p. 311.
[3] C.GAUTHIER, S. PLATON, D. SZYMCZAK, *Droit européen des droits de l'homme*, éd. Dalloz, 2017, p. 303
[4] B. MATHIEU, « La justice, quel statut pour quelles fonctions ? », *In* Léonid GOLOVKO et Bertrand MATHIEU (dir.), *Op.cit*, p. 36.
[5] P. GILLIAUX, *Droit(s) européen (s) à un procès équitable*, Bruylant, 2012, p.494.
[6] F. SUDRE et autres, *Les grands arrêts de la Cour européenne des droits de l'homme*, PUF, 7e édition mise à jour, 2015, p.367.

Il y a défaut de l'impartialité subjective du tribunal lorsque le préjugé ou le parti pris du juge est avéré (Chapitre I). Pour éviter une telle situation, la garantie de l'impartialité subjective est nécessaire et reconnue dans tous les systèmes régionaux de protection des droits de l'homme (Chapitre II).

CHAPITRE I :

LE PARTI PRIS DU JUGE : LA CAUSE DU DÉFAUT D'IMPARTIALITÉ SUBJECTIVE DU TRIBUNAL

Là où il y a des hommes, il y a toujours des imperfections. Les juges aussi ne sont que des hommes. Mais, en leur for intérieur, il est attendu des juges qu'ils soient capables de dégager de manière impartiale une solution à un conflit[1]. Quelle que soit la situation qui lui est soumise et même en présence d'un crime particulièrement odieux au pénal, ou un abus grossier d'autorité au civil, le juge ne doit pas se laisser déborder par ses propres sentiments[2].

Le parti pris, c'est le fait pour un juge d'être favorable à une partie, pour des raisons étrangères à l'affaire, aux dépens de l'autre partie. Le préjugé consiste en toute opinion préconçue par le juge sur la base de certaines orientations qui imprègnent tout son être et dépendent le plus souvent de ses valeurs, de l'influence de son milieu social ou intellectuel, de son époque, de son éducation, de sa culture, de ses convictions religieuses ou philosophiques, de ses conceptions politiques, de son expérience, de ses sentiments ou encore de ses émotions, indépendamment des éléments concrets et objectifs de l'affaire qu'il est appelé à juger[3]. Le préjugé est donc attaché à la personne du juge et ne dépend pas d'une intervention précédente[4]. Ainsi, pour une bonne appréciation de l'impartialité subjective d'une juridiction, les liens du juge avec les parties au procès et son rapport à l'objet de la cause doivent être pris en compte[5].

---

[1] D. KOHLHAGEN, « Oser une refondation de la Justice en Afrique, Attentes citoyennes et alternatives au Burundi », *in* Christoph EBERHARD, *Le courage des alternatives,* Cahiers d'Anthropologie du droit, Éd. Karthala, 2012, p. 187.

[2] P. TRUCHE, *Op. cit.*, pp. 32-33.

[3] Kavundja N. Maneno, Télesphore. *L'indépendance et l'impartialité du juge en droit comparé belge, français et de l'Afrique francophone.* Prom. : Van Compernolle, Jacques ; Thèse de doctorat en droit ; 25 juin 2005.

[4] *Id. Ibid*

[5] Cour d'arbitrage belge, 3 mars 1999, n° 29199, *Arr. C.A.*, 1999, p. 321 ; *J.T.*, 1999, p. 343.

Le parti pris et le préjugé engendrent la partialité, qui elle-même provoque l'arbitraire[6]. L'arbitraire, eu égard à son caractère abusif et injuste, est tout simplement contraire à l'impartialité subjective du juge. En clair, si l'impartialité subjective renvoie à l'absence de parti pris du juge [7](Section I), cette exigence est délicate à mettre en œuvre dans son application concrète (Section II).

SECTION I : L'absence de parti pris du juge, une composante de l'impartialité subjective

Est regardé comme partial celui dont la position est susceptible de reposer sur des considérations extérieures à l'affaire[8]. Le tribunal est subjectivement impartial lorsqu'aucun de ses membres « *ne manifeste de parti pris ou de préjugé personnel* »[9]. Il s'agit donc de vérifier la sérénité intime du juge, son absence de passion ou d'intérêt personnel[10]. Cette recherche tente de déterminer ce que le juge pensait en son for intérieur en telle circonstance et si son appréciation était viciée par un parti pris ou un préjugé[11].

Le juge qui manque d'impartialité personnelle est celui qui, au cours de l'instruction ou de l'audition des parties ou des témoins, ou à l'occasion de son jugement, adopte un comportement ou utilise des termes de nature à susciter dans l'esprit d'une des parties ou du prévenu, un doute légitime quant à son aptitude à juger la cause de manière impartiale[12]. L'atteinte à l'impartialité subjective est une négation de la fonction même de juger. Un juge partial n'est plus un juge, au point que la volonté délibérée d'avantager une partie non seulement invaliderait complètement la décision suivant l'exercice normal des voies de recours, mais aussi exposerait son auteur à des poursuites disciplinaires[13].

---

[6] B. QUIRINY, « Actualité du principe général d'impartialité administrative, Revue du droit public et de la science politique en France et à l'Étranger », 01 mars 2006 n° 2, P. 375.

[7] M. MAHOUVE et H. KEMBO TAKAM GATSING, *Les droits de l'homme au cœur de la procédure pénale camerounaise Entre volonté humaniste et tentations régressives*, Bruylant, 2016, p. 100.

[8] M. GUYOMAR, B. SEILLER, *Contentieux administratif*, Dalloz, 3e éd. 2014, p. 341

[9] CEDH, 10 juin 1996, *Pullar c/ Royaume-Uni.*

[10] C. MATRAY, Le chagrin des juges, éd. Complexe, Bruxelles, 1997, p. 54.

[11] Comm. IDH, *Guy Malary c. Haïti*, décision du 27 décembre 2002, pétition n° 11 335, Rapport n° 78/02, § 74.

[12] *Id. Ibid*

[13] J-L. NADAL, « L'impartialité du magistrat », Gazette du Palais, 24 mai 2012 n° 145, P. 14 et s.

Comme nous pouvons le constater, c'est avant tout la partialité du juge en tant que personne humaine qui est redoutée, car il peut éprouver des sentiments de sympathie ou, au contraire, d'antipathie à l'égard des personnes qui se présentent devant lui. Les raisons de ces incompatibilités d'humeurs ou de ces élans de trop grande compréhension peuvent bien entendu être multiples[14]. Pour le juge donc, être impartial, c'est éviter de fonder sa décision sur des considérations de personne, telles la sympathie ou l'antipathie, ou l'origine sociale ou raciale de l'une des parties[15].

Toute partialité ou préjugé décelé dans l'attitude du juge constitue, une atteinte à l'impartialité subjective du tribunal. Mais à partir de quel moment peut-on dire d'un juge qu'il a un parti pris ou qu'il est partial ? Quels sont les motifs justifiant un tel doute du justiciable sur l'impartialité d'un juge ?

Une clarification de la notion d'impartialité subjective est nécessaire (paragraphe 1), avant de répondre aux interrogations sus-évoquées (paragraphe 2).

PARAGRAPHE 1 : Une clarification de la notion d'impartialité subjective du juge

La véritable impartialité n'exige pas que le juge n'ait ni sympathie ni opinion. Elle suppose seulement que le juge soit libre d'accueillir et d'utiliser les différents points de vue en gardant un esprit ouvert[16]. Vue sous l'angle subjectif, l'impartialité permet de scruter la situation personnelle et la conduite du juge tant à l'intérieur qu'à l'extérieur du prétoire[17]. Elle permet aussi de relever les conflits d'intérêts auxquels le juge peut être confronté.

La notion d'impartialité subjective n'est pas nouvelle. Son contraire est la partialité du juge qui, pour des raisons personnelles, étrangères au procès et qui ne tiennent qu'à lui, marquerait une opinion favorable à une partie. Pour autant, il ne s'agit évidemment pas d'imposer au juge l'obligation impossible de ne pas avoir d'opinion. Il est évident que le

---

[14] Kavundja N. Maneno, Télesphore. *Op. cit.*

[15] *Id. Ibid*

[16] P. NOREAU et C. ROBERGE, « Émergence de principes généraux en matière de déontologie judiciaire : éléments d'une théorie générale », *La revue du barreau canadien*, vol. 84, 2005, p.457.

[17] C. VIENNOT, « Actualités et perspectives ouvertes par la jurisprudence récente de la Cour européenne des droits de l'homme en matière d'impartialité », *RTDH*, n° 73, 2008, p. 183.

juge peut et doit avoir une opinion sur la question qui lui est soumise[18]. Ce que l'impartialité interdit alors, selon la juste expression du professeur Marie-Anne FRISON-ROCHE, « *ce n'est pas d'avoir une opinion, c'est de ne pas vouloir en changer, d'être dès le départ, hors de portée du débat* »[19]. Les juges doivent donc donner pertinence aux faits, aux interprétations, aux prétentions et aux arguments qui seront développés devant eux, dans le cadre du procès. Ils ne doivent donc pas se faire une opinion à l'avance et en dehors du procès.

Liée à la personne du juge (A), l'impartialité subjective impose à ce dernier, une certaine neutralité (B).

A. Une impartialité liée à la personne du juge

L'impartialité subjective s'est toujours traduite par le fait que le juge, dans son for intérieur, n'a aucune raison de favoriser ou de défavoriser tel ou tel plaideur[20]. Elle s'intéresse à la personne même du juge et non à sa fonction[21]. L'impartialité subjective s'apprécie indépendamment de la fonction exercée par le juge : seules les raisons propres à ce dernier sont prises en compte, de sorte que le justiciable doit être plus particulièrement protégé contre les convictions personnelles du juge[22]. Dans un arrêt du 24 juin 2010, *Mancel et Branquart c. France*, la Cour européenne des droits de l'homme affirme que « *si le magistrat bénéficie des droits reconnus à chaque citoyen, il ne peut cependant souscrire aucun engagement de quelque nature qu'il soit ayant pour conséquence de le soumettre à d'autres contraintes que celles de la loi et de restreindre sa liberté de réflexion et d'analyse des affaires qui lui sont soumises* »[23].

L'impartialité subjective est celle qui est abordée à partir du juge[24], plus précisément à partir de ses convictions personnelles et profondes ainsi que de son comportement personnel. En clair, l'impartialité subjective conduit à scruter le comportement du juge. La Cour européenne des droits de l'homme souligne que l'impartialité dite

---

18 J-L. NADAL, *Op. cit.*

19 M-A. FRISON-ROCHE, « L'impartialité du juge », *Op. cit.*, p.54.

20 J-F RENUCCI, *Op cit.*, p.408.

21 C. VIENNOT, « Actualités et perspectives ouvertes par la jurisprudence récente de la Cour européenne des droits de l'homme en matière d'impartialité », *op. cit.*

22 J.-D. BREDIN, *Qu'est-ce que l'indépendance du juge ?* Justices 1996, p.161.

23 CEDH, 24 juin 2010, *Mancel et Branquart c. France*, n° 22349/06, § 32.

24 S. NGONO, « Commentaire de l'Article 7, § 1 de la Charte africaine des droits de l'homme et des peuples », *in* M. KAMTO, *op. cit.*, p.190.

subjective se caractérise par l'absence de préjugé *« en la personne du juge lui-même »*[25].

Le juge est un être social et comme tel, est impliqué dans un réseau relationnel qui peut parfois générer un conflit ou une collusion d'intérêts avec certaines parties au procès[26]. Ainsi, le risque de partialité du juge peut être la conséquence soit d'une opinion exprimée, défavorable à l'une des parties, soit d'une opinion supposée[27]. Le juge doit donc s'efforcer d'aborder le procès sans préjugé, ce qui nécessite qu'il s'abstraie des « *éléments étrangers à la cause qui faussent la balance de la justice* »[28] ; ces éléments interviennent « *soit avant que ne s'ouvrent les débats, soit prématurément dans le cours des débats* »[29].

Requérir du juge qu'il aborde un dossier sans préjugé, sans opinion préconçue consiste, non pas à lui demander de cesser d'avoir des opinions personnelles ou à parvenir à une sainte désincarnation, mais plus simplement d'être apte à être convaincu par un fait, un argument, une interprétation juridique qu'une partie va lui proposer[30]. Cette démarche intellectuelle d'impartialité oblige le juge à « *emprunter la voie du doute méthodique* »[31]. Si le juge ne doute pas ou ne doute déjà plus au moment où l'affaire lui est soumise, on doit considérer qu'il est partial parce qu'empreint d'un préjugé, sentiment qui s'est forgé en dehors même des débats et qui ne peut de ce fait, être combattu par la logique de l'argumentation[32].

Pour éviter d'être partial, le juge doit cultiver la discrétion ainsi que la discipline de la neutralité et de l'objectivité[33].

---

[25] CEDH, 15 déc. 2005, n° 73797/01, *République de Chypre*, *D.*2007, p. 825.

[26] Voy., sur cette question, et not. Sur les aspects plus ou moins visibles d'une possible inféodation du juge à des réseaux politiques, religieux ou philosophiques, G. GAPASHEN, « Un magistrat peut-il être franc-maçon ? », *D.*, 2001, Point de vue, p.3203 ; S. GUINCHARD, « Peut-on être bouddhiste ou chrétien ou juif ou libre-penseur ou franc-maçon et juge ? Réponse impertinente à une question posée sur l'indépendance et l'impartialité des juges appartenant à la franc-maçonnerie », in *Mélanges Julien*, Givors, Edilaix, 2003, pp.203 et s.; P. DE FONTBRESSIN, « le militantisme politique du juge, un danger pour les libertés », *RTDH*, 2004, pp. 423 et s.

[27] Pour la distinction entre opinion exprimée et opinion supposée du juge, voir P. DE FONTBRESSIN, « La neutralité du juge », in *Le procès équitable et la protection juridictionnelle du citoyen*, UAE, Bruylant, 2001, pp.80-81.

[28] L. MILANO, *op. cit.*, p.425.

[29] D. ROETS, *op. cit.*, p. 17.

[30] M-A. FRISON-ROCHE, « L'impartialité du juge », *op. cit.*, p.54.

[31] F. DEFFERARD, *La suspicion légitime*, LGDJ, Bibliothèque de droit privé, tome 332, 2000, p.38.

[32] L. MILANO, *op. cit.*, p.426.

[33] Voy. L'intervention de G. CANIVET, alors premier président de la Cour de cassation française à la séance plénière sur *La genèse de l'État de droit*, au colloque Justice et droits de l'homme de

B. Une impartialité subjective exigeant la neutralité du juge

Dans une société démocratique, traversée de courants nombreux et antagonistes, dans laquelle les conflits sont encadrés par le droit, comment le juge pourrait-il prendre parti publiquement dans l'exercice de sa mission alors que celle-ci attend de lui le recul et la réserve sans lesquels il manquerait à sa mission d'arbitre ?[34] Dans une société où n'existe nulle vérité officielle ni messianique contraignante, la neutralité du juge s'impose comme une qualité inhérente à son office [35]. L'exigence d'impartialité subjective du juge est la traduction juridique de son devoir de neutralité vis-à-vis des parties. Ce devoir est lui-même une condition de la crédibilité du magistrat[36]. Il en va de la confiance des justiciables[37], sans laquelle la paix judiciaire n'est qu'une frustration plus ou moins refoulée et le ferment de réactions impulsives[38].

La neutralité du juge dont il est question, est une neutralité sociale et politique[39]. Il s'agit également d'une neutralité intellectuelle[40]. Cette neutralité s'impose au juge comme une règle éthique. Elle l'oblige à une attention permanente quant à sa relation à l'autre. Elle vise à protéger le justiciable contre les convictions personnelles du juge. Dans le cadre de la direction des débats, le juge doit éviter qu'une attitude, une parole ou un geste ne laisse suggérer la position qui est sienne. Celle-ci ne doit être découverte qu'au moment du rendu de la décision. La neutralité se confond avec la nécessaire impartialité subjective ou personnelle du juge[41], qui s'oppose à ce que celui-ci, dans la décision qu'il va rendre, tienne compte de la qualité des justiciables en présence et de

---

l'IDEF in *Justice et droits de l'homme*, 28e Congrès de l'Institut international de droit d'expression et d'inspiration française, IDEF, 2003, p. 54.

[34] J-C. MAGENDIE, « La magistrature au défi de l'impartialité », *in* L. GOLOVKO et B. MATHIEU (dir.), *Op. cit*, p. 183.

[35] J-C. MAGENDIE, « La magistrature au défi de l'impartialité », *in* L. GOLOVKO et B. MATHIEU (dir.), *Op. cit*, p.183.

[36] P. GILLIAUX, *op cit.*

[37] CEDH 16 janvier 2007, *Warsicka c. Pologne*, 2065/03, par. 35 ; CEDH 5 février 2009, *Olujic c. Croatie*, 22 330/05, par.57 ; CEDH, *Procedo Capital Corporation c. Norvège*, p.58 (sur cet arrêt, voir P. de FONTBRESSIN, « L'impartialité objective au-delà des ambiguïtés et de l'imprécision de la loi : trois arrêts, une même voie », Rev. Trim. dr. h., 2010, pp. 399 et suivantes).

[38] P. GILLIAUX, *op cit.*

[39] S. GUINCHARD, A. VARINARD, T. DEBARD, *Institutions juridictionnelles*, 14e édition, 2017, Dalloz, p. 292 et s.

[40] X. VUITTON, *Op. cit.* p.51.

[41] P. de FONTBRESSIN, « La neutralité du juge », *in Le procès équitable et la protection juridictionnelle du citoyen*, Bruylant, 2001, 79.

l'inclinaison ou de la réserve qu'il éprouve à l'égard de leur personne, ou de la catégorie sociale ou culturelle à laquelle ils appartiennent[42].

Pour satisfaire à l'exigence d'impartialité subjective du tribunal, le juge doit donc être neutre par rapport à la situation qu'on lui soumet, par rapport à la personne des parties qui argumentent devant lui, par rapport à la loi qu'il a en charge d'appliquer[43]. En clair, il doit garder une juste distance[44].Mais comment le peut-il dans la mesure où les juridictions sont composées de personnes humaines vivant dans la société des hommes. Comment peut-il être impartial dès lors qu'il évolue dans un environnement précis ? Il a sa famille, ses amis, ou ses ennemis potentiels[45].

Concrètement, pour être impartial, le juge doit spontanément éviter de prêter le flanc aux critiques de partialité. Il doit adopter une attitude préventive à cet égard. Ainsi, « *l'exigence supérieure de la justice et la nature élevée de la fonction judiciaire* » lui imposent de conserver « *la plus grande discrétion* », même en cas de provocation[46]. Il est donc interdit à un juge de connaître du cas de ses amis, de ses ennemis, de ses parents, d'intervenir dans un litige auquel il est directement intéressé. Il lui est de même interdit de poursuivre à travers ses décisions un combat personnel pour faire triompher ses propres thèses au mépris des éléments de droit ou de fait figurant en procédure[47]. En l'absence d'une telle discrétion ou neutralité dans le comportement du juge, c'est son impartialité subjective qui sera remise en question.

C'est ainsi que dans l'affaire *Buscemi*[48], la Cour européenne des droits de l'homme rappelle que la plus grande discrétion s'impose aux autorités judiciaires lorsqu'elles sont appelées à juger, afin de garantir leur image de juges impartiaux : cette discrétion doit les amener à ne pas utiliser la presse, même pour répondre à des provocations,

[42] V. A. WYVEKENS qui s'interroge sur le point de savoir « s'il est possible d'ériger en principe et à quel degré le fait pour la justice pénale d'adapter sa réponse (dans le sens de l'indulgence) face à un « délit culturel », c'est-à-dire « une infraction s'expliquant au moins en partie par l'existence d'un conflit normatif entre le droit national et les impératifs de la culture de son auteur », *in Cahiers de la justice*, 2013/3, p. 039 « les magistrats et la diversité culturelle : comme M. Jourdain ».

[43] M-A. FRISON-ROCHE, « L'impartialité du juge », *Op. cit.*, p.54.

[44] D. – N. COMMARET, « Une juste distance ou réflexions sur l'impartialité du magistrat », *op. cit.*, p.262.

[45] Kavundja N. Maneno, Télesphore. *Op. cit.*

[46] CEDH 5 février 2009, *Olujic c. Croatie*, 22 330/05, par. 59.

[47] J-L. NADAL, *Op. cit.*

[48] CEDH, 16 sept. 1999, *Buscemi c/ Italie*, Rec. 1999 – VI, JCP 2000-I-203 n° 15 obs. F. SUDRE, D.2000 Somm. p. 184 obs. N. FRICERO, RTDH 2000 p. 543 obs. G. FIAUDACA, § 67 à 69

conformément aux impératifs supérieurs de la justice et la grandeur de la fonction judiciaire. On peut aussi citer l'arrêt *Kyprianou c/ Chypre* du 15 décembre 2005 de la Grande Chambre. Dans cette affaire, la Cour européenne des droits de l'homme a relevé un manquement à l'obligation d'impartialité subjective dans les faits suivants : irrités par les critiques d'un avocat sur la manière dont ils conduisaient l'instance litigieuse, les magistrats appliquèrent sur-le-champ la procédure anglo-saxonne de « contempt of court » pour condamner l'avocat à une peine de cinq jours d'emprisonnement immédiatement exécutoire. La victime n'a guère eu l'occasion de se défendre et la décision de condamnation révélait l'ire des magistrats. Les juges déclarèrent, dans leurs décisions, se sentir « *personnellement insultés* », sans compter d'autres propos tout aussi vigoureux. Eu égard au contenu de la décision et le caractère sommaire de la procédure, la Cour a relevé un manque évident de sérénité et de retenue de la part des juges, constitutif de partialité subjective[49]. Aussi la Cour a-t-elle jugé que le fait que le président d'un tribunal ait employé publiquement des expressions sous-entendant une appréciation négative de la cause du requérant avant de présider l'organe judiciaire appelé à trancher l'affaire, ne semble à l'évidence pas compatible avec les exigences d'impartialité de tout tribunal, consacrées à l'article 6 § 1 de la Convention : ces déclarations du président du tribunal étaient de nature à justifier objectivement les craintes du requérant à l'égard de son impartialité[50]. Par ailleurs, la Cour a souligné le défaut d'impartialité de deux juges qui étaient intervenus dans le cadre d'une procédure, contre le requérant dans une autre instance, soit en leur qualité d'avocats, soit par l'intermédiaire d'associés[51].

D'autres illustrations du manquement au devoir d'impartialité peuvent être présentées. Par exemple, manifeste un manque d'impartialité, le juge qui prononce une condamnation du conducteur d'un véhicule en état d'ivresse, après avoir refusé d'accéder à la demande du prévenu tendant à l'audition des verbalisateurs, en déclarant que ceux-ci ont été entendus à plusieurs reprises et qu'il n'est pas nécessaire de les faire revenir une nouvelle fois pour « *un ivrogne* » ou un « *monsieur fortement intoxiqué par l'alcool* »[52].

---

[49] Arrêt *Kyprianou c/ Chypre* du 15 décembre 2005 (Grande Chambre), §§§ 120-130-133.

[50] CEDH, 16 sept. 1999, *Buscemi c/ Italie*, Rec. 1999 – VI, JCP 2000-I-203 n° 15 obs. F. SUDRE, D.2000 Somm. p. 184 obs. N. FRICERO, RTDH 2000 p. 543 obs. G. FIAUDACA, § 67 à 69.

[51] En suisse, il existe des juges à temps partiel qui exercent d'autres activités professionnelles, la plupart étant également avocats. CEDH, 21 déc. 2000, *Wettstein c/ Suisse*, Rec. 2000 – XII, § 50.

[52] Cass., 31 mai 1976, *Pas.*, 1976, I, p. 1042.

Enfreint également l'impartialité subjective, le juge qui, dans une décision avant dire droit, laisse entendre que la culpabilité de l'inculpé est établie[53]. Encourt le même reproche, le juge qui déclare, en cours d'audience, que l'attitude du prévenu « *apparaissait peu compatible avec la dignité d'un officier* »[54]. Le même reproche est valable pour ce juge à la CNDA qui diffusait sur les réseaux sociaux des informations démontrant que ses convictions xénophobes avaient une influence sur ses décisions juridictionnelles[55]. En effet, ce juge "tweetait" entre autres que : « *je vire tout ce qui est tchétchène, je limite la casse pour mon pays », « je m'occupe des OQTF (obligations de quitter le territoire français). Avec moi, ça dégage fissa* »[56].

En somme, l'impartialité subjective fait de la neutralité ou encore de la discrétion un devoir du juge. Tant que le juge respecte ce devoir, il limite les risques de doute quant à son comportement irréprochable.

Paragraphe 2 : Le doute sur l'impartialité subjective d'un juge

Pour douter de l'impartialité subjective d'un juge, il faut des raisons et des motifs sérieux (A). Mais si le doute est avéré sur un manquement aux obligations de l'impartialité, des mécanismes procéduraux très précis sont prévus dans l'ensemble des mécanismes régionaux de protection des droits de l'homme (B).

A. Les motifs justifiant un doute sur l'impartialité subjective d'un juge

Dans le système européen de protection des droits de l'homme, les motifs justifiant des doutes sur l'impartialité subjective d'un juge sont réunis à l'article 28, paragraphe 2, du Règlement de la Cour européenne des droits de l'homme[57]. « Aucun juge ne peut participer à l'examen d'une affaire :

[53] Bruxelles, 21 janvier 1986, *R.W.*, 1986-1987, col. 952, note A. VANDEPLAS.

[54] Cass., 30 avril 1986, *J.L.M.B.*, 1987, p. 1245 ; pour les jurés d'assises, voy. Cass., 16 octobre 1984, R. G. n° 8933 et 9128, *Pas.*, 1985, I, n° 125 et 127.

[55] http://liberteschenies.blogspot.com/2019/07/le-magistrat-tweetait-trop.html; Consulté le 29/08/2019.

[56] *Id. Ibid*

[57] https://www.echr.coe.int/Documents/Rules_Court_FRA.pdf, consulté le 21/06/2018 ; Voir aussi : C.-L. POPESCU, « La cour européenne des droits de l'homme », *in* H. RUIZ FABRI et J.-M. SOREL (dir.), *Indépendance et impartialité des juges internationaux*, *Op. cit*, p.133 ; David J.

— s'il a un intérêt personnel dans celle-ci, du fait par exemple d'un lien conjugal ou parental, d'un autre lien de proche parenté, d'un lien personnel ou professionnel étroit, ou d'un lien de subordination avec l'une quelconque des parties ;

— s'il est antérieurement intervenu dans l'affaire, soit comme agent, conseil ou conseiller d'une partie ou d'une personne ayant un intérêt dans l'affaire, soit, au niveau national ou au niveau international, comme membre d'une autre juridiction ou commission d'enquête, ou à tout autre titre ;

— s'il s'engage, alors qu'il est juge *ad hoc* ou ancien juge élu continuant à siéger au titre de l'article 26 § 3 du présent règlement, dans une activité politique ou administrative, ou dans une activité professionnelle incompatible avec son indépendance ou son impartialité;

— s'il a exprimé en public, par le truchement des médias, par écrit, par des actions publiques ou par tout autre moyen, des opinions qui sont objectivement de nature à nuire à son impartialité;

— si, pour quelque autre raison que ce soit, son indépendance ou son impartialité peut légitimement être mise en doute[58] ».

En revanche, le simple fait qu'un juge ait publié un article scientifique ou ait exprimé une position générale sur l'interprétation de la Convention ou sur la jurisprudence de la Cour, sans lien avec les faits concrets d'une affaire déterminée, normalement ne l'empêche pas de siéger[59].

Dans le système interaméricain de protection des droits de l'homme, il peut être cité l'article 19, § 1 du Statut de la Cour interaméricaine des droits de l'homme[60] qui a un contenu semblable à celui de l'article 28, paragraphe 2, du Règlement de la Cour européenne des droits de l'homme. En effet, il énumère les situations dans lesquelles le juge doit s'abstenir de connaître d'une affaire au risque de donner un motif au justiciable de douter de son impartialité subjective. Ledit article dispose que « *les juges doivent s'abstenir de connaître d'une espèce dans laquelle des membres de leurs familles ou eux-mêmes ont un intérêt*

Harris, Michael O'Boyle, Ed P. Bates, Carla M. Buckley, Law of the European Convention on Human Rights, 2nd edition, Oxford University Press, Oxford, 2009, p.816.

[58] Par exemple : le juge élu au titre de la Roumanie (M. Bîrsan), dont la femme est présidente de la Chambre du contentieux administratif de la Haute Cour de cassation et de justice de la Roumanie, s'est déporté dans les affaires contre la Roumanie dans lesquelles la décision interne définitive a été rendue par une formation de jugement où sa femme avait siégé. Sa position a été acceptée par la Cour, donc le motif avancé par le juge est pertinent selon la Cour.

[59] David J. Harris, Michael O'Boyle, Ed P. Bates, Carla M. Buckley, *op. cit*., p. 816.

[60] https://www.cidh.oas.org/Basicos/French/v.statut.cour.htm, consulté le 21/06/2018.

direct ou à laquelle ils seraient intervenus auparavant à titre d'agents, de conseillers ou d'avocats, ou comme membres d'un tribunal national ou international, ou d'une commission d'enquête, ou en toute autre qualité, selon l'avis de la Cour interaméricaine des Droits de l'Homme ».

Dans le système africain de protection des droits de l'homme, les motifs justifiant des doutes sur l'impartialité subjective des juges sont contenus à l'article 17, paragraphe 2, du Protocole relatif à la Charte africaine portant sur la création d'une Cour africaine des droits de l'homme et des peuples. En effet, suivant cet article, « *les juges ne peuvent siéger dans une affaire dans laquelle ils sont antérieurement intervenus comme agents, conseils, ou avocats de l'une des parties, membre d'un tribunal national ou international, d'une commission d'enquête, ou à tout autre titre. En cas de doute sur la réalité de cette intervention, la Cour tranche* ».

Cet article 17, paragraphe 2, est complété par l'article 8, paragraphe 4 du Règlement intérieur de la Cour de 2010 qui dispose que : « Aucun membre de la Cour ne peut participer à l'examen d'une affaire :

— s'il est antérieurement intervenu dans celle-ci, comme agent, conseil, ou avocat de l'une des parties, membre d'un tribunal national ou international, d'une commission d'enquête, ou à tout autre titre ;

— s'il a un intérêt personnel dans cette affaire, du fait par exemple d'un lien conjugal ou parental, d'un autre lien de proche parenté, d'un lien personnel ou professionnel étroit, ou d'un lien de subordination avec l'une quelconque des parties ;

— s'il a exprimé en public, par le truchement des médias, par écrit, par des actions publiques ou par tout autre moyen, des opinions qui sont objectivement de nature à nuire à son impartialité;

— si, pour quelque autre raison que ce soit, son indépendance ou son impartialité peuvent légitimement être mises en doute ».

Soulignons que l'article 8, § 4 du Règlement intérieur de la Cour africaine des droits de l'homme et des peuples, eu égard à sa formulation et son contenu, s'est beaucoup inspiré de l'article 28, § 2 du Règlement de la Cour européenne des droits de l'homme précité.

Une juridiction qui accuse un délai non raisonnable pour trancher un litige peut éveiller des soupçons de défaut d'impartialité chez les justiciables. Dans son arrêt du 18 mars 2016, *Wilfred Onyango Nganyi et 9 autres c. République Unie de Tanzanie*[61], la Cour africaine des

[61] *Wilfred Onyango Nganyi et 9 autres c. Tanzanie* (fond) (2016) 1 RJCA 526.

droits de l'homme et des peuples souligne « *l'importance d'un processus judiciaire rapide, surtout en matière pénale. La maxime souvent utilisée à cet égard est : justice différée égale justice refusée. Lorsque la société se rend compte que le règlement judiciaire des différends est trop lent, elle peut perdre confiance non seulement dans les institutions judiciaires, mais aussi et surtout dans le règlement pacifique des différends* »[62].

En somme, les différents motifs évoqués justifient de la part des justiciables un doute sur l'impartialité subjective des juges dont les manquements peuvent être encadrés par différents mécanismes processuels.

B. Les procédures envisageables en cas de doute sur l'impartialité subjective d'un juge

Dans le système européen de protection des droits de l'homme tout comme dans **le système africain de protection des droits de l'homme**, en cas de doute sur l'impartialité subjective d'un juge, ce dernier doit se déporter [63]. **Dans le système interaméricain de protection des droits de l'homme**, en cas de doute sur l'impartialité subjective d'un juge, ce dernier doit s'abstenir de connaître l'affaire. En effet, l'article 19, § 2 du Statut de la Cour interaméricaine des droits de l'homme dispose que « *lorsque l'un des juges est empêché de connaître d'une espèce ou estime, pour toute raison justifiée, qu'il ne doit pas siéger dans une affaire déterminée, il présentera une demande d'abstention au Président de la Cour. Si celui-ci n'y accède pas, la Cour décide* ». Dans le système interaméricain de protection des droits de l'homme, le terme « *abstention* » a été privilégié à celui de « *déport* ». Cependant, ce sont des termes qui sont synonymes et ont un contenu semblable. Rappelons que l'abstention est un acte par lequel le juge renonce spontanément à connaître du procès, soit parce qu'il existe une cause de récusation en sa personne, soit parce qu'il y a pour lui un motif de conscience rendant souhaitable son abstention[64].

---

[62] *Ibid*, § 127.

[63] L'article 28, § 3 du Règlement de la Cour européenne des droits de l'homme : « Si un juge se déporte (…) « ; L'article 8, § 5 du Règlement intérieur de la Cour africaine des droits de l'homme et des peuples de 2010 : « Si un membre de la Cour a l'intention de se déporter pour l'une desdites raisons, il en informe le Président qui le dispense de siéger ».

[64] *Lexique des termes juridiques*, 25e édition 2017-2018, Dalloz, p.4

En clair, en cas de doute sur l'impartialité subjective d'un juge, c'est à celui-ci qu'il revient de prime abord de prendre la responsabilité de se déporter ou de s'abstenir. En l'absence d'une telle initiative de la part du juge, le justiciable peut demander sa récusation. En effet, la récusation est la procédure par laquelle le justiciable demande que tel magistrat s'abstienne de siéger, parce qu'il a des raisons de suspecter sa partialité à son égard, pour des causes déterminées par la loi : parenté[65] ou alliance, lien de subordination, amitié ou inimitié notoire[66], conflit d'intérêts[67].

Le principe d'impartialité subjective empêche donc un magistrat de statuer lorsque l'une de ses connaissances, familiale ou autre, est partie. Sur ce dernier point, l'arrêt *Petur Thor sigurdsson c. Islande* du 10 avril 2003[68] est illustratif. Dans cette affaire, le requérant soutenait que du fait de relations financières entre la juge et son époux avec la banque à laquelle il était opposé, l'impartialité du tribunal n'était pas garantie. La Cour conclut à la violation de l'article 6, § 1 en raison d'un arrangement conclu avec la banque, auquel la juge avait participé, quant à la dette de son mari[69].

L'impartialité subjective s'oppose aussi à ce que dans une même affaire, le magistrat du siège soit le conjoint de celui du parquet[70]. En outre, le justiciable peut demander la récusation du juge pour défaut

---

[65] La partialité peut s'identifier par l'existence d'un lien de parenté. Voir notamment : Soc. 18 nov. 1998 : *D.*, 1999, IR 13 ; *RGDP*, 1999, 650, obs. DESDEVISES ; JCP, éd. E., 1999 p. 755, chron. D. BOULMIER (conseiller prud'homal dont la nièce vivait maritalement avec le salarié demandeur).

[66] Sur l'inimitié ou l'hostilité notoire, cause de partialité subjective, voir notamment : CEDH, 23 avr. 1996, *Remli c. France*. Dans cette affaire, la partialité subjective découlait du fait qu'un juré d'assises s'était déclaré publiquement raciste alors qu'il entrait dans la composition de la Cour d'assises ayant à juger un accusé d'origine nord-africaine ; CEDH, 28 nov. 2002, *Lavents c. Lettonie*, req. n° 58442/00. Dans cette affaire, le défaut d'impartialité subjective découle de déclarations d'un magistrat, publiées dans la presse, qui manifestaient un parti pris défavorable au requérant quant à l'issue de l'affaire ; Pour un exemple de récusation fondée sur l'existence d'une manifestation d'hostilité entre le juge et une partie en Afrique, notamment au Cameroun, voy. Ord. n° 1/ORD/CAB/PCA/BFM du 29 juin 2009 (*Sindeu Jean Bernard c. Djiagoua Abraham*, récusation du magistrat H. O. des tribunaux du Haut Nkam) ; Ord. n° 75/CAB/PCA/YDE du 1er octobre 2013 (*Kuate Etienne et al.*, récusation du magistrat N.E.T., juge au TPI de Yaoundé-Ekounou), le juge est récusé pour avoir tenu des propos empreints de menaces à l'encontre d'une des parties.

[67] Sur le conflit d'intérêts comme cause de partialité subjective, voir CE, 6 mars 1998, RAVET et alii, *RGDP*, 1998, 621, obs. DUBOUY. Dans cette affaire, il est question d'un juge qui siège dans une formation qui connaît du recours formé par des étudiants de maîtrise en droit contre la délibération du jury les ayant ajournés, alors que ce juge a enseigné au cours de cette maîtrise.

[68] CEDH, 10 avril 2003, *Petur Thor sigurdsson c. Islande.*

[69] *Id. ibid*

[70] Voy., par exemple, la jurisprudence française sur ce point : Cass. Crim. 30 avril 1986, *Bull.*, n° 151 et Cass. Crim. 4 juin 1996, inédit.

d'impartialité subjective, s'il y a eu connaissance antérieure de l'affaire par le juge[71]. En somme, en cas de doute sur l'impartialité subjective d'un juge, celui-ci doit se déporter. Sinon, le justiciable pourra contester son impartialité. Cependant, la contestation de l'impartialité subjective d'un juge n'est pas si évidente, car l'impartialité subjective est une exigence dont l'application est délicate.

SECTION II : L'impartialité subjective, une exigence délicate à mettre en œuvre

Accuser un juge d'avoir un parti pris ou un préjugé n'est pas un fait anodin. C'est la gravité d'une telle accusation qui a conduit à poser pour principe que l'impartialité subjective ou personnelle du juge se présume jusqu'à la preuve du contraire[72].Il s'agit bien là d'une présomption simple [73]d'impartialité qui peut être combattue si le justiciable apporte des preuves de la partialité du juge. En d'autres termes, il revient au justiciable qui douterait de l'impartialité subjective d'un juge d'apporter la preuve de cette partialité par tous les moyens. En l'absence d'apport d'éléments extérieurs de partialité du juge, ce dernier est tout simplement présumé impartial.

Cependant, apporter la preuve de la partialité d'un juge n'est pas la chose la plus aisée. En raison du régime de la preuve en la matière, les cas de reconnaissance de la violation de l'impartialité subjective du juge

---

[71] Voy. Ord. n° 59/CAB/PCA/YDE du 6 août 2013, *Etoundi Oyono Adolphe Emmanuel*, récusation du juge A. F. du TGI du Mfoundi. Le juge, membre de la collégialité qui avait antérieurement connu d'une affaire contre l'accusé, a été récusé par ce dernier. Il a accepté d'être dessaisi de la nouvelle procédure ; Ord. n° 70/CAB/PCA/YDE du 23 septembre 2013 (*Atangana Fouda François et Fouda Joseph*, récusation du juge N.D.L. des tribunaux de Ngoumou), le magistrat est récusé pour avoir déjà jugé une affaire ayant un lien de connexité avec l'affaire pendante ; Ord n° 72/CAB/PCA/YDE du 27 septembre 2013 (*Elouna Prospère Guillaume*, récusation du juge H.N.M.M des tribunaux de Nanga Eboko), la demande est rejetée au motif qu'il ne s'agit pas de la même affaire.

[72] SOYER (J.-Cl.) et de SALVA (M.), « Article 6 », *Op. cit.*, p. 260 ; CEDH [GC] 15 décembre 2005, *Kyprianou c. Chypre*, 73 797/01, par. 119 ; CEDH [GC], *Lindon, Otchakovsky-Laurens et July* c. France, par. 76 ; CEDH 15 janvier 2008, *Micallef c. Malte*, 17 056/06, par. 72 ; CEDH 5 février 2009, *Olujic c. Croatie*, 22 330/05, par. 58 ; CEDH, *Dubus SA c. France*, par. 53.

[73] Il nous semble important de souligner le caractère simple de la présomption d'impartialité subjective du juge. En effet, c'est le caractère simple de cette présomption qui permet au justiciable de remettre en cause l'impartialité subjective du juge lorsque des éléments conduisent à suspecter son manque d'impartialité. A contrario, la présomption d'impartialité subjective du juge aurait été irréfragable ou absolue, le justiciable serait dans l'impossibilité de remettre en cause l'impartialité subjective du juge même en présence d'éléments extérieurs de partialité.

sont rares. En effet, une jurisprudence constante de la Cour européenne des droits de l'homme considère que l'impartialité subjective se présume, obligeant ainsi le justiciable à apporter la charge de la preuve du parti pris ou de l'animosité personnelle du juge [74]car, la partialité ne pourrait résulter de la seule énonciation dans sa décision d'éléments défavorables au demandeur[75] ou favorables à son adversaire, tout comme les erreurs commises par le juge[76].

En outre, si tout justiciable a droit à un juge impartial dans tous les systèmes régionaux de protection des droits de l'homme, le juge doit bénéficier, à son tour, d'un « *droit légitime à être respecté dans sa fonction* »[77].

L'impartialité subjective est donc une exigence délicate, car d'une part sa mise en œuvre est complexe (paragraphe 1) et d'autre part elle met en tension « *deux sortes d'intérêts contradictoires, l'un et l'autre légitimes, qu'il faut s'efforcer de concilier dans une dialectique permanente* »[78] (paragraphe 2).

PARAGRAPHE 1 : L'impartialité subjective, une exigence complexe

L'impartialité subjective requiert d'essayer de déterminer ce que le juge pensait en son for intérieur en telle circonstance et si son appréciation était viciée par un parti pris ou un préjugé[79].

Cependant, en cas de doute sur l'impartialité subjective d'un juge, il ne suffit pas d'invoquer un parti pris, un préjugé (A) ; il faut le prouver

---

[74] CEDH, *Hauschildt c/Danemark*, 14 mai 1989, série A, n° 154, § 47 ; *Le Compte, Van Leuven et De Meyere c/Belgique*, 23 juin 1981, série A, n° 43, §30 ; *Pullar c/Royaume-Uni*, 10 juin 1996 ; CEDH, 29 mars 2001, *D.N. c/Suisse*, § 45 ; CEDH, 21 décembre 2000, *Wettstein c/Suisse*, § 43, unanimité ; CEDH, 16 novembre 2000, *Rojas Morales c/Italie*, § 31, unanimité.

[75] Cour de cassation belge, T ch., 28 décembre 1999, p. 99.1839 F, Lare, cass., 2000, p. 99, Pasicrisie belge, 1999, I, 1751 ; Cass. belge, 24 décembre 1999, Bull, et Pas., 1999, n° 705 ; Cass. belge, 19 janvier 2000, Bull, et Pas., 2000, n° 48 ; Cass. belge (2'="" ch.), 9mai 2001, P.01.0074.F, Lare, eass., 2001, p. 179 ; CEDH, 23 juin 1981, Le Compte, Van Leuven et De Meyere c/Belgique, série A, vol. 43, § 58 ; CEDH, 10 février 1983, Albert etLecompte c/Belgique, série A, vol. 58, § 32 ; Mons, 17 mai 1995, J.L.M.B., 1995, 1030 ; Cass. belge, 20 juin 1997, KG C.'96.0142. N, Pai., 1997, n° 287, pp. 711-712 ; Cass. française, 27 mai 2004, Bull, civ., mai 2004, n° 258, pp. 217-218.

[76] Cass. française, 27 mai 2004, Bull, civ., mai 2004, n° 258, pp. 217-218 ; Comm. EDH, 11 juillet 1979, *Pretto c/Italie*, D. R., 16, p. 92.

[77] R. De GOUTTES, « L'impartialité du juge. Connaître, traiter et juger : quelle compatibilité ? », RSC, 2003, p. 63 et s.

[78] *Id. Ibid*

[79] Comm. IDH., *Guy Malary c. Haïti*, décision du 27 décembre 2002, *op. cit*, § 74.

(B), car le remplacement systématique des juges au gré des affirmations des justiciables donnerait corps au « forum shopping »[80]. Des preuves sont donc indispensables et nécessaires.

À. L'insuffisance d'une invocation de parti pris du juge pour attester d'un défaut d'impartialité subjective

Invoquer un parti pris du juge pour remettre en question son impartialité subjective suppose de réunir des preuves tangibles. Une apparence de partialité subjective ne suffit pas pour attester de cette partialité. En clair, une simple suspicion de partialité du juge notamment une suspicion de corruption ou encore de relations intimes du juge avec l'une des parties ne peut suffire à attester de cette partialité. Accuser un juge d'être partial n'est pas sans conséquences[81]. En effet, une remise en cause de l'impartialité subjective d'un juge peut être néfaste pour l'honneur et la dignité de ce dernier.

La partialité subjective est par conséquent difficile à établir[82]. Le professeur Jean-Pierre MARGUENAUD affirme, à cet effet, qu'il est « *relativement rare que la démarche subjective permette de débusquer une violation* »[83] du droit à un tribunal impartial. L'appréciation subjective de l'impartialité du tribunal n'est donc pas si bénéfique pour le justiciable et ne défend pas suffisamment assez les intérêts de ce dernier.

En somme, pour attester d'un défaut d'impartialité subjective du juge, le justiciable doit en apporter la preuve et non pas se borner à invoquer un parti pris. Cependant, la preuve d'une partialité subjective du juge peut être particulièrement difficile à apporter[84].

---

[80] P. GILLIAUX, *Droit(s) européen(s) à un procès équitable*, Bruylant, 2012, p.495

[81] Voy. à ce sujet les commentaires des Professeurs J. VELU et R. ERGEC, *La Convention européenne des droits de l'homme*, Bruxelles, Bruylant, 1990, n° 554 et s.; Jacques VAN COMPERNOLLE, « Évolution et assouplissement de la notion d'impartialité objective », *Rev. Trim. dr. h.* 1994, pp. 437 et s.

[82] Voir à cet égard le cas exemplaire de l'affaire CEDH 10 avril 2003, *Sigurdson c. Suède*, 39 731/98. La Cour a expressément reconnu cette difficulté.

[83] J.-P MARGUENAUD, *Op. cit*, p. 100.

[84] CEDH 15 juillet 2005, *Meznaric c. Croatie*, 71 615/01 : « (...) ainsi, le fait qu'un juge avait brièvement représenté les adversaires de l'intéressé à un stade antérieur de la procédure n'est pas suffisant pour établir, sur le terrain de l'impartialité subjective, que celui-ci aurait été influencé par les préjugés personnels ».

B. La difficulté à prouver le défaut d'impartialité subjective d'un juge

Dans la pratique, il est très difficile pour un justiciable de prouver la partialité subjective d'un juge. Les préjugés du juge doivent s'extérioriser pour que sa partialité soit retenue et puisse être sanctionnée[85]. En l'absence d'une telle extériorisation, la preuve de la partialité du juge devient une mission impossible. En outre, le juge qui est animé par un réel parti pris veille, toutefois, fréquemment à agir « *comme si* » il était impartial[86]. Le justiciable, pour apporter la preuve de la partialité subjective d'un juge, doit rechercher dans des manifestations extérieures. Il convient, à cet égard, d'examiner le comportement que le juge adopte, car ce comportement est susceptible de révéler ses convictions intimes[87], ses préjugés. Certains agissements sont révélateurs du parti pris du juge. À cet égard, les interventions publiques des juges, en particulier dans les médias, sont souvent fatales[88].

La Cour européenne des droits de l'homme insiste, en effet, sur le fait que « *la plus grande discrétion s'impose aux autorités judiciaires lorsqu'elles sont appelées à juger, afin de garantir leur image de juges impartiaux ; cette discrétion doit les amener à ne pas utiliser la presse [...] ; ainsi le veulent les impératifs supérieurs de la justice et la grandeur de la fonction judiciaire* »[89].

Dans un ordre d'idée comparable, la Cour européenne des droits de l'homme a souligné « *qu'on est en droit d'attendre des fonctionnaires de l'ordre judiciaire qu'ils usent de leur liberté d'expression avec retenue chaque fois que l'autorité et l'impartialité du pouvoir judiciaire sont susceptibles d'être mises en cause* »[90]. La Cour EDH a ainsi déduit une partialité personnelle en raison du fait que le président d'un tribunal avait publié dans la presse des articles en réponse à des allégations du requérant[91]. Elle a aussi considéré que les déclarations de la présidente

[85] P. GILLIAUX, *Op. cit*, p. 493.
[86] *Ibid.* p. 495.
[87] *Id. ibid*
[88] *Id. ibid*
[89] CEDH 16 septembre 1999, *Buscemi c. Italie*, 29 569/95, par. 67. Voir aussi CEDH [GC], *Kyprianou c. Chypre*, précité, par. 120 ; CEDH 5 février 2009, *Olujic c. Croatie*, précité, par. 59 ; décision CEDH 8 décembre 2009, *Previti c. Italie*, 45 291/06, par. 257.
[90] CEDH [GC] 28 octobre 1999, *Wille c. Liechtenstein*, 28 396/95, par. 64, CEDH 13 novembre2008, *Kayasu c. Turquie*, 64 119/00 et 76 292/01, par. 92.
[91] CEDH, *Buscemi c. Italie*, précité.

d'une juridiction appelée à statuer sur des poursuites pénales, exprimant d'emblée devant la presse sa surprise de voir le requérant plaider non coupable de tous les chefs d'accusation et écartant l'hypothèse d'un acquittement total, constituaient une véritable prise de position sur l'issue de l'affaire avant tout jugement[92].

D'autres circonstances peuvent aussi entrer en ligne de compte. Il en va ainsi du fait, pour des juges victimes d'un outrage à magistrat, de condamner eux-mêmes l'auteur de cette infraction[93]. Dans l'affaire *Kyprianou* du 15 décembre 2005[94], la grande chambre de la Cour européenne des droits de l'homme a relevé que les juges ayant condamné à une peine de cinq jours d'emprisonnement le requérant pour « *comptent of court* » (outrage au tribunal), étaient ceux-là mêmes devant lesquels le « *contempt* » avait prétendument été commis. Pour la Cour, cette confusion des rôles de plaignant, témoin, procureur et juge suffisait en soi à susciter des craintes légitimes, objectivement justifiées, quant à la partialité du tribunal. La Cour, dans sa formation moins étendue de section, avait, à cet égard, souscrit à une déclaration de la Cour suprême des États-Unis dans l'affaire *Offutt v. USA*[95], selon laquelle « *les juges sont également des êtres humains et peuvent, de façon humaine, prendre de bonne foi un outrage à leur égard pour une obstruction à la loi. En conséquence, la présente Cour estime important que les juges de district se gardent de cette confusion facile en ne siégeant pas eux-mêmes lorsqu'il s'agit de juger la mauvaise conduite d'un avocat, lorsque le contempt incriminé ne peut être séparé au sentiment personnel du juge contre l'avocat* ».

Rendre une décision qui n'est pas assortie d'une motivation circonstanciée, mais qui se borne, par exemple, à reprendre l'argumentation d'une partie sans répondre à celle de son adversaire peut aussi étayer les doutes quant à l'impartialité subjective du juge[96]. La motivation des décisions de justice est un gage d'impartialité subjective des juges et nous aurons l'occasion de le démontrer dans le chapitre suivant.

La partialité subjective d'un juge peut aussi s'identifier par l'existence d'un lien de parenté du juge avec le concubin de l'une des

---

[92] CEDH 28 novembre 2002, *Lavents c. Lettonie*, 58 442/00, spécialement par. 118 et 119.
[93] P. GILLIAUX, *op. cit*, p. 496
[94] CEDH [GC] 15 décembre 2005, *Kyprianou c. Chypre*, précité.
[95] 348 U.S. 11. 75 S. Ct. 11.
[96] CEDH 27 mai 2010, *Hohenzollern c. Roumanie*, 18 811/02, par. 44, a contrario.

parties[97] ou par le fait que le juge siège dans une formation qui connaît du recours formé par des étudiants de maîtrise en droit contre la délibération du jury les ayant ajournés, alors que ce juge a enseigné au cours de cette maîtrise[98].

En somme, l'obligation qu'a le justiciable de prouver le défaut d'impartialité subjective du juge rend difficile le système de preuve permettant sa mise en œuvre. En outre, l'impartialité subjective est une exigence délicate, car elle met en tension deux intérêts contradictoires qu'il faut se forcer à concilier.

PARAGRAPHE 2 : L'impartialité subjective, une exigence du procès équitable mettant en tension deux intérêts

L'exigence d'impartialité subjective du juge met en tension deux intérêts contradictoires. Celui du justiciable qui a le droit d'être jugé sans partialité et celui du juge qui a le droit légitime à être respecté dans sa fonction (A). Ces deux intérêts légitimes devront être conciliés dans la mesure du possible dans le cadre du procès (B).

A. L'intérêt du justiciable et l'intérêt du juge, deux intérêts légitimes mais contradictoires

Si l'intérêt de tout justiciable est d'être jugé sans partialité, sans préjugé (1), le juge doit bénéficier à son tour, d'un « *droit légitime à être respecté dans sa fonction* »[99] (2).

1. L'intérêt du justiciable : être jugé sans partialité, sans préjugé

Le premier intérêt à prendre en compte, dans le cadre d'un procès, est celui du justiciable qui a droit à être jugé équitablement. C'est un droit fondamental et primordial. En effet, si tous les systèmes régionaux de protection des droits de l'homme consacrent un « *droit à un tribunal impartial* », c'est qu'ils sont soucieux de la réalisation des critères d'une bonne justice dans l'intérêt du justiciable en évitant tout risque

---

[97] Soc. 18 nov. 1998: *D.*, 1999, IR 13; *RGDP*, 1999, 650, obs. DESDEVISES ; JCP, éd. E., 1999 p. 755, chron. D. BOULMIER (conseiller prud'homal dont la nièce vivait maritalement avec le salarié demandeur).

[98] CE, 6 mars 1998, RAVET et alii, RGDP, 1998, 621, obs. DUBOUY.

[99] R. De GOUTTES, *op. cit.*, p. 63 et s.

d'arbitraire. En effet, « *l'impartialité permet précisément d'éviter l'arbitraire* »[100].

L'impartialité subjective, rappelons-le, exige du juge une véritable neutralité et discrétion dans son comportement. Le juge doit donc se garder de toutes attitudes arbitraires lorsqu'il traite d'une affaire. En l'absence d'une telle retenue, le justiciable pourra dénoncer une atteinte à son intérêt d'être jugé sans partialité et sans préjugé.

Cependant, il ne faut pas se leurrer, même si être jugé sans partialité est un intérêt du justiciable à préserver et à protéger, des cas de partialité et d'arbitraire existent. À titre de preuve, on peut mentionner l'existence d'affaires dans lesquelles le défaut d'impartialité subjective du juge est sanctionné. Mais, l'impartialité du juge ne doit pas être remise en cause de façon incessante, sur les motifs les plus fantaisistes, car un climat de défiance permanent vis-à-vis des juges sape les fondements même de la justice et se révèle particulièrement dangereux pour la démocratie[101].

2. Le droit au respect du juge dans l'exercice de sa fonction

Le premier concerné par la démarche subjective de l'exigence d'impartialité est le juge lui-même. C'est bien de lui que l'on exige l'impartialité, afin que le justiciable puisse bénéficier d'un procès équitable garant d'une bonne justice.

Le juge occupe donc une place importante dans la réalisation d'un procès équitable et mérite à cet effet d'être respecté dans l'exercice de ses fonctions par le justiciable. Le respect que les juges ont droit d'exiger dans l'exercice de leurs fonctions est un impératif juridique et moral qui s'impose comme référent à toute l'organisation sociale. Relevons que, « *sans juge, il n'y a pas vraiment de droit* »[102]. En effet, outre le fait qu'ils interprètent et appliquent la règle de droit, les juges sont indispensables à l'existence de l'État de droit et à l'édification d'une société démocratique. Pour reprendre le professeur Marie-Anne Frison-Roche, le recours au juge est « *la condition, le critère même du juridique* »[103].

Par conséquent, les recours intempestifs et injustifiés fondés sur l'exigence d'impartialité subjective à l'encontre d'un juge dans l'exercice de ses fonctions sont inadmissibles. Le droit au respect des

---

[100] J. MOULY, « Impartialité du juge et motivation des décisions de justice », Droit social, 2014, p. 778 et s.

[101] L. MILANO, *Op. cit.*, p. 427.

[102] M.A FRISON-ROCHE, « L'impartialité du juge », Recueil Dalloz 1999, p. 53 et s.

[103] M.A FRISON-ROCHE, « L'impartialité du juge », *op. cit.*

juges dans l'exercice de leur fonction est tout aussi important que le respect de l'intérêt du justiciable. Quand bien même le justiciable doit exiger être jugé en toute circonstance sans partialité, cela ne l'autorise pas à manquer de respect au juge. Tout abus, toute déviance du justiciable dans l'exercice de son droit à être jugé sans partialité doit être sanctionné. Il ne faut donc pas que l'exigence d'impartialité soit détournée et utilisée abusivement par des plaideurs mécontents à des fins dilatoires pour remettre en cause de façon incessante la neutralité des juges et, par ce biais, l'autorité des décisions de justice[104]. Il ne faut pas qu'une défiance permanente se substitue à la confiance dans les relations entre les juges et les justiciables, comme cela est trop souvent le cas aujourd'hui, si l'on en juge par le développement actuel du contentieux engagé pour défaut d'impartialité des juges[105]. L'étude du système de protection de cette obligation d'impartialité sera étudiée dans le chapitre suivant[106].

En outre, pour éviter *« une paralysie dans le fonctionnement des tribunaux (...), il ne faut pas, non plus, que l'exigence d'impartialité soit comprise comme trop absolue, par référence à un idéal de neutralité abstraite et désincarnée, qui relèverait de l'utopie. Une telle conception maximaliste, une telle « mystique de l'impartialité », conduirait à tous les malentendus* »[107]. L'exigence d'une impartialité subjective doit être plutôt comprise comme relative, car opposant des intérêts contradictoires.

B. Une nécessaire conciliation des intérêts en jeu

L'exigence d'impartialité subjective du tribunal doit donc trouver un équilibre entre l'intérêt du justiciable et celui du juge. En effet, la protection efficace de l'intérêt du justiciable doit se faire dans le respect du juge et de sa fonction. On doit pouvoir garantir un procès équitable au justiciable tout en étant ferme et intransigeant face aux outrages tendant à porter atteinte à la dignité due à la fonction dont est investi le juge. Toute attitude du justiciable visant à nuire à l'autorité de la justice doit être également sanctionnée.

En l'absence d'une telle dialectique ou d'une telle conciliation, l'impartialité subjective restera une exigence délicate. Cependant, il faut

---

[104] R. De GOUTTES, *op. cit.*, p. 63 et s.
[105] *Id. Ibid*
[106] Cf. les pages 202 à 241.
[107] R. De GOUTTES, *op. cit.*, p. 63 et s.

admettre que dans la pratique la conciliation de ces deux intérêts peut être difficile. Le respect du juge dans sa fonction est une préoccupation de bonne administration de la justice mais d'un autre côté, l'intérêt du justiciable d'être jugé sans partialité est une exigence du procès équitable. Quoi qu'il en soit, la conciliation de ces deux intérêts légitimes et contradictoires est une nécessité.

Conclusion du chapitre

Aisée à comprendre, l'impartialité subjective ou personnelle exige du juge une absence de parti pris et de préjugé. Elle s'apprécie à la lumière du comportement personnel du juge et de ses convictions personnelles. Elle invite le juge à faire preuve de courage, afin de juger sans céder à ses préjugés et a priori.

Bien qu'elle soit d'application délicate, l'impartialité subjective est toujours recherchée pour garantir une bonne justice dans l'intérêt du justiciable. Pour ce faire, plusieurs garanties, généralement admises dans les mécanismes régionaux de protection des droits de l'homme, sont mises en œuvre pour assurer une protection équitable et juste au justiciable.

CHAPITRE II :

LES GARANTIES DE L'IMPARTIALITÉ SUBJECTIVE DU TRIBUNAL, UNE NÉCESSITÉ POUR LA RÉALISATION DU PROCÈS ÉQUITABLE

En tant qu'exigence de bonne justice, dans tous les systèmes régionaux de protection des droits de l'homme, l'impartialité subjective du tribunal vise à assurer un procès équitable aux justiciables.

L'absence d'une telle impartialité met en difficulté la réalisation d'une bonne justice. Pour éviter ou du moins limiter des cas de défaut d'impartialité subjective du tribunal, des garanties sont prévues. En effet, dans chaque système régional de protection des droits de l'homme, nous constatons des efforts en vue de réaliser la garantie de l'impartialité subjective du tribunal.

Afin d'assurer l'impartialité subjective du tribunal, des mécanismes juridiques généralement admis dans tous les systèmes régionaux de protection des droits de l'homme existent (Section I). D'autres garanties peuvent toutefois être mobilisées au travers de la jurisprudence du système européen de protection des droits de l'homme (Section II) ainsi que des systèmes africain et interaméricain de protection des droits de l'homme (Section III).

SECTION I : Les garanties de l'impartialité subjective du tribunal admises dans l'ensemble des mécanismes régionaux de protection des droits de l'homme

Des mécanismes juridiques permettant de prévenir les atteintes à l'impartialité subjective du tribunal sont communs à l'ensemble des systèmes régionaux de protection des droits de l'homme.

Il s'agit notamment de la récusation et de l'obligation de motivation des décisions (paragraphe 1), mais également de la collégialité et la règle du double degré de juridiction (paragraphe 2).

PARAGRAPHE 1 : La récusation et l'obligation de motivation des décisions, des mécanismes favorisant l'impartialité subjective du juge

Quel que soit le système régional de protection des droits de l'homme, la récusation (A) et l'obligation de motivation des décisions constituent des garanties contre la partialité du juge (B).

A. La récusation, un mécanisme juridique garantissant l'impartialité subjective du juge

La récusation[1] est la procédure par laquelle une partie demande l'exclusion d'un juge, d'un juré, d'un arbitre voire d'un expert ou d'un témoin lorsqu'il existe un doute sur son impartialité[2]. En clair, la récusation est un mécanisme par lequel une partie dénie au juge la faculté de connaître d'un litige en raison d'un défaut d'impartialité[3]. Le terme « récusation » vient du latin *recusare*, qui signifie « repousser » ou « décliner »[4]. La finalité de cet instrument procédural est de rejeter le juge au motif qu'il n'est pas en mesure de rendre justice de façon objective[5]. La récusation donne aux plaideurs la faculté, que le Chancelier d'Aguesseau avait relevée, de « juger le juge »[6]. C'est un acte d'opposition en vertu duquel « un plaideur entend faire écarter du tribunal pour le jugement de son affaire, l'un [ou plusieurs] des juges qui pourraient manquer d'impartialité »[7]. Le plaideur va énoncer son refus d'être jugé par un magistrat dont il conteste la neutralité, le but étant de

---

[1] B. BERNABE, *La récusation des juges : étude médiévale, moderne et contemporaine*, préf. J.Krynen, LGDJ, Bibliothèque de droit privé, 2009.

[2] E. JEULAND, *Droit processuel général*, LGDJ, 4e éd., 2018, p. 339.

[3] M. KEBIR, *Le Libre arbitre du juge*, préf. N.Cayrol, Dalloz, Bibliothèque de la justice, 2019, p.366.

[4] *Id. Ibid*

[5] *Id. Ibid*

[6] D'AGUESSEAU, *Onzième Mercuriale prononcée à la Saint-Martin de 1708*, in *Œuvres complètes*, 1759, Tome I, p. 140 : « Ministres de la Justice, espérez encore moins que le reste des hommes de surprendre le jugement du public. Élevés au-dessus des peuples qui environnent votre tribunal, vous n'en êtes que plus exposés à leurs regards. Vous jugez leurs différends, mais ils jugent votre justice ».

[7] H. SOLUS et R. PERROT, *Droit judiciaire privé*, 1961, Sirey, Tome 1, p.675, n° 792.

l'empêcher de « concourir à la solution d'un litige »[8]. La procédure de récusation existe tant dans la procédure civile, pénale, qu'administrative.

Diverses raisons ou causes peuvent justifier la récusation du juge. Il peut s'agir de la connaissance antérieure de l'affaire par le juge, l'intérêt personnel du juge dans l'affaire ou celui d'un parent ou allié, l'existence d'un procès entre le juge ou son conjoint et l'une des parties ou son conjoint, l'administration des biens d'une partie par le juge, le lien de subordination entre le juge et une partie, ou encore, l'amitié ou l'inimitié notoire entre le juge et une partie ou son conseil[9]. Tous ces cas de figure renvoient à des hypothèses qui laissent penser que le juge risque de négliger l'obligation d'impartialité qui est la sienne[10]. Leur intérêt est d'agir par anticipation, avant même que le juge n'ait la possibilité de détourner la marge de liberté dont il dispose pour favoriser l'une des parties au détriment de l'autre[11]. Il y a donc une véritable volonté d'utiliser ce mécanisme juridique comme une garantie de l'impartialité subjective du tribunal. Dans tous les systèmes régionaux de protection des droits de l'homme, on retrouve nécessairement une disposition relative à la récusation.

En effet, d**ans le système européen de protection des droits de l'homme**, l'article 28, § 2 du Règlement de la Cour européenne des droits de l'homme évoque les différentes raisons pour lesquelles le juge doit se récuser ou s'abstenir de participer à l'examen d'une affaire. Suivant cet article, le juge doit se récuser s'il a un intérêt personnel dans l'affaire qu'il traite (du fait d'un lien avec l'une des parties). En outre, il doit se récuser s'il est antérieurement intervenu dans l'affaire, s'il a exprimé en public des opinions qui sont de nature à nuire à son impartialité.

Dans le système interaméricain de protection des droits de l'homme, nous pouvons évoquer l'article 19, § 1 du Statut de la Cour interaméricaine des droits de l'homme. Cet article est relatif à la récusation. Il énumère diverses raisons pour lesquelles le juge doit se récuser ou s'abstenir de connaître d'une espèce.

Dans le système africain de protection des droits de l'homme, il peut être relevé de prime abord que l'article 22 du Protocole relatif à la Charte africaine est relatif à la récusation. En effet, cet article intitulé

[8] I. PETEL-TEYSSIE, « Incidents relatifs au personnel judiciaire », *in* S. Guinchard (dir.), *Droit et pratique de la procédure civile*, Dalloz action, 9e éd., 2017/2018, n° 353-21.
[9] M. KEBIR, *Op. cit*, p. 367.
[10] *Id. Ibid*
[11] *Id. Ibid*

« *récusation* » dispose que « *au cas où un juge possède la nationalité d'un État partie à une affaire, il se récuse* ». Outre cet article, nous pouvons citer l'article 17, § 2 du même Protocole qui évoque d'autres causes de récusation du juge. Il y a aussi l'article 8 du règlement intérieur de la Cour africaine des droits de l'homme et des peuples qui évoque des causes de récusation du juge.

En somme, dans tous les systèmes régionaux de protection des droits de l'homme, la récusation est prévue et est utilisée pour prévenir les atteintes à l'impartialité subjective du juge et du tribunal.

B. L'obligation de motivation des décisions, une garantie de l'impartialité subjective du tribunal

Toute décision intervient dans un litige dans lequel des plaideurs se confrontent et s'affrontent avant que leur environnement ne soit modifié par la solution qu'ils sont alors tenus d'exécuter. Il est donc judicieux qu'ils la comprennent et y adhèrent, par un mouvement que la force obligatoire de la décision ne saurait à elle seule susciter si elle ne s'alimentait de la substance des raisons qui la fondent[12]. Cette finalité fait de la motivation « *une nécessité inhérente à l'art de juger qui explique que sa pratique soit apparue historiquement avant même que l'État ne l'imposât comme une garantie au profit des plaideurs* »[13].

Motiver un jugement, écrit Chaïm PERELMAN, « *c'est le justifier, ce n'est pas le fonder d'une façon impersonnelle et pour ainsi dire, démonstrative ; c'est persuader un auditoire, qu'il s'agit de connaître, que la décision est conforme à ses exigences* »[14].

Qualité intrinsèque des décisions de justice, la motivation sert la protection des justiciables, en leur permettant un contrôle de l'activité des juges[15]. Comme le souligne le professeur Jacques NORMAND, la motivation oblige le juge « *à se donner à lui-même et à donner à autrui*

---

[12] G. CAHIN, « La motivation des décisions de la Cour internationale de justice », *in* H. R. FABRI et J-M. Sorel (dir.), *La motivation des décisions des juridictions internationales*, Coll. Contentieux international, Éd. A. PEDONE, 2008, p. 11.

[13] F. ZENATI, *La jurisprudence*, Paris, Dalloz, 1991, pp. 198-199 ; V. aussi, F. ZENATI-CASTAING, « La motivation des décisions de justice et les sources du droit », *Dalloz*, 2007, pp. 1553-1560.

[14] CH. PERELMAN, « La motivation des décisions de justice, essai de synthèse », *in* CH. PERELMAN et P. FORIERS (dir.), *La motivation des décisions de justice*, Bruxelles, Bruylant, 1978, pp. 415-426.

[15] L. CADIET, J. NORMAND, S. AMRANI MEKKI, *Théorie générale du procès*, PUF, 2010, p.679.

les raisons de sa décision »[16]. Le juge doit « *non seulement bien décider, mais encore expliquer avec clarté le pourquoi de sa décision* »[17]. La motivation contraint son auteur à révéler l'appréciation qu'il porte sur la valeur des pièces du dossier[18]. Elle laisse entrevoir au justiciable si la décision arrêtée substitue à la volonté de la loi la volonté de son auteur[19]. Elle est indispensable à la qualité de la justice[20]. Elle est le rempart contre l'arbitraire en forçant le juge à prendre conscience de son opinion, de sa portée[21]. Elle procure au plaideur une justification de la décision et permet de procéder à une analyse scientifique de la jurisprudence[22]. Elle a donc une vertu explicative à l'égard des parties, qui pourront ainsi comprendre les raisons, le sens et la portée de la décision. L'obligation de motivation des décisions est exigée dans l'ensemble des mécanismes régionaux de protection des droits de l'homme.

En effet, **dans le système européen de protection des droits de l'homme**, l'article 45, § 1 de la Convention européenne des droits de l'homme dispose que « *les arrêts, ainsi que les décisions déclarant des requêtes recevables ou irrecevables, sont motivés* ».

Dans le système interaméricain de protection des droits de l'homme, l'article 66, § 1 de la Convention américaine relative aux droits de l'homme dispose que « *l'arrêt de la Cour sera motivé* ».

Dans le système africain de protection des droits de l'homme, l'article 28, § 6 du Protocole relatif à la Charte africaine portant sur la création d'une Cour africaine des droits de l'homme et des peuples dispose que « *l'arrêt de la Cour est motivé* ». Cet article est corroboré par l'article 61, § 1du Règlement intérieur de la Cour africaine des droits de l'homme et des peuples de 2010 qui dispose que « *Conformément à l'article 28 (6) du Protocole, l'arrêt de la Cour est motivé* ».

Il ressort de ces différentes dispositions que, dans tous les systèmes régionaux de protection des droits de l'homme, la motivation des

---

[16] J. NORMAND, « Le domaine du principe de motivation, *in* Association Henri Capitant des amis de la culture juridique française », *La motivation*, LGDJ, 2000, p. 18.
[17] J. RIVERO, « Le Conseil d'État, cour régulatrice », *D.* 1954, Chr., p.157.
[18] S. JOSSERAND, *L'impartialité du magistrat en procédure pénale*, préf. J. Francillon, LGDJ, Bibliothèque des sciences criminelles, 1998, p. 525.
[19] *Ibid*, p. 528.
[20] S. GJIDARA, « La motivation des décisions de justice : impératifs anciens et exigences nouvelles », *LPA*, 26 mai 2004, p.3. M. BOTTIN, « Notes sur la pratique de la motivation des décisions de justice en jus commune », *Mélanges Carlin*, La mémoire du droit éd., 2007. Fr. Zénati-Castaing, *Op. cit*, 1552. S. Castillo-Wyszogrodzka, « La motivation des décisions de justice (perspective comparative) », *D.* 2014, 1838.
[21] S. GUINCHARD et autres, *Op. cit*, p. 1105.
[22] *Id. Ibid*

décisions est une obligation. En faisant de la motivation des arrêts et décisions, un impératif pour le juge, on peut noter une volonté claire de prohiber la décision arbitraire. La décision arbitraire consiste à tirer de faits rapportés au dossier une conclusion juridique fantaisiste résultant de la seule volonté du magistrat et reniant la loi[23].La décision arbitraire repose ainsi sur des considérations occultes personnelles à son auteur et non remises en cause par lui. Aussi, est-elle partiale ou déloyale[24]. L'arbitraire est donc une manifestation de partialité[25].

L'obligation de motivation des décisions est déterminante dans la mesure où elle contraint le juge à mettre son intuition à l'épreuve des pièces du dossier et des normes applicables[26]. Il n'est pas rare pour un magistrat de se rendre compte que la décision qui lui est instinctivement venue à l'esprit ne peut être motivée de façon convaincante sur papier[27]. Elle empêche le juge de laisser libre cours à ses préjugés. C'est en cela que Caroline Huck insiste sur le fait que « *le jugement se doit d'être motivé juridiquement* »[28].

L'obligation de motivation permet donc au justiciable, mais plus largement à tous les auditoires concernés et à la société entière, de contrôler comment le juge a pu partir d'une situation de fait et user d'une règle de droit pour aboutir à une solution donnée[29]. L'obligation de motivation ne contraint pas le juge à aboutir à une unique et précise solution, mais restreint sa possibilité de sortir du champ des justifications admissibles, ce qui est une barrière contre sa partialité[30].

Notons qu'une motivation partiale équivaut à une absence de motivation [31]. De fait, l'exigence d'impartialité et l'exigence de motivation se rejoignent[32]. D'ailleurs, pour Jean-Claude MAGENDIE, « *l'impartialité se donne à voir dans la motivation des décisions* »[33].

---

[23] S. JOSSERAND, *Op. cit*, p.528.
[24] *Id. Ibid*
[25] *Id. Ibid*
[26] J. VAN MEERBEECK, *Op. cit*, p. 413.
[27] *Id. Ibid*
[28] C.HUCK, « L'emprise de la compassion sur le droit », *in* L. BOLLERI-SCHENIQUE, D. LANZARA, F. GHELFI (dir.), *Op. cit*, p. 50.
[29] M.A FRISON-ROCHE, *Libertés et Droits fondamentaux*, section 2. Le droit à un tribunal impartial, édition de 2008. p. 563.
[30] *Id. Ibid*
[31] J. MOULY, « Impartialité du juge et motivation des décisions de justice », Droit social 2014, p. 778 et s.
[32] A.-B. Caire et L. Berthier, « La motivation des décisions de justice et la Convention EDH », RFDA 2009. 677
[33] J-C. MAGENDIE, *Op. cit*, p. 184.

Dans une affaire du 8 avril 2014[34], le parti pris du tribunal ou des juges a été retenu grâce à la motivation de la décision. En effet, dans cette affaire, un employé d'hôpital avait bénéficié d'une décharge au titre de ses activités syndicales. Arrivé à l'âge de soixante-cinq ans, il avait été mis à la retraite par son employeur, mais il contestait la décision de celui-ci et demandait sa requalification en licenciement sans cause réelle et sérieuse. Cette demande avait été rejetée par la cour d'appel. Or celle-ci, pour justifier sa décision, avait souligné, entre autres, que « *durant des années, [le salarié avait] su tirer profit de son statut syndical pour obtenir de son employeur des avantages "sur mesure" de toute nature qui s'apparentaient à de véritables "privilèges" et qu'il [était] dès lors aisé de comprendre qu'il ne [voulait] pas les voir disparaître du jour au lendemain du fait de sa mise à la retraite* ». Elle ajoutait encore que, « *au vu de ces éléments, les prétentions exorbitantes [du salarié] qui, après avoir accepté l'ensemble de ces conditions et privilèges, [venait] contester sa mise à la retraite au double motif que d'une part, il [devait] rembourser le crédit immobilier de sa maison d'habitation et que d'autre part, la décision lui aurait été notifiée avant son soixante-cinquième anniversaire révolu à un ou deux jours près, apparaissaient quelque peu indécentes* ».

La Cour de cassation en avait déduit qu'en statuant ainsi la cour d'appel n'avait pas satisfait à l'exigence d'impartialité requise par l'article 6, § 1 de la Convention européenne des droits de l'homme. Il est clair, en effet, que, par sa formulation, la motivation retenue par la cour d'appel faisait apparaître un parti pris des juges, constitutif de partialité. De surcroît, comme le note la Cour, c'est avant même d'examiner sur le fond la demande du salarié que les juges du second degré se permettent de faire ces remarques totalement déplacées qui tout à la fois révèlent leur état d'esprit hostile au demandeur et démontrent que leur opinion est déjà arrêtée.

Cette affaire se rapproche d'une autre décision du 21 octobre 2008[35], dans laquelle la Cour de cassation française avait censuré des juges du fond pour avoir motivé leur décision par des motifs hypothétiques, non pertinents, voire de pures insinuations.

La Cour européenne des droits de l'homme a confirmé à plusieurs reprises, dans sa jurisprudence, que le droit à la motivation de la décision

---

[34] Soc., 8 avr. 2014, n° 13-10.209, publié au Bulletin ; D. 2014. 935 RJS 2014. 375 et avis av. gén. R. Weissmann

[35] Soc., 21 oct. 2008, n° 07-40.312, RDT 2008. 758, obs. F. Guiomard

juridictionnelle est une garantie implicite du droit à un procès équitable[36]. Selon la Cour, l'effectivité de la décision de justice suppose pour les parties au procès le droit non seulement de présenter leurs arguments mais aussi le droit d'être vraiment « *entendues* »[37]. Le tribunal a dès lors l'obligation de se livrer à un examen effectif des moyens présentés par les parties, et sa décision doit indiquer « *de manière suffisante les motifs sur lesquels elle se fonde* »[38]. C'est parce qu'elle montre que les observations des parties ont été effectivement entendues et examinées que la motivation a « *vocation à écarter un soupçon de partialité* »[39].

La Cour interaméricaine des droits de l'homme dans un arrêt du 17 novembre 2015, *García Ibarra y otros c/ Équateur*[40], remet en question l'impartialité d'une juridiction au motif d'un manque de motivation des décisions. Pareille solution dans l'affaire *Zegarra Marín c. Pérou*[41] du 15 février 2017 dans laquelle la Cour interaméricaine des droits de l'homme sanctionne le Pérou pour violation de l´article 8 de la CADH relatif aux garanties judiciaires et de l'article 25 relatif à la protection judiciaire en raison d'un défaut de motivation des décisions.

En somme, l'obligation de motivation des arrêts et décisions constitue une véritable garantie de l'impartialité subjective du tribunal. Elle permet au justiciable de comprendre la décision prise par le tribunal ou le juge et de soulever le cas échéant le défaut d'impartialité subjective. En clair, c'est en ayant connaissance des motifs de la décision que le justiciable peut légitimement exercer un droit de recours contre la décision entachée de partialité.

Paragraphe 2 : la Collégialité et la règle du double degré de juridiction, des garanties contre le préjugé du juge

Au nombre des garanties de l'impartialité subjective admises dans tous les systèmes régionaux de protection des droits de l'homme, deux

---

36 CEDH, *Ruiz Torija et Hiro Balani c/ Espagne*, 9 décembre 1994, A. 303-A et A.303-B

37 CEDH, *Dulaurans c/ France*, 21 mars 2000, JCP G, 2000, II, 10 344, note A. Perdiau.

38 CEDH, *Hadjianastassiou c/ Grèce*, 16 déc. 1992, A. 52, § 33.

39 L. MILANO, *Op. cit*, n°695.

40 Cour IDH. Cas *García Ibarra y otros c/ Équateur*. Exceptions Préliminaires, Fond, Réparations et Dépens. Décision du 17 novembre 2015. Série C No. 306.

41 Cour IDH, Affaire *Zegarra Marín c. Pérou*, exception préliminaire, fond, réparations et dépens, Décision du 15 février 2017, No. 331.

autres principes peuvent être énoncés : la collégialité (A) et la règle du double degré de juridiction (B).

A. La collégialité, un principe garantissant l'impartialité subjective du tribunal

La collégialité est un mécanisme procédural qui permet une lutte subtile contre la partialité du juge[42]. Comme nous l'avons évoqué précédemment, une tension se manifeste entre la logique d'indépendance du tribunal à l'égard du monde judiciaire qui peut être assurée par le système de juge unique et celle d'impartialité mieux garantie par le système de collégialité[43].

La collégialité consiste à imposer, dans la composition des juridictions, une pluralité de juges dans le but, notamment, de lutter contre le risque de partialité[44]. Lorsqu'une juridiction est composée d'un juge unique, le risque de le voir abuser de son libre arbitre est plus important dans la mesure où sa façon d'aborder le litige ne trouve pas de contrepoids au moment de prendre sa décision[45]. Imposer la collégialité, c'est favoriser l'impartialité par le nombre[46]. La collégialité dans la formation de jugement constitue un principe d'organisation judiciaire favorable à l'impartialité subjective du tribunal, car la confrontation des opinions de juges est salutaire pour l'équilibre des intérêts en jeu et la neutralisation des éventuelles partialités et préjugés. En clair, le principe de collégialité garantit l'impartialité du jugement, car il est rendu par au moins trois juges qui se contrôlent mutuellement[47]. En outre, l'avantage de la collégialité est d'imposer une délibération et de renforcer l'autorité du jugement[48].

Jérémie VAN MEERBEECK affirme qu'*« en ce qui concerne le principe de collégialité, il est important de souligner que la confrontation d'un sentiment d'audience ou la soumission d'un projet au point de vue d'autres magistrats professionnels est une des meilleures garanties contre la « mauvaise » intuition ou l'émotion*

---

[42] J. VINCENT, « Juridiction collégiale ou juge unique dans la procédure civile française », *in* Mél. L. Falletti, Annales de la faculté de droit et de sciences économiques de Lyon, 1971, II, p. 561.

[43] Cf. développements sur ce sujet, pp. 169-172.

[44] M. KEBIR, *Op. cit*, p. 362.

[45] *Id. Ibid*

[46] *Id. Ibid*

[47] E. JEULAND, *Op. cit*, p. 336.

[48] *Id. Ibid*

purement subjective »[49]. Pour le Professeur Bertrand MATHIEU, *« la collégialité constitue une garantie importante de l'impartialité, cette collégialité étant susceptible de neutraliser d'éventuelles partialités »*[50].

Dans tous les systèmes régionaux de protection des droits de l'homme, des dispositions relatives à la collégialité existent. En effet, dès lors qu'un quorum est exigé pour l'examen d'une affaire, c'est la collégialité qui est requise par la même occasion. Elle fait office de garantie de bonne justice.

Dans le système européen de protection des droits de l'homme, l'article 26, § 1 de la Convention européenne des droits de l'homme dispose que « *pour l'examen des affaires portées devant elle, la Cour siège en formation de juge unique, en comités de trois juges, en chambres de sept juges et en une Grande Chambre de dix-sept juges. Les chambres de la Cour constituent les comités pour une période déterminée* ». Cet article 26, § 1 de la Convention est corroboré par les articles 26, 27 et 27A du règlement de la Cour européenne des droits de l'homme.

Dans le système interaméricain de protection des droits de l'homme, l'article 56 de la Convention américaine relative aux droits de l'homme dispose que « *le quorum requis pour les délibérations de la Cour est de cinq juges* ». En exigeant un quorum pour les délibérations de la Cour, c'est la collégialité qui est donc requise. L'article 23 du Statut de la Cour interaméricaine des droits de l'homme corrobore l'article 56 de la Convention américaine relative aux droits de l'homme. En effet, cet article dispose que « *le quorum requis pour les délibérations de la Cour interaméricaine des droits de l'homme est de cinq juges. Les décisions de la Cour sont prises à la majorité des juges présents. En cas de partage égal des voix, le président a voix prépondérante* ».

Dans le système africain de protection des droits de l'homme, la collégialité est requise par l'article 23 du Protocole relatif à la Charte africaine portant sur la création d'une Cour africaine des droits de l'homme et des peuples. Cet article dispose que « *pour l'examen de chaque affaire portée devant elle, la Cour siège avec un quorum d'au moins sept juges* ». L'article 23 du Protocole est confirmé par l'article 17 du règlement intérieur de la Cour qui dispose que « *le quorum de sept*

---

[49] J. VAN MEERBEECK, *Op. cit*, p. 412.

[50] B. MATHIEU, *Justice et politique : la déchirure ?*, LGDJ, 2015, p. 181.

(7) juges prescrit à l'article 23 du Protocole s'applique à toutes les séances de la Cour. Si, au début d'une séance, le quorum n'est pas atteint, le Président ajourne cette dernière. Si, au cours d'une séance, le quorum cesse d'exister, le Président ajourne cette dernière ».

La collégialité est importante pour la garantie de l'impartialité subjective du tribunal. Elle améliore non seulement « *le bien jugé* », par la discussion et le professionnalisme, mais encore accroît l'impartialité puisque la présence de plusieurs juges neutralise entre eux leur subjectivité[51].

Outre la collégialité, la règle du double degré de juridiction constitue aussi un mécanisme de protection de l'impartialité subjective du tribunal.

B. La règle du double degré de juridiction, une autre garantie de l'impartialité subjective du tribunal

Le double degré de juridiction est une règle qui participe à la préservation de l'impartialité subjective du tribunal. En effet, le droit à ce que sa cause soit entendue « *à nouveau* » est une garantie non négligeable du droit à un tribunal impartial.

En outre, le double degré de juridiction garantit l'impartialité subjective car il est impossible pour le magistrat ayant statué au premier degré de composer la juridiction appelée à examiner, au second degré, la décision contestée[52]. En effet, comment peut-on concevoir dans le cadre du procès équitable que l'auteur de la solution rendue en première instance opère un contrôle effectif et porte un regard critique sur sa propre décision ? Le double degré de juridiction implique nécessairement un nouvel examen de l'affaire par une juridiction autre que celle ayant rendu la décision attaquée[53].

Dans tous les systèmes régionaux de protection des droits de l'homme, plus précisément dans le droit interne des États parties aux

---

[51] M.A FRISON-ROCHE, *Op. cit*, p.564.

[52] CEDH 23 mai 1991, *JDI* 1992. 787, obs. P.T.V. ss 1747. La règle vaut pour toute juridiction d'appel, Civ. 2e, 5 mai 1993, *RTD civ.* 1993. 876, obs. Normand, *JCP* 1994. II. 22 227, note Du Rusquec (TGI, juge d'appel pour la tutelle) ; Crim., 26 septembre 1996, Bull. crim., no 333; « Rapport de la Cour de cassation 1996 », La documentation française, D. Karsenty, « La garantie d'un procès équitable dans la jurisprudence récente de la chambre criminelle », p. 121, spéc., p. 129 ; dans cette dernière affaire, la Chambre criminelle de la Cour de cassation énonce que : « selon l'article 6 de la Convention européenne de sauvegarde des droits de l'homme, un même magistrat ne peut, dans la même affaire, statuer en première instance et en appel ».

[53] N. GERARDIN-SELLIER, *La composition des juridictions, à l'épreuve de l'article 6, 1 de la Convention européenne des droits de l'homme,* Rev. trim. dr. h. (2001), p. 961.

instruments régionaux de protection des droits de l'homme, la règle du double degré de juridiction est généralement prévue.

Le double degré de juridiction s'entend du principe d'organisation judiciaire selon lequel le justiciable peut faire appel d'une décision de justice qui lui est défavorable devant une juridiction distincte, apte à rejuger le litige en fait et en droit. En clair, l'appel est la voie de recours qui permet l'application de la règle du double degré de juridiction. Voie de recours de droit commun[54], l'appel est à la disposition de tous les justiciables. C'est une garantie de bonne justice puisqu'il permet l'examen une nouvelle fois du litige, pour corriger d'éventuelles erreurs du premier juge[55]. Il constitue également une sauvegarde des libertés publiques vu qu'il confère, en principe, aux requérants, le droit de provoquer la censure d'une juridiction supérieure sur un premier jugement[56].

En résumé, le double degré de juridiction permet de sanctionner la partialité subjective d'une juridiction du premier degré si son manque d'impartialité est avéré. C'est en cela que certains auteurs évoquent *« l'aspect curatif »* de cette règle et de *« la dilution du risque par l'intervention d'hommes nouveaux »*.

S'il ne fait point doute (du moins d'un point de vue textuel) que les différents mécanismes juridiques abordés permettent de prévenir les atteintes à l'impartialité subjective du tribunal dans tous les systèmes régionaux de protection des droits de l'homme, il convient de voir comment la garantie de l'impartialité subjective du tribunal est assurée dans chaque système régional de protection des droits de l'homme. Nous étudierons dans un premier temps le cadre juridique européen puis celui de l'Amérique du Sud et de l'Afrique

---

[54] L'appel est ouvert par principe contre tous les jugements, à toute partie succombante. Voir *Justices*, juill.-déc. 1996, *Justice et double degré de juridiction*.

[55] S. GUINCHARD, « Le second degré de juridiction », colloque Versailles 22 mai 1996, Gaz. Pal. 10 sept. 1996 ; « Justice et double degré de juridiction », *Justices* 1996-4.

[56] G. RAVARANI, « Interrogations autour d'un droit fondamental : l'appel », *in Justice et droits de l'homme*, XXVIIIe congrès de l'IDEF, E. Decaux (dir.), 2005.

SECTION II : Une garantie effective de l'impartialité subjective du tribunal dans le système européen de protection des droits de l'homme

La garantie de l'impartialité subjective du tribunal est une réalité dans le système européen de protection des droits de l'homme. Cette garantie s'observe principalement au travers de la jurisprudence de la Cour européenne des droits de l'homme (paragraphe 1). Mais, elle s'observe également (de manière extensive) au travers de la jurisprudence des juridictions des États parties à la Convention européenne des droits de l'homme (paragraphe 2).

PARAGRAPHE 1 : la garantie de l'impartialité subjective du tribunal dans la jurisprudence de la Cour européenne des droits de l'homme

La jurisprudence de la Cour européenne des droits de l'homme relative à la garantie de l'impartialité subjective du tribunal est riche, et ce, malgré le fait qu'il soit difficile de prouver ce manquement. Favorables à la garantie de l'impartialité subjective du tribunal (A), plusieurs arrêts de la Cour européenne des droits de l'homme illustrent la protection que la Cour apporte à cette règle fondamentale du contentieux (B).

A. Une jurisprudence de la Cour européenne des droits de l'homme favorable à la garantie de l'impartialité subjective du tribunal

Le droit à un tribunal impartial conditionne le respect des autres droits fondamentaux. Il s'est donc vite imposé dans la jurisprudence de la Cour européenne des droits de l'homme.

Soucieuse de l'impartialité subjective du tribunal, la Cour européenne des droits de l'homme insiste sur le fait que toute contestation par le défendeur de l'impartialité du tribunal doit être vérifiée[57]. Elle insiste également dans sa jurisprudence sur la nécessité pour un juge dont on peut craindre un manque d'impartialité (subjective), de se récuser, car il

[57] CEDH, 23 avr.1996, *Remli c/France.*

y va de la confiance que les tribunaux se doivent d'inspirer aux justiciables[58].

L'importance de l'impartialité subjective du tribunal dans la jurisprudence de la Cour européenne des droits de l'homme est telle que la Cour souligne qu'« *une interprétation restrictive de l'article 6, § 1, notamment quant au respect du principe fondamental de l'impartialité du juge, ne cadrerait pas avec l'objet et le but de cette disposition, vu la place évidente que le droit à un procès équitable occupe dans une société démocratique au sens de la Convention* »[59]. Ainsi, pour la Cour européenne des droits de l'homme, l'interprétation du principe de l'impartialité du tribunal doit être suffisamment large afin de favoriser son effectivité. Il y a donc lieu de mettre en lumière les arrêts dans lesquels la Cour européenne des droits de l'homme sanctionne le défaut d'impartialité subjective du tribunal et/ou des juges.

---

[58] Affaire *Piersack c/ Belgique*, prec.

[59] CEDH, 26 oct. 1984, *Cubber c/ Belgique*, série A, n° 86, § 30. Dans cette affaire, les faits sont les suivants : Le 4 avril 1977, M. De Cubber fut appréhendé chez lui par la police qui le conduisit ensuite au commissariat où il subit un interrogatoire relatif à un vol de voiture. Le lendemain, des mandats d'arrêt pour faux et usage de faux furent décernés contre lui. Un mois plus tard, puis quatre mois après, de nouveaux mandats furent décernés contre lui. Le premier mandat émanait d'un juge d'instruction au tribunal correctionnel d'Audernarde, M. Pilate. Les deuxième et troisième mandats émanaient de M. Van Kerkhoven, l'autre magistrat instructeur de cette juridiction.
M. Pilate avait déjà connu par le passé, en qualité de juge assesseur à ce tribunal correctionnel de plusieurs poursuites pénales ouvertes contre le requérant pour diverses infractions. Elles avaient abouti selon les cas à une relaxe totale, partielle ou à une condamnation.
M. Pilate avait également été appelé à examiner en qualité déjà de juge d'instruction d'une plainte de M. De Cubber. Il avait été également conduit en qualité de juge des saisies à examiner des affaires civiles concernant le requérant.
En ce qui concerne les affaires pénales, objet de la présente cause, elles furent au début traitées par le juge Van Kerkhoven qui en raison de problèmes de santé fut remplacé par M. Pilate, d'abord occasionnellement puis, à partir d'octobre 1977, de façon définitive. Le tribunal, qui comptait à l'époque des faits une dizaine de magistrats, siégea en ce qui concerne les faits reprochés à M. De Cubber en une chambre comprenant un président et deux assesseurs dont M. Pilate. M. De Cubber affirme avoir protesté contre cette situation mais n'utilisa aucun des moyens légaux devant le tribunal. Par jugement du 29 juin 1979, le requérant fut condamné. Le requérant et le parquet interjetèrent appel. L'appel n'aboutira à rien. M. De Cubber se pourvut en cassation en se fondant notamment sur les articles 292 du code judiciaire belge et 6 § 1 de la Convention. Il alléguait en effet que M. Pilate avait été à la fois juge et partie puisque, après avoir mené l'instruction préparatoire, il avait figuré parmi les juges de fond.

B. Illustration de la garantie de l'impartialité subjective du tribunal dans la jurisprudence de la Cour européenne des droits de l'homme

Plusieurs arrêts illustrent le contentieux relatif à l'impartialité subjective du tribunal dans la jurisprudence de la Cour européenne des droits de l'homme.

Dans l'affaire *Remli*[60], la Cour européenne des droits de l'homme sanctionne un manque d'impartialité subjective du tribunal. Dans cette affaire, il est question d'une tentative d'évasion de prison qui s'est mal passée. Les auteurs (M. Remli et un codétenu) furent donc inculpés du chef d'homicide volontaire ayant pour objet de faciliter, préparer ou exécuter le délit d'évasion et de tentative d'évasion. Par un arrêt du 12 août 1988, la chambre d'accusation de la cour d'appel de Lyon les renvoya en jugement devant la cour d'assises du Rhône. Le 5 décembre 1988, la Cour de cassation rejeta le pourvoi formé par M. Remli contre l'arrêt de renvoi. Les débats devant la cour d'assises se déroulèrent les 12, 13 et 14 avril 1989. Le 13 avril 1989, vers 13 h 50, à la reprise de la séance, les avocats du requérant déposèrent des conclusions tendant à ce qu'il leur soit donné acte de propos tenus le 12 avril, avant l'ouverture de l'audience, par l'un des jurés et entendus par une tierce personne, Mme M., et à ce que le témoignage écrit de cette dernière ainsi que lesdites conclusions soient joints au procès-verbal des débats[61]. Suivant le témoignage écrit de Mme M., elle aurait entendu l'un des jurés affirmer « *en plus, je suis raciste* ». La Cour d'assises ne donna pas suite à la demande des avocats du requérant dans les termes suivants : « *Attendu que selon l'attestation manuscrite d'une dame [M.] datée du 13 avril 1989, l'un des jurés composant le jury de la présente affaire a déclaré "en plus, je suis raciste" à la porte du tribunal vers 13 heures ; que selon cette attestation et les conclusions, ces propos ont été tenus avant l'ouverture de la première audience de la présente affaire et hors de la présence des magistrats composant la cour ; qu'ainsi la cour n'est pas en mesure de donner acte de faits qui se seraient passés hors de sa présence* ».

La Cour européenne des droits de l'homme, dans son arrêt *Remli*, relève d'abord que les principes établis par sa jurisprudence et relatifs à

[60] Affaire *Remli c/France*, prec.

[61] CEDH, Cour (Chambre), 23 avr. 1996, n° 16839/90. Lire en ligne : https://www.doctrine.fr/d/CEDH/HFJUD/CHAMBER/1996/CEDH001-62542

l'impartialité des tribunaux valent pour les jurés comme pour les magistrats, professionnels ou non[62]. Ensuite, la Cour note qu'en l'espèce la cour d'assises du Rhône était appelée à juger M. Remli et son coaccusé, tous deux d'origine maghrébine, et qu'une tierce personne, Mme M., a attesté par écrit avoir entendu l'un des membres du jury déclarer : « *En plus, je suis raciste.* » Enfin, la Cour relève qu'il ne lui appartient pas de se prononcer sur la valeur probante de la déclaration écrite de Mme M. ni sur la réalité des propos racistes imputés au juré en cause. Elle se borne à constater que les conseils du requérant ont déposé ladite déclaration – qui contenait une allégation grave dans le contexte de l'affaire – devant la cour d'assises et lui ont demandé de leur en donner acte. Cette dernière juridiction a rejeté la requête sans même examiner l'élément de preuve qui lui était présenté, au motif de pure forme qu'elle n'était « *pas en mesure de donner acte de faits qui se seraient passés hors de sa présence* ».

Elle n'a en outre pas ordonné d'enquête pour vérifier le fait litigieux – et, le cas échéant, en donner ensuite acte à la défense – alors qu'elle en avait la possibilité. En conséquence, le requérant n'était en mesure ni d'obtenir le remplacement du juré en cause par l'un des jurés supplémentaires ni d'invoquer ledit fait à l'appui de son pourvoi en cassation. Il ne pouvait non plus récuser ledit juré puisque le jury était définitivement constitué et aucun appel contre l'arrêt d'assises ne lui était ouvert.

Avec la Commission, la Cour considère que l'article 6, § 1 de la Convention implique pour toute juridiction nationale l'obligation de vérifier si, par sa composition, elle constitue « *un tribunal impartial* » au sens de cette disposition lorsque, comme en l'espèce, surgit sur ce point une contestation qui n'apparaît pas d'emblée manifestement dépourvue de sérieux. Or, dans la présente affaire, la cour d'assises du Rhône n'a pas procédé à une telle vérification, privant ainsi M. Remli de la possibilité de remédier, le cas échéant, à une situation contraire aux exigences de la Convention européenne des droits de l'homme. Cette constatation, eu égard à la confiance que les tribunaux d'une société démocratique se doivent d'inspirer au justiciable, suffit à la Cour pour conclure à la violation de l'article 6, § 1. De cet arrêt *Remli* de la Cour européenne des droits de l'homme, un enseignement doit être tiré. C'est celui selon lequel il pèse sur les juridictions nationales une obligation

---

[62] Affaire *Remli c/France*, prec, par. 46 ; Voir l'arrêt Holm c. Suède du 25 novembre 1993, série A no 279-A, p. 14, par. 30.

d'enquêter en cas d'atteinte éventuelle à l'exigence d'impartialité. Cette portée de l'arrêt *Remli* sera clarifiée dans l'arrêt *Fahri* de la Cour européenne des droits de l'homme.

En effet, dans l'arrêt *Fahri c/ France* de 2007[63], « *la Cour rappelle que dans l'affaire Remli elle a précisé que l'article 6 § 1 de la Convention impliquait pour toute juridiction nationale l'obligation de vérifier si, par sa composition, elle constitue « un tribunal impartial » au sens de cette disposition lorsque surgit sur ce point une contestation qui n'apparaît pas d'emblée manifestement dépourvue de sérieux* »[64]. Dans l'arrêt *Fahri*, la Cour européenne des droits de l'homme va préciser en quoi consiste cette obligation d'enquête qui pèse sur les juridictions nationales. Pour elle, cette obligation d'enquête doit se matérialiser par une audition. C'est ce qui ressort du paragraphe 29 de l'arrêt *Fahri*[65].

L'impartialité subjective d'un tribunal peut être relativisée, si des jurés font des plaisanteries à caractère raciste. L'arrêt *Sander contre Royaume uni* du 9 mai 2000[66] de la Cour européenne des droits de l'homme en est une illustration. Dans cette affaire, Kudlip Sander, ressortissant britannique d'origine asiatique né en 1960 et résidant à Birmingham, reconnu coupable d'escroqueries le 8 mars 1995, se plaignait d'avoir été jugé par un jury raciste, au mépris de l'article 6 § 1 de la Convention européenne des droits de l'homme. Au cours du procès, un juré adressa au juge une note dans laquelle il exprimait la crainte que d'autres membres du jury, qui avaient fait ouvertement des remarques et des plaisanteries racistes, ne fussent pas impartiaux. Ce juré fut séparé des autres et à l'audience le juge lut sa note au jury, auquel il rappela qu'il se devait d'être impartial. Le lendemain, le juge reçut une lettre collective signée de l'ensemble du jury, y compris du juré qui avait écrit la première lettre, réfutant les allégations et démentant tout préjugé racial. Le requérant se pourvut contre sa condamnation, alléguant notamment que le juge avait fait erreur en n'écartant pas le jury. L'intéressé fut débouté de son appel. La Cour européenne des droits de l'homme a considéré que les allégations figurant dans la première note étaient de nature à susciter chez le

---

[63] CEDH, Cour (Deuxième Section), 16 janv. 2007, n° 17070/05. Lire en ligne : https://www.doctrine.fr/d/CEDH/HFJUD/CHAMBER/2007/CEDH001-79046

[64] *Ibid*, par.25.

[65] « La Cour estime, en particulier, que seule une audition des jurés aurait été à même de faire la lumière sur la nature des propos échangés et sur l'influence que ceux-ci pouvaient avoir eu, le cas échéant, sur leur opinion ».

[66] CEDH, 9 mai 2000. Lire en ligne : https://www.doctrine.fr/d/CEDH/PR/2000/CEDH003-68665-69133.

requérant et tout observateur objectif des doutes légitimes quant à l'impartialité du tribunal, doutes que ni la lettre collective ni les nouvelles instructions du juge au jury n'ont pu dissiper. Elle conclut par quatre voix contre trois qu'il y a eu violation de l'article 6 § 1 de la Convention européenne des droits de l'homme.

Dans une autre affaire de la Cour européenne des droits de l'homme du 25 février 1997, *Gregory contre Royaume-Uni*[67], des propos à connotation raciale d'un membre de jury sont à l'origine d'un contentieux relatif à l'exigence d'impartialité subjective du tribunal. Dans cette affaire, la Cour doit examiner si, dans les circonstances, il y avait des garanties suffisantes excluant tout doute objectivement justifié ou légitime quant à l'impartialité du jury, étant entendu que l'optique de l'accusé entre à cet égard en ligne de compte mais ne joue pas un rôle décisif[68]. Quant à la situation qui survint au procès du requérant, la Cour, pour appliquer le critère objectif aux faits de la cause, doit avoir particulièrement égard aux mesures prises par le juge après réception de la note émanant du jury. Or la réaction immédiate du magistrat fut de recueillir l'avis des avocats de l'accusation et de la défense et de ne pas écarter purement et simplement l'allégation. Juge expérimenté ayant observé le jury pendant tout le procès, il était conscient, à n'en pas douter, de la possibilité soit de congédier le jury à ce stade, soit de lui demander dans le prétoire s'il était capable de poursuivre ses travaux et de rendre un verdict fondé sur les seules preuves. Il ne choisit aucune de ces solutions, et il est significatif que l'avocat de la défense ne l'ait, en réalité, pas pressé de les adopter. On peut raisonnablement en conclure que l'avocat lui-même considéra que les circonstances ne les justifiaient ni l'une ni l'autre. Tout au plus aurait-il demandé au juge de mener des investigations au sujet des circonstances qui avaient motivé la rédaction de la note. Or pareille enquête n'était pas possible en droit anglais. Le juge choisit de traiter l'allégation au moyen d'un complément d'instructions adressé au jury en des termes fermes, après avoir recueilli les observations des deux avocats. Ce complément d'instructions était clair, détaillé et vigoureux. Le juge se montra soucieux de s'assurer que ses paroles étaient comprises et il s'interrompit délibérément à plusieurs reprises pour vérifier que tel était bien le cas. Il chercha à imprégner les membres du jury de l'idée que leur devoir de juré assermenté était de trancher la cause sur la base des seules preuves et de ne pas se laisser

[67] AFFAIRE *Gregory c. Royaume-Uni* (Requête no 22299/93).
[68] Arrêt *Remli c. France* du 23 avril 1996, Recueil 1996 – II, p. 574, par. 46.

influencer par quelque autre facteur que ce soit. Certes, le juge ne se référa pas, dans ses instructions, aux termes « préjugés raciaux ». Notons toutefois qu'il invita les jurés à se débarrasser de « *tout préjugé, quelle qu'en soit la forme* ». Le sens de ses paroles a dû être clair, en particulier pour tout juré dont la conduite pouvait avoir motivé l'allégation de connotations raciales. Il est significatif que plus aucune remarque, concernant des commentaires raciaux, n'ait été formulée par la suite. Aussi le juge a-t-il pu raisonnablement considérer que le jury s'était conformé aux termes de son complément d'instructions et que tout risque de préjugés avait effectivement été neutralisé. L'appréciation portée sur les faits par la Cour l'amène à conclure qu'en l'espèce l'article 6 n'exigeait rien de plus que ce que le juge a entrepris pour dissiper toutes craintes ou tous doutes objectivement justifiés concernant l'impartialité du jury. Si la garantie d'un procès équitable peut, dans certaines situations, requérir de la part d'un juge qu'il congédie le jury, il convient de reconnaître que cette mesure n'est pas forcément la seule permettant d'atteindre cet objectif. Dans des circonstances comme celles de l'espèce, d'autres garanties, telle la communication au jury d'un complément d'instructions soigneusement formulé, peuvent suffire. La Cour s'estime confirmée dans cette conclusion par le constat des juges d'appel relatif à la manière dont le juge de première instance avait traité la note, en application de principes juridiques correspondant étroitement à sa propre jurisprudence sur les conditions objectives d'impartialité. La Cour observe de surcroît que les faits litigieux doivent être distingués de ceux qui l'ont amenée à constater une violation dans l'affaire *Remli* précitée. Dans cette dernière, les juges d'assises s'étaient abstenus de réagir à une allégation selon laquelle un juré identifiable avait été entendu dire qu'il était raciste. En l'espèce, le juge s'est trouvé confronté à une allégation de racisme au sein du jury, qui, bien que vague et imprécise, ne pouvait être considérée comme dénuée de fondement. Compte tenu des circonstances, il prit des mesures suffisantes pour s'assurer que le tribunal pouvait passer pour impartial au sens de l'article 6 paragraphe 1 de la Convention et il offrit des garanties suffisantes pour dissiper tous doutes à cet égard. La Cour conclut dès lors qu'il n'y a pas eu violation de l'article 6, paragraphe 1 en l'espèce.

Dans les arrêts *Remli* et *Gregory* précités, il apparaît que pour la Cour européenne des droits de l'homme, c'est la nature des mesures prises par les magistrats du tribunal, pour exclure tout doute légitime, qui est déterminante dans la constatation ou non du défaut d'impartialité subjective. Ainsi, dans l'arrêt *Remli*, la Cour européenne des droits de l'homme conclut au défaut d'impartialité subjective du tribunal en raison de la passivité de la juridiction qui, face à une allégation grave quant à la partialité d'un juré, a rejeté la requête du requérant sans même l'examiner. Au contraire, dans l'arrêt *Gregory*, la Cour européenne des droits de l'homme a estimé qu'il n'y avait aucune atteinte à l'impartialité subjective du tribunal car dans cette affaire le juge a réagi immédiatement face à l'allégation de partialité, en communiquant au jury un complément d'instruction, après avoir recueilli les observations des avocats.

Il est nécessaire de préciser que la jurisprudence européenne interdit au juge de jugement de fixer prématurément sa décision sur la culpabilité du justiciable car une telle décision délibérément fondée sur une prise en compte non exhaustive de la procédure est dénoncée comme partiale. Ainsi, fait montre de partialité, le juge qui, lors de l'instruction d'audience, adopte un comportement de nature à susciter, dans l'esprit d'une des parties ou du prévenu un doute légitime quant à l'aptitude de la juridiction devant laquelle il comparaît à juger la cause de manière impartiale[69].

La garantie de l'impartialité subjective du tribunal dans le système européen de protection des droits de l'homme n'est pas uniquement l'œuvre de la Cour européenne des droits de l'homme. Cette garantie s'observe également dans la jurisprudence des juridictions des États parties à la Convention.

PARAGRAPHE 2 : La garantie de l'impartialité subjective du tribunal dans la jurisprudence des juridictions nationales

Quelques jurisprudences tirées du droit interne de certains États parties à la Convention européenne des droits de l'homme permettront d'illustrer l'autre aspect de la garantie de l'impartialité subjective du tribunal dans le système européen de protection des droits de l'homme (A). En outre, un accent sera mis sur la garantie de l'impartialité subjective du tribunal dans la jurisprudence administrative (B).

[69] J.VAN COMPERNOLLE, « L'incidence de la Convention européenne des droits de l'homme sur l'administration de la justice, le droit à un procès équitable », *in* J. VELU, et alii (dir.), La mise en œuvre interne de la Convention européenne des droits de l'homme, éd. Jeune Barreau de Bruxelles, 1994, p. 70 ; J. VAN COMPERNOLLE, « L'indépendance et l'impartialité du juge », *in* P. LEMMENS, et M. STORME, Confiance dans la justice, éd. Kluwer, Bruxelles, Bruylant, p. 21.

A. Une illustration de la garantie de l'impartialité subjective du tribunal dans la jurisprudence des juridictions nationales

La garantie de l'impartialité subjective du tribunal s'observe aussi en droit interne des États parties à la Convention européenne des droits de l'homme. Le droit interne français et le droit interne belge nous serviront d'exemples. Le choix de ces deux droits internes est justifié par deux raisons. La première résulte de l'accès relativement facile à ces droits internes. La seconde s'adosse à la richesse de ces deux droits internes sur la question de la garantie de l'impartialité subjective du tribunal.

En droit interne français, la Cour de cassation a considéré, dans une de ses affaires, que l'appartenance du président d'un tribunal à un syndicat de la magistrature ne suffisait pas à caractériser son défaut d'impartialité subjective à l'égard du Front national[70]. Dans cette affaire, il est question d'une requête en récusation à l'encontre d'un président de tribunal de grande instance de Nanterre, en raison de son appartenance au Syndicat de la magistrature qui aurait « *pris très fréquemment des positions politiques très hostiles au Front national* » ; que ce magistrat n'a pas entendu acquiescer à cette demande. La Cour de cassation retient d'une part que la seule appartenance de ce président au Syndicat de la magistrature n'est pas un fait suffisant en soi à caractériser l'inimitié notoire de ce magistrat à l'égard du Front national. D'autre part, que son adhésion au Syndicat de la magistrature, qui relève de l'exercice d'une liberté constitutionnelle, ne laisse pas présumer que l'exigence d'impartialité requise de tout juge laisse ici la place à une forte présomption de partialité. Qu'en effet la circonstance selon laquelle le syndicat dont il est adhérent aurait, par la voix de ses dirigeants ou de sections locales, exprimé une opinion ou pris des positions contre le Front national qui les qualifie d'hostiles, ne suffit pas à fonder la crainte du Front national que l'impartialité que tout justiciable doit trouver chez son juge soit ici compromise ou sujette au doute, alors qu'il n'est ni allégué ni établi que ce magistrat ait personnellement pris des positions, soutenu ou exprimé une opinion à l'encontre du Front national tant dans son activité syndicale que dans l'exercice de ses fonctions juridictionnelles.

La Cour de cassation, dans une autre affaire, fait une application particulière de l'impartialité subjective pour condamner les propos

[70] Civ. 2e, 24 juin 2004, Front national, *D*, 2004, 2083 ; voir en ce sens *Salaman c/ Royaume-Uni*, déc., 15 juin 2000, appartenance du juge à la franc-maçonnerie).

outranciers ou injurieux d'un magistrat à l'égard d'une partie[71]. En effet, dans cette décision, la Cour de cassation retient que pour condamner Mme X..., le jugement évoque notamment « la piètre dimension de la défenderesse qui voudrait rivaliser avec les plus grands escrocs, ce qui ne constitue nullement un but louable en soi sauf pour certains personnages pétris de malhonnêteté comme ici Mme X... dotée d'un quotient intellectuel aussi restreint que la surface habitable de sa caravane, ses préoccupations manifestement strictement financières et dont la cupidité le dispute à la fourberie, le fait qu'elle acculait ainsi sans état d'âme et avec l'expérience de l'impunité ses futurs locataires et qu'elle était sortie du domaine virtuel où elle prétendait sévir impunément du moins jusqu'à ce jour, les agissements frauduleux ou crapuleux perpétrés par elle nécessitant la mise en œuvre d'investigations de nature à la neutraliser définitivement » ; qu'en statuant ainsi, en des termes injurieux et manifestement incompatibles avec l'exigence d'impartialité, le juge a violé l''article 6, § 1 de la Convention européenne des droits de l'homme.

La Cour de cassation, dans une autre de ses affaires, relève que devant une juridiction consulaire, la seule circonstance que le plaideur et son juge aient été élèves de la même école et le fait que les juges seraient issus du même secteur d'activité que les parties, ne constituent pas des éléments de nature à créer un doute sur l'impartialité du tribunal[72]. De même, la seule circonstance que deux époux soient magistrats dans la même cour ne constitue pas une cause de partialité s'ils ne siègent pas dans la même procédure, bien que la lettre de l'article L.111-10, al. 1er, COJ, laisse la place à une solution plus rigoureuse, mais qui serait moins logique[73].

Notons que lorsqu'un juré déclare à propos d'un accusé « *quel que soit le mobile* », il a « *commis deux crimes odieux et abominables* », cela est assurément l'expression d'un manque d'impartialité personnelle qui mérite d'être censurée[74].

En droit interne belge, il y a défaut d'impartialité subjective du tribunal dès lors que le juge laisse entendre par ses propos que la

---

[71] Civ. 2e, 14 sept. 2006, *JCP G,* II 10 189, avis R. Kessous, obs. V. Vigneau ; civ. 3e, 4 juill. 2007, n° 06-13738.
[72] Civ.2e, 13 juill. 2005, *Dr et proc.* 2006/1,40, obs. Fricero
[73] Civ. 2e, 21 janv. 2010, n° 09-10175, *Procédures* mars 2010, n° 68, obs. Perrot.
[74] Cass. française, crim., 14 juin 1989, Bull, crim., n° 259, Rev. sc. crim., 1990, p. 368 ; 28 mai 1997, Bull, crim., n° 209, Droit pénal, 1997, p. 134.

culpabilité du prévenu est établie[75]. Il s'ensuit que le juge qui s'est prononcé sur la solution du litige dès avant l'ouverture des débats a perdu l'aptitude à juger la cause[76]. L'on peut exclure à juste raison de la formation de jugement le juge qui, avant la prononciation de sa décision, a pris position en la cause[77], a exprimé son opinion quant à la décision à prendre sur la culpabilité[78], a pris une quelconque position sur le fond ou s'est formé déjà une opinion sur les faits de la cause[79]. Tel est le cas du juge, qui, pour rejeter la requête de mise en liberté de l'inculpé, émet une appréciation personnelle sur la culpabilité de ce dernier en considérant comme non crédibles et en disant que les déclarations du prévenu ne semblent pas refléter la réalité[80]. Bref, quand un juge prend position quant à la solution à réserver à la question qu'il est appelé à résoudre, il peut y avoir dans ces conditions, préjugé qui l'empêcherait de garder son impartialité[81]. Il y aura ainsi partialité lorsque la position du juge est acquise indépendamment des faits, des arguments et des interprétations que les parties peuvent faire valoir en instance[82].

Toujours en droit interne belge, la partialité sera retenue lorsqu'un juge qui a participé à la décision défend les intérêts de l'une des parties à la cause, mais surtout lorsque, avant la décision, il a été chargé de l'instruction de l'affaire, et a adopté publiquement certaines positions à ce sujet[83].Tel est le cas de la présidente de la Cour du travail de Bruxelles, qui examinant le droit du demandeur en régularisation d'obtenir l'aide sociale pendant la durée de la procédure de régularisation introduite en vertu de la loi du 22 décembre 1999, déclare à l'audience d'introduction du 3 janvier 2002 « *cette affaire devait être remise à une audience rapprochée car dans tous ces dossiers, l'aide sociale a été*

---

[75] Cassation belge, 31 mai 1976, Pasicrisie, 1976,1, 1042 ; cassation belge, 30 mai 1986, JLMB, 1987, 1245 ; Cass. belge, 8mai 1996, Pas., 1996,1, p. 447 ; Bruxelles, 24 novembre 1993, J.T.1993, p. 809.

[76] Cass. belge, 1" juin 1999, Bull et Pas. ; 1999, n° 323 ; C.A. Toulouse, 16 décembre 1992, B, Jurâ-Dato, n° 051527.

[77] Cass. belge, 4 mars 1997, Pas., 1997,1, p. 310.

[78] Cass. belge, 7 juin 1995, Pas., 1997,1, p. 592.

[79] Cass. belge, 23 janvier 1991, *Pas.*, I, p. 487 ; Cass. belge, 11 février 1987, Poi., 1987,1, p. 694.

[80] Tribunal civil de Bruxelles, 18 juin 1993, Revue de droit pénal et criminologie, 1994, pp. 1225-1226.

[81] Kavundja N. Maneno, Télesphore. *L'indépendance et l'impartialité du juge en droit comparé belge, français et de l'Afrique francophone.* Prom. : VAN COMPERNOLLE, Jacques ; Thèse de doctorat en droit.

[82] F. TULKENS et J. LOTARSKI, « Le tribunal indépendant et impartial à la lumière de la jurisprudence de la Cour européenne des droits de l'homme », *in* Mélanges Jacques VAN COMPERNOLLE, Bruylant, Bruxelles, 2004, p. 751.

[83] C.E. belge (7e ch.), 2juin 1988, R.A.C.E., 1988, n° 30214.

accordée indûment » [84]. Aux yeux de la Cour de cassation, cette déclaration indiquait clairement la solution que la présidente entendait donner au litige c'est-à-dire refuser le bénéfice de l'aide sociale du demandeur en régularisation. La Cour s'était fondée sur l'article 6, § 1 de la Convention européenne des droits de l'homme.

En outre, en droit interne belge, il peut être craint un manque d'impartialité subjective du juge qui déclare en cours d'audience que l'attitude du prévenu « *apparaissait peu compatible avec la dignité d'un officier* »[85] ou « *combien de temps cette farce durera-t-elle ?* »[86].

De la même manière, la récusation du président d'une Cour d'assises a-t-elle été justement prononcée au motif que divers incidents procéduraux « *pouvaient avoir provoqué chez les récusants le sentiment d'une apparence d'hostilité directe ou indirecte du président du siège à leur égard et, ainsi, avoir créé en eux un doute quant au caractère équitable de la suite du procès* »[87]. Tel est le cas du juge d'instruction, qui lors de son témoignage devant la Commission d'enquête parlementaire, présente les inculpés comme des « *truands* »[88].

Les mêmes enseignements sont perceptibles en matière disciplinaire. Ainsi, la Cour de cassation belge a eu raison de justifier le renvoi pour cause de suspicion légitime, les circonstances que le bâtonnier et l'Ordre ont déjà adopté dans une autre procédure un point de vue impliquant une critique quant aux faits sur lesquels est fondée la procédure disciplinaire introduite à l'égard du requérant[89]. Aussi, peut faire naître dans le chef du demandeur et dans le chef de tiers une suspicion légitime quant à la stricte impartialité du Conseil de l'Ordre appelé à statuer, les opinions défavorables émises par des membres du Conseil de l'Ordre provincial sur les opinions et actions d'un autre membre du même Ordre qui fondent des poursuites disciplinaires[90].

En somme, ces différents arrêts tirés du droit interne français et droit interne belge témoignent du fait que la garantie de l'impartialité subjective du tribunal dans le système européen de protection des droits

---

[84] Cass. belge (3e ch.), 17 février 2003, JLMB, 2003, pp. 1208-1211 ; Cass. belge, 22 mars 2002, J.D.J., 2002, n° 214, p. 61.

[85] Cour de Cassation belge, 30 avril 1986, JLMB, 1987, p. 1245 ; pour les jurés d'assises, voyons Cassation, 16 octobre 1984, RG 8933 et RG 9128, Pas., 1985,1, n° 125 et 127.

[86] M. FRANCHIMONT, A. JACOBS et A. MASSET, *Manuel de procédure pénale*, E. Jeune Barreau de Liège, 1989, p. 829.

[87] Cassation belge, 26 novembre 1993, J.T., 1993, p. 808.

[88] Cassation belge (2e ch.), 7 avril 2004, J.T., 2004, pp. 541-542.

[89] Cassation belge (1ème ch.), 29 octobre 1998, Pas., 1998,1, 1076.

[90] Cassation belge (3e ch.), 16 juin2000, C.00.0216.F, Pas., 2000,1, 1125.

de l'homme s'observe aussi en droit interne des États parties à la Convention européenne des droits de l'homme. Il est à relever que cette garantie en droit interne est aussi présente dans la jurisprudence administrative.

B. La garantie de l'impartialité subjective du tribunal dans la jurisprudence administrative

Le juge judiciaire n'est pas le seul garant de l'impartialité subjective du tribunal en droit interne. Le juge administratif est également soucieux de l'impartialité subjective du tribunal. Le droit interne français nous permet d'illustrer cette allégation. Le choix du droit interne français pour illustrer notre allégation est lié à la richesse de la jurisprudence administrative française sur les questions d'impartialité subjective du tribunal.

Rappelons que le principe d'impartialité s'impose à toute autorité administrative, notamment aux autorités administratives indépendantes[91]. Mais lorsqu'il s'applique à une procédure juridictionnelle, le principe d'impartialité revêt une dimension renforcée par rapport à celui qui saisit l'ensemble de l'action administrative [92]. Comme le précise le commentaire de la décision n° 2012-280 QPC du 12 octobre 2012 relative à l'Autorité de la concurrence aux Cahiers du Conseil constitutionnel, « *l'impartialité dont il est question dans la décision n'est pas l'impartialité des autorités administratives, dont la jurisprudence administrative impose le respect à toute autorité administrative et qui a pour objet de garantir que ces autorités ne sont pas détournées de leur mission d'intérêt général* ».

Le juge administratif contrôle toutes les formes de partialité administrative dont notamment la partialité subjective. Une décision administrative est entachée de partialité subjective lorsque c'est le comportement d'un agent qui est en cause[93]. Trois cas de comportement peuvent être distingués comme trois idéaux types pouvant caractériser dans la jurisprudence administrative le défaut d'impartialité des agents publics dans leur prise de décision à l'égard des administrés. Ce

[91] CE, sect., 30 déc. 2010, *Sté Métropole Télévision (M6), RJEP* 2011, n° 687, p. 25, concl. Geffray qui juge qu'il incombe aux membres de ces autorités de s'abstenir de toute prise de position publique de nature à compromettre le respect du principe d'impartialité du tribunal.
[92] M. GUYOMAR, B. SEILLER, *Contentieux administratif, Op. cit.*
[93] S. HUBAC, Conclusions sous C.E., sect., 27 avril 1988, *Sophie*, rec., p. 160 ; AJDA 1989, chronique Jurisp., p. 446, chr. AZIBERT Michel et DE BOISDEFFRE Martine.

manquement fait l'objet de censure systématique de la part des tribunaux administratifs.

Le premier cas : l'agent qui est à l'origine de la décision ou l'un des agents qui a participé à la délibération a fait preuve d'une animosité personnelle à l'égard de son destinataire[94]. Une telle circonstance est bien sûr de nature à entraîner l'irrégularité de l'acte ; le juge, relève Sylvie HUBAC, constatera simplement le caractère notoire de cette animosité pour prononcer l'annulation[95].

Le deuxième cas : l'agent avait déjà pris position ou parti sur le problème par le passé. Le juge s'assure alors que la prise de position a bien été publique et que l'agent n'a pas agi en fonction des seuls éléments du dossier mais en fonction de son préjugé[96]. C'est le cas dans la célèbre *affaire Commune de Clohars-Carnoët*[97] : le maire d'une commune organise un concours pour le recrutement d'une secrétaire de mairie et se nomme président du jury, mais fait savoir qu'il ne saurait admettre que l'emploi soit occupé par une femme[98]. Une candidate obtient les meilleures notes aux épreuves écrites mais n'est classée que seconde aux épreuves orales : saisi en appel, le Conseil d'État s'appuie sur la méconnaissance des « *garanties d'impartialité auxquelles tout candidat est en droit de prétendre* » et annule le concours[99]. Dans un autre exemple, le fait que le rapporteur d'une commission nationale d'aménagement foncier ait déjà connu de demandes antérieures des requérants et, à cette occasion, ait « *pris parti contre ces derniers dans une correspondance [...] adressée au maire de la commune* », prise de position « *rendue publique dans le cadre d'une instance contentieuse* », le prive à l'évidence des « *garanties d'impartialité requises pour exercer les fonctions de rapporteur* »[100].

Le troisième cas : l'agent avait un intérêt personnel à l'affaire, et n'a donc pas pris la décision en fonction de considérations tenant au seul intérêt général[101].

Emmanuel GLASER dans ses conclusions sur *l'affaire commune de Rogerville*[102] indiquait que l'impartialité prise au sens littéral d'absence

---

[94] CE 28 avr. 1961, *Fraunié, Lebon* T. 1077 ; 16 févr. 1979, *Baillet, Lebon* 602.
[95] B. QUIRINY, *op. cit*, p.375 et s.
[96] *Id. Ibid*
[97] CE. Sect. 9 nov. 1966, *Commune de Clohars-Carnoët*, Rec. 591
[98] B. QUIRINY, *op. cit*, p.375 et s.
[99] *Id. Ibid*
[100] *Id. Ibid*
[101] *Id. Ibid*

de parti pris, suppose, outre que les magistrats n'aient aucun lien avec les parties, qu'ils ne puissent davantage être leurs propres juges. Cette dernière prohibition trouve tout autant à s'appliquer à un magistrat qui serait directement concerné par l'affaire en cause ou qui aurait pris part à l'édiction de la décision administrative attaquée, qu'à un juge qui aurait participé à une décision juridictionnelle. Il a ainsi été jugé qu'un magistrat ayant contribué au jugement d'une affaire devant un tribunal administratif ne pouvait régulièrement en connaître en appel[103].

En outre, le membre d'un jury doit s'abstenir de participer aux interrogations et délibérations concernant un candidat avec lequel il aurait des liens pouvant influer sur son appréciation ou s'il estime que son impartialité peut être mise en doute, mais la seule circonstance qu'il connaisse un candidat ne suffit pas à justifier son abstention[104]. Rappelons qu'en matière d'impartialité subjective, le parti pris est révélé par l'existence d'un préjugé, favorable ou défavorable, que nourrit le juge dans son for intérieur.

Par les décisions *M. Parent et autres*[105] et *Société Europe, finance et industrie et M. Thannberger*[106], le Conseil d'État français a annulé la sanction prononcée par la commission de sanction de l'autorité des marchés financiers en raison de la partialité d'un des membres qui avait délibéré sur les sanctions litigieuses. Dans la première décision, c'est un préjugé favorable qui a été dénoncé[107]. Le membre de la formation délibérant et la personne poursuivie avaient été ensemble associés

---

[102] CE Sect. (avis) 12 mai 2004, *commune de Rogerville*, AJDA 2004, p.1354 et s. Chron. C. Landais et F. Lenica ; RFDA 2004, p.2004, p.723, concl. E. GLASER.

[103] CE. 5 mars 2003, *M. et Mme RISS*, req. n° 241763, Lebon p.112 ; RFDA 2003, p.625.

[104] CE Sect. 18 juill. 2008, *Mme Baysse*, AJ 2008.2144, concl. Aguila ; JCP Adm. 2008.2200, note Jean-Pierre.

[105] CE, Sect., 27 octobre 2006, no 276069, *M. Parent et autres*.

[106] CE, 30 mai 2007, no 288538, *Société Europe, Finance et Industrie et M. Thannberger*, *JurisData*, no 2007-072024 ; *Rev. AMF*, no 37, juin 2007, p. 289 ; *Banque et droit*, 2007, no 114, p. 23, obs. de VAUPLANE Hubert, DAIGRE Jean-Jacques, de SAINT-MARS B. et BORNET Jean-Pierre.

[107] Voir aussi CE 8 juill. 1897, *Élection Saint André de Tallano, Lebon* 527 (ne peuvent régulièrement siéger ni un membre de la juridiction cousin germain de l'une des parties) ; CE 2 oct. 1996, *Cne Sartrouville, Lebon* T. 1101 (ni la magistrate fille d'un conseiller municipal de la commune requérante) ; CE 28 déc. 2009, *Sylvanise*, Lebon 820 (une ordonnance prise par un juge des référés alors que l'avocat de la défense avait également été son avocat lors de son divorce méconnaît le principe d'impartialité des juridictions, eu égard à la nature des liens qui unissent un avocat et son client dans le cadre d'une procédure de divorce) ; CE 19 avr. 2013, *Centre hospitalier d'Alès Cévennes*, Lebon T (s'agissant d'un expert, il appartient au juge de rechercher si, eu égard à leur nature, à leur intensité, à leur date et à leur durée, les relations directes ou indirectes entre cet expert et l'une ou plusieurs des parties au litige sont de nature à susciter un doute sur son impartialité).

fondateurs d'une société anonyme et le second avait été, un temps, le salarié du premier. En revanche, dans la seconde affaire, le préjugé était défavorable[108]. L'un des coauteurs de la sanction appartenait au comité exécutif d'un groupe bancaire français dont l'une des filiales était impliquée dans un différend financier persistant avec la société requérante et qui avait été porté notamment à la connaissance dudit comité. En l'espèce, le Conseil d'État a estimé que ce soupçon de partialité résultant de cette relation triangulaire suffisait pour obtenir l'annulation de la sanction prononcée.

Dans un arrêt du 22 février 2008, le Conseil d'État a annulé un permis de construire au motif que le maire qui a donné son avis était intéressé au projet alors même que le permis avait été délivré par son successeur. Le Conseil d'État en a profité pour souligner que « *le principe d'impartialité, qui garantit aux administrés que toute autorité administrative, individuelle ou collégiale, est tenue de traiter leurs affaires sans préjugés, ni partis pris, doit être respecté durant l'intégralité de la procédure d'instruction et de délivrance d'un permis de construire, y compris, dès lors, dans la phase de consultation précédant la prise de décision* »[109].

M. GUYOMAR, commentant l'arrêt *Didier* [110], souligne que l'inobservation du principe d'impartialité est de nature à vicier la

---

[108] Voir aussi CEDH 20 mai 1998, *Gautrin c/ France* ; 26 juill. 2007, *Piard* ; CE 30 mai 2007, *Sté EFI*, req. n° 288538. Dans ces affaires, le préjugé défavorable est présumé en raison de l'existence d'un conflit d'intérêts ou d'un différend professionnel persistant. Néanmoins, l'existence de liens entre les magistrats et les parties ne suffit pas, en elle-même à caractériser une amitié ou une inimitié notoire qui disqualifierait les premiers pour connaître du litige intéressant les seconds (CE 11 févr. 2004, *Roynard et synd. des agrégés de l'enseignement supérieur*).

[109] CE, 22 février 2008, no 291372, « Association Air pur environnement d'Hermeville et ses environs », *B.J.D.U.*, 2008, p. 105, concl. AGUILA Yann.

[110] CE, Ass. 3 déc. 1999, *Didier*, Rec. 399. Dans cette affaire, M. Didier, responsable des activités d'« *arbitrage* » dans une société de bourse, a fait l'objet, pour des opérations qui lui étaient reprochées, d'une décision du Conseil des marchés financiers statuant en matière disciplinaire lui retirant sa carte professionnelle pour une période de six mois et lui infligeant une sanction pécuniaire de cinq millions de francs. Il a attaqué cette décision devant le Conseil d'État, compétent en premier et dernier ressort, par un recours de plein contentieux. Il soutenait notamment que la participation du rapporteur aux débats et au vote du conseil des marchés financiers avait méconnu les stipulations de l'article 6-1 de la Convention européenne de sauvegarde des droits de l'homme et des libertés fondamentales, reconnaissant le droit de toute personne à un procès équitable, et en particulier à un tribunal impartial. Le Conseil d'État, tout en admettant que cet article pouvait utilement être invoqué, a considéré que le rapporteur, compte tenu de son rôle, avait pu participer aux débats et au vote « *sans aucune méconnaissance du principe d'impartialité rappelé à l'article 6-1* ». M. Didier a ensuite saisi la Cour européenne des droits de l'homme pour violation de l'article 6-1 tant par le Conseil d'État que par le Conseil des marchés financiers. La Cour a rejeté sa requête (27 août 2002, JCP 2003.II .10 177, note Gonzalez ; RA 2 003 159 note Gambier ; RD publ. 2003.697 obs. Gonzalez).

procédure de manière indélébile, raison pour laquelle le Conseil d'État en a imposé le respect sur le fondement de l'article 6 de la Convention européenne des droits de l'homme[111].

En somme, il ne fait point doute que dans le système européen de protection des droits de l'homme, des garanties de l'impartialité subjective du tribunal existent. Ces garanties ont pu être observées dans la jurisprudence de la Cour européenne des droits de l'homme et dans la jurisprudence de certains États parties à la Convention européenne des droits de l'homme, notamment la France et la Belgique.

Il convient de voir ce qu'il en est de la garantie de l'impartialité subjective du tribunal dans les systèmes interaméricain et africain de protection des droits de l'homme.

SECTION III : La garantie de l'impartialité subjective du tribunal dans les systèmes interaméricain et africain de protection des droits de l'homme

Dans le système interaméricain, tout comme dans le système africain de protection des droits de l'homme, une garantie de l'impartialité subjective du tribunal est prévue. Cependant, il est permis de s'interroger pour savoir si cette garantie est identique à celle observée dans le système européen de protection des droits de l'homme, si elle présente des spécificités et si elle est perfectible.

Pour répondre à ces différentes interrogations, il convient d'étudier respectivement la garantie de l'impartialité subjective du tribunal dans le système interaméricain de protection des droits de l'homme (paragraphe 1) et dans le système africain de protection des droits de l'homme (paragraphe 2).

[111] M.GUYOMAR, « Le droit au juge indépendant et impartial en matière administrative. Le principe vu par le Conseil d'État », in *Variations autour d'un droit commun*, DELMAS-MARTY Mireille, DIJON Xavier, FAUVARQUE-COSSON Bénédicte, GREENSTEIN Rosalind, HALPERIN Jean-Louis, IZORCHE Marie-Laure, JAMIN Christophe, PFERSMANN Otto, Société de Législation Comparée, 2001, p. 73.

PARAGRAPHE 1 : Une garantie effective de l'impartialité subjective du tribunal dans le système interaméricain de protection des droits de l'homme

Différentes affaires de la Cour interaméricaine des droits de l'homme ainsi que de la Commission interaméricaine des droits de l'homme illustrent la garantie de l'impartialité subjective du tribunal dans le système interaméricain de protection des droits de l'homme (B).

Néanmoins, avant toute illustration de cette garantie de l'impartialité, il convient de mettre en lumière certaines spécificités du système interaméricain de protection des droits de l'homme susceptibles d'influencer la représentation spécifique de ce principe dans ce système (A).

A. Les spécificités du système interaméricain de protection des droits de l'homme

L'une des principales spécificités du système interaméricain de protection des droits de l'homme est « *la disputatio* ». *La disputatio*, tantôt larvée, tantôt ouverte, concerne l'approche « *fusionnelle* » des articles 8 et 25 de la Convention américaine relative aux droits de l'homme[112] comme nous avons pu les étudier en introduction.

Le juge A. Cançado Trindade a été celui qui, sans relâche, a plaidé en faveur d'une telle osmose. Il se plaît à la nommer une « *herméneutique intégratrice* » qui entend effacer toute différence entre les deux dispositions[113]. Il rappelle d'ailleurs lui-même régulièrement à l'envi sa vision[114]. Minoritaire en 1997[115], il a réussi à imposer ses vues au sein

[112] L. BURGORGUE-LARSEN, « Les nouvelles tendances dans la jurisprudence de la Cour interaméricaine des droits de l'homme », *Cursos de Derecho Internacional y Relaciones y Internacionales de Vitoria-Gasteiz 2008,* Universidad del Pais Vasco, Bilbao, 2009, pp.149-180.

[113] *Id. Ibid*

[114] Il suffit de se référer à titre d'exemple à son opinion concordante sous l'arrêt *Massacre de Pueblo Bello* pour découvrir un recensement circonstancié de sa démarche (Cour IDH, 31 janvier 2006, Fond et réparations, *Massacre de Pueblo Bello c. Colombie*, Série C n° 140). On saisit l'occasion ici pour mettre en exergue la fonction spécifique des opinions séparées dans le système interaméricain qui pose immanquablement la question de leur véritable nature. Elles permettent parfois, en fonction de la personnalité de chaque juge, de connaître par le menu détail les méandres des évolutions jurisprudentielles dans le cadre d'un raccourci didactique, tantôt mi-judiciaire tantôt mi-doctrinal… en faisant état très clairement, parfois de façon vigoureuse, d'un désaccord qui n'est pas forcément encore visible à la lecture des arrêts, ce qui pour le coup est à notre sens assez malvenu. En effet, si le chercheur est assurément orienté dans sa démarche scientifique, cela peut toutefois porter atteinte à l'autorité des arrêts, débat récurrent s'il en est dès qu'il est question d'opinions séparées.

de la Cour à partir de l'affaire *Castillo Paez*[116]. À partir de cette date, excepté quelques arrêts épars[117], il est rare de trouver des affaires dans lesquelles la Cour interaméricaine des droits de l'homme statue séparément sur ces deux dispositions.

A. A. Cançado Trindade conçoit le droit au recours effectif comme étant « *l'expression du droit d'accès à la justice entendu lato sensu, c'est-à-dire comme le droit à la prestation juridictionnelle qui intègre par voie de conséquence de manière inéluctable les garanties du procès équitable* »[118]. Cette *vision fusionnelle* a pour conséquence, pour l'auteur brésilien, la nécessaire élévation du « *droit au Droit* » au rang des normes de *jus cogens*[119]. Cette vision doctrinale a pris l'allure d'un *dictum* devenu classique au sein de la jurisprudence. Lisons plutôt, « *selon la Cour, les États parties ont l'obligation, conformément à la Convention américaine, de fournir aux victimes des violations des droits de l'homme des recours judiciaires effectifs (article 25) qui doivent respecter les règles du procès équitable (article 8 § 1), l'ensemble s'insérant dans le cadre de l'obligation générale imposée à la charge des États de garantir le libre et plein exercice des droits reconnus par la Convention à toute personne qui se trouve sous sa juridiction (article 1 § 1)* »[120].

Cette analyse symbiotique entre le droit à un procès équitable (article 8) et le droit à un recours effectif (article 25) a été contrecarrée et critiquée par des juges restés longtemps minoritaires : ainsi du juge mexicain (Sergio García Ramírez) et chilien (Cecilia Medina Quiroga)[121]. Le juge *ad hoc* colombien Diego Rodriguez Pinzón – dans

---

[115] Cour IDH, 13 septembre 1997, Demande de révision, *Genie Lacayo c. Nicaragua*, Série C n° 30.

[116] Cour IDH, 3 novembre 1997, Fond, *Castillo Páez c. Pérou*, Série C n° 34.

[117] Cour IDH, 6 février 2001, Fond, *Ivcher Bronstein c. Pérou*, Série C n° 74, §§132-142.

[118] §28 de son opinion concordante sous l'arrêt *Massacre Pueblo de Bello.*

[119] *Ibid.*, §§63-65.

[120] Voir, parmi une jurisprudence foisonnante, (Cour IDH, 26 juin 1986, Exceptions préliminaires, *Velásquez Rodríguez c. Honduras*, Série C n° 1, §90 ; Cour IDH, 11 mai 2007, Fond et réparations, *Massacre de La Rochela c. Colombie*, Série C n° 163, §145). La formule de la Cour se fait parfois plus explicite et spécifique en fonction des particularités des espèces : «Afin que le droit à un recours effectif soit préservé sur la base de l'article 25, il est indispensable que ledit recours soit mis en œuvre conformément aux règles du procès équitable telles que prévues à l'article 8 qui inclut l'accès à l'assistance judiciaire» (Cour IDH, 21 juin 2002, Fond et réparations, *Hilaire, Constantine, Benjamin et a. c. Trinité et Tobago*, Série C n° 94, §148).

[121] L. BURGORGUE-LARSEN, « Les nouvelles tendances dans la jurisprudence de la Cour interaméricaine des droits de l'homme », *op. cit.*

l'affaire *Salvador Chiriboga*[122] – est venu croître les rangs de ceux qui défendent une approche techniquement plus pointue. Afin d'illustrer un des aspects de la controverse, on se référera à la question des délais des articles 8§1 et 25§1[123]. Sont-ils les mêmes ? D'un côté, la disposition relative au droit à un procès équitable (8 § 1) rappelle logiquement, à l'unisson des autres instruments internationaux, qu'il doit se dérouler dans « *un délai raisonnable* », tandis que de l'autre, celui concernant le droit à un recours effectif (25 § 1) impose que ledit recours soit « *rapide* »[124]. Or, pour Cecilia Medina Quiroga – qui eut l'occasion de l'écrire comme professeur avant de le défendre comme juge – il ne s'agit absolument pas des mêmes délais[125]. Ce faisant, ils ne peuvent pas être analysés de façon conjuguée[126] et fusionnelle. La « *rapidité* » du recours de l'article 25§1 – qui caractérise l'*amparo* latino-américain conçu de façon générique comme une procédure d'urgence de protection des droits fondamentaux – s'analyse en termes de « *jours* », tandis que le « *délai raisonnable* » du procès mentionné à l'article 8§1 peut évidemment pour sa part s'apprécier en termes d'années[127]. Dans ce contexte, elle postule la dissociation de ces deux bases juridiques et la mise au point de critères spécifiques adaptés à chaque cas de figure[128]. Si Cecilia Medina Quiroga relève que sur la base du référent européen, le délai raisonnable a été apprécié à l'aune de trois critères (complexité de l'affaire, attitude du pétitionnaire et attitude des autorités étatiques), elle estime que la Cour devrait en forger d'autres, expressément adaptés au recours visé à l'article 25 § 1[129].

La disputatio prônée et défendue par certains juges de la Cour interaméricaine des droits de l'homme et contestée par d'autres juges de cette même Cour est-elle favorable à la garantie de l'impartialité subjective du tribunal dans ce système ?

À cette question, il nous semble qu'il ne peut y avoir de réponse tranchée. Cependant, si l'on doit se prononcer au regard des raisons qui

---

[122] Cour IDH, 6 mai 2008, Exceptions préliminaires et fond, *Salvador Chiriboga c. Équateur*, Série C n° 179.
[123] L. BURGORGUE-LARSEN, « Les nouvelles tendances dans la jurisprudence de la Cour interaméricaine des droits de l'homme », *op. cit.*
[124] *Id. Ibid*
[125] *Id. Ibid*
[126] *Id.Ibid*
[127] Voir notamment son opinion séparée partiellement dissidente sous l'affaire Cour IDH, 5 juillet 2004, Fond et réparations, *Dix-neuf commerçants c. Colombie*, Série C n° 109.
[128] L. BURGORGUE-LARSEN, « Les nouvelles tendances dans la jurisprudence de la Cour interaméricaine des droits de l'homme », *op. cit.*
[129] *Id. Ibid*

ont servi de socle à *la disputatio*, on peut présumer que *la disputatio* est favorable à la garantie de l'impartialité subjective du tribunal. En effet, l'approche fusionnelle entre le droit à un procès équitable (article 8) et le droit à un recours effectif (article 25) que permet *la disputatio*, est un renforcement de la garantie de l'impartialité du tribunal.

Une autre spécificité du système interaméricain de protection des droits de l'homme réside dans le fait que le juge interaméricain garantit l'impartialité subjective du tribunal à travers le « *droit au juge* ». Sous la dénomination générique de « *droit au juge* », on fait référence aux dispositions qui, dans le texte américain, permettent aux justiciables de contester tout type d'atteinte à leur droit d'être jugés équitablement et impartialement en disposant, notamment, de toutes les voies de recours pertinentes à cet effet[130]. À l'instar du système européen de garantie des droits – où l'article 6§1 est une des dispositions les plus invoquées – le « *droit au juge* » apparaît comme consubstantiel aux démocraties au point que l'article 27§2 n'autorise pas de suspension des garanties « indispensables » à la protection des droits[131].

En somme, il est clair que la spécificité du système interaméricain de protection des droits de l'homme consiste à fusionner, à combiner les articles 8 et 25 de la Convention américaine relative aux droits de l'homme afin de garantir au mieux l'impartialité subjective du tribunal.

B. L'illustration de la garantie de l'impartialité subjective du tribunal dans la jurisprudence interaméricaine des droits de l'homme

La Cour interaméricaine des droits de l'homme souligne constamment, dans sa jurisprudence, l'importance de l'impartialité subjective des magistrats[132]. La Commission interaméricaine des droits de l'homme considère également l'impartialité comme l'un des aspects majeurs des garanties minimales de l'administration de la justice[133].

---

[130] L. BURGORGUE-LARSEN, « Les nouvelles tendances dans la jurisprudence de la Cour interaméricaine des droits de l'homme », *op. cit.*

[131] *Id. Ibid*

[132] Cour IDH, *Caso Palamara Iribarne c. Chili*, 22 novembre 2005, préc. ; Cour IDH, *Lori Berenson Mejia c. Pérou*, 25 novembre 2004, préc.

[133] L. HENNEBEL, « La Convention américaine des droits de l'homme, Mécanismes de protection et étendue des droits et libertés », *op. cit.*

Elle s'applique tant aux juges professionnels qu'au jury populaire et exige l'absence de tout parti pris ou préjugé sur l'affaire jugée[134]. S'inspirant de la jurisprudence européenne[135], la Commission interaméricaine des droits de l'homme souligne que l'impartialité se définit d'ordinaire par l'absence de préjugé ou de parti pris. La plupart des affaires que nous avons pu identifier concernent les juridictions militaires.

Dans l'affaire *Palamara Iribarne c. Chili*[136] du 22 novembre 2005 de la Cour interaméricaine des droits de l'homme, il peut être déduit que l'impartialité subjective du tribunal « *(...) implique que ses membres n'aient pas un intérêt direct, une position prise, une préférence pour l'une des parties et qui ne soient pas en rapport avec le litige en cause* ». En outre, la Cour interaméricaine des droits de l'homme rajoute que s'il y a une raison quelconque pouvant affaiblir l'intégrité du tribunal en tant qu'organe impartial, « *le juge ou le tribunal doit abandonner l'affaire soumise à sa connaissance (...). Dans le but de préserver l'administration de la justice, il doit être assuré que le juge soit libre de tout préjugé et qu'il n'existe pas de doutes concernant l'exercice des fonctions juridictionnelles* »[137].

L'impartialité subjective du tribunal doit être respectée dans tout type de procédure. La Cour interaméricaine des droits de l'homme l'a régulièrement signalé concernant les juridictions militaires. Sans contester la légitimité des juridictions militaires, le système interaméricain impose d'importantes balises à l'exercice de la justice par

---

[134] Voyons sur ces principes: Cour IDH, *Caso Palamara Iribarne c. Chili*, préc, par. 145: *La Corte considera que el derecho a ser juzgado por un juez o tribunal imparcial es una garantia fundamental del debido proceso. Es decir, se debe garantizar que el juez o tribunal en el ejercicio de su funcion como juzgador cuente con la mayor objetividad para enfrentar el juicio. Asimismo, la independencia del Poder Judicial frente a los demas poderes estatales es esencial para el ejercicio de la funcion judicial.146. La imparcialidad del tribunal implica que sus integrantes no tengan un interés directo, una posicion tomada, una preferencia por alguna de las partes y que no se encuentren involucrados en la controversia. 147. El juez o tribunal debe separarse de una causa sometida a su conocimiento cuando exista algun motivo o duda que vaya en desmedro de la integridad del tribunal como un organo imparcial. En aras de salvaguardar la administracion de justicia se debe asegurar que el juez se encuentre libre de todo prejuicio y que no exista temor alguno que ponga en duda el ejercicio de las funciones jurisdiccionales.*

[135] CEDH, *Piersack c. Belgique*, 1er octobre 1982, Arrêt au principal, A. 53, par. 30, jurisprudence citée in Commission IADH, *Affaire 11 335 (Guy Malary) c. Haïti*, 27 décembre 2002, Fond, Rapport n° 78/02, Rapport annuel 2002, par. 74.

[136] Cour IDH, *Caso Palamara Iribarne c. Chili*, 22 novembre 2005, préc. §§ 145-146.

[137] *Ibid.*, § 147.

ces juridictions[138]. La Cour interaméricaine des droits de l'homme dans son affaire *La Cantuta c. Pérou*[139] du 29 novembre 2006 relève que dans les cas où « *l'ordre militaire est subordonné hiérarchiquement au pouvoir exécutif (...), ceci empêchait ou pour le moins rendait difficile pour les magistrats de l'ordre militaire de juger de façon objective et impartiale* ». L'absence d'impartialité étant liée à l'absence d'autonomie qui entraîne d'inévitables pressions du politique sur ces juridictions d'exception[140].

En 1999, lors de l'affaire *Castillo Petruzzi y otros c/ Pérou*[141], la Cour interaméricaine des droits de l'homme s'est prononcée sur le jugement de civils par des juridictions militaires. Dans cette affaire, des civils chiliens accusés d'appartenir à une organisation terroriste péruvienne avaient été condamnés à la réclusion à perpétuité par des tribunaux militaires « *sans visage* ». Pour la Cour interaméricaine des droits de l'homme, le fait que les forces armées soient immergées dans le combat des insurgés mine leur impartialité subjective pour juger ceux-ci. Dans cette même affaire, la Cour interaméricaine des droits de l'homme va ajouter que l'impartialité subjective peut être atteinte dans les cas où le juge est aussi une partie[142]. Et c'est bien le cas de la présidence du tribunal militaire qui est aussi impliquée à la poursuite des personnes associées aux groupes terroristes[143].

Dans son affaire *Durand y Ugarte c/ Pérou*[144] de 2000, la Cour interaméricaine des droits de l'homme conclut à la partialité de la justice militaire. Selon la Cour, il est raisonnable de considérer que les fonctionnaires de la justice militaire manquaient d'impartialité [145] subjective. En effet dans cette affaire, il est question de jugement par une juridiction militaire de militaires présumés coupables de la mort d'une centaine de personnes lors d'une intervention dans un centre de détention (*El Frontón*). La Cour a considéré que dans cette affaire, les militaires chargés de maîtriser la mutinerie au sein de l'établissement pénitentiaire

---

[138] K. MARTIN-CHENUT, « La jurisprudence interaméricaine des droits de l'homme sur l'exercice de la justice par les tribunaux militaires, Chronique internationale des droits de l'homme », *RSC* 2009 p. 442.

[139] Cour IDH, 29 novembre 2006, Fond et réparations, *La Cantuta c. Pérou*, Série C n° 162, § 141.

[140] Cf les pages de la partie 1 de la thèse.

[141] Cour IDH 30 mai 1999, *Castillo Petruzzi y otros c/ Pérou*, Série C, n° 41.

[142] H. TIGROUDJA, I. K. PANOUSSIS, *La Cour interaméricaine des droits de l'homme Analyse de la jurisprudence consultative et contentieuse*, Droit et Justice, Bruylant, 2003, p. 256

[143] *Id. Ibid*

[144] Cour IDH 16 août 2000, *Durand y Ugarte c/ Pérou, Serie C, n° 68.*

[145]Cour IDH 16 août 2000, *Durand y Ugarte c/ Pérou, Serie C, n° 68.* § 125.

ont fait un usage disproportionné de la force, en excédant outre mesure les limites de leurs fonctions et entraînant la mort de plusieurs détenus. Par conséquent, leurs actions n'auraient pas dû être traitées comme des infractions militaires. Elles auraient dû être considérées comme des infractions ordinaires et de ce fait, jugées par des juridictions ordinaires, indépendamment du statut de militaire de leurs auteurs[146].

Dans son affaire *Herrera Ulloa c. Costa Rica* [147]du 2 juillet 2004, la Cour interaméricaine des droits de l'homme estima que le fait que les magistrats chargés de connaître d'une affaire furent les mêmes durant les deux recours en cassation n'était pas conforme aux règles du procès équitable notamment l'impartialité du tribunal. Énonçant que ces magistrats auraient « *dû s'abstenir de connaître de l'affaire* », car « *ils avaient non seulement connu le fond mais aussi la forme* », la Cour interaméricaine des droits de l'homme considéra que la Cour suprême du Costa Rica n'avait pas répondu aux exigences de l'article 8, § 1 de la Convention américaine relative aux droits de l'homme[148].

Les différentes affaires sus-évoquées permettent d'attester l'importance que consacre au principe d'impartialité subjective la jurisprudence interaméricaine de protection des droits de l'homme. Soulignons que les affaires plus récentes des juridictions interaméricaines ne traitent pas spécifiquement de la question de l'impartialité subjective. Nous regrettons donc de ne pas pouvoir donner des exemples jurisprudentiels plus récents. Cependant, la recherche opérée confirme que la garantie observée dans la jurisprudence interaméricaine est tout aussi importante que celle observée dans la jurisprudence européenne de protection des droits de l'homme. Il nous reste à apprécier la garantie de l'impartialité subjective du tribunal dans le système africain de protection des droits de l'homme.

Paragraphe 2 : Une garantie perfectible de l'impartialité subjective du tribunal dans le système africain de protection des droits de l'homme

Une garantie de l'impartialité subjective du tribunal est observable dans le système africain de protection des droits de l'homme. Mais,

---

146 Cour IDH 16 août 2000, *Durand y Ugarte c/ Pérou, Serie C, n° 68.* § 118.

147 Cour IDH, 2 juillet 2004, Fond et réparations, *Herrera Ulloa c. Costa Rica*, Série C n° 107, §§ 174-175.

148 Cour IDH, 2 juillet 2004, Fond et réparations, *Herrera Ulloa c. Costa Rica*, Série C n° 107, §§ 174-175.

comparée aux autres systèmes régionaux de protection des droits de l'homme, elle est perfectible, car le système africain est toujours en construction. Il convient de mettre en lumière la spécificité du système africain de protection des droits de l'homme (A), avant d'illustrer la garantie perfectible de l'impartialité subjective du tribunal dans le système africain de protection des droits de l'homme (B).

A. La spécificité du système africain de protection des droits de l'homme

La spécificité du système africain de protection des droits de l'homme découle du contenu de l'article 22 du protocole relatif à la Charte africaine portant sur la création d'une Cour africaine des droits de l'homme et des peuples. En effet, cet article 22 dispose que « *au cas où un juge possède la nationalité d'un État partie à une affaire, il se récuse* ».

Ainsi, suivant cet article 22 du protocole de Ouagadougou, dans le système africain de protection des droits de l'homme, il pèse sur « *le juge national* » une obligation ferme et claire de se récuser lorsqu'il a un lien de nationalité avec l'un des États parties au procès qu'il est appelé à trancher. À titre d'illustration, dans l'affaire *Actions pour la protection des droits de l'homme (APDH) c. République de Côte d'Ivoire* du 18 novembre 2016 de la Cour africaine, le juge ivoirien Sylvain ORÉ s'est récusé. On peut noter une situation identique dans l'affaire *Amini Juma c. République-Unie de Tanzanie* du 3 juin 2016[149], dans laquelle le juge tanzanien RAMADHANI n'a pas siégé.

Alors que dans les systèmes interaméricain et européen [150] de protection des droits de l'homme, le juge national a une quasi-obligation de siéger car élu à titre personnel, on observe dans le système africain de protection des droits de l'homme qu'il lui est fait une obligation de se récuser ou plus exactement de se déporter malgré qu'il soit aussi élu à titre personnel. En effet, afin de prendre en compte les risques d'atteinte à l'impartialité du juge national africain, les rédacteurs du Protocole de

---

[149] *Amini Juma c. Tanzanie* (mesures provisoires) (2016) 1 RJCA 687.

[150] Dans le système de la Convention européenne, le juge n'a aucune obligation de se déporter du simple fait de sa nationalité. Voyons sur la question : MARGUENAUD J.– P., LANGENIEUX A., « De l'impartialité et de l'indépendance des juges de la Cour européenne des droits de l'homme », Droit et procédures, nov.-déc. 2003, no 6, pp. 337 et s.

Ouagadougou ont proposé d'écarter purement et simplement ce dernier[151].

Même si elle semble assez rigide, l'approche africaine est originale, car la nationalité y est considérée comme étant susceptible de porter atteinte à l'impartialité[152] subjective du juge. L'article 22 du protocole considère donc à bon droit le lien de nationalité comme étant incompatible avec la qualité de juge impartial[153]. En effet, la nationalité peut créer entre le juge et les parties un lien susceptible d'entraîner soit un sentiment de faveur soit une amitié, soit une inimitié à l'égard des parties au procès[154]. De tels sentiments sont contraires aux vertus requises pour les juges[155].

L'approche africaine est certainement guidée par le souci d'éviter que les juges ressortissants de certains États ne soient plus ou moins influencés par les autorités de ces États ou par toute autre considération que l'on pourrait relier à leur appartenance nationale[156]. En outre, cette approche africaine vise à écarter le risque selon lequel le juge statue moins en regard du dossier dont il est saisi qu'en considération de ses intérêts nationaux et de la portée de la décision sur son propre sort dans la perspective d'une demande de renouvellement de son mandat[157].

S'il ne fait point doute que le système africain de protection des droits de l'homme présente une spécificité, une originalité susceptible d'être favorable à la garantie de l'impartialité subjective du tribunal, il convient maintenant d'illustrer par des cas de jurisprudence la mise en application effective de ce principe.

---

[151] S. KOWOUVIH, « La Cour africaine des droits de l'homme et des peuples : une rectification institutionnelle du concept de « spécificité africaine » en matière de droits de l'homme », Rev. trim. dr. h. (59/2004), p. 757 et s.

[152] *Id. Ibid*

[153] K. SOMALI, « L'indépendance de la Cour africaine des droits de l'homme et des peuples : théories et réalités » *in* GRARD (L), *Les intégrations régionales, L'Union européenne et après*, Éd. A. PEDONE, Sept. 2015, pp. 153-175

[154] K. SOMALI, « L'indépendance de la Cour africaine des droits de l'homme et des peuples : théories et réalités » in GRARD (L), *op. cit.*

[155] *Id. Ibid*

[156] S. KOWOUVIH, « La Cour africaine des droits de l'homme et des peuples : une rectification institutionnelle du concept de « spécificité africaine » en matière de droits de l'homme », *op. cit.*

[157] Dans l'affaire *Michelot Yogogombaye c/ République du Sénégal* (Décision n° 001/2008 du 14 décembre 2009), le juge El Hadji GUISSE de nationalité sénégalaise s'est récusé ; le juge Elsie THOMPSON membre de la Cour africaine des droits de l'homme et des peuples de nationalité nigériane s'est aussi récusé dans l'affaire *Ekolle Moundi Alexandre c/ République du Cameroun et République du Nigeria* (Décision n° 008-2011 du 23 septembre 2011) et le juge Sylvain ORE, membre de la Cour de nationalité ivoirienne s'est récusé dans l'affaire *Association des juristes d'Afrique pour la bonne gouvernance c/ République de Côte d'Ivoire (*Décision n° 006-2011 du 16 juin 2011).

B. La garantie de l'impartialité subjective du tribunal dans le système africain de protection des droits de l'homme

Nous commencerons par étudier la seule affaire de la Cour ADHP, pour ensuite nous pencher sur celles de la Commission ADHP.

La Cour africaine des droits de l'homme et des peuples dans son arrêt du 18 novembre 2016, *Actions pour la protection des droits de l'homme (APDH) c. République de Côte d'Ivoire*[158], affirme que « *l'impartialité est (...) l'absence de parti pris, de préjugé et de conflit d'intérêts* »[159]. Dans cette affaire, il était question d'indépendance et d'impartialité d'un organe électoral, plus précisément de la commission électorale ivoirienne. La Cour ne se prononçait donc pas véritablement sur une question d'impartialité subjective d'une juridiction mais ouvrait cependant la voie vers une progression des règles du procès équitable en Afrique.

Dans ses Directives et principes sur le droit à un procès équitable et à l'assistance judiciaire en Afrique de 2003[160], la Commission africaine des droits de l'homme et des peuples développe clairement ses attentes en termes d'impartialité subjective du tribunal. Tout d'abord, la Commission africaine des droits de l'homme et des peuples rappelle qu'il y a respect de l'impartialité subjective du tribunal lorsque « *les décisions des instances juridictionnelles reposent exclusivement sur les éléments de preuve, les arguments et les faits objectifs qui leur sont présentés* »[161]. Ensuite, elle relève que « *pour déterminer l'impartialité d'une instance juridictionnelle, il convient de tenir compte de trois facteurs pertinents : 1. si le juge est en mesure de jouer un rôle essentiel dans la procédure ; 2. si le juge peut avoir une opinion préconçue risquant de peser lourdement sur la décision ; 3. si le juge doit statuer sur une décision qu'il a prise dans l'exercice d'une autre fonction* »[162]. Enfin, la Commission africaine des droits de l'homme et des peuples indique qu'une juridiction n'est pas considérée comme impartiale si : « *1. Un ancien procureur ou avocat siège en qualité de juge dans une*

---

[158] *Actions pour la protection des droits de l'homme c. Côte d'Ivoire* (fond) (2016) 1 RJCA 697.

[159] *Ibid*, § 117.

[160] http://www.achpr.org/fr/instruments/principles-guidelines-right-fair-trial/; consulté le 10/12/2018.

[161] *Id. Ibid*

[162] http://www.achpr.org/fr/instruments/principles-guidelines-right-fair-trial/; consulté le 10/12/2018.

affaire où il a exercé les fonctions de Parquet ou d'avocat ; 2. Le magistrat a participé secrètement à l'instruction de l'affaire ; 3. Il existe entre le magistrat et l'affaire ou une des parties à l'affaire un lien qui risque de préjuger la décision 4. Un magistrat siège en qualité de membre d'une juridiction d'appel pour connaître d'une affaire qu'il a déjà tranchée ou dans laquelle il a été impliqué dans une juridiction inférieure »[163].

Dans l'affaire *Constitutional Rights Project (pour le compte de Akamu et Autres) c. Nigeria*[164] de 1995, la Commission africaine des droits de l'homme et des peuples sanctionne le défaut d'impartialité subjective d'un tribunal spécial. Dans cette affaire, la communication a été introduite par *Constitutional Rights project*, une ONG nigériane, en lieu et place de Wahab Akamu, Gbolahan Adeaga et Autres, condamnés à mort en application d'un décret n° 5 de 1984 relatif aux vols et armes à feu. Ce décret prévoit la création d'un tribunal spécial composé d'un juge en activité ou en retraite, d'un membre des forces armées et d'un membre de la police. Le décret ne prévoit pas d'appel contre la sentence rendue par ledit tribunal. Les sentences sont sujettes à confirmation ou rejet de la part du gouverneur d'État. Le requérant se plaint de ce que la mise sur pied de tribunaux spéciaux composés des membres de forces armées et de la police en plus des juges, viole le droit d'être jugé par un tribunal impartial tel que garanti par l'article 7 (1) (d) de la Charte africaine des droits de l'homme et des peuples. La Commission africaine des droits de l'homme et des peuples souligne que « *le Robbery and Firearms Act (dispositions spéciales), paragraphe 8 (I) prévoit la Constitution des tribunaux qui sont composés de trois personnes à savoir un juge, un officier de l'Armée, des forces navale ou aérienne et un officier de la police. La compétence a été transférée des juridictions ordinaires à un tribunal composé essentiellement des personnes appartenant à un service du gouvernement ; (....) mis à part le caractère des membres de ces tribunaux, la seule composition de ces derniers crée l'apparence sinon l'absence réelle d'impartialité. Ce qui est en violation de l'article 7 (1) (d) de la Charte* »[165]. Dans cette affaire, on peut constater la méfiance de la Commission africaine des droits de l'homme et des peuples quant à l'impartialité subjective des tribunaux spéciaux et plus particulièrement à l'impartialité subjective des membres de ces

---

[163] *Id. Ibid*

[164] *Constitutional Rights Project (pour le compte de Akamu et Autres) c. Nigeria*, RADH 2000 181 (CADHP 1995)

[165] *Ibid*, § 12.

tribunaux. Cette méfiance s'observe dans bon nombre d'affaires de la Commission africaine. En effet, ce que la Commission africaine des droits de l'homme et des peuples craint, c'est le manque de neutralité, l'arbitraire et la partialité des membres des tribunaux spéciaux.

Dans une autre affaire s'inscrivant dans la même lignée que celle sus-évoquée, la Commission africaine des droits de l'homme et des peuples relève et sanctionne à nouveau le défaut d'impartialité subjective des tribunaux spéciaux. En effet, il s'agit de l'affaire *Constitutional Rights Project (pour le compte de Lekwot et Autres) c. Nigeria*[166] de 1995. Dans cette affaire, la communication est présentée au nom de 7 personnes condamnées à mort en application d'un décret n° 2 de 1987, relatif à la perturbation de l'ordre public (tribunal spécial). Ce décret interdit aux tribunaux ordinaires de revoir tout aspect des décisions émanant de ce tribunal spécial et ne prévoit aucun appel contre ses décisions. Les requérants soutiennent que la mise sur pied de tribunaux spéciaux composés des membres des forces armées et de la police en plus des juges, viole le droit d'être jugé par un tribunal impartial tel que garanti par l'article 7 (1) (d) de la Charte africaine des droits de l'homme et des peuples. La Commission africaine des droits de l'homme et des peuples relève que « *le Civil disturbances act (tribunal spécial), (...) prévoit que le tribunal est composé d'un juge et de quatre membres des forces armées. L'article 7 (1) (d) de la charte africaine veut que la Cour ou le tribunal soit impartial. (...) le caractère des membres de ces tribunaux (...) crée l'apparence sinon l'absence réelle d'impartialité. Ce qui est en violation de l'article 7 (1) (d) de la Charte* »[167]. La Commission africaine des droits de l'homme et des peuples sanctionne, comme dans les deux autres affaires citées, le défaut d'impartialité subjective d'un tribunal spécial dans son affaire *International Pen et Autres c. Nigeria*[168] de 1998.

Cette affaire est relative à la détention et au jugement du sieur Kenule Beeson Saro-Wiwa (alias Ken Saro-Wiwa), écrivain et militant de la cause Ogoni, président du mouvement pour la survie du peuple ogoni (MOSOP). Les requérants soutiennent que M. Ken Saro-Wiwa était détenu à cause de ses activités politiques en rapport avec le MOSOP. L'administrateur militaire a déclaré que le sieur Ken Saro-Wiwa et ses

---

[166] *Constitutional Rights Project (pour le compte de Lekwot et Autres) c. Nigeria*, RADH 2000 184 (CADHP 1995).

[167] *Ibid*, § 14.

[168] *International Pen et Autres (pour le compte de Saro-Wiwa) c. Nigeria*, RADH 2000 217 (CADHP 1998).

compagnons avaient incité les membres du MOSOP à tuer quatre dirigeants ogonis rivaux, mais aucune inculpation n'a été formulée jusqu'au 28 janvier 1995. Au mois de février 1995, le procès a débuté devant un tribunal mis sur pied dans le cadre de la Civil Disturbance Act. Les trois membres dudit tribunal ont été directement nommés par le général Sani Abacha (...). Les 30 et 31 octobre 1995, le sieur Ken saro-wiwa et 8 de ses coaccusés ont été reconnus coupables des faits qui leur étaient reprochés et condamnés à mort (...). Les requérants ont entrepris des diligences en demandant à la Commission d'arrêter des mesures conservatoires afin d'éviter l'exécution des condamnés. Le secrétariat de la Commission africaine a adressé une note verbale au gouvernement nigérian. Cette note soulignait que les exécutions devraient être suspendues jusqu'à ce que la commission débatte de l'affaire avec les autorités nigérianes compétentes. Aucune réponse n'a été réservée à cet appel et l'exécution des condamnés est intervenue le 10 novembre 1995. Pour la Commission africaine des droits de l'homme et des peuples, « *en ce qui concerne le déroulement du procès lui-même, il n'est pas nécessaire qu'elle fouille dans les circonstances dans lesquelles il s'est déroulé, car, de sa propre jurisprudence, elle juge que ce tribunal était déficient. Comme l'on s'en souviendra, dans sa décision relative à la communication 87/93 Constitutional Rights Project (pour le compte de Lekwot et autres) c. Nigeria, la Commission a conclu que les tribunaux spéciaux établis dans le cadre de la Civil Disturbance Act constituaient une violation de l'article 7 (1) (d) de la Charte africaine, en raison de leur composition laissée à la discrétion de l'organe exécutif. Soustraire des cas de la compétence des juridictions ordinaires pour les confier à l'extension de la branche exécutive compromet nécessairement l'impartialité exigée par la Charte africaine. (...) Il y a beaucoup d'informations disponibles au niveau des sources locales et internationales sur le fonctionnement quotidien de ce tribunal et l'importance de ses jugements. Pour la présente communication, la Commission se base sur ses conclusions antérieures, faites dans des circonstances politiquement moins chargées, que les tribunaux spéciaux établis dans le cadre de la Civil Disturbance Act constituaient une violation de la Charte africaine. Il a été ainsi prouvé que Ken Saro-Wiwa et ses co-accusés ont été privés du droit à un procès équitable, en violation de l'article 7 (1) (d)* »[169].

[169] *International Pen et Autres (pour le compte de Saro-Wiwa) c. Nigeria*, RADH 2000 217 (CADHP 1998), § 86 et § 90.

Toujours en termes d'illustration de la garantie de l'impartialité subjective du tribunal dans le système africain de protection des droits de l'homme, nous pouvons évoquer l'affaire *Amnesty International et Autres c. Soudan*[170] de 1999 de la Commission africaine des droits de l'homme et des peuples. Cette affaire se rapporte à la situation ayant prévalu au Soudan entre 1989 et 1993. Divers problèmes sont soulevés dans cette affaire dont le problème de l'impartialité subjective des tribunaux spéciaux. La Commission africaine des droits de l'homme et des peuples, dans ladite affaire, souligne que « *le gouvernement a confirmé les allégations des plaignants en ce qui concerne la composition des tribunaux spéciaux. La loi soudanaise habilite en effet le Président, ses adjoints et les hauts cadres de l'armée à nommer des magistrats de siège au sein de ces Cours qui sont constituées de « trois officiers militaires ou toutes autres personnes choisies pour leur intégrité et leur compétence ». Cette seule composition donne la mesure, voire même la réalité, du manque d'impartialité de leur part et constitue, par conséquent, une violation de l'article 7 (1) (d)* »[171] de la Charte africaine des droits de l'homme et des peuples.

Les quelques affaires évoquées témoignent de l'existence d'une garantie de l'impartialité subjective du tribunal dans le système africain de protection des droits de l'homme. Cette garantie reste néanmoins perfectible si l'on doit la comparer à la garantie observée dans les autres systèmes régionaux de protection des droits de l'homme. En effet, la jurisprudence de la Cour africaine n'est actuellement pas suffisamment fournie en affaires concernant l'impartialité subjective. De fait, son système de garantie reste perfectible au regard du faible impact et à l'effet limité des affaires portées devant la Commission africaine des droits de l'homme et des peuples.

Conclusion du chapitre

La garantie de l'impartialité subjective du tribunal et des juges est une réalité et ce chapitre l'atteste. Dans l'ensemble des systèmes régionaux de protection des droits de l'homme, des efforts en faveur de

---

170 *Amnesty International et Autres c. Soudan*, RADH 2000 323 (CADHP 1999).

171 *Ibid.* § 68.

la protection de l'impartialité subjective du tribunal s'observent et sont à encourager.

S'il faut s'en tenir aux textes ou instruments régionaux de protection des droits de l'homme, on pourrait affirmer que la garantie de l'impartialité subjective du tribunal est la même dans l'ensemble des mécanismes régionaux de protection des droits de l'homme.

Cependant, s'il faut apprécier concrètement cette garantie c'est-à-dire au regard de la jurisprudence, il ressort que cette garantie est à géométrie variable. En d'autres termes, elle varie suivant les systèmes régionaux de protection des droits de l'homme. Tandis qu'elle est effective dans le système européen et le système interaméricain de protection des droits de l'homme, elle est perfectible ou du moins en construction dans le système africain de protection des droits de l'homme.

Le système européen de protection des droits de l'homme irrigue par la richesse de sa doctrine et de sa jurisprudence, les autres systèmes régionaux de protection des droits de l'homme en ce qui concerne la garantie de l'impartialité subjective du tribunal. Mais, les systèmes interaméricain et africain de protection des droits de l'homme conservent certaines originalités.

CONCLUSION
DU TITRE I

Bien juger passe nécessairement par le courage de juger au regard de l'impartialité subjective du tribunal.

Délicate dans son application, vu qu'elle s'apprécie à la lumière du comportement personnel du juge, l'impartialité subjective du tribunal trouve néanmoins une place de choix dans l'ensemble des mécanismes régionaux de protection des droits de l'homme.

L'appréhension ou l'acception de l'impartialité subjective du tribunal est la même dans l'ensemble des mécanismes régionaux de protection des droits de l'homme, car en la matière, le système européen de protection des droits de l'homme influence les autres systèmes régionaux de protection des droits de l'homme.

La démarche subjective de l'impartialité du tribunal, aussi intéressante soit elle n'est pas la seule démarche dégagée par l'arrêt de principe *Piersack* de la Cour européenne des droits de l'homme. La démarche subjective de l'impartialité du tribunal a une portée limitée, car la preuve du défaut de l'impartialité subjective d'un juge n'est pas facile à établir.

L'autre dimension de l'impartialité du tribunal qui recouvre la démarche objective de l'impartialité du tribunal semble avoir beaucoup de succès dans la doctrine et la jurisprudence, car plus apte à garantir les intérêts des justiciables. Il convient donc de consacrer la suite de notre travail à cette composante objective et fonctionnelle de l'impartialité du tribunal.

TITRE 2 :

L'IMPARTIALITÉ OBJECTIVE DU TRIBUNAL, UNE QUALITÉ PERMETTANT DE BIEN JUGER

« *Si l'impartialité se définit d'ordinaire par l'absence de préjugé (...), elle peut s'apprécier de diverses manières. On peut distinguer (...) entre une démarche subjective, essayant de déterminer ce que tel juge pensait dans son for intérieur en telle circonstance, et une démarche objective amenant à rechercher s'il offrait des garanties suffisantes pour exclure à cet égard tout doute légitime* »[1]. La démarche objective de l'impartialité du tribunal admise dans l'ensemble des mécanismes régionaux de protection des droits de l'homme résulte de ce passage de l'arrêt *Piersack c. Belgique*[2] de la Cour européenne des droits de l'homme. Ainsi, c'est au juge européen de protection des droits de l'homme que revient le mérite d'avoir dégagé cet aspect de l'impartialité du tribunal.

Suivant cette démarche objective de l'impartialité du tribunal, le juge doit offrir des garanties suffisantes pour exclure à cet égard tout doute légitime [3] ou chercher à s'assurer que, par son statut ou ses fonctions, il ne peut susciter aucun doute quant à son impartialité[4]. En clair, « *il suffit*

---

[1] CEDH, 1er oct. 1982, *Piersack c/ Belgique*, série A, n° 53, § 30.

[2] *Id. Ibid*

[3] CEDH, 25 fév. 1997, *Findlay c. Royaume-Uni*, § 73 ; Cour IDH, *Palamara Iribarne c. Chili*, arrêt du 22 novembre 2005, Série C n° 135, § 124 ; Cour IDH, *Lori Berenson Mejia c. Pérou*, arrêt du 25 novembre 2004, fond, Série C n° 119, §143 ; CEDH, 15 novembre 2001, *Werner c/Pologne*, § 39, unanimité ; CEDH, 21 décembre 2000, *Wettstein c/Suisse*, § 42 ; CEDH, 22juin 2000, *Coëme et csts c/Belgique*, § 121.

[4] F. TULKENS et H. – D. BOSLY, « La notion européenne de tribunal indépendant et impartial. La situation en Belgique », in *Revue de science criminelle et de droit pénal comparé*, 1990, p. 682 ; R. DE GOUTTES ,«L'impartialité du juge connaître, traiter et juger : Quelle incompatibilité », in Revue de science criminelle et de droit pénal comparé, janvier-mars 2003, n° 1, p. 66 ; J. VAN COMPERNOLLE, « L'indépendance et l'impartialité du juge », in *Confiance dans la justice*, Bruylant, Bruxelles, 1995, p. 21 ; G. TARZIA, «L'impartialité du juge civil dans l'exercice de ses fonctions », *in Mélanges Jacques VAN COMPERNOLLE*, Bruylant, Bruxelles, 2004, p. 717.

qu'objectivement la justice apparaisse comme n'ayant pas été rendue de manière impartiale, pour que le justiciable obtienne une constatation de violation »[5] de son droit à un tribunal impartial.

La démarche objective de l'impartialité du tribunal se résume par l'adage « *justice must not only be done, but must also seem to be done* »[6] (il ne suffit pas que la justice soit rendue, il faut que chacun se rende compte qu'elle l'a été).

La démarche objective de l'impartialité est sans doute la plus favorable aux justiciables, puisqu'elle est fondée sur le risque de partialité au vu de « *l'apparence* »[7]. Nombreuses affaires de la Cour européenne des droits de l'homme, de la Commission africaine des droits de l'homme et des peuples ainsi que de la Cour interaméricaine des droits de l'homme l'attestent. Mais, il faut s'abstenir de tomber dans la « *tyrannie de l'apparence* » pour reprendre Paul MARTENS. Nous reviendrons dans les détails sur cette question d'apparence et du risque de tyrannie.

Il y a défaut d'impartialité objective, lorsqu'il y a préjugement du tribunal (Chapitre I). L'impartialité objective du tribunal étant indispensable pour la garantie des droits fondamentaux, il faut que cette impartialité soit absolument recherchée dans l'ensemble des mécanismes régionaux de protection des droits de l'homme (Chapitre II).

---

[5] S. GUINCHARD, « Indépendance et Impartialité du juge. Les principes de droit fondamental », L'impartialité du juge et de l'article, *op. cit*, p. 26 et s.

[6] Pour une critique de ce que l'exigence d'une apparence d'impartialité peut avoir d'excessif : MARTENS (P.), « La tyrannie des apparences (obs. sous CEDH 22 février 1996, *Bulut c. Autriche*) », *Rev. trim. dr. h.*, 1996, p. 640.

[7] R. De GOUTTES, *Op. cit*, p. 63 et s.

CHAPITRE I :

LE PRÉJUGEMENT : LA CAUSE DU DÉFAUT D'IMPARTIALITÉ OBJECTIVE DU TRIBUNAL

Le préjugement est le fait pour un même magistrat, un même juge ou encore un même membre d'une juridiction, de connaître d'une affaire plusieurs fois à différents titres. Le préjugement peut donc constituer un obstacle à l'impartialité objective, mais un juge ne méconnaît pas forcement l'exigence d'impartialité du seul fait qu'il intervienne deux fois dans la même affaire. Il faut encore que sa première intervention lui ait fait prendre une position ou émettre une appréciation qui apparaît objectivement comme pouvant avoir une influence sur sa seconde intervention.

L'impartialité objective nécessite donc une absence de préjugement (Section I). En outre, comparée à l'impartialité subjective, l'impartialité objective du tribunal est une exigence très favorable pour les intérêts du justiciable (Section II).

SECTION I : L'absence de préjugement : une condition essentielle de l'impartialité objective

L'impartialité objective est celle qui s'apprécie sans tenir compte ni du comportement du juge, ni de ses convictions ; le seul exercice de ses fonctions, suffit à le rendre partial, comme elle aurait rendu partial tout juge placé dans la même situation [1]. Elle consiste à dénoncer le « *préjugement* » plutôt que le « *préjugé* » du juge, à rechercher si l'impartialité est assurée dans le fonctionnement même de la juridiction, indépendamment des convictions personnelles du juge ou de son

---

[1] S. GUINCHARD et alii, *Droit processuel. Droit commun et droit comparé du procès*, éd. Dalloz, Paris, 2003, n° 364, p. 575.

attitude[2]. Concrètement, elle conduit à rechercher si les fonctions précédemment exercées par celui-ci dans la même affaire, tout autant que les actes accomplis en cette qualité, autorisent le justiciable à craindre que ce magistrat n'offre pas lui-même et, par voie de conséquence, que la juridiction au sein de laquelle il opère, n'offre pas avec lui, des garanties suffisantes d'impartialité[3].

Après clarification de la notion d'impartialité objective du tribunal (paragraphe 1), nous montrerons que le préjugement, cause du défaut d'impartialité objective du tribunal, doit être combattu (paragraphe 2).

PARAGRAPHE 1 : Une clarification de la notion d'impartialité objective du tribunal

Contrairement à la partialité subjective, « *la partialité objective intéresse le fonctionnement même de l'appareil judiciaire et présente une portée tout autre, non plus disciplinaire mais organique* »[4]. En fait, c'est en raison des fonctions exercées par le magistrat et non du fait de son attitude ou de ses convictions que se pose alors la question de son impartialité[5]. La réponse à la question de savoir s'il y a violation de l'impartialité objective dépend bien évidemment des circonstances de l'espèce[6]. L'impartialité objective résulte, avant tout, d'un ensemble d'éléments objectifs susceptibles de créer ou de maintenir un climat de confiance[7].

De manière générale, la jurisprudence se fonde, à cet égard, sur diverses considérations de caractère organique et fonctionnel, sur la pluralité des fonctions exercées par l'organe juridictionnel, en particulier sur la nature des tâches exercées par le magistrat avant qu'il ne

---

[2] R. De GOUTTES, *Op. cit*, p. 63 et s.

[3] J. VAN COMPERNOLLE, « Impartialité du juge et cumul de fonctions au fond et au provisoire : réflexions sur des arrêts récents », *Les droits de l'homme au seuil du troisième millénaire. Mélanges en hommage à Pierre Lambert*, Bruylant, Bruxelles, 2000, p. 936 ; F. TULKENS et J. LOTARKI, « Le tribunal indépendant et impartial à la lumière de la jurisprudence de la Cour européenne des droits de l'homme », *in Mélanges Jacques VAN COMPERNOLLE*, Bruylant, Bruxelles, 2004, p. 755.

[4] C. GOYET, « Remarques sur l'impartialité du tribunal », article précité, p. 329.

[5] C. VIENNOT, « Actualité et perspectives ouvertes par la jurisprudence récente de la Cour européenne des droits de l'homme en matière d'impartialité », article précité, p. 179.

[6] CEDH, 6 mai 2003, *Klein et autres c. Pays-Bas*, 39 343/98, 39 651/98, 43 147/98 et 46 664/99. Pour les illustrations, cons. LAMBERT (P.), « La Cour européenne des droits de l'homme-1996 », *J.T.D.E*, 1997, p.41 et « La Cour européenne des droits de l'homme-2000 », J.T.D.E., 2001, p. 38.

[7] P. GILLIAUX, *Droit(s) européen(s) à un procès équitable*, *Op. cit*, p. 499.

connaisse du fond, sur les liens hiérarchiques ou autres entre le juge et d'autres acteurs de la procédure ainsi que sur l'objet – pénal ou civil – du litige[8].

Les inquiétudes du justiciable sont prises en compte, mais elles ne suffisent pas. Elles ne sont pas décisives. Les éléments invoqués doivent être vérifiables. En outre, et il s'agit de l'élément déterminant, il convient d'établir que les inquiétudes en question peuvent passer pour objectivement justifiées[9].

L'impartialité objective s'apprécie grâce à différents critères (A). En outre, elle est essentiellement fondée sur les fonctions du juge (B).

A. Les critères processuels et substantiels d'appréciation de l'impartialité objective du tribunal

Différents critères processuels (1) et substantiels (2) permettent d'apprécier l'impartialité objective d'un tribunal. Il convient de les passer en revue. Relevons que l'appréciation des critères sera corroborée des quelques exemples jurisprudentiels que nous avons pu trouver. Cependant, pour certains critères, nous regrettons de ne pas pouvoir fournir d'exemples contentieux. La mobilisation d'exemples récents et tirés des trois mécanismes régionaux de protection des droits de l'homme peut donc paraître insuffisante à certains endroits.

1. Les critères processuels d'appréciation de l'impartialité objective du tribunal

Il peut y avoir des doutes légitimes quant à l'impartialité objective d'un tribunal si la publicité de la composition de la formation de jugement fait défaut. Ainsi, L**a Cour européenne des droits de l'homme**, dans l'affaire *Vernes c. France* du 20 janvier 2011, a jugé que le défaut d'indication, dans le jugement, de l'identité des membres de la formation qui a statué et, par conséquent, l'impossibilité pour le justiciable d'avoir eu connaissance de l'identité des personnes ayant délibéré est de nature à faire douter de l'impartialité du tribunal[10].

---

[8] Voir en ce sens, CEDH 6 janvier 2010, *Vera Fernandez-Huidobro c. Espagne*, 74 181/01, par. 117.

[9] Par exemple : CEDH 24 août 1993, *Nortier c. Pays-Bas*, Série A, n° 267 ; CEDH 6 juin 2000, *Morel c. France*, 34 130/96, par. 42 ; CEDH 22 avril 2004, *Cianetti c. Italie*, 55 634/00, par.38 ; CEDH 16 janvier 2007, *Farhi c. France*, 17 070/05, par. 24 ; CEDH {GC} 15 octobre 2009, *Micallef c. Malte*, 17 056/06, par. 95 ; CEDH 31 mai 2011, *Kontalexis c. Grèce*, 59 000/08, par. 55

[10] CEDH 20 janvier 2011, *Vernes c. France*, 30 183/06, par 42-44.

La Cour interaméricaine des droits de l'homme dans son affaire *Castillo Petruzzi y otros c. Pérou* du 30 mai 1999 [11] tient un raisonnement proche de celui de la Cour européenne des droits de l'homme. En effet, dans cette affaire, des civils chiliens accusés d'appartenir à une organisation terroriste péruvienne avaient été condamnés à la réclusion à perpétuité par des tribunaux militaires « *sans visage* ». La Cour interaméricaine des droits de l'homme relèvera que le fait que les juges soient « *sans visage* » empêche l'accusé de connaître l'identité de son juge, et par conséquent, de contester sa compétence ou de le récuser. Il s'en suit donc que cette situation est de nature à faire douter de l'impartialité objective de ce tribunal.

La Commission africaine des droits de l'homme et des peuples, dans ses Directives et principes sur le droit à un procès équitable et à l'assistance judiciaire en Afrique de 2003, affirme que « *l'instance juridictionnelle doit mettre à la disposition du public toute information relative à ses audiences* »[12]. Au cas contraire, le justiciable peut avoir des suspicions sur l'impartialité du tribunal.

L'existence de procédures nationales en matière de déport des juges et de récusation est un facteur à prendre en compte dans l'appréciation de l'impartialité objective[13]. Même si elles ne suffisent pas en soi à établir cette impartialité, elles expriment, en effet, le souci du législateur d'œuvrer pour supprimer tout doute raisonnable quant à l'impartialité des juges. L'absence ou le caractère déficient de telles règles contribue, au contraire, à jeter la suspicion à cet égard[14]. Dans l'affaire *Castillo Paez c. Pérou* du 3 novembre 1997, la Cour interaméricaine des droits de l'homme relève un défaut d'impartialité objective du tribunal car la législation en vigueur applicable à l'espèce interdisait toute procédure de récusation[15]. La Commission africaine des droits de l'homme et des peuples, dans ses Directives et principes sur le droit à un procès équitable et à l'assistance judiciaire en Afrique de 2003, affirme que les

---

[11] Cour IDH 30 mai 1999, *Castillo Petruzzi y otros c/ Pérou, Série C, n° 41.*

[12] http://www.achpr.org/fr/instruments/principles-guidelines-right-fair-trial/; consulté le 24/01/2019

[13] P. GILLIAUX, *Droit(s) européen(s) à un procès équitable*, *Op. cit*, p. 501.

[14] CEDH {GC} 15 octobre 2009, *Micallef c. Malte*, 17 056/06, par.99, 100 et 102.

[15] Cour IDH, *Castillo Paez c. Pérou*, 3 novembre 1997, Arrêt sur le fond, Série C. n° 34, par. 128-134. Voyons également : Cour IDH, *Caso Garcia Asto y Ramirez Rojas c. Pérou*, 25 novembre 2005, Série C. n° 137, par 149 et s.

« *cas où l'impartialité semble douteuse, le juge est tenu de se récuser* »[16].

2. Les critères substantiels d'appréciation de l'impartialité objective du tribunal

Le fait que le juge examinant l'affaire au fond l'a déjà connue à un stade antérieur et a pris, avant le procès, l'une ou l'autre décision dans le cadre du litige peut susciter des craintes quant à l'entière disponibilité d'esprit de celui-ci [17]. Ceci explique les raisons pour lesquelles l'article 28, § 2-b du **Règlement de la Cour européenne des droits de l'homme** dispose que « *aucun juge ne peut participer à l'examen d'une affaire : s'il est antérieurement intervenu dans l'affaire, soit comme agent, conseil ou conseiller d'une partie ou d'une personne ayant un intérêt dans l'affaire, soit, au niveau national ou au niveau international, comme membre d'une autre juridiction ou commission d'enquête, ou à tout autre titre* ».

Dans les **systèmes interaméricain et africain de protection des droits de l'homme,** on retrouve des dispositions identiques. En effet, l'article 19, § 1 du Statut de la Cour interaméricaine des droits de l'homme dispose que « *les juges doivent s'abstenir de connaître d'une espèce dans laquelle (...) ils seraient intervenus auparavant à titre d'agents, de conseillers ou d'avocats, ou comme membres d'un tribunal national ou international, ou d'une commission d'enquête, ou en toute autre qualité, selon l'avis de la Cour interaméricaine des Droits de l'Homme* ». L'article 8, § 4-a du Règlement intérieur de la Cour africaine des droits de l'homme et des peuples de 2010 dispose qu'« *aucun membre de la Cour ne peut participer à l'examen d'une affaire : s'il est antérieurement intervenu dans celle-ci, comme agent, conseil, ou avocat de l'une des parties, membre d'un tribunal national ou international, d'une commission d'enquête, ou à tout autre titre* ».

Les craintes que l'on peut avoir du fait que le juge examinant l'affaire au fond en a déjà pris connaissance à un stade antérieur sont compréhensibles, mais, depuis un arrêt *Hauschildt c. Danemark* du 24 mai 1989[18], la Cour européenne des droits de l'homme se refuse à adopter une attitude générale et abstraite en la matière. Elle considère que le fait, pour un juge, d'avoir déjà connu de l'affaire en question

---

16 http://www.achpr.org/fr/instruments/principles-guidelines-right-fair-trial/; consulté le 25/01/2019

17 P. GILLIAUX, *Droit(s) européen(s) à un procès équitable*, op. cit, p. 502.

18 CEDH 24 mai 1989, *Hauschildt c. Danemark*, 10 486/83, par. 50 à 52.

avant le procès justifierait, en soi et objectivement, des appréhensions légitimes quant à son impartialité[19]. Cependant, il convient de vérifier si, en l'espèce, le juge risque de ne plus être entièrement disponible aux thèses d'une partie quant à la décision à prendre sur le fond du procès, en raison de la nature et de l'étendue des fonctions qu'il a concrètement exercées au préalable et des mesures qu'il a déjà adoptées. Un tel examen circonstancié s'impose en particulier quand un juge a déjà pris des décisions sur l'affaire avant le procès, a déjà une connaissance approfondie du dossier, ou s'est déjà livré à des appréciations préliminaires [20] des données disponibles. En clair, il y a lieu de considérer, en substance, qu'il est porté atteinte au principe d'impartialité objective quand le juge a déjà pris une décision analogue à celle qu'il pourrait prendre au fond[21].

Ainsi, dans les Directives et principes sur le droit à un procès équitable et à l'assistance judiciaire en Afrique de 2003, la Commission africaine des droits de l'homme et des peuples soutient qu'une « *instance juridictionnelle n'est pas considérée comme impartiale, si un magistrat siège en qualité de membre d'une juridiction d'appel pour connaître d'une affaire qu'il a déjà tranchée ou dans laquelle il a été impliqué dans une juridiction inférieure* ». En revanche, selon la jurisprudence *Delage et Magistrello c. France* du 24 janvier 2002 de la Cour européenne des droits de l'homme, statuer à propos d'une même affaire sur deux questions distinctes n'implique pas en soi une méconnaissance de l'impartialité objective[22].

Le devoir d'impartialité n'empêche pas, non plus, un magistrat de siéger dans une affaire connexe à une précédente[23]. L'affaire *Lindon, Otchakovsky-Laurens et July c. France* illustre parfaitement cette assertion. M. Lindon est l'auteur d'un roman, intitulé « *Le procès de Jean-Marie Le Pen* » [24]. L'ouvrage prend comme point de départ l'assassinat d'un jeune Maghrébin par un militant du Front national

[19] CEDH 16 janvier 2007, *Warsicka c. Pologne*, 2065/03, par. 40.
[20] CEDH 22 avril 2004, *Cianetti c. Italie*, 55 634/00, par. 42, a contrario.
[21] P. GILLIAUX, *Droit(s) européen(s) à un procès équitable*, *Op. cit*, p. 502.
[22] CEDH 24 janvier 2002, *Delage et Magistrello c. France*, 40028/98 (à propos d'un juge commissaire en matière de faillite ayant ensuite officié comme président du tribunal).
[23] CEDH [GC] 22 octobre 2007, *Lindon, Otchakovsky-Laurens et July c. France*, 21 279/02 et 36 448/02, par. 77 à 79 (sur cet arrêt, cons. WACHSMANN (P.), « Vers un affaiblissement de la protection de la liberté d'expression par la Cour européenne des droits de l'homme ?__ Cour européenne des droits de l'homme (Gde Ch.), *Lindon, Otchakovsky-Laurens et July c. France*, 22 octobre 2007 », *R.T.D.H.*, 2009, pp. 491 et suivantes).
[24] À l'époque, président du Front national (FN), parti français d'extrême droite.

(FN). Le livre pose la question de la part de responsabilité de M. Le Pen dans le développement du racisme en France en lui reprochant d'inciter à commettre de tels crimes par ses propos et par son attitude. Suite à une action en justice engagée par le FN et M. Le Pen, M. Otchakovsky-Laurens, éditeur, a été déclaré coupable de diffamation et M. Lindon de complicité de diffamation. Le quotidien *Libération* publia, alors, un article dénonçant cette condamnation. L'article reproduisait *in extenso* des passages incriminés du livre, puis exprimait l'opinion qu'ils n'étaient pas diffamatoires. Cité à comparaître par le Front national et M. Le Pen, M. July, directeur de publication du journal, fut aussi reconnu coupable de diffamation pour avoir réitéré l'infraction reprochée à MM. Lindon et Otchakovsky-Laurens en reproduisant les passages jugés diffamatoires. La cour d'appel de Paris confirma ces jugements. Le président et l'un des deux autres membres de la chambre ayant confirmé en appel la condamnation de M. July avaient, toutefois, déjà confirmé celle de MM. Lindon et Otchakovsky-Laurens. M. July alléguait, dès lors, un manque d'impartialité en tirant argument du fait que deux des trois membres de la Cour d'appel l'ayant condamné pour diffamation avaient auparavant statué sur le caractère diffamatoire des passages du roman évoqué dans l'article incriminé. La Cour européenne des droits de l'homme n'a pas fait droit à l'argumentation de M. July. Après avoir admis que les deux affaires étaient connexes, elle a observé que l'arrêt rendu par la Cour d'appel dans l'affaire *Lindon et Otchakovsky-Laurens* ne contenait aucune anticipation quant à la culpabilité de M. July. L'arrêt rendu dans l'affaire de M. July renvoyait, toutefois, à la décision les concernant quant au caractère diffamatoire des passages litigieux. Néanmoins, la Cour européenne des droits de l'homme a observé que ce renvoi se justifiait par la circonstance que l'arrêt *Lindon et Otchakovsky-Laurens* avait acquis l'autorité de la chose jugée. Aussi, comme tout autre juge aurait été tenu par la « *res iudicata* », la Cour européenne des droits de l'homme a considéré que le fait que les deux magistrats en cause avaient rendu successivement les deux arrêts ne pouvait entacher l'impartialité objective de la juridiction nationale[25].

L'impartialité objective du tribunal s'apprécie donc au regard de différents critères substantiels et processuels. Soulignons aussi que l'impartialité objective est avant tout une impartialité fonctionnelle.

[25] CEDH [GC] 22 octobre 2007, *Lindon, Otchakovsky-Laurens et July c. France*, précité, par. 77 à 79.

B. Une impartialité objective fondée sur la fonction du juge

Dans la démarche objective de l'impartialité du tribunal, la question se pose uniquement au regard de l'exercice même des fonctions, indépendamment de l'attitude personnelle du juge précédemment évoqué dans le cadre de l'impartialité subjective.

L'impartialité fonctionnelle concerne le cumul entre la fonction juridictionnelle et les fonctions non juridictionnelles de la Cour, que ces dernières soient la fonction consultative (1) ou la fonction de conciliation (2)[26].

1. L'impartialité fonctionnelle par rapport à la fonction consultative

En vertu de l'article 47, paragraphe 1 de la **Convention européenne des droits de l'homme**, « *la Cour peut, à la demande du Comité des Ministres, donner des avis consultatifs sur des questions juridiques concernant l'interprétation de la Convention et de ses protocoles* ».

En vertu de l'article 64 de la **Convention américaine relative aux droits de l'homme**, « *les États membres de l'Organisation pourront consulter la Cour à propos de l'interprétation de la présente Convention ou de tout autre traité concernant la protection des droits de l'homme dans les États américains. De même les organes énumérés au Chapitre X de la Charte de l'Organisation des États Américains, réformée par le Protocole de Buenos Aires, pourront consulter la Cour au sujet de questions relevant de leur compétence particulière. Sur la demande de tout État membre de l'Organisation, la Cour pourra émettre un avis sur la compatibilité de l'une quelconque des lois dudit État avec les instruments internationaux précités* ».

En vertu de l'article 4 du **Protocole relatif à la Charte africaine portant sur la création d'une Cour africaine des droits de l'homme et des peuples**, « *à la demande d'un État membre de l'OUA, de l'OUA, de tout organe de l'OUA ou d'une organisation africaine reconnue par l'OUA, la Cour peut donner un avis sur toute question juridique concernant la Charte ou tout autre instrument pertinent relatif aux droits de l'homme, à condition que l'objet de l'avis consultatif ne se rapporte pas à une requête pendante devant la Commission. Les avis*

[26] P. CORNELIU-LIVIU, *Op. cit*, p.112.

consultatifs de la Cour sont motivés. Un juge peut y joindre une opinion individuelle ou dissidente ».

Dans *le système européen de protection des droits de l'homme*, force est de constater qu'aucun problème de manque d'impartialité fonctionnelle ne peut se poser entre l'exercice, par les mêmes juges, de la fonction contentieuse et la fonction consultative de la Cour. En effet, l'article 47, paragraphe 2, de la Convention, dispose expressément que les avis de la Cour « *ne peuvent porter ni sur les questions ayant trait au contenu ou à l'étendue des droits et libertés définis au titre I de la Convention et dans les protocoles ni sur les autres questions dont la Cour ou le Comité des Ministres pourraient avoir à connaître par suite de l'introduction d'un recours prévu par la Convention* ». Il en résulte que, pour le même problème de droit, la Cour ne peut jamais exercer les deux fonctions, car la fonction juridictionnelle, même potentielle, exclut tout exercice de la fonction consultative[27]. Dans le même sens, la Cour européenne des droits de l'homme a statué qu'il n'y a pas défaut d'impartialité objective si la fonction contentieuse et la fonction consultative ne concernent pas la même décision, la même affaire ou des questions analogues[28].

Dans *le système interaméricain de protection des droits de l'homme*, soulignons que des problèmes de manque d'impartialité fonctionnelle peuvent se poser entre l'exercice, par les mêmes juges, de la fonction contentieuse et la fonction consultative de la Cour interaméricaine des droits de l'homme. En effet, contrairement à ce qu'on observe dans le système européen de protection des droits de l'homme, dans le système interaméricain de protection des droits de l'homme, aucune disposition de la Convention américaine relative aux droits de l'homme, ni du Règlement de la Cour interaméricaine des droits de l'homme n'interdit que des avis soient rendus sur des questions dont la Cour pourrait avoir à connaître par suite de l'introduction d'un recours prévu par la Convention. Il en résulte que, pour le même problème de droit, la Cour interaméricaine des droits de l'homme peut exercer les deux fonctions, car la fonction juridictionnelle n'exclut pas tout exercice de la fonction consultative.

Dans *le système africain de protection des droits de l'homme*, il peut être relevé dans l'article 4 du Protocole relatif à la Charte africaine

[27] P. CORNELIU-LIVIU, *Op. cit*, p.113.

[28] Voir, parmi d'autres : CEDH 6 mai 2003, *Kleyn et autres c/ Pays-Bas*, Requête n° 39343/98, 39 651/98, 43 147/98 et 46 664/99 ; voir aussi F. SUDRE, *Op. cit*, p. 410 ; J. F.RENUCCI, *Op. cit*, pp. 413-416.

portant sur la création d'une Cour africaine des droits de l'homme et des peuples que la Cour peut donner un avis « *à condition que l'objet de l'avis consultatif ne se rapporte pas à une requête pendante devant la Commission* ». L'article 68, paragraphe 3 du Règlement intérieur de la Cour africaine des droits de l'homme et des peuples confirme l'article 4 précité, car il dispose que « *l'objet de la demande d'avis consultatif ne peut pas se rapporter à une requête pendante devant la Commission* ». Il résulte de ces dispositions que, pour le même problème de droit, la fonction contentieuse devant la Commission africaine des droits de l'homme et des peuples exclut tout exercice de la fonction consultative de la Cour africaine des droits de l'homme et des peuples. Cependant, aucune disposition ne se prononce sur la question de savoir si, pour un même problème de droit, la Cour peut exercer les deux fonctions (juridictionnelle et consultative).

En somme, il est clair qu'en ce qui concerne l'impartialité fonctionnelle par rapport à la fonction consultative, il n'y a que le système européen de protection des droits de l'homme qui offre les meilleures garanties. Ensuite, dans le système d'évaluation des critères de l'impartialité vis-à-vis de la fonction consultative, le système africain de protection des droits de l'homme se positionne en deuxième rang, le système interaméricain de protection des droits de l'homme intervient en troisième rang.

2. L'impartialité fonctionnelle par rapport à la fonction de conciliation

En vertu de l'article 39, paragraphe 1 de la **Convention européenne des droits de l'homme**, « *à tout moment de la procédure, la Cour peut se mettre à la disposition des intéressés en vue de parvenir à un règlement amiable de l'affaire s'inspirant du respect des droits de l'homme tels que les reconnaissent la Convention et ses protocoles* ». Le paragraphe 3 du même article rajoute qu'« *en cas de règlement amiable, la Cour raye l'affaire du rôle par une décision qui se limite à un bref exposé des faits et de la solution adoptée* ».

En vertu de l'article 63 du **Règlement de la Cour interaméricaine des droits de l'homme**, « *si la Commission, les victimes ou victimes présumées ou ses représentants, l'État défendeur et, dans son cas, l'État demandeur dans une affaire devant la Cour, avisent à celle-ci qu'il existe une solution amiable, un accord ou tout autre fait permettant de mettre un terme au litige, la Cour statue sur son bien-fondé ainsi que sur* *ses effets juridiques, au moment de la procédure qu'elle juge opportun* ».

En ce qui concerne le système africain de protection des droits de l'homme, l'article 9 du **Protocole relatif à la Charte africaine portant sur la création d'une Cour africaine des droits de l'homme et des peuples** dispose que « *la Cour peut tenter de régler à l'amiable les cas qui lui sont soumis conformément aux dispositions de la Charte* ». Cet article est corroboré par l'article 57, paragraphe 1 du Règlement intérieur de la Cour africaine des droits de l'homme et des peuples de 2010 qui dispose que « *conformément à l'article 9 du Protocole, la Cour peut tenter de régler à l'amiable les affaires qui lui sont soumises. À cet effet, la Cour entre en rapport avec les parties et prend les mesures appropriées pour faciliter la conclusion d'un règlement amiable, basé sur le respect des droits de l'homme et des peuples tel que les reconnaît la Charte* ».

Eu égard à toutes ces dispositions, une question se pose. Peut-on être à la fois conciliateur et juge dans une même affaire sans porter atteinte à l'impartialité objective du tribunal ? Cette question est davantage pertinente si l'on prend l'hypothèse où le règlement à l'amiable ou la conciliation s'est soldé par un échec. Il nous semble qu'être conciliateur et juge dans une même affaire peut légitimement susciter chez le justiciable des doutes quant à l'impartialité objective. En effet, dans l'exercice de la fonction de conciliation, les Cours et donc les juges interviennent activement en proposant des solutions. En cas d'échec de cette procédure, ce sont les mêmes personnes qui, en tant que juges, vont trancher les litiges, sans oublier qu'elles sont intervenues au cours du procès en exprimant leur position[29]. Pour atténuer les suspicions qui peuvent naître du fait qu'une Cour soit à la fois conciliateur et juge dans une même affaire, l'article 62, paragraphe 2 du Règlement de la Cour européenne des droits de l'homme dispose que « *en vertu de l'article 39 § 2 de la Convention, les négociations menées en vue de parvenir à un règlement amiable sont confidentielles et sans préjudice des observations des parties dans la procédure contentieuse. Aucune communication écrite ou orale ni aucune offre ou concession intervenue dans le cadre desdites négociations ne peuvent être mentionnées ou invoquées dans la procédure contentieuse* ».

Dans le système africain de protection des droits de l'homme, on peut citer l'article 57, paragraphe 2 du Règlement intérieur de la Cour

---

[29] P. CORNELIU-LIVIU, *Op. cit*, p.114.

africaine des droits de l'homme et des peuples de 2010 qui dispose que « *les négociations menées en vue de parvenir à un règlement à l'amiable sont confidentielles et sans préjudice des observations des parties dans la procédure contentieuse. Aucune communication écrite ou orale ni aucune offre de concession intervenue dans le cadre desdites négociations ne peuvent être mentionnées ou invoquées dans la procédure contentieuse* ». Suite à l'énoncé de l'article, il ne fait point doute que le législateur africain des droits de l'homme s'est foncièrement inspiré de son homologue européen.

Dans le système interaméricain de protection des droits de l'homme par contre, on ne retrouve aucune disposition similaire à celles précitées dans les systèmes régionaux de protection des droits de l'homme. C'est donc une faiblesse que le législateur interaméricain des droits de l'homme doit surmonter.

PARAGRAPHE 2 : La nécessité de lutter contre le préjugement

L'impartialité objective du tribunal nécessite que des mesures soient prises pour éviter des cas de préjugement. Pour prémunir le justiciable contre ce risque, le principe de séparation des fonctions se présente comme la meilleure arme. Ce principe, qui procède de l'idée selon laquelle « *un regard neuf doit se poser sur une affaire donnée, lors de l'exercice d'une fonction donnée* »[30], peut grossièrement se résumer comme suit : une fonction, un homme[31]. On a coutume de dire que « *la séparation des fonctions est à la procédure pénale ce que la séparation des pouvoirs législatif, exécutif et judiciaire est au droit public* »[32].

La jurisprudence européenne et par extension les jurisprudences interaméricaine et africaine invitent à une lecture renouvelée de cette formule. D'une part, si les Cours appliquent le principe séparatiste aux fonctions juridictionnelles, elles ne l'ont pas cantonné à la seule matière pénale[33]. D'autre part, c'est en utilisant la combinaison des principes de séparation des fonctions juridictionnelles et de séparation des pouvoirs, qu'elles garantissent la séparation des fonctions juridictionnelles des

---

30 D. ROETS, *Impartialité et justice pénale*, éd. Cujas, 1997, p. 41.
31 L. MILANO, *Op.cit.*, p. 435.
32 J. PRADEL, *Droit pénal comparé*, Dalloz, 1995, n° 7 ; T.-S. RENOUX, « Le Conseil constitutionnel et l'autorité judiciaire. L'élaboration d'un droit constitutionnel juridictionnel », Economica, PUAM, 1984, p. 427.
33 L. MILANO, *Op.cit.*, p. 435.

autres fonctions parfois attribuées aux juridictions, telles des fonctions consultatives ou de conciliation ou même encore de contrôle[34].

Le principe de séparation des fonctions juridictionnelles (A) ainsi que le principe de séparation des fonctions juridictionnelles et non juridictionnelles (B) sont des illustrations de la lutte contre le préjugement, cause du risque de manquement à l'impartialité objective.

A. Le principe de séparation des fonctions juridictionnelles, un moyen de lutter contre le préjugement

Dans le cadre strict de leurs activités juridictionnelles, les juges peuvent être amenés à cumuler des fonctions différentes. Cependant, une atteinte à l'exigence d'impartialité objective peut être caractérisée en cas de non-respect de la séparation des fonctions juridictionnelles.

Il faut néanmoins relever que le principe de la séparation des fonctions juridictionnelles ne s'applique pas avec la même intensité dans tous les contentieux. Le contentieux civil ne connaît pas d'une manière aussi tranchée et affirmée que le contentieux pénal, le principe de la séparation des fonctions de poursuite, d'instruction et de jugement[35]. Par exemple en matière civile, le cumul de fonctions différentes au sein d'une même juridiction ne signifie pas systématiquement partialité, car la finalité de ces fonctions n'est pas la même qu'en matière pénale. Il ne s'agit pas d'assurer un double ou un triple regard objectif sur un dossier, comme l'organise le cloisonnement des poursuites, de l'instruction et du jugement, mais de permettre à l'un des juges du tribunal d'acquérir une connaissance approfondie du dossier[36]. Cela signifie concrètement qu'au contentieux pénal, le cloisonnement des fonctions vise à s'assurer de la fiabilité de la procédure par l'exigence d'un regard neuf à chaque étape afin d'éviter la condamnation d'un innocent. Sa violation peut constituer, en principe, une preuve de partialité. Il n'en est pas de même dans les contentieux civils pour lesquels la spécialisation des fonctions ne vise qu'à permettre à l'un des juges, à plusieurs parfois, d'acquérir une connaissance approfondie du dossier ; il faut donc que d'autres éléments soient réunis pour que la partialité soit retenue[37].

---

[34] *Id. Ibid*

[35] Kavundja N. Maneno, Télesphore. *L'indépendance et l'impartialité du juge en droit comparé belge, français et de l'Afrique francophone*, *Op. cit*, p. 333.

[36] *Id. Ibid*

[37] S. GUINCHARD et alii, *Droit processuel. Droit commun et droit comparé du procès*, éd. Dalloz, Paris, 2003, n° 380, p. 606.

Gage de l'impartialité du juge, le principe de séparation des fonctions juridictionnelles impose qu'un juge ne puisse connaître deux fois de la même affaire[38]. C'est la raison pour laquelle la Commission africaine des droits de l'homme et des peuples dans ses Directives et principes sur le droit à un procès équitable et à l'assistance judiciaire en Afrique de 2003 soutient que « *l'instance juridictionnelle n'est pas considérée comme impartiale, si :*

1. Un ancien procureur ou avocat siège en qualité de juge dans une affaire où il a exercé les fonctions de Parquet ou d'avocat ; (...) ».

Le principe de la séparation des fonctions juridictionnelles présente des avantages. Tout d'abord, pour des juridictions supranationales telles que la Cour européenne des droits de l'homme, la Cour interaméricaine des droits de l'homme et la Cour africaine des droits de l'homme et des peuples, confrontées à la diversité des systèmes juridiques nationaux, il est de conception simple et permet de donner aux États une directive d'interprétation claire de l'exigence d'impartialité. Le principe séparatiste, qui existe dans l'ensemble des systèmes régionaux de protection des droits de l'homme, est dominé par une règle : un juge, ayant antérieurement connu d'une affaire dans l'exercice de ses fonctions juridictionnelles, ne peut ensuite participer à la juridiction de jugement chargée de trancher le litige[39]. Cette règle peut se décomposer comme suit : qui saisit ne peut juger, qui instruit ne peut juger, qui a jugé ne peut rejuger[40].

Cette conception rigoureuse du principe de la séparation des fonctions de justice a été tempérée. En effet, si l'importance de ce principe est incontestable, il reste que des exceptions peuvent et doivent être admises : tel est le cas lorsque le juge qui est déjà intervenu à propos de la même affaire n'a joué qu'un rôle minime qui ne l'empêche pas d'aborder l'affaire de façon neutre[41]. Il faut dorénavant rechercher si les craintes éventuelles de l'intéressé sont objectivement justifiées : cette

[38] L. MILANO, *op.cit.*, p. 436.

[39] *Id. Ibid* ; voir également : Cass. belge, 6 septembre 2000, Pas., 2000,1, p. 1290. Dans cette affaire, la Cour de Cassation belge a rappelé avec force qu'un même magistrat ne peut, dans une même affaire agir successivement comme partie poursuivante et comme juge d'instruction.

[40] Voir en ce sens, P. CROCQ, « Le droit à un tribunal impartial », in R. CABRILLAC, M. – A. BURGELIN, T. REVET (dir.), *Libertés et droits fondamentaux*, Dalloz, 2000, pp. 419-432.

[41] J.-F. RENUCCI, *Op. cit.*

recherche est l'élément déterminant de l'appréciation de l'impartialité[42] et tout dépendra du caractère plus ou moins approfondi des investigations menées au préalable par le juge en cause[43].

En somme, le principe de la séparation des fonctions juridictionnelles est un moyen de lutte contre le préjugement. Mais, il n'est pas l'unique moyen.

B. Le principe de la séparation des fonctions juridictionnelles et non juridictionnelles, un principe protecteur de l'impartialité objective du tribunal

Dans l'exercice de leurs activités, les juges d'un même tribunal peuvent être amenés à exercer des fonctions différentes, parfois même au-delà de leur fonction juridictionnelle traditionnelle, ce qui ne constitue pas en soi une atteinte à leur impartialité objective[44].

Cependant, il peut y avoir préjugement lorsqu'un même juge exerce successivement à propos d'une même affaire les fonctions juridictionnelles et non juridictionnelles. En ce qui concerne l'exercice de la double fonction juridictionnelle et de conseil, la Cour européenne des droits de l'homme, dans l'affaire *Procola*, a jugé que dans le cadre d'une institution, le seul fait que certaines personnes exercent successivement, à propos des mêmes décisions, les deux types de fonction est de nature à mettre en cause l'impartialité structurelle de ladite institution[45]. Toutefois, la portée de cet arrêt est tempérée par le fait que les juges européens ont bien précisé que leur solution ne s'impose qu'en cas « *de mêmes décisions* » et de « *mêmes affaires* »[46].

En réalité, la compatibilité du cumul des fonctions juridictionnelles et non juridictionnelles avec l'exigence d'impartialité objective doit se résoudre conformément à l'idée selon laquelle il n'y a pas de problème d'impartialité objective lorsque les questions abordées ne sont pas analogues. Le critère consiste donc à vérifier si l'exercice de la fonction

---

[42] CEDH, 24 mai 1989, *Hauschildt c/ Danemark*, Série A n° 154, § 50, Annuaire fr. dr. int. 1991 p. 585 obs. V. COUSSIRAT-COUSTERE, JDI 1990 p. 727 obs. P. ROLLAND et P. TAVERNIER.

[43] J.-F. RENUCCI, *Op. cit.*

[44] *Id. Ibid*

[45] Il s'agissait du Conseil d'État luxembourgeois : CEDH, 28 sept. 1995, *Procola c/ Luxembourg*, Série A n° 326, § 45, JDI 1996 p. 253, D. 1986 p. 301 obs. F. BENOIT-ROHMER, AJDA 1996 p. 383 chron. J.-F. FLAUSS, JCP 1996-I-3910 n° 8 obs. F. SUDRE, JCP 1997-I-4017 Chron. J. PETIT, RFDA 1996 p.777 obs. J.-L AUTIN et F. SUDRE, RTDH 1996 p.275 obs. D. SPIELMANN. Cf. aussi CEDH, 8 fév. 2002, *Mc Gonnell c/ Royaume-Uni*, Rec. 2000 – II, § 55 s.

[46] J.-F. RENUCCI, *Op. cit.*

non juridictionnelle a constitué une « *sorte de préjugement* » du litige[47]. En outre, notons que l'incompatibilité de la fonction de juge avec toutes autres activités de nature à porter atteinte à l'exigence d'impartialité objective que posent les instruments régionaux de protection des droits de l'homme[48] peut être observée comme un moyen de prévenir un préjugement pour cumul de fonctions juridictionnelles et non juridictionnelles.

En somme, plus le préjugement est combattu, plus l'impartialité objective du tribunal est réelle et effective.

L'impartialité objective, comparativement à l'impartialité subjective, présente beaucoup d'avantages pour le justiciable.

SECTION II : L'impartialité objective, une exigence favorable au justiciable

L'impartialité objective accorde une place de choix aux apparences. Dans l'ensemble des mécanismes régionaux de protection des droits de l'homme, la plupart du contentieux relatif à l'impartialité du tribunal concerne l'exigence d'impartialité objective, car elle a le mérite de garantir plus aisément les intérêts du justiciable dans la mesure où le défaut d'impartialité peut être retenu sur de simples apparences d'absence d'impartialité liées à la composition ou encore au fonctionnement de la juridiction.

La prise en considération des apparences dans l'appréciation de l'impartialité objective (paragraphe 1) favorise une véritable protection des droits fondamentaux des justiciables (paragraphe 2).

[47] Voir en ce sens, CEDH 9 novembre 2006, *Sacilor-Lormines c. France*, 65 411/01, par. 71.

[48] Dans le système européen de protection des droits de l'homme, il ressort de la lecture de l'article 21, § 3 de la Convention européenne des droits de l'homme que « pendant la durée de leur mandat, les juges ne peuvent exercer aucune activité incompatible avec les exigences (…) d'impartialité (…) » ; Dans le système interaméricain de protection des droits de l'homme, selon l'article 71 de la Convention américaine relative aux droits de l'homme, « Les fonctions de juge à la Cour ou de membre de la Commission sont incompatibles avec toutes autres activités de nature à porter atteinte (…) à l'impartialité des titulaires desdites fonctions dans l'exercice de leurs attributions (…) » ; Dans le système africain de protection des droits de l'homme, il ressort de l'article 18 du Protocole relatif à la Charte africaine portant sur la création d'une Cour africaine des droits de l'homme et des peuples que « les fonctions de juge à la Cour sont incompatibles avec toutes autres activités de nature à porter atteinte aux exigences (…) d'impartialité liées à la fonction (…) ».

PARAGRAPHE 1 : Une prise en considération des apparences dans l'appréciation de l'impartialité objective

Initiée par les juges européens de protection des droits de l'homme (A), la prise en considération des apparences dans l'appréciation de l'impartialité objective du tribunal s'observe également dans les systèmes interaméricain et africain de protection des droits de l'homme (B).

A. La prise en considération des apparences dans l'appréciation de l'impartialité objective du tribunal, une œuvre des juges européens

Les juges européens de protection des droits de l'homme ne se sont pas limités à dégager une démarche objective de l'impartialité du tribunal, ils sont allés plus loin en fondant cette démarche sur une prise en considération « *des apparences* ».

En la matière, l'un des premiers arrêts est *l'arrêt Delcourt* de la Cour européenne des droits de l'homme du 17 janvier 1970[49].Nous pouvons citer également, l'arrêt *Campbell c/ Royaume-Uni* du 28 juin 1984. Dans ces arrêts, la Cour européenne des droits de l'homme se réfère pour la première fois à la *« théorie des apparences »* après avoir cité le célèbre aphorisme de Lord Chief Justice Hewart « *justice must not only be done, it must also be seen to be done* »[50]. Suivant ces arrêts, il ressort que pour les juges européens de protection des droits de l'homme, l'impartialité objective se fonde principalement sur les apparences et le principe général que la justice doit être rendue de manière visible, ostensible[51]. Ainsi, dans l'arrêt *Findlay c/ Royaume-Uni* du 25 février 1997, La Cour européenne des droits de l'homme soutient que l'impartialité objective conduit à prendre en considération les apparences[52] puisqu'elle consiste à se demander si, nonobstant la conduite personnelle du juge, certains faits vérifiables amènent à suspecter l'impartialité de ce dernier ou de la

[49] CEDH, 17 janv. 1970, *Delcourt c/ Belgique*, série A, n° 11, § 31.

[50] « La justice ne doit pas seulement être rendue, elle doit être perçue comme ayant été rendue » (Chambre des Lords, 1924, R. c. *Sussex Justices*, ex. P. Mc Carthy.

[51] A. CABANES, A. ROBBES, « L'impartialité objective du juge en Europe : des apparences parfois trompeuses », AJDA 2004 p. 2375.

[52] CEDH, 25 févr. 1997, *Findlay c/ Royaume-Uni*, n° 22107/93 ; 24 sept. 1997, *Coyne c/ Royaume-Uni*, n° 25942/94, RSC 1998 p. 92 obs. R. KOERING-JOULIN.

juridiction elle-même[53]. L'àbsence d'apparence d'impartialité, et non les seuls manquements effectifs et prouvés à ce devoir du juge, sont ainsi sanctionnés à travers la conception objective de l'impartialité. Cette attitude de la Cour européenne des droits de l'homme s'explique aisément par la difficulté pour le justiciable d'apporter les preuves de ces manquements[54].En effet, le terme même d'impartialité est en soi une notion éminemment subjective dans la mesure où il renvoie aux préjugés. Afin d'assurer une réelle protection aux justiciables, tout en se gardant d'hasardeux exercices divinatoires, la Cour doit donc s'attacher à trouver les détecteurs objectifs d'une atteinte à l'impartialité[55]. Elle trouve donc, dans le recours aux apparences, le soutien nécessaire pour garantir aux justiciables une protection contre la partialité ou les risques de partialité d'un magistrat[56]. C'est donc, non pas la réalité de l'atteinte à cette exigence, mais bel et bien l'apparence d'un tel manquement qui va revêtir de l'importance aux yeux de la Cour européenne des droits de l'homme dans la grande majorité des arrêts relatifs à l'impartialité objective du tribunal[57].

Dans l'affaire *Svark and Kavnik c. Slovenia* de 2007[58], par exemple, la Cour a eu à se prononcer sur la possibilité pour un professeur de droit, consulté à titre d'expert par une juridiction de première instance, puis devenu juge constitutionnel par la suite, de se prononcer dans une affaire au sujet de laquelle il avait été consulté en tant qu'expert. Malgré les arguments du gouvernement selon lesquels plus de sept années s'étaient écoulées entre l'expertise et la décision de la cour et selon lesquels il n'y avait aucun élément attestant que le juge puisse se rappeler de son intervention précédente, la Cour européenne des droits de l'homme considéra les doutes du requérant comme objectivement justifiés au regard du rôle occupé par ce dernier dans ses deux interventions[59]. Il semble donc que les apparences d'un manquement à l'impartialité, nécessaires pour que soient caractérisées comme justifiées les craintes du justiciable, soient, dans certains cas, assez largement entendues[60].

---

[53] CEDH, 24 mai 1989, *Hauschildt c/ Danemark*, série A, n° 154, § 48, JDI 1990 p. 727 obs. P. ROLLAND et P. TAVERNIER, AFDI 1991 p. 585 obs. V. COUSSIRAT-COUSTERE.
[54] C. VIENNOT, « Actualités et perspectives ouvertes par la jurisprudence récente de la Cour européenne des droits de l'homme en matière d'impartialité », RTDH, 2008, p. 179.
[55] C. VIENNOT, *Op. cit*, p. 179.
[56] *Id. Ibid*
[57] *Id. Ibid*
[58] CEDH, 8 fév. 2007, *Svark and Kavnik c. Slovenia.*
[59] C. VIENNOT, *Op. cit.*
[60] *Id. Ibid*

Le rôle joué par les apparences est plus manifeste encore dans l'arrêt *Fahri c. France* du 16 janvier 2007[61]. Le requérant se plaignant d'une violation de l'article 6 de la Convention du fait d'une communication intervenue entre le procureur et les jurés lors d'une suspension d'audience, le gouvernement français développait certains éléments de nature à démontrer que cette discussion ne remettait pas en cause, de facto, l'impartialité du tribunal. Il soutenait, par exemple, que la suspension n'avait duré que cinq minutes ou que la teneur des propos n'avait pas été précisée par le requérant alors que l'interdiction législative de communiquer ne portait que sur des éléments de l'affaire. Selon lui, l'effectivité de l'atteinte à l'impartialité n'était donc ni avérée ni corroborée par des éléments de preuve rapportés par le requérant. Mais la Cour européenne des droits de l'homme ne suivra pas le gouvernement dans ses observations puisque la réalité ou l'effectivité du manquement ne sont généralement pas requises par la Cour pour prononcer la violation. Plus encore, la Cour va souscrire à la position du requérant selon laquelle « la nature de la fonction de l'avocat général, lequel dirige l'accusation, ne peut que laisser peser un soupçon sur l'impartialité des jurés, lorsque ce magistrat s'est entretenu avec les jurés en dehors de la présence de l'accusé ou de son conseil »[62]. Elle affirme, sur ce point, que « *le prévenu et le ministère public [...] ont des intérêts à la fois distincts et opposés* » et que l'allégation du requérant « *apparaît, en raison de la fonction de représentation de l'accusation remplie par l'avocat général au cours d'un procès criminel, suffisamment grave pour qu'une enquête propre à vérifier la survenance du fait litigieux soit diligentée* »[63]. La Cour accorde donc une importance considérable aux fonctions des personnes impliquées dans les faits litigieux, soulignant ainsi le rôle considérable des apparences.

Dans l'arrêt *Kress* du 7 juin 2001[64] de la Cour européenne des droits de l'homme, les juges se sont également fondés sur les apparences pour rendre leur solution.

---

[61] CEDH, 16 janvier 2007, *Fahri c. France*

[62] CEDH, 16 janvier 2007, *Fahri c. France*, § 22.

[63] *Ibid.*, § 27.

[64] CEDH 7 juin 2001, *Kress c/ France*, aff. 39594/98, AJDA 2001, p. 675, note F. Rolin ; D. 2001, p. 2619, note R. Drago et p. 2611, chron. J. Andriantsimbazovina ; RFDA 2001, p. 991, note B. Genevois et p. 1000, note J.-L. Austin et F. Sudre) et *Procola* (CEDH 28 septembre 1995, *Association Procola c/ Luxembourg*, aff. 14 570/89, AJDA 1996, p. 383, obs. J.-F. Flauss ; D. 1996, p. 301, note F. Benoit-Rohmer ; RFDA 1996, p. 777, note J.-L. Autin et F. Sudre ; Dr. adm. 1996, n° 41 ; JCP 1997, I, n° 4017, chron. J. Petit.

Cependant, soulignons que même si les apparences occupent une place importante dans la démarche objective de l'impartialité du tribunal, les juges européens de protection des droits de l'homme ne se contentent plus des apparences concernant l'appréciation de l'impartialité objective d'un tribunal ou d'un juge. Ils analysent la réalité des circonstances de l'affaire[65]. En réalité, la Cour rompt avec une appréciation indifférenciée du critère de l'apparence[66].

Dans le contentieux administratif, la démarche objective de l'impartialité est également favorable au justiciable car, en la matière ce qui importe, ce n'est pas le comportement effectif des agents mais l'apparence de partialité qu'ils peuvent donner. Une décision administrative n'est donc objectivement impartiale que si l'organisme dont elle émane est régulièrement composé. Par quatre arrêts rendus le 26 juillet 2007[67], le Conseil d'État a été appelé à statuer sur le moyen tiré de la violation du principe d'impartialité par le rapporteur désigné pour conduire la procédure d'instruction devant l'Autorité des marchés financiers. Celui-ci avait exercé des fonctions d'administrateur puis de conseiller du président au sein d'une entreprise et d'une de ses filiales, qui étaient les principales concurrentes de la société mise en cause dans le cadre d'opération de courtage à l'origine de la procédure disciplinaire. Dans la continuité de leur jurisprudence « *Société Banque privée Fideuram Wargny* » [68]du 2 novembre 2005, le Conseil d'État français accueille ce moyen alors même que les dispositions du code monétaire et financier[69] écartent le rapporteur de la séance de délibération de la Commission des sanctions. Le Conseil d'État suit, en ce sens, les conclusions de leur rapporteur public. Monsieur GUYOMAR avait pointé l'importance du rôle occupé par le rapporteur dans le déroulement de la procédure disciplinaire. Rappelant les termes de l'article R.621-39 du code monétaire et financier[70], il soulignait que « *le rapporteur*

[65] C. DE BERNARDINIS, L'impartialité du juge : de l'apparence à la réalité juridique, Petites affiches 2 mars 2004, n° 44, p. 9.

[66] [66] A. CABANES, A. ROBBES, *Op. cit.*

[67] CE, 26 juillet 2007, no 293624, Société Global Equities ; CE, 26 juillet 2007, no 293626, M. Gilles A ; CE, 26 juillet 2007, no 293627, Société Global Gestion ; CE, 26 juillet 2007, no 293908, M. Piard.

[68] CE, 2 novembre 2005, no 271202, Société Banque privée Fideuram Wargny.

[69] Article L. 621-15 du code monétaire et financier : « *La commission des sanctions statue par décision motivée, hors la présence du rapporteur.* »

[70] « **I.** – *Le président de la commission des sanctions attribue l'affaire soit à cette dernière soit à l'une de ses sections. Il désigne le rapporteur. Celui-ci procède à toutes diligences utiles. Il peut s'adjoindre le concours des services de l'Autorité des marchés financiers. La personne mise en cause et le membre du collège mentionné au troisième alinéa du I de l'article L. 621-15 ou son*

dispose d'attributions si déterminantes pour le déroulement de la procédure qu'il doit respecter l'exigence d'impartialité y compris avec les conséquences qui découlent de la théorie des apparences. » Selon lui, « *l'article 111-5 du règlement général de l'AMF dispose, dans son second alinéa, que « avant de désigner en qualité de rapporteur un membre de la Commission des sanctions, le président s'assure que celui-ci ne risque pas de se trouver en conflit d'intérêts compte tenu des personnes faisant l'objet de la procédure* ». Trois séries d'éléments avaient alors convaincu le rapporteur public de l'existence, dans les circonstances de l'espèce, d'un conflit d'intérêts. Tout d'abord, le caractère direct de la concurrence entre la société dans laquelle le rapporteur avait exercé et celle mise en cause. Ensuite, la nature des opérations reprochées aux personnes poursuivies à savoir les opérations de courtage, qui constituaient précisément celles pour lesquelles la société dans laquelle le rapporteur avait exercé était en concurrence avec celle mise en cause. Et, enfin, les relations fonctionnelles entre le rapporteur et la société à laquelle il s'était trouvé lié à plusieurs titres : administrateur fondateur, conseiller du président, administrateur d'une filiale. Toutefois, de simples relations professionnelles ne suffisent pas toujours à établir une violation du principe d'impartialité. Il a ainsi été jugé que le fait d'invoquer l'appartenance d'un des membres de la formation appelée à délibérer à une société concurrente ne permettait pas de conclure à un manquement au principe d'impartialité[71]. La personne poursuivie doit démontrer l'existence d'un intérêt personnel dans l'affaire en cause, en s'appuyant sur des éléments probants. Cette solution équilibrée se justifie par l'association fréquente de personnes

---

représentant désigné en application de cette disposition peuvent être entendus par le rapporteur à leur demande ou si celui-ci l'estime utile. Le rapporteur peut également entendre toute personne dont l'audition lui paraît utile. Lorsqu'il estime que les griefs doivent être complétés ou que les griefs sont susceptibles d'être notifiés à une ou plusieurs personnes autres que celles mises en cause, le rapporteur saisit le collège. Le collège statue sur cette demande du rapporteur dans les conditions et formes prévues à l'article R. 621-38. Le délai prévu au troisième alinéa de l'article R. 621-38 est applicable en cas de notification complémentaire des griefs. ***II.-*** *Le rapporteur consigne par écrit le résultat de ces opérations dans un rapport. Celui-ci est communiqué à la personne mise en cause par lettre recommandée avec demande d'avis de réception, remise en main propre contre récépissé ou acte d'huissier. Le rapport est également communiqué au membre du collège mentionné au troisième alinéa du I de l'article L. 621-15 ou à son représentant désigné en application de cette disposition, qui peut présenter par écrit ses observations sur le rapport. Ces observations écrites sont communiquées à la personne mise en cause ».*

[71] CE, 23 avril 2009, no 314920, Compagnie Blue Line.

désignées à raison de leur compétence professionnelle ainsi que de leur expérience au sein des formations qui délibèrent[72].

Au-delà de la solution retenue dans l'espèce susmentionnée, il ressort clairement que malgré une relativisation de nos jours de la théorie des apparences pour éviter de tomber dans une tyrannie de celles-ci, elles restent au centre de la démarche objective de l'impartialité du tribunal. Et ce non seulement dans la jurisprudence européenne de protection des droits de l'homme mais également dans les autres systèmes.

---

[72] Article L. 621-2 du code monétaire et financier relatif à la composition de la commission des sanctions de l'Autorité des marchés financiers : « […] *3° Six membres désignés, à raison de leur compétence financière et juridique ainsi que de leur expérience en matière d'appel public à l'épargne et d'investissement de l'épargne dans des instruments financiers, par le ministre chargé de l'économie après consultation des organisations représentatives des sociétés industrielles et commerciales dont les titres font l'objet d'appel public à l'épargne, des sociétés de gestion d'organismes de placements collectifs et des autres investisseurs, des prestataires de services d'investissement, des entreprises de marché, des chambres de compensation, des gestionnaires de systèmes de règlement livraison et des dépositaires centraux ; 4° Deux représentants des salariés des entreprises ou établissements prestataires de services d'investissement, des sociétés de gestion d'organismes de placements collectifs, des entreprises de marché, des chambres de compensation, des gestionnaires de systèmes de règlement livraison et des dépositaires centraux, désignés par le ministre chargé de l'économie après consultation des organisations syndicales représentatives* […] » ; Article L. 612-9 du code monétaire et financier relatif à la composition de la commission des sanctions de l'Autorité de contrôle prudentiel : « *La commission des sanctions est composée de six membres* : […] *2° Trois membres choisis en raison de leurs compétences dans les matières utiles à l'exercice par l'Autorité de ses missions, nommés par arrêté du ministre chargé de l'économie* […] » ; Article L. 232-6 du code du sport relatif à la composition du collège de l'Agence française de lutte contre le dopage : « *Le collège de l'Agence française de lutte contre le dopage comprend neuf membres nommés par décret :* […] *3° Trois personnalités qualifiées dans le domaine du sport : une personne inscrite ou ayant été inscrite sur la liste des sportifs de haut niveau fixée en application du premier alinéa de l'article L. 221-2, désignée par le président du Comité national olympique et sportif français ; un membre du conseil d'administration du Comité national olympique et sportif français désigné par son président ; une personnalité désignée par le président du Comité consultatif national d'éthique pour les sciences de la vie et de la santé*» ; Article L. 461-1 du code du commerce relatif à la composition du collège de l'Autorité de la concurrence : « *II.- Les attributions confiées à l'Autorité de la concurrence sont exercées par un collège composé de dix-sept membres, dont un président, nommés pour une durée de cinq ans par décret pris sur le rapport du ministre chargé de l'économie.* […] *Le président est nommé en raison de ses compétences dans les domaines juridique et économique. Le collège comprend également : 2° Cinq personnalités choisies en raison de leur compétence en matière économique ou en matière de concurrence et de consommation ; 3° Cinq personnalités exerçant ou ayant exercé leurs activités dans les secteurs de la production, de la distribution, de l'artisanat, des services ou des professions libérales. Quatre vice-présidents sont désignés parmi les membres du collège, dont au moins deux parmi les personnalités mentionnées aux 2° et 3.* » ; Article 13 de la loi no 78-17 du 6 janvier 1978 relative à l'informatique, aux fichiers et aux libertés modifiée : « *I. - La Commission nationale de l'informatique et des libertés est composée de dix-sept membres : […] 6° Trois personnalités qualifiées pour leur connaissance de l'informatique ou des questions touchant aux libertés individuelles, nommées par décret ; 7° Deux personnalités qualifiées pour leur connaissance de l'informatique, désignées respectivement par le Président de l'Assemblée nationale et par le Président du Sénat.* »

B. La prise en compte des apparences dans l'impartialité objective, une réalité dans les autres systèmes régionaux de protection des droits de l'homme

S'inspirant de leurs homologues européens, les juges interaméricains (1) et africains (2) de protection des droits de l'homme prennent également en considération les apparences dans l'appréciation de l'impartialité objective du tribunal.

1. La réalité de la prise en compte des apparences dans l'appréciation de l'impartialité objective dans le système interaméricain de protection des droits de l'homme

Les juges interaméricains de protection des droits de l'homme, s'inspirant de la jurisprudence de la Cour européenne des droits de l'homme, déterminent non seulement la démarche objective de l'impartialité du tribunal[73], mais également prennent en compte les apparences dans l'appréciation de cette dernière. Des exemples jurisprudentiels nous permettront d'illustrer notre allégation. Nous regrettons cependant de ne pas pouvoir fournir d'exemples jurisprudentiels très récents, car nos recherches dans ce sens se sont avérées infructueuses.

La Cour interaméricaine des droits de l'homme, dans sa prise en considération des apparences dans l'appréciation de l'impartialité objective, affirme dans ses affaires *Palamara Iribarne*[74] de 2005 et *Lori Berenson Mejia*[75] de 2004 que le tribunal « *doit offrir des garanties suffisantes pour exclure à cet égard tout doute légitime* ». La Commission interaméricaine des droits de l'homme dans sa décision *Guy Malary c. Haïti*[76] de 2002 à une position similaire à celle de la Cour.

Dans son affaire *Herrera Ulloa c. Costa Rica* du 2 juillet 2004, la Cour interaméricaine des droits de l'homme, eu égard à la théorie des apparences, estima que le fait que les magistrats chargés de connaître d'une affaire furent les mêmes au cours des deux recours en cassation

---

[73] Voir en ce sens, L. HENNEBEL, H. TIGROUDJA, *Traité de droit international des droits de l'homme*, Éd. PEDONE, 2016, p.1330 ; K. MARTIN-CHENUT, *Op. cit*, p. 442 et s ; L. BURGORGUE-LARSEN, A. UBEDA DE TORRES, *Les grandes décisions de la Cour interaméricaine des droits de l'homme*, Bruylant, 2008, pp. 684-687.

[74] Cour IDH, 22 nov. 2005, *Palamara Iribarne c. Chili*, Série C n° 135, § 124.

[75] Cour IDH, 25 nov. 2004, *Lori Berenson Mejia c. Pérou*, fond, Série C n° 119, § 143.

[76] Commission IDH, décision du 27 décembre 2002, *Guy Malary c. Haïti*, pétition n° 11 335, rapport n° 119, § 143.

n'était pas conforme aux règles du procès équitable[77], notamment celle relative à l'exigence d'impartialité objective du tribunal. Dans cette affaire, pour la Cour interaméricaine des droits de l'homme, il y a des apparences de défaut d'impartialité objective du tribunal car les magistrats ont « *non seulement connu le fond mais aussi la forme* » de l'affaire[78]. Prenant toujours en compte la théorie des apparences, la Cour interaméricaine des droits de l'homme affirme qu'en matière d'impartialité, l'un des critères essentiels consiste à s'assurer que le juge ou le tribunal « *inspire la confiance nécessaire aux parties au procès, ainsi qu'aux citoyens de la société démocratique* »[79].

Dans une autre affaire de la Cour interaméricaine des droits de l'homme, *Iver Bronstein c. Pérou*[80], il peut être relevé que la solution de la Cour prend en compte implicitement la théorie des apparences. En effet, dans cette affaire, le gouvernement retira à un citoyen naturalisé péruvien sa nationalité et modifia la législation dans le but de l'empêcher de posséder et d'exploiter une chaîne de télévision nationale, trop critique envers l'ancien président de la République Fujimori. La Cour interaméricaine des droits de l'homme considéra à cette occasion que « *l'État, en créant des Chambres et des Cours intérimaires spécialisées en droit public et en nommant leurs membres au moment même où les faits du cas d'espèce avaient lieu, ne garantit pas à M. Bronstein d'être entendu par des juges ou tribunaux établis antérieurement par la loi, tel qu'énoncé par l'article 8 § 1 de la Convention américaine* ».

En somme, en matière d'impartialité objective et de son appréciation, l'influence européenne dans les Amériques apparaît dans la mesure où la Cour européenne des droits de l'homme a, dans ce domaine, une expérience et une jurisprudence plus vaste et détaillée[81]. Cette situation est aussi une réalité dans le système africain de protection des droits de l'homme.

---

[77] Cour IDH, 2 juillet 2004, Fond et réparations, *Herrera Ulloa c. Costa Rica,* Série C n° 107, §§ 174-175

[78] *Id. Ibid*

[79] *Ibid. §171*

[80] Cour IDH, 6 février 2001, Fond, *Ivcher Bronstein c. Pérou,* Série C n° 74, § 114.

[81] L. BURGORGUE-LARSEN, A. UBEDA DE TORRES, *Les grandes décisions de la Cour interaméricaine des droits de l'homme, Op. Cit,* p. 687.

2. La réalité de la prise en compte des apparences dans l'appréciation de l'impartialité objective dans le système africain de protection des droits de l'homme

Influencés par la jurisprudence de la Cour européenne des droits de l'homme, les juges africains de protection des droits de l'homme ont recours à la théorie des apparences dans l'appréciation de l'impartialité objective du tribunal.

Dans l'affaire *Constitutional Rights Project* (*pour le compte d'Akamu et Autres*) *c. Nigeria* de 1995[82], la Commission africaine des droits de l'homme et des peuples fait référence à la théorie de l'apparence pour conclure à un défaut d'impartialité objective du tribunal. Dans cette affaire, la communication a été introduite par Constitutional Rights Project, une ONG nigériane, en lieu et place de Wahab Akamu, Gbolahan Adeaga et Autres, condamnés à mort en application du Décret no. 5 de 1984 relatif aux vols et armes à feu. Ce décret prévoit la création d'un tribunal spécial composé d'un juge en activité ou en retraite, d'un membre des forces armées et d'un membre de la police. Le décret ne prévoit pas d'appel contre la sentence rendue par ledit tribunal. Les sentences sont sujettes à confirmation ou rejet de la part du gouverneur d'État. Le requérant se plaint donc de ce que la mise sur pied de tribunaux spéciaux composés des membres des forces armées et de la police en plus des juges, viole le droit d'être jugé par un tribunal impartial tel que garanti par l'article 7 (1) (d) de la Charte africaine[83] des droits de l'homme et des peuples. La Commission africaine des droits de l'homme et des peuples constatant que « *le Robbery and Firearms Act (dispositions spéciales), paragraphe 8 (1) prévoit la constitution des tribunaux qui sont composés de trois personnes à savoir un juge, un officier de l'Armée, des forces navale ou aérienne et un officier de la Police* » va estimer que « *la compétence a été transférée des juridictions ordinaires à un tribunal composé essentiellement des personnes appartenant à un service du gouvernement ; lequel service a adopté le Robbery and Firearms Decree et dont les membres ne possèdent pas nécessairement des qualifications en Droit* »[84]. Elle conclut donc que « *mis à part le caractère des membres de ces tribunaux, la seule*

[82] Communication 60/91, *Constitutional Rights Project (pour le compte de Wahab Akamu, G Adega et Autres) c. Nigeria*, 8e Rapport annuel d'activités.

[83] *Id. Ibid*

[84] Communication 60/91, *Constitutional Rights Project (pour le compte de Wahab Akamu, G Adega et Autres) c. Nigeria*, 8e Rapport annuel d'activités.

composition de ces derniers crée l'apparence sinon l'absence réelle d'impartialité. Ce qui est en violation de l'article 7 (1) (d) de la Charte »[85].

Dans une autre affaire assez similaire de celle sus-évoquée, la Commission africaine des droits de l'homme et des peuples condamne un défaut d'impartialité du tribunal en prenant en considération les apparences. Il s'agit de l'affaire *Constitutionnal Rights Project (pour le compte de Lekwot et Autres) c. Nigeria*, RADH, 2000, 184 (CADHP 1995)[86]. Dans cette affaire, la communication est présentée au nom de 7 personnes condamnées à mort par un tribunal spécial, en application du Décret no. 2 de 1987, relatif à la perturbation de l'ordre public. Ce décret interdit aux tribunaux ordinaires de revoir tout aspect des décisions émanant de ce tribunal spécial et ne prévoit aucun appel contre ses décisions. Les requérants soutiennent que la mise sur pied de tribunaux spéciaux composés des membres des forces armées et de la police en plus des juges, viole le droit d'être jugé par un tribunal impartial tel que garanti par l'article 7 (1) (d)[87]. La Commission africaine des droits de l'homme et des peuples dans cette affaire souligne que « *le Civil Disturbances Act (Tribunal spécial), deuxième partie, paragraphe 2 (2) prévoit que le tribunal est composé d'un juge et de quatre membres des forces armées* » [88] . Tout en rappelant que « *l'article 7 (1) (d) de la Charte africaine veut que la cour ou le tribunal soit impartial* »[89], elle conclut que *« mis à part le caractère des membres de ces tribunaux, la seule composition de ces derniers crée l'apparence sinon l'absence réelle d'impartialité. Ce qui est en violation de l'article 7 (1) (d) de la Charte* »[90] africaine des droits de l'homme et des peuples.

En ce qui concerne la Cour africaine des droits de l'homme et des peuples, nous avons trouvé deux affaires dans lesquelles elle prend en considération les apparences pour apprécier l'impartialité objective. Dans son arrêt rendu le 3 juin 2016 dans l'affaire *Mohamed Abubakari c. République Unie de Tanzanie*, la Cour africaine des droits de l'homme et des peuples affirme son attachement aux apparences en relevant que :

---

[85] *Id. Ibid*

[86] Communication 87/93, *The Constitutional Rights Project (pour le compte de Zamani Lekwot et six Autres) c. Nigeria* ,8e Rapport annuel d'activités.

[87] *Id. Ibid.*

[88] *Id. Ibid*

[89] *Id. Ibid*

[90] *Id. Ibid*

« *non seulement la justice doit être faite, mais elle doit être également perçue comme ayant été faite* »[91]. Dans son arrêt du 18 novembre 2016 précité, *Actions pour la protection des droits de l'homme (APDH) c. République de Côte d'Ivoire*[92], la Cour africaine des droits de l'homme et des peuples affirme que : « *pour maintenir la confiance dans (...) l'impartialité d'un tribunal, les apparences peuvent revêtir de l'importance* »[93].

En somme, la prise en considération des apparences dans l'appréciation de l'impartialité objective du tribunal est une réalité dans le système africain de protection des droits de l'homme qui progresse dans son processus d'affirmation.

Cette prise en considération des apparences dans l'appréciation de l'impartialité objective du tribunal permet d'affirmer que cette démarche objective de l'impartialité, comparée à l'autre démarche (subjective) est plus favorable aux justiciables. Et ce d'autant plus, qu'elle permet de renforcer la protection des droits fondamentaux des justiciables.

PARAGRAPHE 2 : l'impartialité objective du tribunal, une exigence renforçant la protection des droits fondamentaux des justiciables

Conséquence du fait qu'elle accorde une bonne place aux apparences, la démarche objective de l'impartialité du tribunal est un bon moyen de garantir les droits fondamentaux des justiciables. Cette allégation se vérifie sans difficulté quand on voit la richesse du contentieux relatif à l'impartialité objective du tribunal.

Le rôle important de l'impartialité objective du tribunal dans la protection des droits fondamentaux des justiciables prend davantage son sens lorsqu'un justiciable est jugé par une juridiction militaire. En effet, comme nous l'avions souligné pour l'absence d'indépendance des juridictions militaires à l'égard de la pression du politique, le risque d'atteinte aux droits fondamentaux est plus élevé devant une juridiction militaire que devant une juridiction ordinaire. Mais ce ne sont pas les seuls cas de contentieux dans lesquels les droits des justiciables sont maltraités. De nombreuses affaires portées devant les cours régionales

---

91 *Mohamed Abubakari c. Tanzanie* (fond) (2016) 1 RJCA 624, § 111.
92 *Actions pour la protection des droits de l'homme c. Côte d'Ivoire* (fond) (2016) 1 RJCA 697.
93 *Ibid*, § 134.

de protection des droits de l'homme, Cour EDH (A), Cour IDH (B) et Cour ADHP (C) illustrent cette attention des juges.

A. L'exemple européen

La Cour européenne des droits de l'homme, eu égard à sa démarche objective de l'impartialité du tribunal, est très protectrice des droits fondamentaux des justiciables. Dans un arrêt du 2 juin 2016, *Mitrov c. l'ex-République yougoslave de Macédoine*[94], elle relève un défaut d'impartialité d'un procès pénal conduit par un tribunal où la mère de la victime siégeait en qualité de juge. La Cour affirme que « *le fait que C.K. présidait le collège des juges qui se prononça sur la culpabilité du requérant est de nature à soulever des doutes sur l'impartialité du tribunal. Ce raisonnement vaut pour l'ensemble des juges de la juridiction de jugement. De surcroît, le droit interne prévoit la possibilité de dépayser une affaire et il n'est pas contesté que cette possibilité a déjà été utilisée dans des circonstances similaires. Les craintes du requérant concernant l'impartialité de la juridiction de jugement pouvaient donc passer pour objectivement justifiées* »[95]. Dans un autre arrêt du 17 décembre 2015, *Kristiansen c. Norvège*[96], la présence dans le jury d'une jurée connaissant la victime et ayant fait un commentaire sur sa personnalité conduit la Cour européenne des droits de l'homme à relever un défaut d'impartialité du tribunal[97]. En effet, la solution de la Cour trouve fondement dans « *l'importance que les apparences revêtaient en l'espèce* »[98].

Soucieuse de la protection des droits fondamentaux des justiciables, relevons que la Cour européenne des droits de l'homme reste très méfiante quant à la capacité des juridictions militaires à être impartiales. Ainsi, bien qu'il n'existe en principe aucune raison susceptible d'empêcher les cours martiales de respecter les garanties consacrées par l'article 6 de la Convention, la Cour a constaté un certain nombre de violations commises par les tribunaux militaires[99]. Lorsque des civils sont traduits en justice pour atteinte à la sécurité nationale, la présence de juges militaires au sein des cours de sûreté de l'État a été considérée

---

[94] CEDH, *Mitrov c. l'ex-République yougoslave de Macédoine*, 45959/09. Arrêt 2/6/2016.
[95] *Id. Ibid*
[96] CEDH, *Kristiansen c. Norvège*, 1176/10. Arrêt 17.12.2015.
[97] *Id. Ibid*
[98] *Id. Ibid*
[99] N. MOLE, C. HARBY, *Op. cit*, p. 36.

comme contraire à l'article 6 au motif, notamment, que ceux-ci restaient soumis à la discipline militaire[100] et donc ne fournissaient pas de gages d'impartialité.

La Cour s'est prononcée dans plusieurs affaires portant sur des cours martiales appelées à connaître d'infractions, qualifiées de pénales par la Convention européenne des droits de l'homme, reprochées au personnel militaire[101]. Dans son arrêt *Grieves c. Royaume-Uni* du 16 décembre 2003[102], la Grande Chambre de la Cour européenne des droits de l'homme a estimé que l'appareil judiciaire de la cour martiale de la marine britannique constituait une violation de l'article 6, compte tenu de la nomination ad hoc des présidents de chaque cour martiale et du fait que la fonction d'assesseur était exercée par des officiers de marine. Dans l'affaire *Belilos c. Suisse* du 29 avril 1988[103], la « *Commission de police* » locale chargée de réprimer les contraventions se composait d'un seul membre : un policier siégeant à titre individuel. Bien que non assujetti aux ordres, assermenté et inamovible, il était supposé retourner plus tard à ses devoirs ordinaires et donc susceptible d'être perçu comme un membre des forces de police subordonné à ses supérieurs et loyal envers ses collègues, ce qui était de nature à saper la confiance que tout tribunal doit inspirer. La Cour de Strasbourg a de ce fait estimé être en présence de doutes légitimes à l'égard de l'impartialité structurelle de la Commission de police, qui ne satisfaisait pas aux exigences de l'article 6 § 1[104].

B. L'exemple interaméricain

Le juge interaméricain de protection des droits de l'homme, dans le souci de garantir les droits fondamentaux des justiciables, est très méfiant quant à la capacité des juridictions militaires à être impartiales. Nous n'évoquerons que le cas des juridictions militaires car la jurisprudence interaméricaine des droits de l'homme relative à l'impartialité ne concerne que celles-ci.

Dans un arrêt du 27 août 2014, *Landaeta Mejías Brothers et al. c. Venezuela*, la Cour interaméricaine des droits de l'homme estime que l'État vénézuélien est responsable de la violation de plusieurs garanties

---

100 Voir par exemple *Incal c. Turquie*, 9 juin 1998.
101 N. MOLE, C. HARBY, *Op. cit*, p. 36.
102 *Grieves c. Royaume-Uni*, 16 décembre 2003.
103 *Belilos c. Suisse*, 29 avril 1988, paragraphes 66-67.
104 N. MOLE, C. HARBY, *Op. cit*, p. 37.

procédurales (articles 8 et 25 de la Convention) en raison notamment de sa négligence durant les enquêtes et le déroulement du procès[105].

Dans l'affaire *des dix-neuf commerçants* du 5 juillet 2004[106], la Cour interaméricaine des droits de l'homme souligne que « *lorsqu'un membre des forces armées commet une infraction de droit commun, il doit être soumis comme n'importe quel particulier aux juridictions pénales de droit commun. Il en va, aux yeux de la Cour, du (...) principe d'impartialité de la justice et de la lutte contre l'impunité* ».

Dans l'affaire *Durand et Ugarte* du 16 août 2000, la Cour interaméricaine des droits de l'homme considéra que le non-lieu déclaré par des juridictions militaires dans le cadre d'un procès contre les membres des forces armées, ne pouvait pas être considéré comme conforme à l'article 8§ 1 de la Convention américaine relative aux droits de l'homme[107]. En outre, la Cour juge que « *dans un État démocratique de Droit, le champ de compétence des juridictions militaires en matière pénale doit être restreint, exceptionnel, et tendre à la protection des intérêts juridiques particuliers liés aux fonctions que la loi assigne aux forces militaires. En conséquence, il faut exclure le jugement de civils du champ de compétence des juridictions militaires qui ne peuvent juger que des militaires pour la commission de délits ou de fautes affectant, par leur propre nature, les intérêts juridiques propres de l'ordre militaire* »[108].

Dans l'affaire *Iribarne c. Chili*, la juridiction interaméricaine examine le fonctionnement des juridictions militaires ; « *elle ne peut que constater leur manque (...) d'impartialité, dans la mesure où toutes les formations sont composées de militaires en service actif, soumis à la hiérarchie militaire, sans compter que le code de justice militaire autorise dans certains cas le procureur militaire à enquêter et à juger* »[109]. La solution de la Cour interaméricaine des droits de l'homme dans cette affaire illustre les risques de défaut d'impartialité des juridictions militaires. D'autant plus que dans ladite affaire le procureur

---

[105] Cour IDH, 27 août 2014, *Landaeta Mejías Brothers et al. v. Venezuela*, Preliminary Objections, Merits, Reparations and Costs, Series C No. 281.

[106] Cour IDH, 5 juillet 2004, Fond et réparations, *Dix-neuf commerçants c. Colombie*, Série C n° 109, §§ 174-175.

[107] Cour IDH, 16 août 2000, Fond, *Durand et Ugarte c. Pérou*, Série C n° 68, § 119-120.

[108] Ibid. § 117 ; Voir également en ce sens : Commission IDH, *Affaire 11 654* (*Masacre de Riofrio) c. Colombie*, 6 avril 2001, Fond, Rapport n° 62/01, *Rapport annuel 2000*, par. 40 et s. ; Commission IDH, Affaire 11 540 *(Santos Mendivelso Coconubo) c. Colombie*, 13 avril 1999, Fond, Rapport n° 62/99, *Rapport annuel 1998*.

[109] Affaire *Iribarne c. Chili*, précitée, §§ 140-161.

militaire pouvait cumuler dans certains cas les fonctions d'instruction et de jugement.

Dans d'autres affaires jugées sur le fond, *Castillo Petruzzi et autres contre Pérou et Cesti Hurtado contre Pérou*, la Cour interaméricaine des droits de l'homme déclare que le jugement de civils par des tribunaux militaires viole la Convention américaine[110].

C. L'exemple africain

La démarche objective de l'impartialité du tribunal permet aux juges africains de protection des droits de l'homme de garantir les droits fondamentaux des justiciables, surtout lorsque ceux-ci sont jugés par des juridictions militaires ou tribunaux spéciaux. Nos exemples jurisprudentiels portent essentiellement sur les juridictions militaires ou tribunaux spéciaux, car la plupart des affaires relatives à l'impartialité les concernent.

Dans l'affaire *Civil Liberties Organisation et Autres c. Nigeria*, RADH, 2001, 80, (CADHP 2001)[111], les auteurs de la communication sont trois ONG basées au Nigeria et jouissant du statut d'observateur auprès de la Commission africaine. Il est allégué que le 21 décembre 1997, le gouvernement militaire nigérian a annoncé qu'il avait découvert une conspiration de coup d'État. Subséquemment, 26 personnes ont été arrêtées. Le 14 février 1998, un tribunal militaire spécial a été constitué. Ce tribunal comprenait des juges en activité, mais le président du tribunal était un membre du conseil national de Gouvernement provisoire (PRC). Il faut souligner que la composition de ce tribunal militaire spécial peut susciter des doutes légitimes quant à son l'impartialité. La décision du tribunal n'est susceptible d'aucun recours, mais plutôt d'une confirmation par le PRC dont les membres sont exclusivement des éléments des forces armées. Le tribunal a procédé à ses assises au début du mois d'avril 1998. Six des accusés (...) ont été reconnus coupables, et le tribunal a annoncé le 28 avril 1998 leur condamnation à mort. La Commission africaine relève que « *le droit à un procès équitable est essentiel à la protection de tous les droits et*

[110] Affaire *Castillo Petruzzi*, préc., p. 128 ; Cour IDH, *Cesti Hurtado c. Pérou*, 29 septembre 1999, Arrêt sur le fond, Série C. n° 56, par. 151.

[111] Communication 218/98, *Civil Liberties Organisation, Legal Defence Centre et Assistance Project c. Nigeria*
Décidée lors de la 29e session ordinaire, avril-mai 2001, 14e Rapport annuel d'activités.

libertés fondamentaux. La communication allègue que sous le régime militaire, la décision du tribunal militaire ne peut pas faire l'objet d'un appel, mais qu'elle peut être confirmée par le conseil national de gouvernement provisoire (PRC). Dans ce cas, le PRC s'arroge le rôle de plaignant, de procureur et de juge dans sa propre affaire »[112]. Le cumul de fonctions judiciaires constitue une atteinte à l'impartialité objective que l'on exige des tribunaux, Cours ou juridictions. « *La communication allègue que la composition du tribunal présidé par un officier militaire en activité ne satisfaisait pas les exigences d'un groupe d'experts judiciaires (...) impartial susceptible de juger l'accusé, et par conséquent, elle constitue une violation de l'article 7 (1) (d) de la charte africaine. Il est indiqué dans cette décision qu'un tribunal militaire per se n'est pas en contradiction avec les droits stipulés dans la Charte africaine et n'implique pas une procédure injuste et inéquitable. (...) L'infraction réside dans le fait de ne pas respecter les normes fondamentales susceptibles d'assurer l'impartialité. Il n'est pas nécessaire de démontrer qu'un tribunal présidé par des officiers militaires est en violation de la charte africaine. Il a déjà été indiqué que le tribunal militaire a échoué au test* »[113] d'impartialité.

L'affaire *Malawi African Association et Autres c. Mauritanie*, RADH 2000, 148 (CADHP 2000)[114] est un autre exemple. Cette affaire se rapporte à la situation qui a prévalu en Mauritanie entre 1986 et 1992. (...) Le 28 octobre 1987, le ministre de l'Intérieur mauritanien a annoncé la découverte d'un complot contre le gouvernement. Plus de 50 personnes ont été jugées pour complot par le tribunal spécial présidé par un officier supérieur de l'armée qui n'était pas tenu d'avoir une formation en droit. Il était assisté par deux assesseurs qui étaient tous deux officiers de l'armée. Aucun appel n'était prévu. La Commission africaine des droits de l'homme et des peuples, dans cette affaire, a conclu que « *les tribunaux militaires spéciaux... constituaient une violation de l'article 7 (1) (d) de la Charte en raison même de leur composition laissée à la discrétion de l'organe exécutif* »[115]. Il est certain qu'on ne peut considérer comme impartial un tribunal militaire

[112] *Id. Ibid*

[113] *Id. Ibid*

[114] Communications 54/91, 61/91, 98/93, 164-196/97 et 210/98, *Malawi African Association, Amnesty International, Mme Sarr Diop, Union Interafricaine des Droits de l'Homme et RADDHO, Collectif des Veuves et Ayants droit et Association Mauritanienne des Droits de l'Homme c. Mauritanie*. Décidée lors de la 27e session ordinaire, mai 2000, 13e Rapport annuel d'activités.

[115] *Id. Ibid*

dont la composition est laissée à la discrétion de l'organe exécutif. En outre, la qualité des personnes qui composent les tribunaux militaires suscite des doutes légitimes sur leur impartialité.

Il peut être également cité l'affaire *Centre for free speech c. Nigeria*, RADH, 2000, 260 (CADHP 1999)[116]. Dans cette affaire, pour la Commission africaine des droits de l'homme et des peuples « *on ne peut pas dire que le procès et la condamnation des quatre journalistes par un tribunal militaire spécial présidé par un officier d'active qui est également membre du PRC, organe habilité à confirmer le jugement, se soient déroulés dans des conditions qui garantissaient réellement le principe du procès équitable tel que prévu par l'article 7 de la Charte (...)* »[117].

Enfin, l'affaire *Media Rights Agenda c. Nigeria*, RADH, 2000, 273 (CADHP 2000)[118] est une illustration non négligeable. La Commission africaine dans cette affaire considère que « *la comparution, le jugement et la condamnation de Malaolu, un civil, par un tribunal militaire spécial, présidé par des officiers militaires en activité, qui sont encore régis par le règlement militaire, sont, sans plus, préjudiciables aux principes fondamentaux de procès équitable tels que stipulés par l'article 7 de la Charte* »[119].

Conclusion du chapitre

L'impartialité objective du tribunal dégagée par la Cour européenne des droits de l'homme dans son arrêt *Piersack* ne s'applique pas uniquement dans le système européen de protection des droits de l'homme. Elle trouve une traduction aussi au-delà des frontières de l'Europe, plus précisément dans les systèmes interaméricain et africain de protection des droits de l'homme. En effet, l'impartialité objective du tribunal s'est imposée progressivement comme une réalité dans la jurisprudence des juridictions interaméricaines et africaines de protection des droits de l'homme.

---

[116] Communication 206/97, *Centre for Free Speech c. Nigeria.* Décidée lors de la 26e session ordinaire, novembre 1999, 13e Rapport annuel d'activités.

[117] *Id. Ibid*

[118] Communication 224/98, *Media Rights Agenda c. Nigeria.* Décidée lors de la 28e session ordinaire, octobre-novembre 2000, 14e Rapport annuel d'activités.

[119] *Id. Ibid*

Ce constat permet d'attester d'une interaction entre les systèmes régionaux de protection des droits de l'homme, mais surtout d'une influence du juge européen sur les autres juges régionaux de protection des droits de l'homme en matière d'appréciation de l'impartialité du tribunal.

Toujours sous l'impulsion du juge européen de protection des droits de l'homme, dans tous les systèmes régionaux de protection des droits de l'homme, les apparences occupent une place importante dans l'appréciation objective de l'impartialité. Cependant, la tendance actuelle est de veiller à ne pas tomber dans une « *tyrannie des apparences* ».

Les exemples et illustrations tirés de l'ensemble des mécanismes régionaux de protection des droits de l'homme permettent d'affirmer que, comparativement à la démarche subjective de l'impartialité du tribunal, la démarche objective présente plus d'avantages pour le justiciable. D'autant plus, qu'elle renforce la protection des droits fondamentaux des justiciables tant devant les juridictions ordinaires de droit commun que celles militaires ou spéciaux.

L'importance de l'impartialité objective du tribunal pour la garantie des droits fondamentaux n'étant plus à démontrer, il faut insister sur l'obligation des systèmes régionaux de protection des droits de l'homme à rechercher l'application effective de cette impartialité.

CHAPITRE II :

LA GARANTIE DE L'IMPARTIALITÉ OBJECTIVE DU TRIBUNAL, UN IMPÉRATIF POUR LA RÉALISATION D'UNE BONNE JUSTICE

Favorable aux intérêts du justiciable, l'impartialité objective du tribunal joue un rôle important dans la protection des droits fondamentaux et dans la réalisation d'une bonne justice.

S'il ne fait point doute que la garantie de l'impartialité objective du tribunal est recherchée dans tous les systèmes régionaux de protection des droits de l'homme, reste à savoir si la réalité ou l'effectivité de cette garantie est la même d'un système régional à un autre système régional de protection des droits de l'homme.

Afin de répondre à cette question, il convient d'étudier d'une part la garantie de l'impartialité objective du tribunal dans le système européen de protection des droits de l'homme (Section I) et d'autre part la garantie de l'impartialité objective du tribunal dans les deux autres systèmes régionaux de protection des droits de l'homme (Section II).

SECTION I : Une réelle garantie de l'impartialité objective du tribunal dans le système européen de protection des droits de l'homme

Dans le système européen de protection des droits de l'homme, la garantie de l'impartialité objective du tribunal est réelle. Cette réalité est justifiée d'une part, par le fait que ce sont les juges européens des droits de l'homme qui ont dégagé la démarche objective de l'impartialité du tribunal et d'autre part, parce que cette jurisprudence est d'une richesse et d'une densité indiscutables dans ce système.

La garantie de l'impartialité objective du tribunal s'observe non seulement dans la jurisprudence de la Cour européenne des droits de l'homme (paragraphe 1), mais également de manière extensive dans la jurisprudence des juridictions des États parties à la Convention (paragraphe 2).

PARAGRAPHE 1 : Une garantie indiscutable de l'impartialité objective du tribunal dans la jurisprudence de la Cour européenne des droits de l'homme

L'impartialité objective est celle la plus évoquée par les justiciables dans les contentieux relatifs à la violation de l'exigence d'impartialité du tribunal. En effet, dans la jurisprudence de la Cour européenne des droits de l'homme, la grande partie des affaires liées à la question de l'impartialité du tribunal concerne la violation de l'impartialité objective. Donnant lieu à s'interroger sur l'exercice même des fonctions du juge indépendamment de son attitude personnelle ou de ses convictions, l'impartialité objective a donné lieu à une application jurisprudentielle dense (A). Cependant, quelques limites à l'impartialité objective sont à relever (B).

A. Une application jurisprudentielle dense de l'impartialité objective du tribunal

Dans un arrêt du 27 juin 2017, *Ramljak c. Croatie* [1], la Cour européenne des droits de l'homme, concernant l'impartialité objective d'un juge, affirmera que « *le fait que ce juge appelé à trancher en appel l'affaire en question ait un parent aussi proche entretenant des liens aussi étroits avec les avocats qui représentaient l'adversaire de la requérante, à l'égard desquels il se trouvait en position de subordination, compromet l'impartialité de la juridiction d'appel en créant un doute à cet égard* »[2]. Dans un autre arrêt du 07 janvier 2016, *Jakšovski et Trifunovski c. l'ex-République yougoslave de Macédoine*[3], la Cour concernant deux membres d'un Conseil national de la magistrature (« le CNM ») dira que « *malgré le rôle qu'ils avaient joué dans la première phase des procédures, V.V. et R.P. ont ensuite pris part aux décisions du CNM de destituer les requérants. Pour la Cour, cet élément fait peser un doute objectif sur leur impartialité lorsqu'ils ont*

---

[1] CEDH, *Ramljak c. Croatie*, 5856/13, arrêt du 27/6/2017.
[2] *Id Ibid.*
[3] CEDH, *Jakšovski et Trifunovski c. l'ex-République yougoslave de Macédoine* – 56 381/09 et 58 738/09. Arrêt du 7/1/2016

statué sur les causes des requérants, ce qui engendre des doutes objectivement justifiés quant à l'impartialité du CNM globalement »[4].

Dans un arrêt du 13 mars 2018, *Mirovni Inštitut contre Slovénie*[5], la Cour sanctionne une atteinte à l'impartialité objective. Dans cette affaire, l'institut requérant avait répondu à un appel à candidatures à l'obtention d'une subvention de recherches publié par l'administration. Sa candidature fut rejetée. L'institut contesta cette décision devant la juridiction administrative, alléguant notamment que les personnes chargées d'évaluer les candidatures n'avaient pas été impartiales. Il demanda la tenue d'une audience, mais le tribunal rejeta son recours sans tenir d'audience. Devant la Cour, il alléguait que l'absence d'audience avait emporté violation de l'article 6, § 1 de la Convention. Dans son arrêt, la Cour conclut à la violation de l'article 6, § 1 de la Convention au motif que le doute de l'institut quant au défaut d'impartialité semble justifié.

Dans ces arrêts sus-évoqués, on relève la prise en considération des apparences pour l'appréciation de l'impartialité objective du tribunal. Il est à noter que la Cour européenne des droits de l'homme, a fait évoluer sa jurisprudence. On est passé d'une conception abstraite et extensive de l'impartialité objective (1) à une conception concrète et restrictive (2).

1. D'une conception abstraite et extensive de l'impartialité objective du tribunal...

Dans le souci de faire respecter l'impartialité objective et d'écarter tout fait vérifiable autorisant à suspecter l'impartialité du tribunal, la Cour européenne des droits de l'homme a posé le principe de la séparation des fonctions judiciaires.

Selon ce principe, les fonctions de poursuite, d'instruction et de jugement doivent être exercées par des organes différents et bien distincts. La Cour, dans cette première conception de l'impartialité objective, exigeait un strict respect de la séparation des fonctions judiciaires. Comme on l'a déjà évoqué dans la partie concernant le préjugement, le non-respect du principe de séparation des fonctions judiciaires constitue un fait vérifiable autorisant à douter de l'impartialité objective de la juridiction. D'où « *le séparatisme* » strict des fonctions judiciaires exigé par la Cour européenne des droits de l'homme.

---

[4] *Id Ibid.*

[5] CEDH, 13 mars 2018, *Mirovni Inštitut contre Slovénie*, req. n° 32303/13.

Toute violation objective du principe de la séparation des fonctions judiciaires peut être considérée comme une partialité du juge[6]. La Cour européenne des droits de l'homme affirmait d'ailleurs qu'« *une interprétation restrictive de l'article 6, § 1, notamment quant au respect du principe fondamental de l'impartialité du juge, ne cadrerait pas avec l'objet et le but de cette disposition, vu la place évidente que le droit à un procès équitable occupe dans une société démocratique au sens de la Convention* »[7].

La Cour européenne des droits de l'homme en est arrivée donc à interdire au juge l'exercice successif de fonctions juridictionnelles dans une même affaire, et en exigeant un séparatisme strict : des fonctions de poursuite et de jugement[8] ; des fonctions d'instruction et de jugement[9] ; des fonctions de poursuite et d'instruction et réciproquement[10]. En somme, il s'agit d'interdire à un juge ayant eu à connaître de l'affaire avant la phase de jugement, de juger au fond parce que le juge doit avant tout aborder l'affaire sans préjugé[11].

Par cette conception abstraite et extensive, la Cour européenne des droits de l'homme se refuse d'aller au-delà des apparences, peu importe la conduite personnelle du juge, il faut, et il suffit, qu'il ne donne pas l'impression de se prononcer deux fois sur la même affaire[12].

La conception de la Cour en ce qui concerne l'impartialité objective du tribunal connaîtra cependant une évolution. La Cour européenne des droits de l'homme, prenant sans doute conscience de ce qu'une conception trop stricte et abstraite en la matière pourrait paralyser le fonctionnement de beaucoup de juridictions nationales, s'est orientée vers une approche plus souple du cumul des fonctions, en combinant le critère objectif avec des éléments plus subjectifs[13]. La conception de la

---

[6] S. GUINCHARD, « Indépendance et Impartialité du juge. Les principes de droit fondamental », in *L'impartialité du juge et de l'arbitre*, Étude de droit comparé, Bruylant Bruxelles édition de 2006, p. 32.

[7] CEDH 26 octobre 1984, *Cubber c/ Belgique*, série A, n° 86, § 30, in fine.

[8] V. arrêt *Piersack c. Belgique*, 1er oct. 1982.

[9] V. arrêt *De Cubber c. Belgique*, *Op. cit.*

[10] V. arrêt *Huber c. Suisse*, 23 oct. 1990 ; V. égal. Arrêt *Oberschlick c. Autriche*, 23 mai 1991, *Pfeifer et Plankl c. Autriche*, 25 févr. 1992, mais aussi *Borgers c. Belgique*, 30 oct. 1991.

[11] C. DE BERNARDINIS, *L'impartialité du juge : de l'apparence à la réalité juridique*, Petites affiches, 02 mars 2004 n° 44, p. 9 et s.

[12] *Id. Ibid.*

[13] R. DE GOUTTES, *Op. cit*, p. 63 et s.

Cour européenne des droits de l'homme sur l'impartialité objective est devenue plus concrète et restrictive[14].

2. ... à une conception concrète de l'impartialité objective du tribunal

La conception concrète de l'impartialité objective du tribunal est celle qui a la primauté dorénavant. La violation objective du principe de séparation des fonctions judiciaires doit s'accompagner d'une attitude subjectivement partiale du juge[15]. Le non-respect du principe de la séparation des fonctions judiciaires ne suffit pas, ou du moins plus, à fonder un grief de partialité[16]. L'action effective du juge est devenue le critère de référence. Il ne saurait y avoir de manquement à l'impartialité en raison du simple fait qu'un juge ait accompli certains actes avant de juger au fond[17]. Si jadis il suffisait d'invoquer un motif objectif d'impartialité, il faut désormais en démontrer la pertinence[18]. Sans doute, les parties ont-elles droit à une impartialité qui se donne à voir[19], mais la position actuelle de la Cour européenne des droits de l'homme semble être pertinente car plutôt équilibrée[20].

Le tournant de la conception abstraite à la conception concrète de l'impartialité objective se trouve dans l'arrêt *Hauschildt c/ Danemark* du 24 mai 1989 : la Cour considère que le seul fait qu'une juridiction de jugement se soit déjà prononcée sur la détention provisoire de l'accusé, au cours de l'instruction préparatoire, ne suffit pas à fonder le grief de partialité ; il faut rechercher « *si les appréhensions de l'intéressé peuvent passer pour objectivement justifiées* » et cette recherche constitue « *l'élément déterminant de l'appréciation de l'impartialité* »[21]. Cette jurisprudence qui donne primauté à l'impartialité objective concrète va

---

14 CEDH 24 mai 1989, *Hauschildt c. Danemark*, préc. *Adde* les arrêts *Sainte-Marie, Fey, Padovani, Nortier et Saraivo de Carvalho*. Cf. J. VAN COMPERNOLLE, *Évolution et assouplissement de la notion d'impartialité objective*, RTDH 1994 p. 429 s. Voir aussi : CEDH, 27 juil. 2006, *Gubler c/ France*, n° 69742/01, §28.

15 S. GUINCHARD, *Indépendance et Impartialité du juge. Les principes de droit fondamental*, L'impartialité du juge et de l'arbitre, *Op. cit.*

16 *Id. Ibid*

17 Affaire *Didier*, préc.

18 J-P. RENUCCI, *Op. cit.*

19 M.-A FRISON-ROCHE, *Op. cit*, p. 53 ; R. KOERING-JOULIN, « la notion européenne de tribunal indépendant et impartial », RSC 1990 p. 765 s.

20 J-P. RENUCCI, *Op. cit.*

21 CEDH, 24 mai 1989, *Hauschildt c. Danemark*, série A, n° 154, § 50 ; *JDI*, 1990, 727, obs. Rolland et Tavernier.

être confirmée par la suite, comme l'attestent les exemples jurisprudentiels qui suivront.

Pour considérer qu'un juge d'instruction qui avait entendu deux témoins pouvait ensuite juger au fond, la Cour européenne des droits de l'homme va s'attacher au caractère peu approfondi des investigations menées par le juge d'instruction, à son rôle minime, qui ne l'empêche pas d'aborder la cause, au fond, avec objectivité « *si ce fait peut incontestablement susciter chez le prévenu des doutes sur l'impartialité du juge (...), ces doutes ne sont objectivement justifiés qu'en fonction des circonstances de la cause* »[22]. Et la Cour d'ajouter que le seul fait d'avoir examiné l'affaire avant le procès au fond, ne justifie pas, en soi, des appréhensions quant à son impartialité.

Même solution dans une espèce voisine où un juge avait interrogé un prévenu, l'avait placé en détention provisoire et ensuite cité à comparaître devant lui[23]. Ou encore, mais la solution peut s'expliquer ici par le particularisme de la juridiction des mineurs, lorsque le même juge des enfants a instruit, placé en détention provisoire et jugé au fond[24].

Cependant, cette conception concrète de l'impartialité objective du tribunal est critiquée par l'opinion dissidente de certains juges et même par une partie de la doctrine[25]. L'impartialité objective concrète, il faut l'admettre, permet d'éviter un absolutisme de l'impartialité qui pourrait finir par bloquer l'institution judiciaire [26]. Par contre, avec cette conception concrète, le justiciable n'y a pas gagné en sécurité juridique dans la mesure où ses marges de manœuvre pour rapporter la preuve d'un défaut d'impartialité du tribunal sont réduites.

En somme, la conception de la Cour européenne des droits de l'homme sur l'impartialité objective du tribunal a évolué. Un autre aspect de cette évolution concerne les limites que la Cour européenne des droits de l'homme pose à l'impartialité objective du tribunal.

---

[22] CEDH, 22 févr. 1996, *Bulut c. Autriche*, Justices 1997-5, 206, obs. COHEN-JONATHAN et FLAUSS ; *Rev. Sc. Crim.*, 1997, 472, obs. R. KOERING-JOULIN; *RTDH*, 1996, 640, obs. P. MARTENS (la tyrannie des apparences); *JCP*, 1997, I, 4000, n° 25, obs. SUDRE. -22 avr.1994, *Saraiva de Carvalho c. Portugal*, série A, n°286-B ; *JCP*, 1995, I, 3823, n° 26, obs. SUDRE.

[23] CEDH, 26 févr. 1993, *Padovani c. Italie*, série A, n°257-B, § 28 ; *JCP*, 1994, I, 3742, n° 18, obs. SUDRE.

[24] CEDH, 24 août 1993, *Nortier c. Pays-Bas*, série A, n° 267, § 33 ; *RTDH*, 1994, 429, note J. VAN COMPERNOLLE ; *Rev. Sc. Crim.*, 1994, 362, obs. R. KOERING-JOULIN ; *JDI*, 1994, 812, obs. E. DECAUX et P. TAVERNIER ; D., 1995, somm. comm. 105, obs. RENUCCI.

[25] Opinion dissidente du juge MORENILLA, dans l'affaire *Bulut* (CEDH, 22 févr. 1996, *Bulut c/ Autriche*).

[26] J-F. RENUCCI, *Op. cit.*

B. Les limites à l'impartialité objective du tribunal

Pour remédier à d'éventuelles dérives de l'impartialité objective du tribunal, la Cour européenne des droits de l'homme a posé des limites à ce principe. C'est à travers sa jurisprudence *Morel* du 6 juin 2000, que la Cour européenne des droits de l'homme va dégager les limites à l'impartialité objective du tribunal. L'arrêt *Morel* sera confirmé par *l'arrêt Didier contre France* du 27 août 2002.

Les limites que la Cour européenne des droits de l'homme pose à l'impartialité objective du tribunal (1) auront des conséquences sur « *le droit à un tribunal impartial* » des justiciables. Reste à savoir si ces conséquences iront dans le sens des justiciables ou non (2).

1. Des limites posées par l'arrêt Morel

Le professeur Charles GOYET, au sujet de l'arrêt *Morel*, affirme que « *l'intérêt principal de cette décision tient non pas à l'espèce ou à la solution, mais à la manière : débordant de toute part les limites de la question qui lui était posée, la Cour de Strasbourg s'est, en effet, emparée de cette occasion pour fixer (...) sa conception de l'impartialité objective (...) en fixant ses limites* »[27].

Dans l'arrêt *Morel*, il se pose la question de savoir si le juge-commissaire peut participer au délibéré de la formation de jugement du tribunal de commerce sans qu'il y ait légitimement lieu de suspecter l'impartialité fonctionnelle ou objective du tribunal. En espèce, les craintes quant au défaut d'impartialité du tribunal de commerce tenaient au fait que le juge-commissaire avait pris, au cours de la phase d'observation, diverses mesures concernant les sociétés en cause et pour lesquelles l'administrateur judiciaire (et non pas le juge-commissaire) avait demandé au tribunal qu'il statue sur le plan de redressement proposé par le requérant ; le tribunal, demanda au requérant de présenter des observations complémentaires sur ce plan et, finalement, préféra prononcer la liquidation des sociétés, estimant non viable le plan présenté.

La Cour européenne des droits de l'homme retient d'abord que « *pareille situation pouvait susciter des doutes chez le requérant quant à l'impartialité du tribunal de commerce* », doutes dont il lui appartient de vérifier le bien-fondé, s'ils « se révèlent objectivement justifiés » (§ 44). Dans un motif de grande portée, la Cour européenne des droits de

[27] R. DE GOUTTES, *Op. cit*, p. 63 s.

l'homme énonce, en trois propositions (§ 45), que « *le simple fait, pour un juge, d'avoir déjà pris des décisions avant le procès ne peut passer pour justifier en soi des appréhensions relativement à son impartialité. Ce qui compte est l'étendue des mesures adoptées par le juge avant le procès* » ; « *De même, la connaissance approfondie du dossier par le juge n'implique pas un préjugé empêchant de le considérer comme impartial au moment du jugement sur le fond* » ; enfin, « *l'appréciation préliminaire des données disponibles ne saurait non plus passer comme préjugeant l'appréciation finale. Il importe que cette appréciation intervienne avec le jugement et s'appuie sur des éléments produits et débattus à l'audience* ».

La Cour européenne des droits de l'homme va ensuite opérer une distinction entre deux types de questions traitées ou non par le juge-commissaire, pendant la phase d'observation : d'abord, celles que le juge-commissaire n'a pas traitées, mais qui auraient entraîné sa conviction d'une partialité du tribunal, si cela avait été le cas : « *les questions analogues à celles sur lesquelles il statua au sein du tribunal* » (§ 47). Puis, les questions effectivement traitées par le juge-commissaire. Il s'agit entre autres des questions relatives à la gestion de la survie économique et financière des sociétés ; gestion du personnel des sociétés, puisque, selon le droit interne, son rôle était, précisément, de veiller au déroulement rapide de la procédure et à la protection des intérêts en présence (§ 48). Or, le tribunal était en charge, lui, d'apprécier la validité, à plus ou moins long terme, du plan de continuation proposé par le requérant à la fin de la phase d'observation et en s'appuyant sur les éléments fournis par l'administration.

En conséquence, *« le juge-commissaire fut confronté à deux questions bien distinctes »*, celles soulevées et résolues par lui pendant la phase d'observation ; celles traitées par le tribunal donc aussi par lui, et qui concernaient la validité du plan de continuation de l'activité des sociétés. Et entre les deux séries de questions, la Cour ne relève aucune interférence pour le juge-commissaire.

Concernant les limites à l'exigence d'impartialité objective du tribunal fixées par la Cour européenne des droits de l'homme dans l'arrêt *Morel contre France*, elles sont essentiellement au nombre de deux (2).

Première limite : « *Connaître* » préalablement, puis juger, n'est pas en soi incompatible avec l'exigence d'impartialité objective. Le paragraphe 45 de l'arrêt *Morel contre France* est, à cet égard, particulièrement intéressant. Il contient deux indications : « la connaissance approfondie du dossier par le juge, affirme d'abord la Cour européenne des droits de l'homme, n'implique pas un préjugé empêchant de le considérer comme impartial au moment du jugement sur le fond[28] ». Comme le note le professeur Charles GOYET, « *il y aurait, en effet, quelque paradoxe à affirmer que le seul juge digne de ce nom est celui qui connaît le moins le dossier* ». La Cour européenne ajoute ensuite : « *l'appréciation préliminaire des données disponibles ne saurait non plus passer comme préjugeant l'appréciation finale. Il importe que cette appréciation finale intervienne avec le jugement et s'appuie sur les éléments produits et débattus à l'audience* »[29].

En d'autres termes, le juge peut connaître préalablement l'affaire, puis juger, à la condition que cette connaissance préalable n'ait pas prédéterminé sa décision, n'ait pas été déterminante au point de susciter un parti pris ou un préjugé du juge[30]. Il faut, en particulier, que l'on puisse être sûr que l'appréciation finale du juge s'est appuyée sur les éléments débattus à l'audience[31]. Le professeur Charles GOYET va même plus loin dans le raisonnement, en soutenant qu'« *il n'est pas interdit à un juge qui a déjà pu prendre une connaissance approfondie du dossier et qui a procédé à une appréciation préliminaire des données disponibles, de cesser de pouvoir être convaincu par un fait, un argument, ou une interprétation contredits par les éléments du dossier. Son impartialité ne peut, estime-t-il, être suspectée pour autant* »[32].

Seconde limite : avoir « *traité* » d'une question avant de juger n'est pas en soi incompatible avec l'exigence d'impartialité[33] objective. Pour que le traitement préalable d'une affaire soit incompatible avec le jugement de cette affaire par le même juge, il faut qu'il s'agisse, sinon de la même affaire, du moins d'une affaire ou d'une question « *analogue* », selon les termes des paragraphes 47 et 49 de l'arrêt *Morel*. Si la question sur laquelle le juge est amené à statuer n'est pas « *analogue* » à celle qu'il avait traitée auparavant, si elle est bien distincte, si elle n'a pas le même objet, il n'y a pas d'atteinte à l'impartialité[34].

---

[28] R. DE GOUTTES, *Op. cit*, p. 63 s.
[29] *Id. Ibid.*
[30] *Id. Ibid.*
[31] *Id. Ibid.*
[32] C. GOYET, « Remarques sur l'impartialité du tribunal », D. 2001, p. 329, § 9.
[33] R. DE GOUTTES, *Op. cit*, p. 63 s.
[34] *Id. Ibid*

Cependant, les termes *« traité »* et *« analogue »* dont fait usage la Cour européenne des droits de l'homme ne sont pas exempts d'ambiguïté ou de contresens. Le sens de ces termes s'éclaire toutefois à la lecture des motifs du cas d'espèce de l'arrêt *Morel* : la Cour européenne y précise que les questions qu'a eu à *« traiter »* le juge-commissaire durant la phase d'observation des sociétés, puis lors de l'appréciation par le tribunal de la viabilité du plan de continuation, étaient des questions bien distinctes et nullement « *analogues* ». Ainsi apparaît le sens réel qu'il faut donner, semble-t-il, à l'expression « ne pas avoir traité de questions analogues » : il s'agit, pour le juge, de ne pas avoir traité de questions ayant le même objet et relevant du fond du litige[35].

Fixer des limites à un droit, en l'occurrence le droit à un tribunal impartial, est nécessaire pour l'édification d'une société démocratique, mais tenir compte des conséquences qui pourraient en découler l'est davantage pour la pérennité des intérêts de tout un chacun dans cette société démocratique. La complexité grandissante des affaires que les juges sont amenés à traiter tend à modifier sensiblement les règles du déroulement du procès. On ne peut imaginer que l'audience orale suffise à bâtir l'intime conviction du juge qui doit obligatoirement et parfaitement maîtriser la technicité de l'affaire.

Cependant, il convient donc de se pencher sur les conséquences qui découlent des limites fixées à l'impartialité objective du tribunal. Entre le juge et le justiciable, qui est le véritable bénéficiaire des limites que l'arrêt *Morel* pose à l'impartialité objective du tribunal ?

2. Les conséquences découlant des limites fixées par l'arrêt Morel

Les limites fixées par l'arrêt *Morel* ont des effets tant à l'égard du justiciable qu'à l'égard des juridictions. En ce qui concerne le justiciable, les limites apportées à l'impartialité objective se manifestent à son désavantage. En effet, le simple doute sur l'impartialité ne peut plus suffire à caractériser une violation de l'article 6, § 1 de la Convention européenne des droits de l'homme.

En outre, ces limites à l'impartialité objective mettent le justiciable dans une certaine insécurité juridique. Parce que, dorénavant il lui faudra s'efforcer de prouver l'absence d'impartialité objective du tribunal. La prise en compte du rôle effectif du juge, au-delà des apparences dans

---

35 R. DE GOUTTES, *Op. cit*, p. 63 s.

l'appréciation des inquiétudes subjectives du justiciable, est venue compliquer la défense.

Concernant les juridictions, elles semblent être les principales bénéficiaires des limites apportées à l'impartialité objective du tribunal. À l'époque de la conception abstraite de l'impartialité objective, les juridictions étaient submergées par les contentieux relatifs à cette question. L'impartialité des juridictions était en général remise en cause, dès qu'un simple doute était identifié pour que la violation du « *droit à un tribunal impartial* » soit caractérisée.

Les limites fixées à l'impartialité objective du tribunal ont été une occasion pour la Cour européenne des droits de l'homme de prendre en considération les préoccupations et difficultés des juridictions. Le professeur Charles GOYET écrit à cet effet : « *abandonnée à sa pente naturelle, l'exigence d'une impartialité objective apparente pourrait gripper, de proche en proche, de nombreux rouages de la machine judiciaire. Ce principe, d'autant plus insidieusement corrosif qu'il emprunte son inspiration aux vertus les plus angéliques, risquerait, par une application indifférenciée, de désorganiser les tribunaux. Sans doute soucieuse de contenir ce danger, la Cour de Strasbourg prend soin dans cet arrêt de lui assigner de strictes limites* »[36].

De ce qui précède, il est clair que la garantie de l'impartialité objective du tribunal dans la jurisprudence de la Cour européenne des droits de l'homme est une réalité. Cependant, cette garantie peut également s'observer dans la jurisprudence des juridictions nationales des États parties à la Convention.

PARAGRAPHE 2 : Une garantie effective de l'impartialité objective du tribunal dans la jurisprudence des juridictions des États parties à la Convention

Quelques jurisprudences tirées du droit interne de certains États parties à la Convention européenne des droits de l'homme permettront d'illustrer l'autre aspect de la garantie de l'impartialité objective du tribunal dans le système européen de protection des droits de l'homme (A). Un accent sera également mis sur l'exigence d'impartialité objective des autorités administratives (B).

---

[36] C. GOYET, *Op. cit.*

A. La garantie de l'impartialité objective du tribunal dans la jurisprudence des juridictions nationales

L'analyse en droit comparé, dans plusieurs États signataires de la Convention européenne des droits de l'homme, montre que l'impartialité du juge est appréciée de manière sensiblement similaire d'un pays à l'autre. Une tendance se dégage : pour apprécier leur impartialité, les juges ne se contentent plus de l'apparence, mais ils analysent la réalité des circonstances de l'affaire[37].

Se prononçant sur l'impartialité objective du juge, le Conseil d'État français considère que le seul fait qu'un magistrat ait statué à propos d'un référé suspension ne fait pas, par cela même, « obstacle à ce qu'il se prononce ultérieurement sur la requête [au fond] en sa qualité de juge du *principal »* [38] . Dans ses conclusions sous l'affaire *Commune de Rogerville*, le rapporteur public Emmanuel Glaser considère que « *selon [ses] informations, l'Allemagne, le Royaume-Uni, l'Autriche, l'Italie, la Grèce, l'Irlande, la Suède, le Danemark et la Finlande considèrent tous ce cumul [des fonctions de juge des référés et de juge du fond dans une même affaire] comme autorisé et compatible avec l'article 6 § 1 de la Convention européenne des droits de l'homme* ». Au vu d'une analyse plus approfondie des jurisprudences rendues par les cours supérieures de sept États ayant ratifié la Convention européenne des droits de l'homme, il semble en effet que la position plus souple dégagée par la Cour dans l'arrêt *Morel* en matière d'impartialité objective soit devenue la règle[39].

Ainsi, en **Allemagne**, comme partout en Europe, un magistrat ne pourra pas à la fois être saisi en première instance et en appel de la même affaire et dans la même qualité[40], c'est-à-dire en tant que juge du fond, sous peine de violer le principe du double degré de juridiction. Toutefois, par une décision du 2 octobre 1997, le *Bundesverwaltungsgericht*, la Cour supérieure fédérale administrative a expressément jugé qu'un juge pouvait valablement, sans porter atteinte au principe d'impartialité, statuer en référé puis être saisi de l'affaire au fond. Bien au contraire, il semble même que la situation dans laquelle un magistrat soit nommé lors de l'introduction de la requête pour statuer tant sur les exceptions que sur le principal d'une affaire, soit fréquente en

---

[37] A. CABANES, A. ROBBES, *Op.cit.*

[38] CE Sect. 12 mai 2004, *Commune de Rogerville*, AJDA 2004, p. 1354, chron. C. Landais et F. Lenica ; RFDA 2004, p. 723, concl. E. Glaser.

[39] A. CABANES, A. ROBBES, *Op.cit.*

[40] Zivilprozessordnung (code de procédure civile), sec. 41, n° 6.

Europe, et constitue la règle dans plusieurs pays. Ainsi, le code de procédure civile allemand prévoit la compétence du magistrat saisi du principal d'une requête pour statuer sur toute demande préliminaire au jugement[41].

Il en est de même en **Hongrie** où, si le code de procédure civile prévoit une liste exhaustive de cas où l'impartialité d'un juge peut être mise en cause, un seul juge est en charge des mesures d'instruction et participe par la suite au jugement au fond. Pendant toute la procédure, ce juge sera seul chargé de toute demande accessoire au fond, et notamment d'une requête en suspension d'une décision ou de requêtes concernant des mesures conservatoires[42].

En **Espagne**, la *Sala de lo Contencioso-administrativo del Tribunal Supremo* (la Cour supérieure administrative espagnole) considère que le simple fait pour un juge de rendre des ordonnances préalablement au jugement au fond, n'empêche pas ce même juge de statuer sur le fond du litige. Comme dans les pays précités, dans le cadre du « *recours contentieux administratif* »[43], le juge qui a statué sur une demande de suspension d'une décision administrative, sera nécessairement celui chargé par la suite du jugement de la validité de la décision sur le fond.

La **Cour constitutionnelle italienne** a également expressément statué, le 7 novembre 1997, sur la question de savoir si un juge des référés ayant rendu des ordonnances provisoires peut être ultérieurement saisi du fond du litige. La Cour a répondu favorablement à cette question, en rejetant toute rupture de principe de l'impartialité du magistrat en se fondant sur ce seul motif. En matière administrative d'ailleurs, le droit italien prévoit expressément qu'un juge, saisi de l'instruction d'une requête en référé suspension d'une décision, puisse par la suite être saisi de l'analyse de la légalité de cette décision au fond[44].

Le **droit belge** est, quant à lui, très proche du droit français et ne prévoit absolument pas la saisine d'un magistrat unique. Les problématiques connues cependant en Belgique sont similaires à celles sur lesquelles le Conseil d'État français a rendu son avis. Ainsi, la Cour constitutionnelle fédérale belge a été saisie de la question de savoir si les articles de la loi créant le Conseil d'État belge violaient la Constitution au motif que « *ces articles ne s'opposent pas à ce que le Conseil d'État, dans une composition identique ou partiellement identique des sièges,*

---

[41] Zivilprozessordnung (code de procédure civile), sec. 80 a para 5 VwGO et sec. 919.
[42] A. CABANES, A. ROBBES, *Op.cit.*
[43] *Recurso contencioso-administrativo.*
[44] A. CABANES, A. ROBBES, *Op.cit.*

connaisse de l'affaire au fond après avoir connu de la demande de suspension, en sorte que la garantie d'impartialité serait déniée à une catégorie de citoyens »[45]. Dans son jugement du 10 février 1999, la Cour constitutionnelle a répondu négativement à cette question : la procédure de suspension d'un acte administratif, réglée par l'article 17 précité des lois coordonnées sur le Conseil d'État est un accessoire du recours en annulation de cet acte. Ainsi la suspension d'un acte administratif ne peut être obtenue que si cet acte est susceptible d'être annulé par le Conseil d'État en vertu de l'article 14, alinéa 1er, des mêmes lois coordonnées. La demande de suspension ne peut jamais être introduite contre un acte administratif qui ne fait pas l'objet d'un recours en annulation. Par ailleurs, la suspension ne peut être ordonnée que si des moyens sérieux susceptibles de justifier l'annulation sont invoqués. Comme le contentieux objectif d'annulation auquel elle est ainsi essentiellement liée, la procédure de suspension a pour seul objectif de permettre d'éviter qu'un acte administratif par hypothèse litigieux, puisqu'il fait l'objet d'un recours en annulation, ne produise des effets de droit aux conséquences irréversibles alors même que des moyens sérieux d'annulation sont, dès l'introduction de la demande de suspension, invoqués et établis[46]. Prise dans l'urgence et dans le respect des garanties d'un débat contradictoire prévues par l'article 17 des lois coordonnées sur le Conseil d'État, la décision de suspension est une décision provisoire qui est la première phase d'une procédure unique dont il y a lieu d'assurer la continuité. Cette décision est cependant susceptible d'être remise en cause par la décision définitive statuant sur le recours en annulation. Par conséquent, cette mesure ne préjuge pas de la décision au fond rendue par le Conseil d'État lorsqu'il juge définitivement de la légalité de l'acte administratif[47]. « [...] *L'appréhension de la partie requérante ou de la partie intervenante au sujet de l'impartialité du siège est d'autant moins objectivement justifiée qu'en l'espèce, les conseillers d'État ne doivent pas se prononcer sur le bien-fondé de droits subjectifs mais sur le bien-fondé d'allégations mettant en cause la légalité objective d'un acte administratif* »[48].

Dans un jugement du 8 octobre 2003 (n° 132/2003), la Cour fédérale constitutionnelle belge a complété sa jurisprudence antérieure en indiquant : *« aux yeux d'un public exempt de préjugé malveillant envers*

[45] A. CABANES, A. ROBBES, *Op.cit.*
[46] *Id. Ibid*
[47] *Id. Ibid*
[48] *Id. Ibid*

les institutions, un magistrat n'apparaît pas comme suspect de partialité par cela seul qu'il a déjà eu à traiter d'une question qui lui est posée. Dans un système où l'autorité de la chose jugée est relativisée par égard aux vertus du contradictoire, il est cohérent de considérer que les juges, au cours d'un nouveau débat, tiennent compte d'arguments de nature à remettre en cause leur conviction précédente, comme il advient couramment d'ailleurs lorsqu'une opposition les amène à revenir sur un jugement rendu par défaut ». La Cour fédérale constitutionnelle belge fait donc une application directe de l'arrêt *Morel* et se range derrière l'unité de jurisprudence européenne[49].

Les **Pays-Bas** ont également fait primer l'impartialité objective sur la réalité des circonstances de la cause pendant très longtemps. La ligne générale de la jurisprudence hollandaise visait ainsi à éviter, voire à réprimer, qu'un même juge statue à l'occasion de deux procédures différentes dans la même affaire. Il semble cependant que cette position jurisprudentielle ait évolué. En effet, la Cour supérieure hollandaise a jugé en matière criminelle[50] que le seul fait qu'un juge ait été appelé à siéger dans une affaire lors de l'instruction, puis ait statué au fond, ne constitue pas une rupture du principe d'impartialité. Le Conseil d'État hollandais a également adopté un point de vue identique[51]. Ces décisions devraient pouvoir être étendues en matière civile[52].

En **France**, Mattias GUYOMAR dans ses conclusions sous l'arrêt du Conseil d'État *Dubreuil*, indique que pour qu'il y ait préjugement, c'est-à-dire absence d'impartialité objective, il est nécessaire que « *trois conditions cumulatives soient remplies : il doit s'agir de la même affaire ; l'examen de la première doit avoir conduit le juge à se forger une opinion sur la solution à apporter à la seconde ; la première affaire doit avoir fait l'objet d'une décision* »[53]. Ces conditions avaient d'ailleurs déjà été précisées par la Cour européenne des droits de l'homme dans son arrêt *Morel* où elle indiquait qu'il y aurait parti pris du magistrat quant à la décision à rendre par le tribunal « *si les questions traitées par le juge-commissaire durant la phase d'observation avaient été analogues à celles sur lesquelles il statua au sein du tribunal* » (§ 47).

---

[49] A. CABANES, A. ROBBES, *Op.cit.*

[50] Cour supérieure hollandaise, 15 février 2002, LJN AD 4004.

[51] Conseil d'État hollandais : ABRvS 17 février 1998, JB 1998/129 t ABRvS 16 mars 1999, JB 1999/149

[52] A. CABANES, A. ROBBES, *Op.cit.*

[53] CE Ass. 4 juillet 2003, *Dubreuil*, Lebon p. 313 ; AJDA 2003, p. 1596, chron. F. Donnat et D. Casas ; RFDA 2003, p. 713, concl. M. Guyomar.

Or, le référé suspension ne permet pas au magistrat de traiter de questions analogues à celles analysées dans le recours pour excès de pouvoir. En premier lieu, le terme « *traiter* » renvoie à une analyse au fond d'un sujet, à son développement. Pourtant, dans un référé suspension, le juge doit simplement s'assurer de l'existence de doutes sérieux sur la légalité de la décision. Un doute ne constitue pas une certitude et n'implique pas l'analyse au fond de la légalité de la décision[54].

En second lieu, les demandes n'ont pas le même but et le juge chargé d'un référé suspension ne recherche pas les mêmes éléments qu'un juge saisi du fond[55]. La Cour de cassation a par ailleurs adopté une position identique à celle prise par le Conseil d'État concernant le référé conservatoire dans son arrêt *Guillotel*[56] : « *la circonstance qu'un magistrat statue sur le fond d'une affaire dans laquelle il a pris préalablement une mesure conservatoire n'implique pas une atteinte à l'exigence d'impartialité appréciée objectivement* ». La Cour de cassation a cependant souhaité opérer une distinction entre référé conservatoire et référé provision, considérant que dans ce dernier cas, « *lorsqu'un juge a statué en référé sur une demande tendant à l'attribution d'une provision en raison du caractère non sérieusement contestable d'une obligation, il ne peut ensuite statuer sur le fond du litige afférent à cette obligation* »[57].

Les Hautes juridictions des États membres de la Convention européenne des droits de l'homme ont ainsi adopté une position commune dans la lignée de celle fixée par la Cour européenne des droits de l'homme. Au vu des jurisprudences rendues par ces États, un magistrat peut être saisi de procédures de référés, ainsi que d'autres exceptions à une affaire, avant de statuer sur le principal sans que son impartialité puisse être mise en cause[58].

B. L'impartialité objective des autorités administratives

Les autorités administratives françaises très nombreuses sont soumises à l'application de ce principe d'impartialité. Une affaire

---

[54] A. CABANES, A. ROBBES, *Op.cit.*

[55] *Id. Ibid*

[56] Cass. Ass. plén. 6 novembre 1998, Guillotel c/ Société Castel et Fromaget, req. n° 95-11006, D. 1999, Jur. p. 1, concl. J.-F. Burgelin

[57] Cass. Ass. plén. 6 novembre 1998, Bord Na Mona, req. n° 94-17709, D. 1999, Jur. p. 1, concl. J.-F. Burgelin.

[58] A. CABANES, A. ROBBES, *Op.cit.*

particulièrement intéressante concerne la COB que nous étudierons de manière privilégiée sans ici évoquer les autorités d'autres États européens.

Dès 1989, le Conseil constitutionnel français a énoncé que « *la Commission des opérations de bourse est, à l'instar de tout organe administratif, soumise à une obligation d'impartialité pour l'examen des affaires qui relèvent de sa compétence et aux règles déontologiques qui en découlent* ». Beaucoup plus récemment[59], le Conseil constitutionnel, saisi d'une question prioritaire de constitutionnalité dirigée contre les dispositions législatives du code de commerce relative à la procédure disciplinaire suivie par l'Autorité de la concurrence, a pu rappeler que les autorités administratives indépendantes dotées d'un pouvoir de sanction ayant le caractère d'une punition sont tenues de respecter le principe d'impartialité. En l'espèce, le Conseil constitutionnel s'est prononcé sur la conformité à la constitution de la confusion des fonctions de poursuite et d'instruction et du pouvoir de sanction au sein de l'Autorité de la concurrence, d'une part, et de la faculté de saisine d'office de l'Autorité dans le cadre du contrôle des opérations de concentration, d'autre part.

Quant au premier aspect, le Conseil constitutionnel a procédé à un examen attentif de l'ensemble des garanties dont le législateur a assorti les règles de composition et de délibération de cet organisme non juridictionnel. À cet égard, il a été relevé que le code du commerce comportait un certain nombre de dispositions destinées à garantir l'impartialité des membres du collège de l'Autorité. Il a également retenu l'existence de dispositions propres à assurer la séparation des fonctions d'instruction au sein de l'Autorité de la concurrence. Il en a conclu que le principe d'impartialité n'était pas méconnu.

Quant à l'auto-saisine, le Conseil constitutionnel a adopté un raisonnement analogue et similaire à celui suivi par le Conseil d'État français sur cette question. Il a en effet, estimé que cette faculté ne devait pas être considérée comme un préjugement par l'autorité de la réalité des manquements à examiner. Il a par ailleurs, souligné que le collège de

---

[59] Décision no 2012-280 QPC du 12 octobre 2012, *Revue Lamy de la concurrence*, janvier-mars 2013, no 34, p. 89-90, « La juridictionnalisation continue des autorités administratives indépendantes », ROUSSEAU Dominique ; *L.P.A.*, 6 mai 2013, no 90, p. 9 à p. 11, « Autorité de la concurrence : constitutionnalité de l'organisation et du pouvoir de sanction », SORAYA Messaï-Bahri.

l'autorité de la concurrence délibérait en l'absence du rapporteur général chargé de mener l'instruction[60].

Dans l'arrêt de section « *Crédit du Nord* » [61] du 10 mai 2004, le Conseil d'État juge que « *les autorités administratives investies par la loi d'un pouvoir de sanction et qui doivent, eu égard, à leur nature, leur composition et leurs attributions être regardées comme des tribunaux au sens de l'article 6§1 de la Convention européenne de sauvegarde des droits de l'homme et des libertés fondamentales et comme décidant du bien-fondé d'accusations en matière pénale au sens du même article, doivent offrir toutes les garanties d'impartialité que prévoient ces stipulations* ».

Par une série de décisions rendues le 26 juillet 2007, la haute juridiction administrative française s'est prononcée sur la conformité du cumul des pouvoirs réglementaires et de sanction au sein de l'Autorité des marchés financiers[62]. Le Conseil d'État a estimé que l'exigence d'impartialité était préservée dès lors que « *le pouvoir réglementaire est exercé, au sein de l'autorité des marchés financiers, par un collège, tandis que le pouvoir de sanction est exercé par une commission des sanctions* » et « *qu'en vertu des dispositions de l'article L.621-2 du code monétaire et financier, les fonctions de membre de la commission des sanctions sont incompatibles avec celle de membre du collège* »[63].

Dans son arrêt du 26 septembre 2008, le Conseil d'État a estimé qu'un membre de la commission administrative paritaire du corps des personnels infirmiers, siégeant en formation disciplinaire qui a proposé une sanction ne peut, sans méconnaître le principe d'impartialité, siéger ultérieurement et sur la même affaire au sein de l'organisme administratif devant lequel est exercé un recours contre la sanction prononcée par ladite commission[64].

Eu égard à ce qui précède, notamment les jurisprudences évoquées, on peut observer que les autorités administratives sont tenues de respecter l'exigence d'impartialité objective, d'autant plus que leurs

---

[60] J. CORNU, *« Droit au procès équitable et autorité administrative »,* thèse réalisée sous la direction de monsieur Jacques PETIT et soutenue le 3 décembre 2014.

[61] CE, Sect., 10 mai 2004, no 241587, Crédit du Nord, *Tables*, p. 692 ; *D. F.*, no 28, 10 juillet 2008, comm. 411, note PIERRE.

[62] CE, 26 juillet 2007, no 293624, Société Global Equities ; CE, 26 juillet 2007, no 293626, M. Gilles A.; CE, 26 juillet 2007, no 293627, Société Global Gestion ; CE, 26 juillet 2007, no 293908, Patrick A.

[63] CE, 30 juillet 2003, Banque d'Escompte et Wormser Frères réunis.

[64] CE, 26 septembre 2008, no 306922, Assistance publique hôpitaux de Paris, Lebon 321 ; *J.C.P. Adm.*, 2008, p. 2282, concl. Catherine DE SALINS.

compositions et attributions peuvent susciter des suspicions de défaut d'impartialité.

SECTION II : Une garantie de l'impartialité objective du tribunal dans les systèmes interaméricain et africain de protection des droits de l'homme

La garantie de l'impartialité objective du tribunal s'observe également dans les systèmes interaméricain et africain de protection des droits de l'homme. Cependant, cette garantie est-elle identique à celle observée dans le système européen de protection des droits de l'homme ?

Pour répondre à cette interrogation, il convient d'étudier respectivement la garantie de l'impartialité objective du tribunal dans le système interaméricain de protection des droits de l'homme (paragraphe 1) et dans le système africain de protection des droits de l'homme (paragraphe 2).

PARAGRAPHE I : Une existence de garantie de l'impartialité objective du tribunal dans le système interaméricain de protection des droits de l'homme

La Cour interaméricaine des droits de l'homme, dans son arrêt *Lori Berenson Mejia contre Pérou* du 25 novembre 2004[65], affirme que « *le tribunal doit être objectivement impartial, c'est-à-dire offrir des garanties suffisantes pour exclure à cet égard tout doute légitime* ». En se prononçant ainsi, la Cour interaméricaine des droits de l'homme s'inspire de la jurisprudence de la Cour européenne des droits de l'homme, notamment la jurisprudence *Findlay contre Royaume-Uni* du 25 février 1997[66].

Plusieurs arrêts de la Cour IDH permettent d'illustrer la garantie de l'impartialité objective du tribunal dans le système interaméricain de protection des droits de l'homme (A). Cependant, dans ce système, c'est au sujet des juridictions militaires que la garantie de l'impartialité objective du tribunal est très visible (B).

---

[65] Cour IDH, *Lori Berenson Mejia c. Pérou*, arrêt du 25 novembre 2004, fond, Série C n°119, § 143.

[66] CEDH, *Findlay c. Royaume-Uni*, arrêt du 25 février 1997, §73.

A. Une illustration de la garantie de l'impartialité objective du tribunal dans la jurisprudence interaméricaine des droits de l'homme

La Cour interaméricaine des droits de l'homme, dans sa célèbre affaire *Palamara Iribarne contre Chili* du 22 novembre 2005, déjà évoquée, affirme que : « *l'impartialité du tribunal implique que ses membres n'aient pas un intérêt direct, une position prise, une préférence pour l'une des parties et qui ne soient pas en rapport avec le litige en cause* »[67].

S'alignant sur la jurisprudence *Lori Berenson Mejia contre Pérou* de la Cour interaméricaine des droits de l'homme, la Commission interaméricaine des droits de l'homme dans son affaire *Guy Malary contre Haïti* du 27 décembre 2002 soutient à son tour que la démarche objective de l'impartialité du tribunal amène à rechercher si le tribunal offrait des garanties suffisantes pour exclure à cet égard tout doute légitime[68].

Dans son affaire *Herrera Ulloa contre Costa Rica* du 2 juillet 2004[69], la Cour de San José vérifie la composition de certaines juridictions à la lumière de la notion d'impartialité objective. Dans cette affaire, elle estima que le fait que les magistrats chargés de connaître d'une affaire furent les mêmes au cours des deux recours en cassation n'était pas conforme aux règles du procès équitable[70]. Énonçant que ces magistrats auraient « *dû s'abstenir de connaître de l'affaire* », car « *ils avaient non seulement connu le fond mais aussi la forme* », la Cour interaméricaine des droits de l'homme considéra que la Cour suprême du Costa Rica n'avait pas répondu aux exigences de l'article 8 § 1 de la Convention américaine relative aux droits de l'homme[71], plus précisément à l'exigence d'impartialité objective.

Dans sa démarche axée sur l'intertextualité des droits de l'homme, la Cour interaméricaine des droits de l'homme se réfère très souvent à la jurisprudence de la Cour de Strasbourg. En effet, faisant référence à la jurisprudence européenne et soulignant les similitudes entre l'article 6 de

[67] Cour IDH, 22 nov. 2005, Fond et réparations, *Palamara Iribarne c. Chili*, Série C n° 135, §§ 145-146.
[68] Commission IDH, *Affaire 11 335 (Guy Malary) c. Haïti*, 27 décembre 2002, Fond, Rapport n° 78/02, *Rapport annuel 2002*, par. 74 et s.
[69] Cour IDH, 2 juillet 2004, Fond et réparations, *Herrera Ulloa c. Costa Rica*, Série C n° 107, §§ 174-175.
[70] *Id. Ibid*
[71] *Id. Ibid*

la Convention EDH et l'article 8 de la Convention ADH, la Cour interaméricaine précise au sujet de l'impartialité que, d'un point de vue objectif, « *il faut déterminer si, en dehors du comportement personnel des juges, il y a des faits vérifiables qui autorisent à suspecter leur impartialité. Dans ce sens, même les apparences peuvent revêtir de l'importance* »[72].

La Cour interaméricaine des droits de l'homme, dans la dynamique de garantir au mieux l'impartialité objective du tribunal, fait recours à la célèbre « théorie des apparences » développée par la Cour européenne des droits de l'homme, mais comme la Cour de Strasbourg, la Cour de San José accorde de l'importance au « contexte ». Dès lors, s'il existe « *une situation généralisée de terreur* » parmi les témoins, la condition d'impartialité nécessaire pour mener à terme les enquêtes n'est pas respectée[73]. Les différentes affaires susmentionnées illustrent la garantie de l'impartialité objective du tribunal. Nous regrettons, cependant, de n'avoir pas pu trouver d'exemples jurisprudentiels plus récents.

B. L'impartialité objective des juridictions militaires dans la jurisprudence interaméricaine des droits de l'homme

L'exigence d'impartialité objective doit être respectée dans tout type de procédure. La Cour interaméricaine des droits de l'homme est donc très regardante quant à la capacité des juridictions militaires à être des juridictions objectivement impartiales. En outre, dans ce système, un constat s'impose : la question de l'impartialité objective des juridictions militaires occupe une place importante dans la jurisprudence interaméricaine des droits de l'homme. Les différentes affaires qui vont suivre permettent d'attester cette constatation.

Dans son arrêt *Cesti Hurtado contre Pérou* du 29 septembre 1999, la Cour interaméricaine des droits de l'homme déclare contraire à l'article 8§ 1 de la Convention américaine le jugement par un tribunal militaire d'un officier à la retraite[74].

Dans un autre arrêt sur le fond *Cantoral Benavides contre Pérou*, la Cour interaméricaine des droits de l'homme relève que la double fonction de l'armée, consistant d'une part à combattre les groupes insurgés et d'autre part à juger les membres présumés de ces groupes,

---

[72] Cour IDH, 2 juillet 2004, Fond et réparations, *Herrera Ulloa c. Costa Rica*, Série C n° 107, § 170.

[73] Cour IDH, 8 mars 1998, Fond, *Paniagua Morales et autres c. Guatemala*, Série C n° 37, § 50.

[74] Cour IDH, 29 septembre 1999, Fond, *Cesti Hurtado c. Pérou*, Série C n° 56, § 151.

affecte l'impartialité du juge militaire lorsqu'il est appelé à connaître de « *délits de trahison de la patrie* »[75]. Cette jurisprudence était annoncée dans le vote séparé annexé à l'arrêt de fond *Loayza Tamayo contre Pérou*, rédigé par les juges Antonio A. Cançado Trindade et Oliver Jackman. Ils y soulignaient, bien que la Cour ne se prononçait pas en l'espèce, en raison des particularités du cas, sur l'impartialité du tribunal militaire ayant connu de l'espèce en droit interne, qu'à leurs yeux, les tribunaux militaires spéciaux ayant la compétence de juger des militaires et des civils et qui ne sont pas tenus de motiver leurs décisions ne réunissent pas les garanties d'impartialité requises par l'article 8.1 de la Convention ADH[76].

Notons qu'à ce stade de sa jurisprudence, la Cour interaméricaine des droits de l'homme n'excluait pas *per se*, le jugement de civils par des militaires[77]. Elle laissait ainsi la possibilité à l'État de démontrer que les règles du procès équitable avaient été respectées et que l'impartialité du juge n'était pas remise en question par le statut militaire du magistrat[78]. En matière pénale, la Cour laissait la possibilité à l'État de démontrer que les règles du procès équitable avaient été respectées devant la juridiction militaire[79]. Ainsi, même dans son arrêt sur le fond *Castillo Petruzzi et autres contre Pérou*, déjà précité, dans lequel elle définit *le juge naturel et compétent* pour connaître des causes pénales et exclut en principe le juge militaire, elle justifie *in concreto* sa position pour démontrer que les conditions de compétence, d'indépendance et d'impartialité n'étaient pas réunies en l'espèce en relevant en ce sens la qualité de *« juge et partie »* de l'armée dans cette affaire, le fait que le tribunal constitué était un « *tribunal sans visage* » et enfin que la législation en vigueur applicable à l'espèce interdisait toute procédure de récusation[80].

Enfin, dans un troisième temps, la Cour de San José a durci sa position dans l'affaire *Durant et Ugarte contre Pérou*, dans laquelle elle énonce le principe selon lequel la compétence d'un tribunal militaire

---

[75] Cour IDH, 18 août 2000, Fond, *Cantoral Benavides c. Pérou,* Série C n° 69, § 114.

[76] A.A. CANCADO TRINDADE et O. JACKMAN, *vote séparé (concordant*), en annexe de Cour IDH, *Loayza Tamayo c. Pérou*, 17 septembre 1997, Arrêt sur le fond, Série C. n ° 33.

[77] L. HENNEBEL, *La Convention américaine des droits de l'homme, Mécanismes de protection et étendue des droits et libertés, Op. cit.*

[78] *Id. Ibid*

[79] *Id. Ibid*

[80] Cour IDH, *Castillo Paez c. Pérou*, 3 novembre 1997, Arrêt sur le fond, Série C. n° 34, par. 128-134. Voyons également : Cour IDH, *Caso Garcia Asto y Ramirez Rojas c. Pérou*, 25 novembre 2005, Série C. n° 137, par. 149 et s.

exclut *ratione personae* toute personne civile[81] et *ratione materiae* toute question autre que la commission d'un délit ou d'une faute qui, par sa propre nature, affecte les intérêts de l'ordre militaire[82]. Renversant définitivement la jurisprudence de l'arrêt *Genie Lacayo contre Nicaragua*, la Cour juge en l'espèce que la justice militaire n'a pu effectuer correctement le devoir d'enquête qui lui était confié, car elle manquait d'impartialité dans cette affaire[83]. Composées de militaires actifs, de telles juridictions ne pouvaient en effet être jugées impartiales alors que l'armée était directement impliquée dans les faits à l'origine du litige[84].

En somme, eu égard à ce qui précède, la garantie de l'impartialité objective du tribunal est une réalité dans le système interaméricain de protection des droits de l'homme.

Paragraphe 2 : Une existence de garantie de l'impartialité objective du tribunal dans le système africain de protection des droits de l'homme

Diverses affaires tirées de la jurisprudence des Cour et Commission africaines des droits de l'homme et des peuples (A) ainsi que de la jurisprudence de certaines juridictions nationales du système africain de protection des droits de l'homme (B) permettent d'observer cette garantie.

A. La garantie de l'impartialité objective du tribunal dans la jurisprudence africaine des droits de l'homme

Dans son arrêt rendu le 3 juin 2016 dans l'affaire *Mohamed Abubakari c. République Unie de Tanzanie*, la Cour africaine des droits de l'homme et des peuples condamne une violation de l'impartialité objective[85]. En effet, la Cour note qu'il ressort du dossier des procédures

[81] Cette position se rapproche de la jurisprudence de la Cour européenne des droits de l'homme qui exclut de façon systématique le jugement de civils par les juridictions militaires ainsi que la présence même des militaires au sein des Cours devant juger des civils.

[82] Cour IDH, *Durand et Ugarte c. Pérou*, 16 août 2000, Arrêt sur le fond, Série C. n°68, par. 117. En ce sens également, Commission IDH, Affaire 11 556 (*Fondo Corumbiara*) c. Brésil, 11 mars 2004, Fond, Rapport n°32/04, *Rapport annuel 2004*, par. 265 et s. Voy. également : Cour IDH, *Las Palmeras c. Colombie*, 6 décembre 2001, Arrêt sur le fond, Série C. n° 90, par. 49, par. 52.

[83] Cour IDH, *Durand et Ugarte c. Pérou*, 16 août 2000, Arrêt sur le fond, Série C. n°68, par. 126.

[84] L. HENNEBEL, *Op. cit.*

[85] *Mohamed Abubakari c. Tanzanie* (fond) (2016) 1 RJCA 624.

judiciaires internes qu'en effet le requérant avait demandé que l'on change de procureur pour des raisons de conflit d'intérêts allégué ; que le procureur a contesté cette allégation ; mais que le tribunal n'a finalement pas pris de décision explicite sur ce point, et a simplement poursuivi l'examen de l'affaire[86]. La Cour note qu'un possible conflit d'intérêts dans le chef du procureur en raison de ses relations présumées avec la plaignante est une question importante dans tout procès, et spécialement dans un procès pénal, dans la mesure où elle touche au principe même de l'impartialité des institutions judiciaires, y compris les institutions chargées des poursuites, impartialité qui constitue un des piliers d'un procès équitable[87]. Par voie de conséquence, la Cour estime que dans la présente espèce, le juge national aurait dû, avant de poursuivre l'examen de l'affaire, pousser plus en avant les investigations sur la question du conflit d'intérêts, en demandant au requérant d'étayer ses allégations et d'en apporter la preuve ; et prendre une décision formelle sur cette question. Le juge n'ayant fait ni l'un ni l'autre, et ayant choisi de poursuivre simplement l'examen de l'affaire, la Cour en conclut que l'État défendeur a violé le droit du requérant à un procès équitable au sens de l'article 7 de la Charte. Comme le dit la maxime, « *non seulement la justice doit être faite, mais elle doit être également perçue comme ayant été faite* »[88].

Dans l'affaire *Malawi African Association et Autres contre Mauritanie*[89], une section chargée des matières relatives à la sécurité de l'État au sein d'un tribunal spécial est présidée par un cadre supérieur de l'armée qui n'est pas tenu d'avoir une formation en droit. Il est assisté de deux assesseurs, tous deux militaires[90]. Le tribunal spécial lui-même est présidé par un officier de l'armée. Dans la procédure conjointe relative aux communications 139/94, 154/96 et 161/97 (*International PEN, Constitutional Rights Project, Interights et Civil Liberties Organisation c. Nigeria*), la Commission a conclu que « *les tribunaux militaires spéciaux... constituaient une violation de l'article 7 (1) (d) de la Charte en raison même de leur composition laissée à la discrétion de l'organe*

[86] *Ibid*, § 109.
[87] *Mohamed Abubakari c. Tanzanie* (fond) (2016) 1 RJCA 624, § 110.
[88] *Ibid*, § 111.
[89] Communications 54/91, 61/91, 98/93, 164-196/97 et 210/98, *Malawi African Association, Amnesty International, Mme Sarr Diop, Union Interafricaine des Droits de l'Homme et RADDHO, Collectif des Veuves et Ayants droit et Association Mauritanienne des Droits de l'Homme c. Mauritanie*. Décidée lors de la 27e session ordinaire, mai 2000, 13e Rapport annuel d'activités.
[90] *Ibid*, § 98.

exécutif ». Soustraire la procédure pénale de la compétence des tribunaux de l'ordre judiciaire pour la confier à une extension de l'exécutif compromet nécessairement l'impartialité des tribunaux à laquelle la Charte africaine fait référence[91]. Indépendamment de la qualité des personnes siégeant dans de telles juridictions, leur seule existence constitue une violation des principes d'impartialité, d'indépendance de la magistrature et, partant, de l'article 7 (1) (d)[92].

Dans l'affaire *Civil Liberties Organisation et Autres contre Nigeria*[93], la communication allègue que la composition du tribunal présidé par un officier militaire en activité ne satisfaisait pas l'exigence d'impartialité, et que par conséquent, elle constitue une violation de l'article 7 (1) (d) de la Charte africaine[94].

La Commission africaine des droits de l'homme et des peuples, dans l'affaire *Constitutional Rights Project (pour le compte de Lekwot et Autres) contre Nigeria*[95], apprécie objectivement l'exigence d'impartialité du tribunal. À cet effet, elle relève le défaut d'impartialité des tribunaux spéciaux dont la composition à elle seule suffit à caractériser l'absence d'impartialité.

Dans l'affaire *Amnesty International et Autres contre Soudan*[96], la Commission africaine des droits de l'homme et des peuples relève que « le gouvernement a confirmé les allégations des plaignants en ce qui concerne la composition des tribunaux spéciaux. La loi soudanaise habilite en effet le Président, ses adjoints et les hauts cadres de l'armée à nommer des magistrats de siège au sein de ces cours qui sont constituées de « *trois officiers militaires ou toutes autres personnes choisies pour leur intégrité et leur compétence* »[97]. Elle conclut que « *cette seule composition donne la mesure, voire même la réalité, du manque*

---

[91] *Ibid*, § 98.

[92] *Ibid*, § 98.

[93] Communication 218/98, *Civil Liberties Organisation, Legal Defence Centre et Assistance Project c. Nigeria. Décidée* lors de la 29e session ordinaire, avril-mai 2001, 14e Rapport annuel d'activités.

[94] Communication 218/98, *Civil Liberties Organisation, Legal Defence Centre et Assistance Project c. Nigeria. Décidée* lors de la 29e session ordinaire, avril-mai 2001, 14e Rapport annuel d'activités, § 43.

[95] Commission ADHP, *Constitutional Rights Project (pour le compte de Lekwot et Autres) contre Nigeria*, RADH 2000 184 (CADHP 1995)

[96] Communications 48/90, 50/91, 52/91, 89/93, *Amnesty International, Comité Loosli Bachelard, Lawyers Committee for Human Rights, Association des membres de la Conférence épiscopale de l'Afrique de l'Est c. Soudan.* Décidée lors de la 26e session ordinaire, novembre 1999, 13e Rapport annuel d'activités

[97] *Ibid*, § 68.

d'impartialité de leur part et constitue, par conséquent, une violation de l'article 7 (1) (d) »[98].

La Commission africaine des droits de l'homme et des peuples, dans son arrêt *Constitutional Rights Project (pour le compte de Akamu et Autres) c. Nigeria*[99], affirme concernant certains tribunaux que « *mis à part le caractère des membres de ces tribunaux, la seule composition de ces derniers crée l'apparence sinon l'absence réelle d'impartialité. Ce qui est en violation de l'article 7 (1) (d) de la Charte* »[100].

Dans l'affaire *International Pen et Autres (pour le compte de Saro-wiwa) contre Nigeria*[101], la Commission africaine des droits de l'homme et des peuples relève que « *soustraire des cas de la compétence des juridictions ordinaires pour les confier à l'extension de la branche exécutive compromet nécessairement l'impartialité exigée par la Charte africaine. Cette violation de l'impartialité des tribunaux concerne le principe même, indépendamment des qualifications des individus choisis pour siéger dans un tribunal donné* »[102]. En se prononçant ainsi, la Commission africaine apprécie objectivement l'exigence d'impartialité du tribunal dans cette affaire.

Dans l'affaire *Civil Liberties Organisation contre Nigeria*[103], la Commission africaine des droits de l'homme et des peuples relève une absence d'impartialité objective de certains tribunaux eu égard à leurs compositions.

En somme, la jurisprudence de la Commission africaine des droits de l'homme et des peuples permet d'attester de la garantie de l'impartialité objective du tribunal dans le système africain de protection des droits de l'homme. Cependant, cette garantie s'observe également dans la jurisprudence de certains États parties à la Charte africaine des droits de l'homme et des peuples.

---

[98] *Id. Ibid*

[99] Communication 60/91, *Constitutional Rights Project (pour le compte de Wahab Akamu, G Adega et Autres) c. Nigeria.* 8e Rapport annuel d'activités

[100] *Ibid*, § 12.

[101] Commission ADHP, *International Pen et Autres (pour le compte de Saro-wiwa) contre Nigeria*, RADH, 2000, 217 (CADHP 1998).

[102] Commission ADHP, *International Pen et Autres (pour le compte de Saro-wiwa) contre Nigeria*, RADH, 2000, 217 (CADHP 1998).

[103] Communication 151/96, *Civil Liberties Organisation c. Nigeria.* Décidée lors de la 26e session ordinaire, novembre 1999, 13e Rapport annuel d'activités.

B. La garantie de l'impartialité objective du tribunal dans la jurisprudence des juridictions nationales

En **Côte d'Ivoire et au Bénin**[104] et même dans la plupart des pays d'Afrique, le juge ne peut connaître d'une affaire lorsqu'il s'agit de ses propres intérêts, de ceux de sa femme, de ses enfants ou alliés jusqu'au quatrième degré ou encore des intérêts d'une personne dont il est le représentant légal ou le mandataire[105]. Dans ces différents cas, les interdictions de juger sont applicables de plein droit, et le non-respect de celles-ci entraînerait la nullité du jugement. Ces interdictions se justifient lorsque l'on tient compte de l'influence considérable que joue la famille, la parenté ou l'alliance vis-à-vis de chaque personne, y compris le juge[106]. En effet, en Afrique en général, les relations entre membres de famille, de parenté ou d'alliance sont très soudées ; et il serait inconcevable au juge de juger les membres de l'une de celles-ci sans méconnaître le principe d'impartialité[107]. Ces relations peuvent même concerner les membres du même clan voire du village. Il est également interdit au juge d'exercer des activités politiques[108]. Un magistrat du siège ayant instruit et jugé la cause avant poursuite judiciaire sur le plan disciplinaire, doit se récuser étant donné qu'il avait connu de cette affaire devant une autre juridiction[109]. Il en est de même de l'affaire d'une Cour d'appel auquel a participé un conseiller qui avait déjà siégé dans la même affaire quand il était juge au premier degré et que, dans ces conditions, il ne s'est pas déporté[110].

En **Afrique francophone**, certaines législations autorisent le juge d'exercer le cumul des différentes fonctions judiciaires au mépris du principe de l'impartialité du juge[111]. Il arrive qu'un juge du siège exerce les fonctions du ministère public, du juge d'instruction (pour apprécier les actes d'instruction, valider ou non la détention provisoire), siège au fond dans l'affaire et fait exécuter lui-même le jugement qu'il a rendu[112].

---

[104] Article 15 du statut de la magistrature de Côte d'Ivoire ; article 14 du statut des magistrats du Dahomey de 1965, article 17 du projet de loi portant statut de la magistrature du Bénin.

[105] K. N. MANENO, *Op. cit*

[106] *Id. Ibid*

[107] *Id. Ibid*

[108] K. N. MANENO, *Op. cit*

[109] C.S.J., 23 décembre 1976, R.P.A. 38, Bulletin des arrêts de la Cour suprême de justice, 19|108, Revue juridique du Zaïre, 1978, p. 94.

[110] C.S.J., 2 février 1972, Bulletin des arrêts de la Cour suprême de justice, 1973, p. 16.

[111] K. N. MANENO, *Op. cit*

[112] *Id. Ibid*

Dans ces circonstances, un tel juge ne présenterait pas les garanties d'impartialité[113].

Au **Bénin**, la séparation des fonctions judiciaires n'est pas obligatoire. En effet, dans les tribunaux où il n'y a pas de juge, le président remplit toutes les fonctions de juge d'instruction et de juge des enfants, et il peut juger les affaires qu'il a instruites. Dans les tribunaux comprenant un juge, celui-ci remplit lesdites fonctions. Dans les tribunaux comprenant plusieurs juges, les juges d'instruction et les juges des enfants remplissent toutes les fonctions que le président juge utile de leur confier[114]. On voit bien les tensions précédemment évoquées entre les notions d'indépendance et de rationalisation de la fonction judiciaire pour des raisons budgétaires qui peuvent favoriser le juge unique et celle d'impartialité objective qui s'adosse à la collégialité.

Relevons également qu'à **Djibouti**, la Cour judiciaire se substitue au tribunal de première instance, à la Cour d'appel, à la chambre d'accusation et au tribunal du travail. Elle regroupe dans un corps unique tous les magistrats de la juridiction qui sont répartis par le premier président après avis de l'assemblée générale, dans les différentes chambres de première instance et d'appel et dans les Cabinets d'instruction. En première instance, les magistrats siègent à juge unique et peuvent connaître plusieurs fois la même affaire et à n'importe quelle fonction, excepté de statuer en appel[115].

En **République démocratique du Congo**, le cumul des fonctions judiciaires peut être observé à l'égard du juge de paix[116]. En effet, il exerce cumulativement les fonctions de juge et celles du ministère public [117]. Il est clair qu'un tel juge ne fournit pas les garanties d'impartialité objective.

Dans le contentieux civil, pour que la partialité soit retenue, il faut que le juge appelé à connaître une cause soit intervenu antérieurement de manière significative à tel point qu'il a anticipé sur la solution qu'il

---

[113] *Id. Ibid*

[114] Article 25 de la loi n° 64-28 portant organisation judiciaire au Bénin.

[115] G. MANGIN, « Quelques points de repère dans l'histoire de la justice en Afrique francophone », in DU BOIS DE GAUDUSSON, J. et CONAC, G. (sous-direction), La justice en Afrique, éd. La documentation française, Paris, 1990, p. 25.

[116] Il est compétent en matière pénale de connaître les infractions punissables de 5 ans d'emprisonnement et l'amende ; en matière civile, toutes les contestations sur le droit de la famille (divorce, adoption, succession, tutelle, etc.). Il est aussi le juge des enfants.

[117] Article 17 du Code congolais de l'organisation et compétence judiciaires ; 180 de l'arrêté d'organisation judiciaire n° 299/79 du 20 août 1979 portant règlement intérieur des cours, tribunaux et parquets ; article 71 in fine du Code congolais de l'organisation et compétence judiciaires.

pourrait donner au fond. Tel est le cas du juge qui se prononce sur les défenses à exécuter qui anticipent la solution au fond, sous prétexte que la procédure d'urgence ne peut pas empêcher le juge de poursuivre l'instance au fond[118]. Il est regrettable que la Cour d'appel ait rejeté cette demande de récusation en estimant que le juge s'était prononcé en urgence. Nous pensons que lorsque le juge a connu une affaire, fût-elle en urgence et s'il a « *anticipé* » la solution qu'il prendrait au fond, il ne sera pas impartial s'il participe au fond de l'affaire[119].

La même solution pourrait être applicable en matière de conciliation[120]. La conciliation tire ses origines dans les coutumes traditionnelles de l'Afrique étant donné que le juge avait essentiellement pour rôle d'aider les parties à trouver une solution. Ce juge gardait son impartialité dès lors qu'il n'imposait aucune solution aux parties d'autant plus qu'il n'anticipait pas sur la solution à venir[121]. Cette solution pourrait être applicable au juge africain moderne. En effet, si au cours d'une conciliation, le juge n'avait que pris en compte les différentes positions des parties sans montrer quelle solution il prendrait s'il connaissait l'affaire au fond, autrement dit, sans se dévoiler, son impartialité ne serait pas ébranlée. Par contre, si le juge impose une solution aux parties ou propose une solution, en cas d'échec de celle-ci, il perdrait son impartialité d'autant plus qu'il avait déjà anticipé sur le jugement au fond[122]. Nous pensons que si la distinction de deux hypothèses peut sembler difficile dans la pratique judiciaire, il serait alors plus opportun que celui qui a tenté la conciliation ne puisse pas siéger au fond[123].

Au **Sénégal**[124] tout comme en **Côte d'Ivoire**[125], au **Bénin**[126], au **Togo**[127], au **Burkina Faso**[128], au **Cameroun**[129] et en **République**

[118] Cour d'appel de Bukavu, 29 octobre 1985 (3 arrêts), R. R.Oll, Mme Shamamba N. c/Premier président Munona N. ; R.R.012, Mme Shamamba N. c/Conseiller Makonga N. ; R.R.013, Mme Shamamba c/Conseiller Kadiebwe N., inédits.

[119] K. N. MANENO, *Op. cit*

[120] *Id. Ibid*

[121] *Id. Ibid*

[122] K. N. MANENO, *Op. cit*

[123] *Id. Ibid*

[124] Articles 12 à 21 de l'ordonnance n° 60-16 du 3 septembre 1960 portant loi organique sur l'organisation et le fonctionnement du Conseil supérieur de la magistrature.

[125] Articles 38 à 49 de la loi n° 78-662 du 4 août 1978 portant statut de la magistrature telle que modifiée par les lois n° 94-437 du 16 août 1994 et n° 94-498 du 6 septembre 1994 portant statut des magistrats ; articles 17 à 19 de la loi n° 61-202 du 2 juin 1961 déterminant la composition et le fonctionnement du Conseil supérieur de la magistrature, modifiée par la loi n° 94-441 du 16 août 1994.

Démocratique du Congo[130], la procédure disciplinaire prévoyait que l'autorité disciplinaire qui se saisit d'office, peut procéder à l'enquête, à l'instruction, interdire à titre conservatoire et lever l'interdiction du magistrat poursuivi disciplinairement, saisir le conseil supérieur de la magistrature et y siéger en vue de prendre des sanctions conséquentes[131]. Une telle autorité disciplinaire ne présenterait pas les garanties d'impartialité étant donné qu'elle chercherait à tout prix à soutenir ses convictions préalables sur le caractère fautif du magistrat incriminé[132]. C'est pourquoi, nous pensons qu'en vue de sauvegarder l'impartialité de l'autorité disciplinaire des magistrats, il serait mieux d'interdire le cumul des différentes fonctions[133].

En somme, sur la base de ce qui précède, nous pouvons affirmer l'existence encore très perfectible d'une garantie de l'impartialité objective du tribunal dans le système africain de protection des droits de l'homme.

Conclusion du chapitre et du titre

Les idées développées dans ce chapitre, et plus largement dans ce titre, attestent de l'utilité de l'impartialité objective du tribunal pour la réalisation d'une bonne justice.

Dégagée par la Cour européenne des droits de l'homme dans sa jurisprudence, la démarche objective de l'impartialité du tribunal est appréciée de la même façon dans l'ensemble des systèmes régionaux de protection des droits de l'homme.

---

[126] Articles 48 à 54 de la loi n° 65-5 du 20 avril 1965 portant statut de la magistrature dahoméenne, in Journal officiel de la République du Dahomey, n° 11 du 29 avril 1965, p. 2 ; articles 59 à 72 du projet de loi portant statut de la magistrature béninoise.

[127] Articles 27 à 41 de la loi n° 96-11 du 26 août 1996 fixant statut des magistrats, m Journal officiel de la République togolaise, n° 20 bis du 27 août 1996, p. 5.

[128] Articles 40 à 52 de l'ordonnance n° 91-50 PRES du 26 août 1991 portant statut du corps de la magistrature, in Journal officiel du Burkina Faso du 29 août 1991, p. 1015.

[129] Articles 46 à 51 du Décret n° 95/048 du 8 mars 1995 portant statut de la magistrature ; articles 21 à 37 de la loi n°82/14 du 26 novembre 1982 fixant l'organisation et le fonctionnement du Conseil supérieur de la magistrature, modifiée par la loi n° 89/16 du 28 juillet 1989.

[130] Articles 43 à 55 de l'ordonnance-loi n° 88-056 du 29 septembre 1988 portant statut des magistrats.

[131] K. N. MANENO, *Op. cit*

[132] *Id. Ibid*

[133] *Id. Ibid*

L'efficacité du juge européen de protection des droits de l'homme, dans la garantie de l'impartialité objective du tribunal, inspire les autres juges régionaux de protection des droits de l'homme. En effet, dans le système interaméricain de protection des droits de l'homme ainsi que dans le système africain de protection des droits de l'homme, une garantie de l'impartialité objective du tribunal existe.

Le juge européen de protection des droits de l'homme, de par son expérience et la richesse de sa jurisprudence sur l'impartialité objective du tribunal, influence considérablement les autres juges régionaux de protection des droits de l'homme.

CONCLUSION
DE LA PARTIE II

Dans l'ensemble des systèmes régionaux de protection des droits de l'homme, assurer le droit du justiciable d'être jugé impartialement est une nécessité. L'impartialité du tribunal se décline en deux démarches depuis la célèbre jurisprudence *Piersack* de la Cour européenne des droits de l'homme. Une démarche subjective et une démarche objective de l'impartialité du tribunal. On retrouve ces deux démarches de l'impartialité du tribunal dans tous les mécanismes régionaux de protection des droits de l'homme. Il s'agit bien là d'une influence du mécanisme européen de protection des droits de l'homme sur les deux autres mécanismes régionaux. L'impartialité subjective ou personnelle condamne le préjugé, le parti pris tandis que l'impartialité objective ou fonctionnelle condamne le préjugement.

L'impartialité du tribunal, qu'elle soit subjective ou objective, permet de garantir les droits fondamentaux et surtout de réaliser une bonne justice. Aucun droit fondamental ne peut être effectif si le tribunal ou le juge manque d'impartialité. Le courage de juger au regard de l'impartialité du tribunal est donc très important.

Les systèmes régionaux de protection des droits de l'homme considèrent le principe d'impartialité d'une manière convergente. À cet égard, on a pu souligner que les juges interaméricain et africain se sont approprié le raisonnement du juge européen.

Le juge européen joue donc un rôle de chef de file dans l'appréciation et la garantie de l'impartialité du tribunal, les juges des autres systèmes régionaux s'inspirant à plusieurs égards de ce dernier. Cette situation permet donc d'affirmer, à défaut d'un véritable dialogue des juges, l'existence d'une interaction, d'une interconnexion ou d'un échange entre les différents systèmes régionaux de protection des droits de l'homme.

CONCLUSION GÉNÉRALE

Comment conclure ? Sans doute est-il impossible de clore définitivement un tel sujet. Et si l'on suit les propos de C. ATIAS, la controverse juridique n'est jamais terminée[1]. D'autant que l'actualité a rattrapé notre sujet dans la mesure où les questions d'indépendance et d'impartialité de la justice sont au centre de l'affaire Fillon et du parquet financier.

Sans prétendre achever la recherche qui à n'en pas douter va voir de grands développements, il est temps cependant de dresser un bilan. Ainsi, au terme de ce travail, force est de constater que la bonne justice est l'idéal auquel aspire chaque citoyen lorsqu'il est impliqué dans un procès. Pour que cet idéal se réalise, il faut que le juge fasse preuve de courage, celui de bien juger. Et comme le relève si bien Antoine GARAPON, « *l'effort de bien juger demande au juge de s'ériger tiers par rapport à lui-même* »[2].

La justice est équitable et juste lorsque le tribunal ou le juge tranche les litiges en toute indépendance et impartialité. Luc FONTAINE affirme à cet effet que « *l'indépendance et l'impartialité constituent les deux principes fondamentaux du système judiciaire puisque ces deux principes viennent garantir au justiciable que l'acte de juger sera seulement déterminé par des arguments issus du débat judiciaire, en dehors de toute pression ou de tout préjugé, et ce conformément à la règle de droit* »[3].

À l'issue de cette recherche, nous mettrons en évidence trois (3) conclusions.

---

[1] « (...) La controverse est close. Ça, c'est une phrase anti-juridique. Il n'y a pas de controverse juridique close. Ça n'est pas vrai. Il y a que des controverses qu'on oublie, pendant un temps et en général, elles nous reviennent à la figure plus vite qu'elles ne sont parties » : C. ATIAS, *De la difficulté contemporaine à penser le droit. Leçons de philosophie du droit*, PUAM, 2016, « séminaire n° 1 : Difficultés de la pensée philosophique et droit », p. 26.

[2] A. GARAPON, *Op. cit*, p. 313.

[3] L. FONTAINE, *Op. cit*, p. 45.

1. L'indépendance et l'impartialité du tribunal, des véhicules efficaces et indispensables pour une bonne justice

La réalisation d'une bonne justice, en tant qu'idéal consacré dans l'ensemble des mécanismes ou systèmes régionaux de protection des droits de l'homme, passe par le courage de juger au regard de ces deux grands principes que nous avons approfondis tout au long de notre travail. Toute la confiance de l'opinion publique dans les fonctions juridictionnelles réside dans la capacité des juges à être indépendants et impartiaux.

Le courage des juges de juger en toute indépendance est nécessaire pour une bonne justice. Cette indépendance doit exister à l'égard des pressions externes et internes. Les pressions externes sont celles qui émanent des pouvoirs politiques ou étatiques (les pouvoirs exécutif et législatif), des parties au procès, des firmes multinationales, des médias. Les pressions internes sont celles inhérentes au monde judiciaire. Dans la pratique et en fonction du système régional de protection des droits de l'homme dans lequel on se situe, cette indépendance n'est pas toujours réelle. Sur ce dernier point, nous relevons qu'en Afrique, le principe d'indépendance du juge bien qu'étant affirmé dans les textes, demeure sérieusement éprouvé dans la pratique. Dans un tel contexte, le magistrat Pierre TRUCHE affirme que « *plutôt que de se proclamer sans cesse indépendant comme par exorcisme, être lucide sur ses propres dépendances : envers soi-même, envers ses convictions personnelles qui, devenues préjugés, empêchent de juger, envers son savoir dont les insuffisances peuvent limiter la compréhension ; envers les autres qui en amont ont constitué le dossier, qui en aval exécuteront la décision, qui, au-dessus et alentour invoquent la dimension politique et arguent du droit à l'information pour l'orienter. Au milieu de cette agitation, faire son choix dans l'immobilité de son cœur et de son esprit* »[4].

Cependant, être indépendant n'est pas si aisé pour un juge. C'est la raison pour laquelle CASAMAYOR affirme « *si j'étais juge, je ne commettrais pas l'imposture de dire que je suis indépendant, puisque je serais lié à toute une société qui me tient par ses opinions, ses préjugés, ses révoltes, ses dégoûts et ses espoirs puisque je ne suis pas le seul habitant de cette planète, puisque je ne suis moi-même qu'une maille de*

---

[4] P. TRUCHE, *Juger, être jugé, Le magistrat face aux autres et à lui-même*, Fayard, 2001, p. 185-186.

ce filet qui retient tout citoyen, puisque mes décisions sont remises en question par des recours inévitables... »[5].

L'exigence d'indépendance, véhicule d'une bonne justice, s'adosse à une double exigence. Elle concerne d'une part, le tribunal appréhendé collégialement et d'autre part, les juges appréhendés individuellement. L'indépendance du tribunal appréhendé collectivement précède celle des juges appréhendés à titre individuel. Le juge ne peut être indépendant que si la juridiction à laquelle il appartient peut se considérer comme telle. La bonne justice n'est donc réalisable que si le tribunal et les juges sont indépendants.

Outre l'exigence d'indépendance, la bonne justice nécessite également le courage de juger au regard de l'exigence d'impartialité du tribunal. HEGEL écrivait que « *rien de grand ne s'est accompli dans ce monde sans passion* »[6]. Mais en matière d'impartialité, on attend du juge qu'il fasse de grandes choses sans se laisser emporter par sa passion, ses sentiments, ses tentations.

Si l'on fonde l'existence d'un pouvoir judiciaire sur le droit du justiciable de bénéficier d'un procès équitable, et de pouvoir faire valoir les droits qui lui sont reconnus, c'est l'impartialité qui constitue l'élément légitimant la fonction du juge[7]. L'impartialité est une vertu à laquelle le juge doit s'attacher afin de bien juger.

L'impartialité du tribunal a connu un succès dans la jurisprudence de la Cour européenne des droits de l'homme. Et c'est cette juridiction qui a dégagé dans son célèbre arrêt *Piersack*, les deux volets de l'impartialité que sont l'impartialité subjective ou personnelle et l'impartialité objective ou fonctionnelle. Ces deux composantes seront reprises par les autres juridictions régionales de protection des droits de l'homme que sont la Cour interaméricaine des droits de l'homme et la Commission africaine des droits de l'homme et des peuples.

L'impartialité subjective est celle qui condamne le préjugé du juge. Elle consiste à se demander si le juge, dans son for intérieur, aurait une raison de favoriser ou de défavoriser une partie au procès. La difficulté de cette impartialité réside dans l'apport de la preuve de la partialité subjective. À défaut d'une preuve palpable de ce défaut d'impartialité, le juge est présumé subjectivement impartial.

---

[5] CASAMAYOR, Si j'étais juge…, coll, *Notre temps*, n°22, p. 74, 1974.
[6] HEGEL, *La Raison dans l'Histoire*, éd. Bibliothèques 10/18, p. 10.
[7] B. MATHIEU, *Op. cit*, p. 159.

L'impartialité objective est celle qui condamne le préjugement. Elle s'intéresse plus aux fonctions du juge qu'à ses attitudes personnelles. Elle accorde une place de choix aux apparences. Elle est de ce fait assez bénéfique aux intérêts du justiciable, car un défaut d'impartialité objective peut être soulevé à la suite d'un simple doute, une simple suspicion. La plupart des litiges relatifs au défaut d'impartialité du tribunal portent sur l'impartialité objective.

2. Une identique appréciation de l'indépendance et l'impartialité du tribunal dans l'ensemble des systèmes régionaux de protection des droits de l'homme

Dans ce travail, nous avons pu constater que la compréhension, l'appréciation ou encore l'appréhension des exigences d'indépendance et d'impartialité du tribunal est la même dans tous les systèmes régionaux de protection des droits de l'homme. Il existe donc une certaine circularité entre les systèmes régionaux de protection des droits de l'homme. Cette circularité s'observe par les similitudes formelles et substantielles qui existent entre les textes régionaux de protection des droits de l'homme et par les emprunts normatifs et substantiels fréquents que l'on peut constater entre les trois ordres normatifs.

Derrière ce constat se profile une influence du système européen de protection des droits de l'homme sur les autres systèmes régionaux. En effet, sur les questions d'indépendance et d'impartialité du tribunal, la jurisprudence de la Cour européenne des droits de l'homme fait office de pionnière et de référence. De sorte que, les juges interaméricains et africains se réfèrent fréquemment au raisonnement de leurs homologues européens lorsqu'ils sont appelés à se prononcer sur des litiges relatifs à l'indépendance ou l'impartialité d'un tribunal ou d'un juge.

Ce recours des juges interaméricains et africains au raisonnement du juge européen de protection des droits de l'homme permet de relever l'existence d'une interaction entre les différents mécanismes régionaux de protection des droits de l'homme.

3. L'absence d'un « véritable » dialogue des juges dans la garantie de l'indépendance et l'impartialité du tribunal

Si l'on part de l'idée qu'un dialogue implique échange, réciprocité, emprunts respectifs, interpénétration, alors dans la garantie des exigences de bonne justice que sont l'indépendance et l'impartialité, il n'y a pas « vraiment » de dialogue entre les juges régionaux de protection des droits de l'homme. Il y a plutôt une influence du juge européen sur les autres juges régionaux de protection des droits de l'homme. En effet, il y a une absence de réciprocité dans les emprunts. Le dialogue est à sens unique. Tandis que les juges interaméricains et africains de protection des droits de l'homme se réfèrent quasi systématiquement à la jurisprudence du juge européen sur les questions d'indépendance et d'impartialité du tribunal, ce dernier n'en fait pas de même.

En somme, sur les questions d'indépendance et d'impartialité du tribunal, il y a une influence du mécanisme européen de protection des droits de l'homme sur les autres mécanismes régionaux de protection des droits de l'homme.

À l'issue de cette recherche, nous pouvons proposer quelques recommandations pour permettre aux juges de s'inscrire dans la dynamique du courage de juger.

Les recommandations

Rendre effectifs les principes d'indépendance et d'impartialité, comme condition de la réalisation réelle de la bonne justice en Afrique, est un véritable défi encore à relever. Nous pensons qu'il est important que dans ce système, on cesse de se limiter à des textes sans veiller à leur application dans la pratique. Adopter des textes protecteurs des droits de l'homme est une bonne chose, mais veiller à leur bonne application l'est davantage. En outre, nous pensons que le juge africain de protection des droits de l'homme doit faire preuve de plus de dynamisme comme ses homologues européens et interaméricains. Il doit s'affirmer davantage même si le contexte (politique et économique) ne lui est pas forcément favorable. Il doit s'affranchir de sa dépendance vis-à-vis du pouvoir politique ainsi que de toutes les autres formes de dépendance et assumer sa fonction avec intégrité, audace et assurance.

Nous pensons également que les dirigeants politiques des pays d'Afrique doivent s'impliquer davantage dans la protection des droits de l'homme et dans la réalisation d'une bonne justice. Ils peuvent le faire en mettant par exemple à la disposition des juges, plus de moyens financiers, matériels et humains. Il suffirait aux dirigeants politiques africains d'inscrire l'idéal de bonne justice dans leur priorité, et cela aurait des impacts positifs sur les droits de l'homme en Afrique.

Concernant le système interaméricain de protection des droits de l'homme, pour une meilleure réalisation de la bonne justice, la lutte contre la corruption et l'impunité doit s'intensifier. Les réalités des pays de l'Amérique latine ne sont pas si éloignées de celles des pays d'Afrique. En effet, les pays d'Amérique latine connaissent beaucoup de scandales politiques, souvent liés à des questions de corruption, d'argent. Dans un tel contexte, il faut encourager les juges à plus de courage dans leur fonction afin qu'ils soient de véritables tiers indépendants et impartiaux.

Concernant le système européen de protection des droits de l'homme, la situation semble correcte d'un point de vue global, du moins dans la majeure partie des pays d'Europe. Cependant, certains pays comme la Turquie, la Russie et d'autres pays de l'Europe de l'Est restent de mauvais exemples en termes de respect des règles relatives au procès équitable, condition de la réalisation de la bonne justice. Cela explique les nombreuses affaires de la Cour européenne des droits de l'homme relatives à ces pays européens. Nous invitons donc les juges de ces États à faire preuve de courage afin de bien juger et être des tiers indépendants et impartiaux.

Faut-il, peut-on, doit-on avoir peur des juges ?

Un juge corrompu, un juge à la botte du pouvoir, un juge incompétent, dépendant, un juge sous influence, ne peut que susciter les craintes du peuple...

À moins que, le juge, figure éthique du politique, expression de l'idéal démocratique incarne dans sa personne et dans sa fonction, le courage de juger !

Bibliographie

Sommaire de la bibliographie

I. Ouvrages

Ouvrages généraux, Traités et Manuels

AMSON D., MOORE J-C., AMSON C., *Les grands procès*, 2e éd., PUF, coll. « Questions judiciaires », 2015, 482 p.

ARENDT H., *Juger, Sur la philosophie politique de Kant*, Paris, Seuil, 1991, p. 105 et s

BURGORGUE-LARSEN L., UBEDA DE TORRES A., *Les grandes décisions de la Cour interaméricaine des droits de l'homme*, Bruylant, 2008, 1092 p.

CABRILLAC R., FRISON-ROCHE M.A, REVET T., *Libertés et Droits fondamentaux*, Dalloz, édition de 2008, 900 p.

CADIET L., NORMAND J., AMRANI MEKKI S., *Théorie générale du procès*, 2e éd. mise à jour, PUF, 2013, 1002 p.

COMMAILLE J., *À quoi nous sert le droit*, Paris, Gallimard, coll. « Folio essais », 2015, 522 p.

FRANCHIMONT M., JACOBS A., MASSET A., *Manuel de procédure pénale*, Éd. Jeune Barreau de Liège, 1989, p. 829.

GAUTHIER C., PLATON S., SZYMCZAK D., *Droit européen des droits de l'homme*, éd. Dalloz, 2017, 532 p.

GILLIAUX P., *Droit(s) européen (s) à un procès équitable*, Bruylant, 2012, 1024 p.

GUINCHARD S., Traité *de droit processuel, Droit commun du procès*, éd. 2001, 596, p. 707.
GUINCHARD S. et autres, *Droit processuel, Droit fondamentaux du procès*, 10e éd, Dalloz, 2019, p. 841.
GUINCHARD S., VARINARD A., DEBARD T., *Institutions juridictionnelles*, 14e édition, 2017, Dalloz, p. 292 et s.
GUINCHARD S. et alii, *Droit processuel. Droit commun et droit comparé du procès*, éd. Dalloz, Paris, 2003, n° 364, p. 575.
GUYOMAR M., SEILLER B., *Contentieux administratif*, 3e éd, Dalloz, 2014, 364 p.
HEGEL, *La Raison dans l'Histoire*, éd. Bibliothèques 10/18, p. 10.
HENNEBEL L., *La Convention américaine des droits de l'homme, Mécanismes de protection et étendue des droits et libertés*, Bruylant, 2007, pp. 509-510
HENNEBEL L., TIGROUDJA H., *Traité de droit international des droits de l'homme*, éd. Pedone, 2018, p.1336.
JESTAZ P., *Le droit*, 10e édition, Dalloz, 2018, 190 p.
JEULAND E., *Droit processuel général*, 3e édition, LGDJ Lextenso éditions, 2014, p.266.
KRIEGEL B., *Réflexions sur la justice et sur la loi*, Plon, 2001, p. 9.
LECUYER Y., *mémento de la jurisprudence de la CEDH*, édition de 2012, Hachette supérieur, 159 p.
LOCKE J., *Traité du Gouvernement civil*, traduction de D. Mazel, Paris, Garnier-Flammarion, 1992, 2e éd., 381 p.
MARGUENAUD J-P., *La Cour européenne des droits de l'homme*, 6e édition, Dalloz, 2012, 200 p.
MARTENS P., *Théories du droit et pensée juridique contemporaine*, Coll. de la Fac. de droit de l'Université de Liège, Larcier, 2003, 337 p.
MONTESQUIEU (C.-L. de Secondat), *L'esprit des lois*, Paris, Classiques Garnier, 2011, 753 p.
PASCAL B., *Les Pensées*, Le Livre de Poche, Éd. de Gérard Ferreyrolles, 2000, 736 p.
PRADEL J., *Droit pénal comparé*, 4e éd. Dalloz, 2016, 1116 p.
RAWLS J., *Théorie de la justice*, Paris, Seuil, 1987 (traduit par Catherine Audard, titre original *A Theory of Justice*, Cambridge (Mass.), The Belknap Press of Harvard University Press, 1971).
Recueil de documents clés de l'union Africaine relatifs aux droits de l'homme, Pretoria Université Law Press (PULP), 2013, p. 412 et s.
Recueil de jurisprudence de la Cour africaine, Volume 1 (2006-2016), Pretoria Université Law Press (PULP), juillet 2019, 855 p.
RENUCCI J-F., *Traité de droit européen des droits de l'homme*, 2e édition, 2012, LGDJ Lextenso éditions, p.482.
RICOEUR P., *Le juste*, Éd. Esprit, 1995, p. 38.

ROULAND N., *Anthropologie juridique*, PUF, 1988, p. 121.

SOLUS H., PERROT R., *Droit judiciaire privé*, 1961, Sirey, Tome 1, p.675, n° 792.

SUDRE F., *Droit européen et international des droits de l'homme*, 10e édition, PUF, 2011, 925 p.

SUDRE F. et autres, *Les grands arrêts de la Cour européenne des droits de l'homme*, 7e édition mise à jour, PUF, 2015, 960 p.

SUDRE F., MILANO L., SURREL H., *Droit européen et international des droits de l'homme*, PUF, 14e édition mise à jour, 2019, p. 617.

TALL S.N., *Droit du contentieux international africain, Jurisprudences et théorie générale des différends africains*, L'Harmattan-Sénégal, 2018, p.298.

VELU J., ERGEC R., *La Convention européenne des droits de l'homme*, Bruxelles, Bruylant, 1990, n° 554 et s.

WEBER M., *Sociologie du droit*, 2e éd. « Quadrige », PUF, 2013, p. 13.

Ouvrages spéciaux

AIVO F.J., *Le juge constitutionnel et l'État de droit en Afrique. L'exemple du modèle béninois*, Paris, L'Harmattan, 2006, 222 p.

Amnesty International, section française, *Protéger les droits humains, Outils et mécanismes juridiques internationaux*, Éd. Juris-Classeur, 2003, p.169.

ARNAUD A-J., *Entre modernité et mondialisation cinq leçons d'histoire de la philosophie du droit et de l'État*, LGDJ, 1998, p. 120.

BECCARIA C., *Des délits et des peines* (sans mention du traducteur), Paris, Éditions Guillaumin, 1870, p. 21.

BOLLERI-SCHENIQUE L., LANZARA D., GHELFI F., *Le droit et les sentiments*, L'Harmattan, 2015, p. 15.

DAVID E., LEFEVRE G., *Juger les multinationales*, Droits humains bafoués, ressources naturelles pillées, impunité organisée, Éd. Mardaga-GRIP, 2015, p. 17.

DE GOURMONT R., *Épilogues*, Mercure de France, 1909.

DE VILLIERS P., *Les mesures d'urgence visant à rétablir l'indépendance de la justice dans les cas de corruption politique*, Livre blanc sur la Justice, 1991.

DOMAT J., *Harangue* (Assises de 1670), dans Jean DOMAT, *Œuvres complètes,* éd. CARRE, Paris, 9 vol., 1922.

DUFOUR O., *Justice et médias, La tentation du populisme*, LGDJ, 2018, p. 203.

GARAPON A., *Bien juger. Essai sur le rituel judiciaire*, Paris, Odile Jacob, 1997, 354 p.

GARAPON A., ALLARD J., GROS F., *Les vertus du juge*, Dalloz, 2008, p.110.

GIUDICELLI-DELAGE G., *juridictions militaires et d'exception : perspectives comparées et internationales rapport général garanties procédurales et droit*, Éditions A. Pédone, 2007, pp. 241-270.

Groupe multidisciplinaire sur la corruption (GMC), *Programme d'action contre la corruption* adoptée par le Comité des ministres, Édition du Conseil de l'Europe, 1997.

HARRIS D.J. et autres, *Law of the European Convention on Human Rights*, 2nd edition, Oxford University Press, Oxford, 2009, p.816.

KANTOROWICZ E., *Les Deux Corps du Roi,* Paris, Gallimard, 1989, p. 113.

KIMEL E., *Le massacre de San Patricio*, Ediciones Lohlé-Lumen, 1995.

LATOUR B., *la fabrique du droit une ethnographie du Conseil d'État*, éd.la découverte, paris, 2004, p. 47.

LE BON G., *Hier et demain, Pensées brèves*, Flammarion, 1918, p. 12.

LEFORT C., *Essai sur le politique, XIXe-XXe siècle*, Paris, Seuil, 1986, 336 p.

MAHOUVE M., KEMBO TAKAM GATSING H., *Les droits de l'homme au cœur de la procédure pénale camerounaise. Entre volonté humaniste et tentations régressives*, Bruylant, 2016, p. 100.

MANOUVEL M., *Les opinions séparées à la Cour internationale, Un instrument de contrôle du droit international prétorien par les États*, L'Harmattan, 2005, p. 17.

MARRANI D., *Rituel(s) de justice. Essai anthropologique sur la relation du temps et de l'espace dans le procès*, Bruxelles, EME et InterCommunications, coll. De Lege Ferenda, 2011.

MATHIEU B., *Justice et politique : la déchirure ?,* LGDJ, 2015, p. 13.

MATRAY C., *Le chagrin des juges*, éd. Complexe, Bruxelles, 1997, p. 54.

MATRINGE J., *Tradition et modernité dans la Charte africaine des droits et devoirs de l'homme et des peuples. Étude du contenu normatif de la Charte et de son apport à la théorie du droit international des droits de l'homme*, Bruxelles, Bruylant, 1996, 137 p.

METOU B.M., *Le rôle du juge dans le contentieux international*, Éd. Bruylant, 2012, p.554.

NGUEKO S. B., *Accepter ou rejeter la CPI. Quel avenir pour la justice pénale internationale en Afrique ?*, L'Harmattan, 2018, p. 37.

OUGUERGOUZ F., *La Charte africaine des droits de l'homme et des peuples. Une approche juridique des droits de l'homme entre tradition et modernité*, Paris, PUF, 1993, 479 p. (Publications de l'Institut Universitaire de Hautes Études Internationales de Genève), spéc. pp. 113-115.

OST F., *Dire le droit, faire justice*, deuxième édition, coll. Penser le droit, Bruylant, 2012, p. 63.

RENOUX T.-S., *Le Conseil constitutionnel et l'autorité judiciaire. L'élaboration d'un droit constitutionnel juridictionnel*, Economica, PUAM, 1984, p. 427.

RIVIÈRE F., *Les opinions séparées des juges à la Cour européenne des droits de l'homme*, Bruxelles, Bruylant, 2004, p. 5.

ROETS D., *Impartialité et justice pénale*, éd. Cujas, 1997, p.13.

SALAS D., *Le Courage de juger, Entretien avec Frédéric Niel*, Bayard, 2014, p. 102.

SALMON M., *Les réseaux sociaux et le droit*, éd. Larcier, 2014, p. 25.

THUILLIER G., *L'art de juger*, Economica, 2001, p. 3.

TIGROUDJA H., PANOUSSIS I.K., *La Cour interaméricaine des droits de l'homme. Analyse de la jurisprudence consultative et contentieuse*, Droit et Justice, Bruylant, 2003, p. 256.

TRUCHE P., *Juger, être jugé, Le magistrat face aux autres et à lui-même*, Fayard, 2001, p. 185-186.

VAN DEN BRANDEN A., *Les robots à l'assaut de la justice. L'intelligence artificielle au service des justiciables*, éd. Bruylant, 2019, p. 39.

VUITTON X., *Le procès équitable l'article 6-1 de la CEDH : état du droit et perspectives*, LGDJ, 2017, p.27.

ZENATI F., *La jurisprudence*, Paris, Dalloz, 1991, pp. 198-199.

Thèses

BERNABE B., *La récusation des juges : étude médiévale, moderne et contemporaine*, préf. J. Krynen, LGDJ, Bibliothèque de droit privé, 2009.

BROCAL VON PLAUEN F., *Le droit à l'information en France*, Thèse soutenue le 20 décembre 2004 à l'Université Lumière Lyon 2 sous la direction du professeur Édith JALLARDON, 381p.

CORNU J., *« Droit au procès équitable et autorité administrative »,* thèse réalisée sous la direction de monsieur Jacques PETIT et soutenue le 3 décembre 2014, 442 p.

DEFFERARD F., *La suspicion légitime*, LGDJ, Bibliothèque de droit privé, tome 332, 2000, p.38.

DOST C., *Collégialité et juge unique dans le droit judiciaire français*, thèse Bordeaux, déc. 1999.

JOSSERAND S., *L'impartialité du magistrat en procédure pénale*, LGDJ, Bibliothèque des sciences criminelles, tome 33, 1998.

KAVUNDJA MANENO T., *L'indépendance et l'impartialité du juge en droit comparé belge, français et de l'Afrique francophone.* Prom. : Van Compernolle, Jacques ; Thèse de doctorat en droit ; 25 juin 2005.

KEBIR M., *Le Libre arbitre du juge*, thèse, éd. Dalloz, 2019, p. 4.

MILANO L., *Le droit à un tribunal au sens de la Convention européenne des droits de l'homme,* Nouvelle Bibliothèque de Thèses, Dalloz, 2006, 674 p.

PLUEN O., *L'inamovibilité des magistrats : un modèle ?*, « Collection des thèses », n° 66, L.G.D.J, 2012, p. 18.

II. Articles

Articles, Notes, Observations, Conclusions, Colloques

AHADZI-NONOU K., « Droits de l'homme et développement : théorie et réalités » *in Revue nigérienne de droit*, 2003, P 45.

Amnesty International, « Pollution au Nigeria : Shell accepte d'indemniser les populations », 8 janvier 2015.

AREND P., « L'impartialité des juridictions nationales : une simple apparence ? », RTDH, 1997, p.105 et s.

ATIAS C., *De la difficulté contemporaine à penser le droit. Leçons de philosophie du droit*, PUAM, 2016, « séminaire n° 1 : Difficultés de la pensée philosophique et droit », p. 26.

AUVRET P., « Le journaliste, le juge et l'innocent », *Rev. sc. crim.*, 1996, 625.

BADINTER R., « Indépendants mais responsables » *Nouvel Observateur*, 10-16 septembre 1998.

BECHET-GOLOVKO K., « Le rôle et le statut du juge : un élément de l'État à la croisée de la politique et de la société civile », *in* L. GOLOVKO et B. MATHIEU (dir.), *Le Juge et l'État,* Éd. Mare et Martin, 2018.

BEIGNIER B., « La protection de la personne mise en examen : de l'affrontement à la collusion entre presse et justice », *in Liberté de la presse et droits de la personne*, Dalloz, coll. « Thèmes et commentaires », 1997, p.97.

BENZIMRA-HAZAN J., « Disparitions forcées de personnes et protection du droit à l'intégrité : la méthodologie de la Cour interaméricaine des droits de l'homme », RTDH, 2001, p.765 et s.

BERTHE A., Le compte-rendu d'audience et « l'autorité et l'impartialité du pouvoir judiciaire », *RTDH*, 1998, p.619 et s.

BERTHIER L., « Regards européens sur l'idée de qualité des décisions de la justice administrative », RFDA, 2008, p.245 et s.

BREDIN J-D., « Qu'est-ce que l'indépendance du juge ? », Justices. *Revue générale de droit processuel*, n° 3, janvier-juin 1996, p. 161-166.

BOLARD G., GUINCHARD S., « le juge dans la cité », *JCP* 2002.I. 137.

BOTTIN M., « Notes sur la pratique de la motivation des décisions de justice en jus commune », *Mélanges Carlin*, La mémoire du droit éd., 2007.

BURGELIN J-F., « Quand le juge des référés prend parti », Recueil *Dalloz*, 1999, p. 1 et s.

BURGORGUE-LARSEN L. :

« Commentaire de l'article 9 § 1 de la Charte africaine », *in* M. KAMTO (dir.), *la Charte africaine des droits de l'homme et des peuples et le protocole y relatif portant création de la Cour africaine des droits de l'homme, Commentaire article par article*, éditions Bruylant, éd. Bruylant, 2011, pp 220-237.

« Les nouvelles tendances dans la jurisprudence de la Cour interaméricaine des droits de l'homme », *Cursos de Derecho Internacional y Relaciones y Internacionales de Vitoria- Gasteiz 2008,* Universidad del Pais Vasco, Bilbao, 2009, pp.149-180.

CABANES A., ROBBES A., « L'impartialité objective du juge en Europe : des apparences parfois trompeuses », AJDA 2004 p. 2375.

CABANIS A., LOUIS MARTIN M., « La responsabilité du juge. Devenir d'une impossibilité », in NGOC DIEN (N.), *Rendre la justice au XXIe siècle. Approches francophones*, presses de l'Université Toulouse 1 Capitole, 2016, pp. 135 et s.

CAHIN G., « La motivation des décisions de la Cour internationale de justice », *in* H. R. FABRI et J-M. Sorel (dir.), *La motivation des décisions des juridictions internationales*, Coll. Contentieux international, Éd. A. PEDONE, 2008, p. 11.

CAIRE A.-B., BERTHIER L., « La motivation des décisions de justice et la Convention EDH », RFDA 2009. 677.

CALLEWAERT J., « Au-delà des apparences... d'un revirement *», RTDH*, 1992, p.204 et s.

CANIVET G., JOLYHURARD J., « La responsabilité des juges, ici et ailleurs », *Revue internationale de droit comparé*, 2006, n° 4, p. 1049 à 1093.

CASAMAYOR, « Si j'étais juge... », coll, *Notre temps*, n° 22, 1974, p. 74.

CASTILLO-WYSZOGRODZKA S., « La motivation des décisions de justice (perspective comparative) », *D.* 2014, 1838.

CETIM, « Violations des droits humains commises par des entreprises transnationales en Colombie : le cas de Nestlé », Rapport à la sous-commission des droits de l'homme des Nations unies, 2003.

CIVARD-RACINAIS A., « Les relations presse-justice : le cas des journalistes spécialisés », *Les Cahiers du journalisme*, n° 8, 2000, p. 76.

COHENDET M.A., « La collégialité des juridictions : un principe en voie de disparition », *RFD const.* 2006.68.713.

COMMARET D-N., « Une juste distance ou réflexions sur l'impartialité du magistrat », *D.*, 1998, chron., p.262.

COSNARD M., « Immunités », *in* D. ALLAND, S. RIALS (dir.), *Dictionnaire de culture juridique*, Paris, PUF, 2003.

CROCQ P., « Le droit à un tribunal impartial », *in* R. CABRILLAC, M-A. BURGELIN, T. REVET (dir.), *Libertés et droits fondamentaux*, Dalloz, 2000, pp. 419-432.

DANELIUS D., « L'indépendance et l'impartialité de la justice à la lumière de la jurisprudence de la Cour européenne des droits de l'homme »,

Discours à la Conférence de la Commission Internationale de Juristes à Strasbourg, les 23 et 24 avril 1992.

D'ALLONES R., « L'impartialité du juge. Une problématique de tous les temps : d'Aristote à Hannah Arendt », in *L'éthique des gens de justice*, Entretiens d'Aguesseau, PU de Limoges, 2001, p.183.

DE BERNARDINIS C., « L'impartialité du juge : de l'apparence à la réalité juridique », Petites affiches, 2 mars 2004, n° 44, p. 9.

DE FONTBRESSIN P. :

« Le militantisme politique du juge, un danger pour les libertés », *RTDH*, 2004, pp. 423 et s.

« La neutralité du juge », *in Le procès équitable et la protection juridictionnelle du citoyen*, UAE, Bruylant, 2001, pp.80-81.

DE GOUTTES R., « L'impartialité du juge. Connaître, traiter et juger : quelle compatibilité ? », RSC, 2003, p. 63 et s.

DE LA PRADELLE A., « La Conférence de la Paix », *R.G.D.I.P.*, 1899, p. 823.

DELMAS-MARTY M., « Justice télévisée ou médias justiciers ? », *in* Mélanges A. Braunschweig, AFHJ et Litec éd., 1997, 151.

DELMAS-MARTY M., MANACORDA S., « La corruption : un défi pour l'État de droit et la société démocratique », RSC 1997 p. 696.

DEL TUFO M., FIANDACA G., « Déclarations à la presse et devoir de réserve des magistrats à l'épreuve du principe d'impartialité », *RTDH*, 2000, p.544 et s.

DEPREZ J., « Sois juge et tais-toi », in *RTDC*, 1978, pp. 503 et s.

DERIEUX E., « Justice pénale et droit des médias », Justices, 1998-10 (n° consacré à la justice pénale), p. 133 ; « la responsabilité des médias, responsables, coupables condamnables, punissables ? », *JCP*, 1999, I, 153.

DESIO O., « L'emprise de la passion sur le droit », *in* L. BOLLERI-SCHENIQUE, D. LANZARA, F. GHELFI (dir.), *Le droit et les sentiments*, L'Harmattan, 2015, p. 27.

D'HERVE N., « La magistrature face au management judiciaire », *RSC* 2015, p.49 et s.

DIENG A., « Commentaire de l'article 17 du Protocole », *in* M. KAMTO (dir.), *La Charte africaine des droits de l'homme et des peuples et le protocole y relatif portant création de la Cour africaine des droits de l'homme et des peuples. Commentaire article par article,* éd. Bruylant, 2011, p.1362.

DRAI P., « Le juge ? », *Revue des deux mondes*, 1995, p.61.

DUPLE R., « Actes du Deuxième Congrès de l'AHJUCAF », *in L'indépendance de la justice*, p. 86.

ESSOMBE-EDIMO J., « les missions d'enquête de la Commission africaine des droits de l'homme et des peuples », in *Droits de l'homme en Afrique*, Cahiers de l'Institut des droits de l'homme de Lyon, 2004, p.34.

FALL A-B., « Les menaces de l'indépendance. Les menaces internes », *in L'indépendance de la justice*, Actes du deuxième congrès de l'AHJUCAF Dakar 2007, p. 47 et s.

FERRARI S., « OGM, violence : Syngenta sur la sellette, un paysan sans terre a été tué par un garde de la société suisse », 5 décembre 2007.

FILLETTI A. J., « Les garanties constitutionnelles, législatives et institutionnelles de l'impartialité des juges et de l'indépendance de la justice », in *Les systèmes judiciaires dans une période de transition*, éd. Conseil de l'Europe, 1997, p. 85.

FIERENS J., « La charte africaine des droits de l'homme et des peuples », *RTDH*, 1990, p.235 et s.

FLECHEUX G., « Le droit de récusation en droit disciplinaire du barreau », RTDH, 1999, p.426 et s.

FRISON-ROCHE M-A., « L'impartialité du juge », *D.*, 1999, Chron., p. 53.

GAPASHEN G., « Un magistrat peut-il être franc-maçon ? », *D.*, 2001, Point de vue, p.3203.

GARAPON A., *Justices et médias, une alchimie douteuse*, Notes de la fondation Saint-Simon, oct.1994 ; « la justice est-elle délocalisable dans les médias ? », *in Droit et société*, 1994-26, p.73, LGDJ.

GBAGO B., « Le regard des auxiliaires de la justice sur le juge béninois », *in* B. DURAND, P-H. ANTONMATTEI, Y. MAUSEN et P. VIELFAURE (dir.), *Juger et Préjugés*, Actes du colloque international des 2 et 3 octobre 2014, Faculté de droit et de science politique de Montpellier, p. 205.

GERARDIN-SELLIER N., « La composition des juridictions, à l'épreuve de l'article 6, 1 de la Convention européenne des droits de l'homme », *RTDH*, 2001, p. 961.

GIALDINO R.E., « Le nouveau règlement de la Cour interaméricaine des droits de l'homme », *RTDH*, 2005, p.979 et s.

GILLET E., « Du principe général d'impartialité dans les procédures disciplinaires », *RTDH*, 1991, p.528 et s.

GJIDARA S., « La motivation des décisions de justice : impératifs anciens et exigences nouvelles », *LPA*, 26 mai 2004, p.3.

GODARD J., « Contempt of Court en Angleterre et en Écosse ou le contrôle des médias pour garantir le bon fonctionnement de la justice », *RSC*, 2000, 367.

GONZALEZ G., « Chaud et froid sur la compatibilité du cumul des fonctions consultatives et contentieuses avec l'exigence d'impartialité », *RTDH*, 2004, p.365 et s.

GOYET C., « Remarques sur l'impartialité du tribunal », *D*, 2001, p. 329, § 9.

Grandes décisions Cons. const. n° 31, obs. FAVOREU et PHILIP – 24 juill. 1985 : Rec. Cons. const. 56 & bull.

GRELLOIS C., « le juge, quelle indépendance ? », in NGOC DIEN (N.), *Rendre la justice au XXIe siècle. Approches francophones*, Presses de l'université Toulouse 1 capitole, 2016, p. PP. 47-78.

GUINCHARD S. :

« Peut-on être bouddhiste ou chrétien ou juif ou libre-penseur ou franc-maçon et juge ? Réponse impertinente à une question posée sur l'indépendance et l'impartialité des juges appartenant à la franc-maçonnerie », in *Mélanges Julien*, Givors, Edilaix, 2003, pp.203 et s.

« Indépendance et impartialité du juge. Les principes de droit fondamental », *in* Jacques van COMPERNOLLE et Giuseppe TARZIA (dir.), *L'impartialité du juge et de l'arbitre*, Bruylant Bruxelles, 2006, p.5 et s.

« Les procès hors les murs », *Mélanges Cornu*, PUF 1994, 201.- J. NORMAND, *RTD civ.*, 1998, 972 (affaires J.Ch. MITTERAND et LEOTARD). – *Revue Médias/Pouvoirs* 1997-1, Justices et médias.

« Le second degré de juridiction », colloque Versailles 22 mai 1996, Gaz. Pal. 10 sept. 1996 ; « Justice et double degré de juridiction », *Justices* 1996-4.

GUYOMAR M., « Le droit au juge indépendant et impartial en matière administrative. Le principe vu par le Conseil d'État », in *Variations autour d'un droit commun*, DELMAS-MARTY Mireille et autres (dir.), Société de Législation Comparée, 2001, p. 73.

HEBRAUD, « Les garanties d'indépendance des juges », travaux de l'Institut de droit comparé de Paris, 1958.

HERMET G., « Citoyenneté et nationalité en Amérique latine », *Commentaire*, n° 58, hiver 1992, p. 346.

HOYAMI C., « Dix-sept ans après l'arrêt Borgers, chronique d'une jurisprudence et de ses suites procédurales », *RTDH*, 2009, p.137 et s.

HUBAC S., Conclusions sous C.E., sect., 27 avril 1988, *Sophie*, rec., p. 160 ; *AJDA* 1989, chronique Jurisp., p. 446, chr. AZIBERT Michel et DE BOISDEFFRE Martine.

HUL S., « Le juge administratif et l'impartialité : actualité d'un principe ancien », *AJDA*, 2004, p.2169 et s.

KAMARA M., « La promotion et la protection des droits fondamentaux dans le cadre de la charte africaine des droits de l'homme et des peuples et du protocole facultatif additionnel de juin 1998 », *RTDH*, 2005, p.709 et s.

KASSOUL H., « L'emprise du droit sur l'amour », *in* L. BOLLERI-SCHENIQUE, D. LANZARA, F. GHELFI (dir.), *Le droit et les sentiments*, L'Harmattan, 2015.

KEUTCHA TCHAPNGA C., « Commentaire de l'article 44 de la Charte africaine », *in* M. KAMTO (dir.), *La Charte africaine des droits de l'homme et des peuples et le protocole y relatif portant création de la*

Cour africaine des droits de l'homme et des peuples. Commentaire article par article, éd. Bruylant, 2011, p.876.

KOERING-JOULIN R. :

« Chronique internationale des droits de l'homme », *RSC*, 1999, p.384 et s.

« La notion européenne de tribunal indépendant et impartial au sens de l'article 6, par. 1, de la Convention européenne de sauvegarde des droits de l'homme », *Rev. sc. crim.*, 1990, p. 765.

KOHLHAGEN D., « Oser une refondation de la Justice en Afrique, Attentes citoyennes et alternatives au Burundi », *in* C. EBERHARD (dir.), *Le courage des alternatives,* Cahiers d'Anthropologie du droit, Éd. Karthala, 2012, p. 187.

KOUDE R.M.K., « Peut-on, à bon droit, parler d'une conception africaine des droits de l'homme ? », *RTDH*, 2005, p.539 et s.

KOWOUVIH S., La Cour africaine des droits de l'homme et des peuples : une rectification institutionnelle du concept de « spécificité africaine » en matière de droits de l'homme, *RTDH* (59/2004), p. 757 et s.

KPODAR A., « Les droits catégoriels : philosophie et spécificité », *Revue béninoise des sciences juridiques et administratives*, 2007, n° 18, p.29 et s.

KRIEGK J-F., « La culture judiciaire : une contribution au débat démocratique », *Recueil Dalloz*, 2005, p.1592 et s.

LADRIERE J., « Les groupes de pression et le processus politique global », *Courrier hebdomadaire du CRISP* 1960/42 (n° 88), p. 1-25. DOI 10.3917/cris.088.0001.

LALY-CHEVALIER C., DA POÏAN F. et TIGROUDJA H., « Chronique de la jurisprudence de la Cour interaméricaine des droits de l'homme (2002-2004) », *RTDH*, 2005, p.459 et s.

LAMBERT P. :

« La Cour européenne des droits de l'homme -1996 », *J.T.D.E*, 1997, p.41 et « La Cour européenne des droits de l'homme -2000 », *J.T.D.E.*, 2001, p. 38.

« Vers la restitution au juge de son rôle d'arbitre ? », *RTDH*, 1996, p.621 et s.

« L'impartialité du juge statuant successivement au civil, puis au pénal », RTDH, 1990, p.284 et s.

LIBÉRATION :

« Des plaintes accusant l'armée de complicité de génocide jugées recevables en France, L'improbable procès des soldats de Turquoise au Rwanda », 22 mars 2006, p.8.

« La France accusée de complicité de génocide au Rwanda. Une information judiciaire contre X ouverte au Tribunal des armées de Paris », 24 & 25 décembre 2005, p.9

LOMBARD M., « Une expérience pragmatique de l'indépendance du juge à travers le CSM », *Mélanges* Zoller, Dalloz, 2018, p. 755.

MAGENDIE J-C., « La magistrature au défi de l'impartialité », *in* Léonid GOLOVKO et Bertrand MATHIEU (dir.), *Le Juge et l'État,* Éd. Mare et Martin, 2018.

MALENOVSKY J., « Les opinions séparées et leurs répercussions sur l'indépendance du juge international », ACDI, Bogota, ISSN : 2027-1131/ISSNe : 2145-4493, Vol.3, pp.27-70, 2010.

MANGIN G., « Quelques points de repère dans l'histoire de la justice en Afrique francophone », *in* DU BOIS DE GAUDUSSON, J. et CONAC, G. (dir.), La justice en Afrique, éd. La documentation française, Paris, 1990, p. 25.

MARGUENAUD J-P., LANGENIEUX A., « De l'impartialité et de l'indépendance des juges de la Cour européenne des droits de l'homme », Droit et procédures, nov.-déc. 2003, no 6, pp. 337 et s.

MARTENS P. :

« Les tentations du juge », *in* Yves CARTUYVELS et autres (dir.), *Le droit malgré tout, Hommage à François Ost,* Presses de l'Université Saint-Louis, 2018.

« Le pouvoir judiciaire en Belgique. Institutions et mutations », *in* Ph. ROBERT et A. COTTINO (dir.), *Les mutations de la justice. Comparaisons européennes*, Paris, L'Harmattan, 2001, p. 120.

« La tyrannie des apparences (obs. sous CEDH 22 février 1996, *Bulut c. Autriche*) », *RTDH*, 1996, p. 640.

MARTIN-CHENUT K., « La jurisprudence interaméricaine des droits de l'homme sur l'exercice de la justice par les tribunaux militaires. Chronique internationale des droits de l'homme », *RSC* 2009 p. 442.

MATHIEU B., « La justice, quel statut pour quelles fonctions ? », *in* Léonid GOLOVKO et Bertrand MATHIEU (dir.), *Le Juge et l'État,* Éd. Mare et Martin, 2018, p. 37.

MATSCHER F., « La notion de tribunal au sens de la Convention européenne des droits de l'homme », in *Les nouveaux développements du procès équitable au sens de la Convention européenne des droits de l'homme*, éd. Bruylant, Bruxelles, 1996, pp. 35 et 36.

MOUANNES H., « L'impartialité juridictionnelle dans le viseur de la QPC », Constitutions, 2012, p.273 et s.

MOULY J., « Impartialité du juge et motivation des décisions de justice », Droit social, 2014, p. 778 et s.

MUBIALA M., « Les droits des peuples en Afrique », *RTDH,* 2004, p.985 et s.

NADAL J-L., « L'impartialité du magistrat », Gazette du Palais, 24 mai 2012 n° 145, P. 14 et s.

NGONO S., « Commentaire de l'article 7, § 1 de la Charte africaine », *in* M. KAMTO (dir.), *La Charte africaine des droits de l'homme et des peuples et le protocole y relatif portant création de la Cour africaine des droits de l'homme. Commentaire article par article*, éd. Bruylant, 2011, p. 190.

NOREAU P., ROBERGE C., « Émergence de principes généraux en matière de déontologie judiciaire : éléments d'une théorie générale », *La revue du barreau canadien*, vol. 84, 2005, p.457.

NORMAND J., « Le domaine du principe de motivation, *in* Association Henri Capitant des amis de la culture juridique française », *La motivation*, LGDJ, 2000, p. 18.

OLINGA A.D., « Les emprunts normatifs de la Commission africaine des droits de l'homme et des peuples aux systèmes européen et interaméricain de garantie des droits de l'homme », *RTDH*, 2005, p.499 et s.

ONDO T., « La protection de l'accusé devant les juridictions pénales internationales », *RTDH*, 2008, p.73 et s.

PARISI Cl., « L'extension du juge unique en Europe », *RID comp.* 2007.647. FLAUSS « La collégialité à la CEDH », Mélanges GUINCHARD, Dalloz, 2010, 453.

PARSONS T., « The Nature of American Pluralism », *in* Theodore Sizer (éd.), *Religion and Public Education*, Boston, Houghton Mifflin, 1967.

PERELMAN CH., « La motivation des décisions de justice, essai de synthèse », *in* CH. PERELMAN et P. FORIERS (dir.), *La motivation des décisions de justice*, Bruxelles, Bruylant, 1978, pp. 415-426.

PETEL-TEYSSIE I., « Incidents relatifs au personnel judiciaire », *in* S. Guinchard (dir.), *Droit et pratique de la procédure civile*, Dalloz action, 9e éd., 2017/2018, n° 353-21.

POPESCU C-L., « La Cour européenne des droits de l'homme », in H. RUIZ FABRI et J-M. SOREL (dir.), *Indépendance et impartialité des juges internationaux*, Éd. A. PEDONE, 2010, p.52.

PRADEL J., « La notion européenne de tribunal impartial et indépendant selon le droit français », in *Rev. sc. crim.*, n° 4, octobre-décembre 1990, p. 693.

QUILLERE-MAJZOUB F., « L'option juridictionnelle de la protection des droits de l'homme en Afrique – Étude comparée autour de la création de la Cour africaine des droits de l'homme et des peuples », *RTDH*, 2000, p.729 et s.

QUIRINY B., « Actualité du principe général d'impartialité administrative », Revue du droit public et de la science politique en France et à l'Étranger, 01 mars 2006 n° 2, P. 375.

RAVARANI G., « Interrogations autour d'un droit fondamental : l'appel », *in Justice et droits de l'homme*, XXVIIIe congrès de l'IDEF, E. Decaux (dir.), 2005.

RAYSSEGUIER C., « Spécificité du pouvoir des juges, indépendance et responsabilité », *in* L. GOLOVKO et B. MATHIEU (dir.), Le Juge et l'État, Éd. Mare et Martin, 2018, p. 68.

RENUCCI J-F., « L'exigence d'impartialité au sens de l'article 6 de la Convention européenne des droits de l'homme », *RSC*, 2005, p.935 et s.

RIVERO J., « Le Conseil d'État, cour régulatrice », *D.* 1954, Chr., p.157.

ROUSSEL V., « l'indépendance des magistrats comme ressource et comme enjeu », rev. jur. Barreaux, Dalloz, 1999, p.127.

ROUSSELOT F., « Coca-Cola accusé d'assassinat syndical », *Libération*, 21 juillet 2001. Et Anthony Lesme, « Coca-Cola, du plomb dans le gaz en Colombie », 9 mars 2010.

SARGOS P., « Le devoir d'impartialité, fondement de la légitimité et de la crédibilité du juge dans un État démocratique », *Gazette du Palais*, 1992, p.11.

SERENI A. P., « Les opinions individuelles et dissidentes des juges des tribunaux internationaux », *R.G.D.I.P.*, 1964, p. 855.

SERMET L., « L'arrêt Kress c. la France : avancée, statuquo ou régression des droits fondamentaux du justiciable ? », *RTDH*, 2002, p.237 et s.

SOMALI K., « L'indépendance de la Cour africaine des droits de l'homme et des peuples : théories et réalités » *in* GRARD. L (dir.), *Les intégrations régionales, L'Union européenne et après*, Éd. A. PEDONE, Sept. 2015, pp. 153-175.

SPIELMANN D.,

« L'indépendance de l'avocat général à la Cour de Justice des Communautés européennes face à l'égalité des armes et au principe du contradictoire », *RTDH*, 2000, p.585 et s.

« Le conseil d'État luxembourgeois après l'arrêt Procola de la Cour européenne des droits de l'homme », *RTDH*, 1996, p.275 et s.

SUDRE (F.), « Le mystère des « apparences » dans la jurisprudence de la Cour européenne des droits de l'homme », *RTDH*, 2009, p.633 et s.

SUDRE F. et *Cahiers IDEDH* n° 6, Le recours aux « notions autonomes » *in* F. SUDRE (dir.), *L'interprétation de la Convention européenne des droits de l'homme*, Éd. Bruylant, Bruxelles, 1998, pp. 93-131.

TARZIA G., « L'impartialité du juge civil dans l'exercice de ses fonctions », *in Mélanges Jacques VAN COMPERNOLLE*, Bruylant, Bruxelles, 2004, p. 717.

TIGROUDJA H.,

« Chronique des décisions rendues par la Cour interaméricaine des droits de l'homme (2005) », *RTDH*, 2006, p.277 et s.

« Les difficultés d'exécution de l'arrêt de la Cour européenne des droits de l'homme du 7 juin 2001 rendu dans l'affaire Kress c. la France », *RTDH*, 2004, p.353 et s.
« L'autonomie du droit applicable par la Cour interaméricaine des droits de l'homme : en marge des arrêts et avis consultatifs récents », *RTDH*, 2002, p.69 et s.
TRUCHE P., « Le juge et la presse », *Esprit*, No 210 (3/4) (Mars-avril 1995), pp. 5-12.
TULKENS F., BOSLY H-D., « La notion européenne de tribunal indépendant et impartial. La situation en Belgique », in *Revue de science criminelle et de droit pénal comparé*, 1990, p. 682.
TULKENS F., LOTARSKI J., « Le tribunal indépendant et impartial à la lumière de la jurisprudence de la Cour européenne des droits de l'homme », *in* Mélanges Jacques VAN COMPERNOLLE, Bruylant, Bruxelles, 2004, p. 751.
VAN COMPERNOLLE J. :
« Impartialité du juge et cumul de fonctions au fond et au provisoire : réflexions sur des arrêts récents », *Les droits de l'homme au seuil du troisième millénaire. Mélanges en hommage à Pierre Lambert*, Bruylant, Bruxelles, 2000, p. 936.
« Évolution et assouplissement de la notion d'impartialité objective », *RTDH*, 1994, p. 429.
« L'incidence de la Convention européenne des droits de l'homme sur l'administration de la justice, le droit à un procès équitable », *in* J. VELU, et alii (dir.), La mise en œuvre interne de la Convention européenne des droits de l'homme, éd. Jeune Barreau de Bruxelles, 1994, p. 70.
VAN MEERBEECK J., « Quelques réflexions sur le rôle de l'intuition et des émotions dans la fonction de juger », *in* Yves CARTUYVELS et autres (dir.), *Le droit malgré tout, Hommage à François Ost,* Presses de l'Université Saint-Louis, 2018, p. 399.
VARAUT J.– M., « Indépendance », *in* CADIET (dir.), *Dictionnaire de la justice*, PUF, 2004 p. 622-623.
VIENNOT C., « Actualités et perspectives ouvertes par la jurisprudence récente de la Cour européenne des droits de l'homme en matière d'impartialité », *RTDH*, n° 73, 2008, p. 183.
VINCENT J., « Juridiction collégiale ou juge unique dans la procédure civile française », *in* Mél. L. Falletti, Annales de la faculté de droit et de sciences économiques de Lyon, 1971, II, p. 561.
VINCENT V., « VI. Compter les multinationales autant qu'elles comptent », dans : CEPII éd., L'économie mondiale 2019. Paris, La Découverte, « Repères », 2018, p. 83-98.

WACHSMANN P., « Vers un affaiblissement de la protection de la liberté d'expression par la Cour européenne des droits de l'homme ? Cour européenne des droits de l'homme (Gde Ch.), *Lindon, Otchakovsky-Laurens et July c. France*, 22 octobre 2007 », *R.T.D.H.*, 2009, pp. 491 et s.
WATHELET V., « Profil : The Coca-Cola Company », GRESEA, août 2015.
ZENATI-CASTAING F., « La motivation des décisions de justice et les sources du droit », *Dalloz*, 2007, pp. 1553-1560.

III. Documents de base et sites internet

Documents de base concernant les droits de l'homme et documents assimilés

Avis de la CNCDH du 15/10/2019 intitulé « *Avis sur le projet d'instrument international juridiquement contraignant sur les sociétés transnationales et autres entreprises et les droits de l'homme* ».
Charte européenne sur le statut des juges, adoptés à Strasbourg les 8-10 juillet 1998, *Justice*, 1999, n° 160, pp.20-22.
Convention de sauvegarde des droits de l'homme et libertés fondamentales adoptée le 4 novembre 1950 et entrée en vigueur le 3 septembre 1953.
Convention américaine relative aux droits de l'homme adoptée le 22 novembre 1969.
Charte africaine des droits de l'homme et des peuples adoptée en juin 1981.
Déclaration Américaine des Droits et devoirs de l'Homme de 1948.
Déclaration écrite conjointe du CETIM et de Environmental Rights Action/Friends of the Earth Nigeria (ERA/FoEN). Cote ONU : À/HRC/26/NGO/100.
Directives et principes sur le droit à un procès équitable et à l'assistance judiciaire en Afrique de 2003.
Principes directeurs de l'OCDE à l'intention des entreprises multinationales, OCDE, 2008, p.14.
Protocole portant création de la Cour africaine des droits de l'homme et des peuples adopté en juin 1998.
Rapport de l'Organisation internationale de la francophonie (OIF) de 2010.
Rapport du rapporteur, Doc. OUA. CAB/LEG/647/3 Draft Rapt. Rpt (II) 1.
Recommandation R.94-12 du Conseil de l'Europe, adoptée le 13/10/1994, sur « l'indépendance, l'efficacité et rôle des juges ».
Recommandation du 17 novembre 2010 (CM/Rec/2010/12, paragraphe n° 3) du Comité des ministres du Conseil de l'Europe aux États membres « sur les juges : indépendance, efficacité et responsabilités ».
Règlement de la Cour interaméricaine des droits de l'homme adopté en 2009.
Règlement de la Cour européenne des droits de l'homme du 1er janvier 2020.
Règlement de la Cour africaine des droits de l'homme et des peuples de 2010.

Règlement intérieur de la Commission africaine des droits de l'homme et des peuples de 2010.
Règlement de la Commission interaméricaine des droits de l'homme entré en vigueur en août 2013.
Résolution sur le droit à un procès équitable et à l'assistance judiciaire en Afrique (« Déclaration de Dakar ») (1999).
Résolution sur le respect et le renforcement de l'indépendance de la magistrature adoptée lors de la 19e session ordinaire tenue du 26 mars au 4 avril 1996 à Ouagadougou.
Statut de la Cour interaméricaine des droits de l'homme adopté en octobre 1979.
Statut de la Commission interaméricaine des droits de l'homme adopté en octobre 1979.

Sites internet

https://dictionnaire-droit-humanitaire.org/content/article/2/cour-et-commission-interamericaines-des-droits-de-lhomme/ consulté le 28/01/2020.
https://www.lepoint.fr/monde/lafarge-en-syrie-la-justice-se-prononce-sur-la-validite-des-mises-en-examen-07-11-2019-2345851_24.php, consulté le 23/01/2020.
https://www.lepoint.fr/economie/uranium-niger-areva-licencie-pour-raisons-economiques-12-01-2018-2186174_28.php, consulté le 23/01/2020.
https://france.attac.org/actus-et-medias/salle-de-presse/article/traite-onu-pour-mettre-fin-a-l-impunite-des-multinationales-la-france, consulté le 15/10/2019.
www.Francetv.info.fr/politique/affaireBalkany, consulté le 25/09/2019.
http://libertescheries.blogspot.com/2019/07/le-magistrat-tweetait-trop.html, consulté le 29/08/2019.
http://www.conseil-superieur-magistrature.fr/publications/rapports-annuels-dactivite, consulté le 18/08/2019.
http://www.rfi.fr/afrique/20120619-revocation-juge-opposition-tchadienne-craint-independance-justice, consulté le 18/08/2019.
http://haiti-progres.com/news/2019/08/11/nouvelles-en-bref-semaine-du-4-au-9-aout-2019/, consulté le 18/08/2019.
https://france3-regions.francetvinfo.fr/hauts-de-france/pierre-pichof-ancien-juge-bethune-condamne-appel-corruption-1458649.html, consulté le 16/08/2019.
http://ipsnews.net/francais/2004/06/08/droits-benin-des-juges-condamnes-pour-corruption-a-la-prison-ferme-unelecon-pour-tout-le-pays/, consulté le 16/08/2019.
http://www.rfi.fr/ameriques/20180720-une-affaire-corruption-plonge-justice-peruvienne-crise, consulté le 16/08/2019.

https://france3-regions.francetvinfo.fr/occitanie/herault/montpellier/il-avait-ete-revoque-corruption-passive-montpellier-deces-patrick-keil-juge-affaire-festina-1644308.html ; consulté le 16/08/2019.
https://wipolex.wipo.int/fr/text/347217, consulté le 15/08/2019.
https://www.echr.coe.int/Documents/Guide_Art_6_FRA.pdf, consulté le 21/07/2019.
https://www.jeuneafrique.com/mag/478983/societe/quand-la-justice-defie-le-pouvoir-qui-sont-ces-juges-africains-qui-ont-decide-de-sopposer-a-la-loi-du-plus-fort/, consulté le 19/07/2019.
https://www.echr.coe.int/Documents/Budget_FRA.pdf, consulté le 16/07/2019.
https://au.int/sites/default/files/pages/31829-file-au_handbook_2019_french.pdf, consulté le 16/07/2019.
https://www.publicsenat.fr/article/politique/juges-des-enfants-de-bobigny-chaque-jour-compte-pour-que-l-enfant-ne-soit-plus-en-danger-mais-protégé, consulté le 09/07/2019.
https://www.la-croix.com/France/Justice/A-Bobigny-juges-enfants-sonnent-lalarme-2018-11-05-1200980968, consulté le 09/07/2019.
https://www.lejdd.fr/International/Moyen-Orient/en-turquie-le-proces-symbolique-damnesty-international-3688388, consulté le 09/07/2019
https://www.frontlinedefenders.org/fr/case/taner-k%C4%B1l%C4%B1c-re-arrested, consulté le 09/07/2019.
https://ec.ambafrance.org/Turquie-Proces-de-M-Taner-Kilic-21-juin-2018, consulté le 09/07/2019.
https://www.lemonde.fr/ameriques/article/2016/03/05/comprendre-le-scandale-petrobras-qui-secoue-le-bresil_4590174_3222.html, consulté le 09/07/2019.
http://www.lefigaro.fr/international/2018/01/24/01003-20180124ARTFIG00012-petrobras-un-scandale-tentaculaire.ph, consulté le 09/07/2019.
https://www.lopinion.fr/edition/international/bresil-juge-moro-procureurs-coeur-lava-jato-gate-189469, consulté le 09/07/2019.
http://www.justice.gouv.fr/histoire-et-patrimoine-10050/proces-historiques-10411/les-150-ans-du-proces-de-madame-bovary-12830.html, consulté le 08/07/2019.
http://www.justice.gouv.fr/histoire-et-patrimoine-10050/proces-historiques-10411/il-y-a-40-ans-le-proces-de-bobigny-24792.htm, consulté le 08/07/2019.
http://www.achpr.org/fr/instruments/principles-guidelines-right-fair-trial/, consulté le 10/12/2018.
https://www.echr.coe.int/Documents/Rules_Court_FRA.pdf, consulté le 21/06/2018
https://www.cidh.oas.org/Basicos/French/v.statut.cour.htm, consulté le 21/06/2018.

http://www.achpr.org/fr/instruments/principles-guidelines-right-fair-trial/, consulté le 26/04/2018.
https://www.francophonie.org/IMG/pdf/rapport_DDHDP_2010.pdf, consulté le 10/04/2018.
http://hudoc.echr.coe.int/fre?i=001-115959, consulté le 14/03/2018.
http://www.loidici.com/CONSTITUTION%202016/Constitutionpouvjudiciaire magistrat.php, consulté le 11/03/2018.
http://www.wipo.int/wipolex/fr/text.jsp?file_id=196646, consulté le 09/03/2018.
https://www.legifrance.gouv.fr/affichTexte.do?cidTexte=LEGITEXT000006071194#LEGISCTA000006095828, consulté le 08/03/2018.
http://www.cdep.ro/pls/dic/site.page?den=act2_3&par1=3#t3c6, consulté le 08/03/2018.
http://www.congreso.es/constitucion/ficheros/c78/cons_fran.pdf, consulté le 08/03/2018.
https://www.senato.it/documenti/repository/istituzione/costituzione_francese.pdf, consulté le 08/03/2018.
https://www.bundesregierung.de/Content/FR/_Anlagen/loifondamentale.pdf?__blob=publicationFile&v=3, consulté le 08/03/2018.
http://www.wipo.int/wipolex/fr/text.jsp?file_id=286914, consulté le 08/03/2018.
http://www.wipo.int/wipolex/fr/text.jsp?file_id=224932, consulté le 08/03/2018.
http://www.wipo.int/wipolex/fr/text.jsp?file_id=228189, consulté le 08/03/2018.
http://www.wipo.int/wipolex/fr/text.jsp?file_id=182579, consulté le 08/03/2018.
http://www.wipo.int/wipolex/fr/text.jsp?file_id=195962, consulté le 08/03/2018.
http://www.wipo.int/wipolex/fr/text.jsp?file_id=130106, consulté le 08/03/2018.
http://www.wipo.int/wipolex/fr/text.jsp?file_id=311722, consulté le 08/03/2018.
http://www.wipo.int/wipolex/fr/text.jsp?file_id=315889, consulté le 08/03/2018.
http://www.wipo.int/wipolex/fr/text.jsp?file_id=191418, consulté le 08/03/2018.
http://www.wipo.int/wipolex/fr/text.jsp?file_id=208360, consulté le 08/03/2018.
http://www.wipo.int/wipolex/fr/text.jsp?file_id=193697, consulté le 08/03/2018.
http://www.wipo.int/wipolex/fr/text.jsp?file_id=196507, consulté le 08/03/2018.
https://www.cidh.oas.org/basicos/french/w.reglement.cour.htm, consulté le 01/03/2018.
http://www.oas.org/fr/a_propos/assemblee_generale.asp, consulté le 15/01/2018.
http://www.oas.org/dil/french/traites_A41_Charte_de_l_Organisation_des_Etats_Americains.htm#ch9, consulté le 15/01/2018.
http://fr.africancourt.org/images/Basic%20Documents/Reglement%20interieur%20de%20la%20Cour%20africaine.pdf;http://www.echr.coe.int/Documents/Rules_Court_FRA.pdf;https://www.cidh.oas.org/basicos/french/w.reglement.cour.htm, consulté le 15/01/2018.
http://www.achpr.org/fr/sessions/19th/resolutions/21/, consulté le 08/01/2018.
Rapport 2010 sur l'état des pratiques de la démocratie, des droits et des libertés dans l'espace francophone

European Coalition For Corporate Justice, « Glencore au Congo : des problèmes irrésolus », 19 juin 2014. www.corporatejustice.org et www.painpourleprochain.ch.
« PR ou Progress ? Glencore's Corporate Responsibility in the Democratic Republic of the Congo », Rights And Accountability in Development, 19 juin 2014, www.corporatejustice.org.
« Trois prix Nobel appellent à la fin de l'impunité de Chevron et des autres multinationales », mai 2015, www.bastamag.net

Table de jurisprudence

Juridictions onusiennes

Comité des droits de l'homme (Comité DH)

Comité DH, *Mechani c. Algérie*, constatation du 22 mars 2013, communication n° 1807/2008.

Comité DH, *Droit à l'égalité devant les tribunaux et les cours de justice et à un procès équitable (Article 14)*, Observation générale n° 32, 2007.

Comité DH, *Becerra Barney c. Colombie*, constatations du 11 juillet 2006, communication n° 1298/2004.

Comité DH, *Carranza Alegre c. Pérou*, constatations du 28 octobre 2005, communication n° 1126/2002.

Comité DH., *Perterer c. Autriche*, constatations du 20 juillet 2004, communication n° 1015/2001.

Comité DH, *Pastukhov c. Belarus*, constatations du 5 août 2003, communication n° 814/1998.

Comité DH, *Mundyo Busyo et al. c. République démocratique du Congo*, constatations du 31 juillet 2003, communication n° 933/2000.

Comité DH, *Adimo M. Aduayom et a. c/ Togo*, constatations du 12 juillet 1996, communications n° 422 et 424/1990, A/5/40, p.18.

Comité DH, *Bahamonde c. Guinée équatoriale*, constatations du 20 octobre 1993, communication n° 468/1991.

Juridictions régionales

Cour européenne des droits de l'homme (CEDH)

CEDH, 30 avril 2019, *Elvira Dmitriyeva c. Russie*, n° 60921/17 et n° 7202/18.

CEDH, 30 avril 2019, *Kablis c. Russie*, n° 48310/16 et 59 663/17.

CEDH [GC], 25 septembre 2018, *Denisov c. Ukraine*, n° 76639/11.

CEDH, 6 septembre 2018, *Kontalexis c. Grèce* (*n° 2*), n° 29321/13.

CEDH, 13 mars 2018, *Mirovni Inštitut contre Slovénie*, n° 32303/13.

CEDH, 11 janvier 2018, *Sharxhi et autres c. Albanie*, n° 10613/16.

CEDH, 23 novembre 2017, Haarde *c. Islande,* n° 66847/12.

CEDH, 27 juin 2017 *Ramljak c. Croatie*, n° 5856/13.
CEDH, 2 juin 2016, *Mitrov c. l'ex-République yougoslave de Macédoine*, n° 45959/09.
CEDH, 19 janvier 2016, *Görmüs et autres c. Turquie*, n° 49085/07.
CEDH, 7 janvier 2016, *Jakšovski et Trifunovski c. l'ex-République yougoslave de Macédoine*, n° 56381/09 et 58 738/09.
CEDH, 17 décembre 2015, *Kristiansen c. Norvège*, n° 1176/10.
CEDH, 28 juin 2012, *Ressiot et autres c/ France*, n° 15054/07 et 15 066/07.
CEDH, 20 décembre 2011, *Hanif et Khan c. Royaume-Uni*, n° 52999/08 et 61 779/08.
CEDH, 6 octobre 2011, *Agrokompleks c/ Ukraine*, n° 23465/03.
CEDH, 31 mai 2011, *Kontalexis c. Grèce*, n° 59000/08.
CEDH, 19 avril 2011, *Baturlova c. Russia*, n° 33188/08.
CEDH, 20 janvier 2011, *Vernes c. France*, n° 30183/06.
CEDH, 24 juin 2010, *Mancel et Branquart c. France*, n° 22349/06.
CEDH, 27 mai 2010, *Hohenzollern c. Roumanie*, n° 18811/02.
CEDH, 6 janvier 2010, *Vera Fernandez-Huidobro c. Espagne*, n° 74181/01.
CEDH, 22 décembre 2009 *Parlov-Tkalcic c. Croatie*, n° 24810/06.
CEDH, 8 décembre 2009, *Previti c. Italie*, n° 45291/06.
CEDH [GC] ,15 octobre 2009, *Micallef c. Malte*, n° 17056/06.
CEDH, 24 septembre 2009, *Procedo Capital Corporation c. Norvège*, n° 3338/05.
CEDH, 11 septembre 2009, *Dubus SA c. France*, n° 5242/04.
CEDH, 26 février 2009, *Koudechkina c. Russie*, n° 29492/05.
CEDH, 5 février 2009, *Olujic c. Croatie*, n° 22330/05.
CEDH, 13 novembre 2008, *Kayasu c. Turquie*, n° 64119/00 et 76 292/01.
CEDH, 15 janvier 2008, *Micallef c. Malte*, n° 17056/06.
CEDH [GC], 22 octobre 2007, *Lindon, Otchakovsky-Laurens et July c. France*, n° 21279/02 et 36 448/02.
CEDH, 8 février 2007, *Svark et Kavnik c. Slovénie*, n° 75617/01.
CEDH, 16 janvier 2007, Farhi *c. France*, n° 17070/05.
CEDH, 16 janvier 2007, *Warsicka c. Pologne*, n° 2065/03.
CEDH, 9 novembre 2006, *Sacilor-Lormines c. France*, n° 65411/01.
CEDH, 15 déc. 2005, *Kyprianou c/* République *de Chypre*, n° 73797/01.
CEDH, 15 juillet 2005, *Meznaric c. Croatie*, n° 71615/01.
CEDH, 3 févr. 2005, *Thaler c/ Autriche*, n° 58141/00.
CEDH, 22 juin 2004, *Pabla Ky c/ Finlande*, n° 47221/99.
CEDH, 22 avril 2004, *Cianetti c. Italie*, n° 55634/00.
CEDH [GC], 16 décembre 2003, *Grieves c. Royaume-Uni*, n° 57067/00.
CEDH, 9 octobre 2003, *Acimovic c/ Croatie*, n° 61237/00.
CEDH, 26 août 2003, *Filippini c/ Saint-Marin*, n° 10526/02.
CEDH, 6 mai 2003, *Kleyn et autres c/ Pays-Bas*, n° 39343/98.
CEDH, 10 avril 2003, *Sigurdson c. Suède*, n° 39731/98.

CEDH, 10 avril 2003, *Petur Thor Sigurdsson c. Islande*, n° 39731/98.
CEDH, 13 février 2003, *Chevrol c/ France*, n° 49636/99.
CEDH, 28 novembre 2002, *Lavents c. Lettonie*, n° 58442/00.
CEDH, 25 juillet 2002, *Sovtransavto Holding c/ Ukraine*, n° 48553/99.
CEDH, 9 juillet 2002, *Falcoianu et autres c/ Roumanie*, n° 32943/96.
CEDH, 26 février 2002, *Morris c/ Royaume-Uni*, n° 38784/97.
CEDH, 24 janvier 2002, *Delage et Magistrello c. France*, n° 40028/98.
CEDH, 15 novembre 2001, *Werner c/Pologne,* n° 26760/95.
CEDH, 25 septembre 2001, *Sahiner c. Turquie*, n° 29279/95.
CEDH, 7 juin 2001, *Kress c/ France*, n° 39594/98.
CEDH, 29 mars 2001, *D.N. c/Suisse*, n° 27154/95.
CEDH, 9 janvier 2001, *Ouendeno c/ France*, n° 39996/98.
CEDH, 21 décembre 2000, *Wettstein c/ Suisse,* n° 33958/96.
CEDH, 16 novembre 2000, *Rojas Morales c/Italie*, n° 39676/98.
CEDH, 22 juin 2000, *Coëme et autres c/Belgique*, n° 32492/96 et autres.
CEDH, 6 juin 2000, *Morel c. France*, n° 34130/96.
CEDH, 21 mars 2000, *Dulaurans c/ France*, n° 34553/97.
CEDH, 8 février 2000, *Mc Gonnell c/ Royaume-Uni,* n° 28488/95.
CEDH, 14 décembre 1999, *Antonakopoulos et alii c/ Grèce*, n° 37098/97.
CEDH [GC], 28 octobre 1999, *Wille c. Liechtenstein*, n° 28396/95.
CEDH [GC], 28 octobre 1999, *Zielinski et autres c/ France*, n° 24846/94.
CEDH, 16 septembre 1999, *Buscemi c/ Italie*, n° 29569/95.
CEDH [GC], 18 février 1999, *Cable et autres c/ Royaume-Uni*, n° 24436/94 et autres.
CEDH, 9 juin 1998, *Incal c/ Turquie,* n° 22678/93.
CEDH 20 mai 1998, *Gautrin et autres c/ France*, n° 21257/93 et autres.
CEDH, 29 août 1997, *Worm c/ Autriche*, n° 22714/93.
CEDH, 25 février 1997, *Findlay c. Royaume-Uni*, n° 22107/93.
CEDH, 24 févr. 1997, *De Haes et Gijsels c/ Belgique*, n° 19983/92.
CEDH, 10 juin 1996, *Pullar c/ Royaume-Uni*, n° 22399/93.
CEDH, 23 avril 1996, *Remli c. France*, n° 16839/90.
CEDH, 28 septembre 1995, *Procola c/ Luxembourg*, n° 14570/89.
CEDH, 9 décembre 1994, *Ruiz Torija et Hiro Balani c/ Espagne*, n° 18390/91.
CEDH, 9 décembre 1994, *Raffineries grecques c/ Grèce*, n° 13427/87.
CEDH, 24 novembre 1994, *Beaumartin c/ France*, n° 15287/89.
CEDH, 19 avril 1994, *Van de Hurk c. Pays-Bas*, n° 16034/90.
CEDH, 24 août 1993, *Nortier c. Pays-Bas*, n° 13924/88.
CEDH, 16 décembre1992, *Hadjianastassiou c/ Grèce*, n° 12945/87.
CEDH, 25 février 1992, *Pfeifer et Plankl c. Autriche*, n° 64915/01.
CEDH, 30 octobre 1991, *Borgers c/ Belgique*, n° 12005/86.
CEDH, 22 juin 1989, *Langborger c/ Suède,* n° 11179/84.
CEDH, 24 mai 1989, *Hauschildt c/Danemark*, n° 10486/83.
CEDH, 29 avril 1988, *Belilos c/ Suisse*, n° 10328/83.

CEDH, 30 novembre 1987, *H. c/ Belgique*, n° 8950/80.
CEDH, 23 avril 1987, *Ettl et autres c. Autriche*, n° 9273/81.
CEDH, 8 juillet 1986, *Lithgow et autres c/ R. Uni*, n° 9006/80 et autres.
CEDH, 26 octobre 1984, *De Cubber c/Belgique*, n° 9186/80.
CEDH, 22 octobre 1984, *Sramek c. Autriche,* n° 8790/79.
CEDH, 28 juin 1984, *Campbell et Fell c. Royaume-Uni*, n° 7819/77 et 7878/77.
CEDH, 1er octobre 1982, *Piersack c/ Belgique*, n° 8692/79.
CEDH, 23 juin 1981, *Le Compte, Van Leuven et De Meyere c. Belgique*, n° 6878/75 et 7238/75.
CEDH, 7 décembre 1976, *Handsyde c. Royaume-Uni*, n° 5493/72.
CEDH, 8 juin 1976, *Engel et autres c. Pays-Bas*, n° 5100/71 et autres.
CEDH, 17 janv. 1970, *Delcourt c/ Belgique*, n° 2689/65.

Cour interaméricaine des droits de l'homme (Cour IDH) et Commission interaméricaine des droits de l'homme (Commission IDH).

Cour IDH

Cour IDH, 15 février 2017, Zegarra *Marín c. Pérou*, exception préliminaire, fond, réparations et dépens, n° 331.
Cour IDH, 31 août 2016, Flor *Freire c. Équateur*, Série C n° 315.
Cour IDH, 22 juin 2016, *Tenorio Roca et autres c/ Pérou.*
Cour IDH, 17 novembre 2015, *Cas García Ibarra y otros c/ Équateur.* Exceptions préliminaires, Fond, Réparations et Dépens.
Cour IDH, 5 octobre 2015, Lopez *Lone et al. c. Honduras*, Série C n° 302.
Cour IDH, 27 août 2014, *Landaeta Mejías Brothers et al. v. Venezuela*
Cour IDH, 27 novembre 2013, *J. c. Pérou*, Série C n° 275.
Cour IDH, 23 août 2013, *Cour Suprême de Justice c. Équateur*, Série C n° 266.
Cour IDH, 5 août 2008, *Apitz Barbera et autres c. Venezuela,* Exceptions préliminaires, fond et réparations, Série C n° 182.
Cour IDH, 6 mai 2008, *Salvador Chiriboga c. Équateur,* Exceptions préliminaires et fond, Série C n° 179.
Cour IDH, 2 mai 2008, *Kimel c. Argentine*, Fond et réparations, Série C n° 177.
Cour IDH, 11 mai 2007, *Massacre de La Rochela c. Colombie*, Fond et réparations, Série C n° 163.
Cour IDH, 29 novembre 2006, *La Cantuta c/ Pérou*, Fond et réparations, Série C n° 162.
Cour IDH, 19 septembre 2006, *Claude Reyes et autres c. Chili*, Fond et réparations, Série C n° 251.
Cour IDH, 1er février 2006, *López Alvarez c. Honduras*, Fond et réparations, Série C n° 141.
Cour IDH, 25 novembre 2005, *Caso Garcia Asto y Ramirez Rojas c. Pérou*, Série C
Cour IDH, 22 novembre 2005 *Palamara Iribarne c. Chili.*

Cour IDH, 25 novembre 2004, *Lori Berenson Mejia c. Pérou*, fond, Série C n° 119.
Cour IDH, 5 juillet 2004, *Dix-neuf commerçants c. Colombie*, Fond et réparations, Série C n° 109.
Cour IDH, 2 juillet 2004, *Herrera Ulloa c. Costa Rica*, Fond et réparations, Série C n° 107.
Cour IDH, 21 juin 2002, *Hilaire, Constantine, Benjamin et a. c. Trinité et Tobago*, Fond et réparations, Série C n° 94.
Cour IDH, 6 décembre 2001, *Las Palmeras c. Colombie*, Arrêt sur le fond, Série C
Cour IDH, 6 février 2001, *Ivcher Bronstein c. Pérou*, Série C n° 74.
Cour IDH, 5 février 2001, Affaire *Olmedo Bustos et autres ("La dernière tentation du Christ »)*, Série C.
Cour IDH, 31 janvier 2001, *Casa del Tribunal Constitucional c/ Pérou*, Arrêt sur le fond, Série C. n° 71.
Cour IDH, 18 août 2000, Fond, *Cantoral Benavides c. Pérou,* Série C n° 69.
Cour IDH 16 août 2000, *Durand y Ugarte c/ Pérou, Série C, n° 68.*
Cour IDH, 29 septembre 1999, *Cesti Hurtado c. Pérou.*
Cour IDH, 30 mai 1999, *Castillo Petruzzi y otros c/ Pérou, Série C, n° 41.*
Cour IDH, 8 mars 1998, *Paniagua Morales et autres c. Guatemala*, Fond, Série C n° 37.
Cour IDH, 3 novembre 1997, *Castillo Páez c. Pérou*, Fond, Série C n° 34.
Cour IDH, 17 septembre 1997, Loayza *Tamayo c. Pérou*, Arrêt sur le fond, Série C. n ° 33.
Cour IDH, 13 septembre 1997, *Genie Lacayo c. Nicaragua*, Série C n° 30.
Cour IDH, 26 juin 1986, *Velásquez Rodríguez c. Honduras*, Exceptions préliminaires, Série C n° 1.
Cour IDH, 13 novembre 1985, *L'affiliation obligatoire des journalistes*, Série A n° 5/85, §30.

Commission IDH

Commission IDH, 11 mars 2004, *Affaire 11 556* (*Fondo Corumbiara*) c. Brésil, Fond, Rapport n° 32/04, *Rapport annuel 2004*,
Commission IDH, décision du 27 décembre 2002, *Guy Malary c. Haïti*, pétition n° 11 335, Rapport n° 78/02.
Commission IDH, 6 avril 2001, *Affaire 11 654* (*Masacre de Riofrio) c. Colombie*, Fond, Rapport n° 62/01, *Rapport annuel 2000.*
Commission IDH, 13 avril 2000, *Affaire 11 166 (Walter Humberto Vasquez Vejarano) c/ Pérou*, Fond, Rapport n° 48/00, Rapport annuel 1999.
Commission IDH, 13 avril 1999, Affaire *11 540 (Santos Mendivelso Coconubo) c. Colombie*, Fond, Rapport n° 62/99, *Rapport annuel 1998.*

Commission IDH, 13 avril 1999, *Affaire n° 11 739 (Hector Félix Miranda) c. Mexique*, rapport n° 5/99, Rapport annuel 1998, Volume II.
Commission IDH, 24 septembre 1998, Rapport sur la situation des droits de l'homme au Mexique (1998), OEA/Ser. /L/V/II.100, Doc. 7 rev. 1, chapitre V.
Commission IDH, 24 avril 1997, Rapport sur la situation des droits de l'homme en Équateur (1997), OEA/Ser. /L/V/II.96, Doc. 10 rev. 1, chapitre III
Commission IDH, 9 février 1995, Rapport sur la situation des droits de l'homme en Haïti (1995), OEA/Ser. /L/V/II.88, chapitre V.
Commission IDH, Rapport annuel pour 1994, Rapport sur la compatibilité des lois sur les outrages à fonctionnaire [*desacato]* avec la Convention américaine relative aux droits de l'homme.
Commission IDH, Rapport sur la situation des droits de l'homme au Chili, 1985, chapitre VIII.

Cour africaine des droits de l'homme et des peuples (Cour ADHP) et Commission africaine des droits de l'homme et des peuples (Commission ADHP)

Cour ADHP

Cour ADHP, *Actions pour la protection des droits de l'homme c. Côte d'Ivoire* (fond) (2016) 1 RJCA 697.
Cour ADHP, *Wilfred Onyango Nganyi et 9 autres c. Tanzanie* (fond) (2016) 1 RJCA 526.
Cour ADHP, *Mohamed Abubakari c. Tanzanie* (fond) (2016) 1 RJCA 624, § 111.
Cour ADHP, *Amini Juma c. Tanzanie* (mesures provisoires) (2016) 1 RJCA 687.
Cour ADHP, *Ayants droit de feus Norbert Zongo, Abdoulaye Nikiema dit Ablasse, Ernest Zongo et Blaise Ilboudo et Mouvement Burkinabé des droits de l'homme et des peuples c. Burkina Faso* (fond) (2014) 1 RJCA 226.
Cour ADHP, *Ekolle Moundi Alexandre c/ République du Cameroun et République du Nigeria* (Décision n° 008-2011 du 23 septembre 2011).
Cour ADHP, *Association des juristes d'Afrique pour la bonne gouvernance c/ République de Côte d'Ivoire (*Décision n° 006-2011 du 16 juin 2011).
Cour ADHP, *Michelot Yogogombaye c/ République du Sénégal* (Décision n° 001/2008 du 14 décembre 2009).

Commission ADHP

Commission ADHP., décision des 23 février-3 mars 2011 *Egyptian Initiative for personal Rights and Interights v. Egypt*, pétition n° 334/06, §§ 200-201.

Communication 251/2002, avril 2005, *Lawyer for Human Rights c. Swaziland.* Décidée lors de la 37e session ordinaire, 18e rapport annuel d'activité

Communication 222/98 et 229/99, mai 2003, Law *of Ghazi suleiman c/ Soudan.* Décidée lors de la 33e session ordinaire, 16e rapport annuel d'activité.

Communication 218/98, avril-mai 2001, Civil *Liberties Organisation, Legal Defence Centre et Assistance Project c. Nigeria. Décidée* lors de la 29e session ordinaire, 14e Rapport annuel d'activités.

Communication 224/98, octobre-novembre 2000, Media *Rights Agenda c. Nigeria.* Décidée lors de la 28e session ordinaire, 14e Rapport annuel d'activités.

Communication 225/98, 6 novembre 2000, *Huri-Laws.*

Communications 147/95 et 149/96, *sir Dawda K. Jawara c/ Gambie*, 11 mai 2000, Treizième rapport d'activité (1999-2000).

Communications 54/91, 61/91, 98/93, 164-196/97 et 210/98, mai 2000, *Malawi African Association, Amnesty International, Mme Sarr Diop, Union Interafricaine des Droits de l'Homme et RADDHO, Collectif des Veuves et Ayants droit et Association Mauritanienne des Droits de l'Homme c. Mauritanie.* Décidée lors de la 27e session ordinaire, 13e Rapport annuel d'activités.

Communication 143/95 et 150/96, 15 novembre 1999, Constitutional *Rights Project et autres c. Nigeria.* Décidée lors de la 26e session ordinaire, 13e Rapport annuel d'activités.

Communication 151/96, 15 novembre 1999 *Civil Liberties Organisation.*

Communication 206/97, novembre 1999, *Centre for Free Speech c. Nigeria.* Décidée lors de la 26e session ordinaire, 13e Rapport annuel d'activités.

Communications 48/90, 50/91, 52/91, 89/93, novembre 1999, Amnesty *International, Comité Loosli Bachelard, Lawyers Committee for Human Rights, Association des membres de la Conférence épiscopale de l'Afrique de l'Est c. Soudan.* Décidée lors de la 26e session ordinaire, 13e Rapport annuel d'activités.

Communication n° 212/98, 5 mai 1999, Amnesty *International c/ Zambie*, in Douzième rapport d'activités.

Communications n° 105/93, 128/94, 130/94 et 152/96, décision du 31 octobre 1998, in Douzième rapport d'activités de la Commission africaine des droits de l'homme et des peuples (1998-1999).

Communications 137/94, 139/94, 154/96 et 161/97, 31 octobre 1998, International *Pen, Constitutional Rights, Interights au nom de Ken Saro-Wiwa Jr et Civil Liberties Organisation.*
Communication n° 74/92, Octobre 1995, 18e session, in Neuvième rapport d'activité (1995-1996).
Communication 60/91, *Constitutional Rights Project (pour le compte de Wahab Akamu, G Adega et Autres) c. Nigeria*, 8e Rapport annuel d'activités.
Communication 87/93, *The Constitutional Rights Project (pour le compte de Zamani Lekwot et six Autres) c. Nigeria* ,8e Rapport annuel d'activités.

Juridictions nationales

France
Conseil constitutionnel

Déc. n° 2012-280 QPC du 12 octobre 2012, *Société Groupe Canal Plus et autre [Autorité de la concurrence : organisation et pouvoir de sanction].*
Déc. n° 2002-458 DC du 7 février 2002, Loi *organique portant validation de l'impôt foncier sur les propriétés bâties en Polynésie française.*
Déc. n° 96-375 DC du 9 avril 1996, *Loi portant diverses dispositions d'ordre économique et financier.*
Déc. n° 95-369 DC du 28 décembre 1995, *Loi de finances pour 1996.*
Déc n° 93-335 DC du 21 janvier 1994, *Loi portant diverses dispositions en matière d'urbanisme et de construction.*
Déc. n° 91-298 DC du 24 juillet 1991, *Loi portant diverses dispositions d'ordre économique et financier.*
Déc. n° 87-228 DC du 26 juin 1987, *Loi organique relative à la situation des magistrats nommés à des fonctions du premier grade.*
Déc. n° 80-127 DC du 20 janvier 1981, *Loi renforçant la sécurité et protégeant la liberté des personnes.*
Déc. n° 80-119 DC du 22 juillet 1980, *Loi portant validation d'actes administratifs.*
Déc. n° 80-122 DC du 22 juillet 1980, *Loi rendant applicable le code de procédure pénale et certaines dispositions législatives dans les territoires d'outre-mer.*

Juridictions administratives

CE, 19 avril 2013, n° 360598 *Centre hospitalier d'Alès-Cévennes.*
CE, 30 décembre 2010, n° 338273, *Sté Métropole Télévision (M6).*
CE, 28 décembre 2009, n° 322603, *Sylvanise.*
CE, 23 avril 2009, n° 314920, *Compagnie Blue Line.*

CE, 26 septembre 2008, n° 306922, *Assistance publique hôpitaux de Paris.*
CE ,18 juillet 2008, n° 291997, *Mme Baysse.*
CE, 22 février 2008, no 291 372, *« Association Air pur environnement d'Hermeville et ses environs ».*
CE, 26 juillet 2007, no 293624, *Société Global Equities.*
CE, 26 juillet 2007, no 293626, *M. Gilles A.*
CE, 26 juillet 2007, no 293627, *Société Global Gestion.*
CE, 26 juillet 2007, no 293908, *M. Piard.*
CE, 30 mai 2007, no 288538, *Société Europe, Finance et Industrie et M. Thannberger.*
CE, 27 octobre 2006, no 276069, *M. Parent et autres.*
CE, 11 février 2004, *Roynard et synd. des agrégés de l'enseignement supérieur.*
CE, (avis) 12 mai 2004, *Commune de Rogerville.*
CE, 10 mai 2004, no 241587, *Crédit du Nord.*
CE, 30 juillet 2003, n° 238169, *Banque d'Escompte et Wormser Frères réunis.*
CE, 4 juillet 2003, n° 234353, *Dubreuil.*
CE, 5 mars 2003, n° 241763, *M. et Mme RISS.*
CE, 6 avril 2001, n° 206764 et 206767, *SA Entreprise Razel frères.*
CE, 3 décembre 1999, n° 207434, *Didier.*
CE, 6 mars 1998, *RAVET et alii.*
CE, 2 octobre 1996, n° 158463, *Cne Sartrouville.*
CE, 29 juin 1990, n° 78519, *Gisti.*
CE, 16 février 1979, n° 05928, *Baillet.*
CE, 9 novembre 1966, n° 67973, *Commune de Clohars-Carnoët.*
CE, 28 avril 1961, *Fraunié.*
CE, 8 juill. 1897, *Élection Saint André de Tallano.*

Juridictions judiciaires

Cass. Soc., 8 avril 2014, n° 13-10209
Cass. Civ. 2e, 21 janvier 2010, n° 07-13552
Cass. Soc., 21 octobre 2008, n° 07-40.312
Cass. Civ. 3e, 4 juillet 2007, n° 06-13.738
Cass. Civ. 2e, 14 septembre 2006, n° 04-20524
Cass. Civ.2e, 13 juillet 2005, n° 04-19.962
Cass. Civ. 2e, 24 juin 2004, *Front national.*
CA Paris, 27 juin 2000, no RG 2000/02659, *France Télécom c/ Société Télécom Développement.*
Cass. Soc. 18 novembre 1998, n° 94-43840.
Cass. Ass. plén. 6 novembre 1998, *Bord Na Mona.*
Cass. Ass. plén. 6 novembre 1998, *Guillotel c/ Société Castel et Fromaget.*
Cass. Crim. 4 juin 1996, n° 94-84.405
Cass. Crim., 26 septembre 1996

Cass. Civ. 1re, 19 décembre 1995
Cass. Soc., 29 avril 1993
Cass. Civ. 2e, 5 mai 1993
C.A. Toulouse, 16 décembre 1992
Cass. Crim., 14 juin 1989
Cass., 30 avril 1986, *J.L.M.B.*
Cass., 16 octobre 1984, R. G. n° 8933 et 9128
Cass. Crim. 30 avril 1986

Belgique

Cass. belge (2e ch.), 7 avril 2004, J.T., 2004, pp. 541-542.
Cass. belge (3e ch.), 17 février 2003, JLMB, 2003, pp. 1208-1211.
Cass. belge, 22 mars 2002, J.D.J., 2002, n° 214, p. 61.
Cass. belge (2e ch.), 9 mai 2001, P.01.0074.F, Lare, eass., 2001, p. 179
Cass. belge, 6 septembre 2000.
Cassation belge (3e ch.), 16 juin2000, C.00.0216.F, Pas., 2000,1, 1125.
Cass. belge, 19 janvier 2000, Bull, et Pas., 2000, n° 48.
Cass. belge, T ch., 28 décembre 1999, p. 99.1839 F, Lare, cass., 2000, p. 99, Pasicrisie belge, 1999, I, 1751.
Cass. belge, 24 décembre 1999, Bull, et Pas., 1999, n° 705.
Cass. belge, 1 juin 1999.
Cour d'arbitrage belge, 3 mars 1999, n° 29199, *Arr. C.A.*, 1999, p. 321 ; *J.T.*, 1999, p. 343.
Cass. belge (1ème ch.), 29 octobre 1998, Pas., 1998,1, 1076.
Cass. belge, 20 juin 1997, KG C.'96.0142. N, Pai., 1997, n° 287, pp. 711-712.
Cass. belge, 4 mars 1997, *Pas.*, 1997,1, p. 310.
Cass. belge, 8 mai 1996.
Cass. belge, 7 juin 1995, *Pas.*, 1997,1, p. 592.
Cass. belge, 26 novembre 1993, J.T., 1993, p. 808
Cass. belge, 23 janvier 1991, *Pas.*, I, p. 487 ;
C.E. belge (7e ch.), 2 juin 1988
Cass. belge, 11 février 1987, Poi., 1987,1, p. 694.
Cass. belge, 30 mai 1986
Cass. belge, 30 avril 1986, JLMB, 1987, p. 1245
Cass. belge, 16 octobre 1984, RG 8933 et RG 9128, Pas., 1985,1, n° 125 et 127.
Cass. belge, 31 mai 1976.

Cameroun

Ord. n° 75/CAB/PCA/YDE du 1er octobre 2013 (*Kuate Étienne et al.*, récusation du magistrat N.E.T., juge au TPI de Yaoundé-Ekounou).

Ord n° 72/CAB/PCA/YDE du 27 septembre 2013 (*Elouna Prospère Guillaume*, récusation du juge H.N.M.M des tribunaux de Nanga Eboko).

Ord. n° 70/CAB/PCA/YDE du 23 septembre 2013 (*Atangana Fouda François et Fouda Joseph*, récusation du juge N.D.L. des tribunaux de Ngoumou.

Ord. n° 59/CAB/PCA/YDE du 6 août 2013, *Etoundi Oyono Adolphe Emmanuel*, récusation du juge A. F. du TGI du Mfoundi.

Ord. n° 1/ORD/CAB/PCA/BFM du 29 juin 2009 (*Sindeu Jean Bernard c. Djiagoua Abraham*, récusation du magistrat H. O. des tribunaux du Haut Nkam).

INDEX DES THÈMES PRINCIPAUX

TABLE DES MATIÈRES

Structures éditoriales du groupe L'Harmattan

L'Harmattan Italie
Via degli Artisti, 15
10124 Torino
harmattan.italia@gmail.com

L'Harmattan Hongrie
Kossuth l. u. 14-16.
1053 Budapest
harmattan@harmattan.hu

L'Harmattan Sénégal
10 VDN en face Mermoz
BP 45034 Dakar-Fann
senharmattan@gmail.com

L'Harmattan Cameroun
TSINGA/FECAFOOT
BP 11486 Yaoundé
inkoukam@gmail.com

L'Harmattan Burkina Faso
Achille Somé – tengnule@hotmail.fr

L'Harmattan Guinée
Almamya, rue KA 028 OKB Agency
BP 3470 Conakry
harmattanguinee@yahoo.fr

L'Harmattan RDC
185, avenue Nyangwe
Commune de Lingwala – Kinshasa
matangilamusadila@yahoo.fr

L'Harmattan Congo
67, boulevard Denis-Sassou-N'Guesso
BP 2874 Brazzaville
harmattan.congo@yahoo.fr

L'Harmattan Mali
Sirakoro-Meguetana V31
Bamako
syllaka@yahoo.fr

L'Harmattan Togo
Djidjole – Lomé
Maison Amela
face EPP BATOME
ddamela@aol.com

L'Harmattan Côte d'Ivoire
Résidence Karl – Cité des Arts
Abidjan-Cocody
03 BP 1588 Abidjan
espace_harmattan.ci@hotmail.fr

L'Harmattan Algérie
22, rue Moulay-Mohamed
31000 Oran
info2@harmattan-algerie.com

L'Harmattan Maroc
5, rue Ferrane-Kouicha, Talaâ-Elkbira
Chrableyine, Fès-Médine
30000 Fès
harmattan.maroc@gmail.com

Nos librairies en France

Librairie internationale
16, rue des Écoles – 75005 Paris
librairie.internationale@harmattan.fr
01 40 46 79 11
www.librairieharmattan.com

Lib. sciences humaines & histoire
21, rue des Écoles – 75005 Paris
librairie.sh@harmattan.fr
01 46 34 13 71
www.librairieharmattansh.com

Librairie l'Espace Harmattan
21 bis, rue des Écoles – 75005 Paris
librairie.espace@harmattan.fr
01 43 29 49 42

Lib. Méditerranée & Moyen-Orient
7, rue des Carmes – 75005 Paris
librairie.mediterranee@harmattan.fr
01 43 29 71 15

Librairie Le Lucernaire
53, rue Notre-Dame-des-Champs – 75006 Paris
librairie@lucernaire.fr
01 42 22 67 13

www.ingramcontent.com/pod-product-compliance
Lightning Source LLC
LaVergne TN
LVHW011141061026
849535LV00003B/558
* 9 7 8 2 3 4 3 2 2 9 3 9 3 *